基于科教资源优势
建设创新型城市的南京模式

罗志军　洪银兴　主　编
许慧玲　刘志彪　副主编

经济科学出版社

图书在版编目（CIP）数据

基于科教资源优势建设创新型城市的南京模式/罗志军，洪银兴主编 . —北京：经济科学出版社，2007.9
ISBN 978 - 7 - 5058 - 6545 - 7

Ⅰ. 基…　Ⅱ. ①罗…②洪…　Ⅲ. 城市建设 - 研究 - 南京市　Ⅳ. F299. 275. 31

中国版本图书馆 CIP 数据核字（2007）第 133475 号

内 容 提 要

　　本书较为系统地介绍了南京独特的自主创新模式。对此我们用"12345"来概括，也就是一大平台、两个机制、三路大军、四大载体和五大领域。一大平台即基于科教资源优势的、促进科教成果转化和资源整合的政产学研结合的平台；两个机制，就是"市场机制＋政府强力推进机制"；三路大军，即地方政府、高校和科研机构、企业（含军工企业）三路创新大军；四大载体，就是从技术链路径上形成的"国家重点实验室、各类高新技术企业孵化器、各类科学园科学城，以及各类国家级开发区"四大创新载体；五大领域，指技术创新和技术转移在"电、汽、化、新、服"五大高科技产业重点突破，也就是电子信息产业、汽车工业、石化工业、新型的高科技产业和现代服务业成为创新型城市的产业支柱。我们认为，南京市依托全国科教中心优势，在"两个机制"的共同作用下，通过"三路大军"的协同努力，借助"四大载体"，把高等院校和科研机构的知识创新资源，通过有效的技术转移机制，集中地配置到"五大领域"为主的城市支柱产业上，探索和走出了一条创新驱动的城市持续发展的道路。

目　录

2

4

全面贯彻落实科学发展观
努力把南京建设成创新型城市^①
（代前言）

罗志军

依据国家自主创新战略，南京市要坚定不移地把自主创新作为城市发展的主导战略，努力把南京建设成为创新型城市，为实现"两个率先"、构建和谐社会提供强力支撑和持久动力。

一、认清形势，统一思想，加快建设创新型城市

当今世界，自主创新能力已经成为国家竞争力的核心。以胡锦涛同志为总书记的党中央把握全局、放眼世界、面向未来，做出建设创新型国家的决策，这是事关社会主义现代化建设全局的重大战略决策，为南京在新形势下贯彻落实科学发展观、实现跨越发展指明了方向。

南京是我国重要的科教中心，拥有丰富的创新资源。改革开放以来，特别是"十五"期间，市委、市政府高度重视科技工作，明确将科教兴市作为推进"两个率先"的五大战略之一，强调党政一把手亲自抓科技第一生产力、抓人才第一资源，全市上下解放思想，加快发展，实施了一系列加快科技进步、推动自主创新的政策举措。全市科技综合实力明显增强，取得了一批具有较大影响和自主知识产权的创新成果，高新技术产业快速发展，传统产业技术改造能力不断增强，全市产业结构进一步调整优化。科技进步和自主创新对经济社会发展的贡献率明显提升，为我市顺利实现"十五"发展目标，推动经济社会全面进

---

① 本文为罗志军同志 2006 年 2 月 21 日在南京市自主创新大会上的讲话。

步、改善人民生活提供了强有力的支撑。南京市的科技事业能取得今天的发展进步，是省委、省政府和省科技厅正确领导的结果，是全市人民共同努力的结果，尤其是南京地区广大科技工作者艰苦奋斗的结果。在此，我谨代表市委、市政府，向广大科技工作者致以诚挚的问候和衷心的感谢！

现在，南京正处在全面贯彻落实科学发展观、实现"两个率先"、构建和谐社会的关键时期，发展的要求更高，发展的难度更大，比以往任何时候都更迫切需要科技进步的支撑，需要自主创新的推动。与当前形势和我们的任务相比较，我们还要在强化企业自主创新主体地位、整合各类创新资源、进一步优化创新创业社会环境上下更大的力气，取得突破性进展。国内外发展经验表明，一个国家的现代化，关键是科学技术的现代化；一个城市的竞争力，核心是自主创新的能力。"十一五"期间，南京要实现率先发展，必须切实转变经济增长方式，坚持依靠自主创新，提高战略支柱产业和新兴产业的整体创新水平，使高新技术产业成为经济的第一增长点、第一推动力，以强大的产业基础提升城市核心竞争力；南京要实现科学发展，必须加速创新社会环境的优化，充分发挥科技创新的支撑和引导功能，解决制约经济社会发展的各类瓶颈问题，以科学技术的跨越带动经济社会发展的飞跃；南京要实现和谐发展，必须坚持以人为本，努力解决好事关广大人民群众生产生活的重大问题，使老百姓充分享受到科技创新带来的实惠。发展的实践证明，提高自主创新能力，已成为南京核心竞争力之所依、发展后劲之所在、前途命运之所系。

全市上下特别是各级领导干部，要充分认清形势，以高度的责任感和使命感，振奋精神，把思想统一到中央建设创新型国家的决策上来，把行动落实到市委加快建设创新型城市的工作上来，真正把增强自主创新能力作为科学技术发展的战略基点，作为调整经济结构、转变经济增长方式的中心环节。要认识到，在新一轮发展中，科教人才资源是南京最强的优势所在，科技成果转化不充分是南京最突出的问题所在，加快自主创新是南京最大的潜力所在。因此，我们要进一步解放思想，拓宽思路，把优势发挥好；进一步突出重点，打破瓶颈，把问题解决好；进一步创新举措，扎实工作，把潜力挖掘好，经过10年左右时间的努力，把南京市建设成为"特色优势明显，引领作用突出，人才名品汇集，创新氛围浓厚"的创新型城市。

特色优势明显。就是国家自主创新战略得到创造性贯彻落实，科教优势作为南京最突出的优势充分发挥；企业、高校和科研院所协同开展自主创新的体制机制得到完善，丰富的科技资源和创新要素在新平台上实现高效整合；企业的技术创新主体地位进一步确立，符合科学发展观要求的经济建设、政治建设、文化建设与社会建设"四位一体"协调发展特色区域基本形成。

引领作用突出。就是自主创新作为城市发展的主导战略地位更加突出，科技进步对经济社会发展的贡献率显著提高，科技第一生产力的作用充分发挥；自主创新真正成为调整经济结构、转变增长方式的中心环节，引领资源节约和环境友好型社会建设，经济实现又快又好发展；科技进步有效推动社会事业加速发展，促进全民素质整体提升，人民群众从自主创新中得到更多实惠。

人才名品汇集。就是人才第一资源的观念牢固树立，培养和汇聚各类创新型人才的机制更加完善，名师辈出、人才辈出，南京成为各类人才创新创业的热土，成为在国内外具有较大影响力的人才强市；国家、省、市重点专项工程取得实效，在某些核心领域、优势产业、关键技术上实现重大突破，专利特别是发明专利的申请和授权数量大幅跃升，具有自主知识产权、市场占有率高的产品和国际知名品牌在国内同类城市中居于领先地位。

创新氛围浓厚。就是南京丰厚的历史文化得到创新发展，敢为人先、敢冒风险、敢于创新、勇于竞争和宽容失败的人文精神广为传播，创新文化成为城市精神的重要内涵；讲科学、爱科学、学科学、用科学成为社会风尚，全民科学文化素质明显提高；创新环境全面优化，全民创新意识不断增强，创业激情充分释放，创新氛围更加浓厚，南京市将成为具有强大创新能力、持续创新动力和雄厚创新实力的城市。

二、统筹安排，整体推进，全面落实创新型城市的重点任务

自主创新是涉及政治、经济、科技、文化等社会生活各个领域的一项系统工程。要认真贯彻落实国家、省市科技发展规划，以建设创新型城市为目标，紧紧围绕经济社会发展中的重大问题，紧紧围绕人民群众

最关心的现实问题，突出重点，抓住关键，统筹安排，整体推进，全面提高原始创新、集成创新和引进消化吸收再创新能力，为实现"两个率先"、构建和谐社会提供强大动力和坚强支撑。

一是要在战略性优势产业发展上实现新突破，筑牢自主创新的支撑点。战略优势产业是南京经济的主体，是经济工作的重中之重。在这些产业领域，一些企业已经初具规模，在全国乃至国际市场上占据了相当份额，但缺乏核心技术的"根"，缺乏自主品牌的"神"，缺乏自主知识产权这个核心竞争力的问题仍然存在。我们要围绕电子信息、石油化工、汽车、钢铁等战略性优势产业，集中力量实施一批重大战略产品研发计划和专项工程，加快开发共性、关键技术和配套技术，攻克和掌握相关核心技术，形成完善的产业链和创新能力较强的企业群，使南京成为拥有较强自主创新能力的长三角先进制造业中心。同时，要围绕建设社会主义新农村，把科技进步作为解决"三农"问题的一项根本措施，坚持以高新技术带动常规农业技术升级，加大先进适用技术推广力度，持续提高农业综合生产能力，加快发展都市型现代农业。

二是要在先导型新兴产业发展上实现新突破，培育自主创新的制高点。新兴产业集中体现自主创新水平，是经济发展的重要力量。要坚持有所为、有所不为，大力发展软件、生物医药、新材料、新型光电、文化等新兴产业，突出重点领域和重大项目，加快实施人才工程、品牌工程和基地建设工程，形成一批具有自主知识产权、自我创新能力、产业规模效应的龙头企业，力争产业发展速度与水平在全国领先。要加大重点领域科技攻关力度，攻克一批技术难题，掌握一批核心技术，形成一批自主品牌，努力使新兴产业发展走在全省、全国的前列。

三是要在建设资源节约型、环境友好型社会上实现新突破，形成自主创新的切入点。南京正处于重化工业阶段，资源相对不足、环境承载能力有限是一个基本市情。在这种背景下，"十一五"期间，南京市要实现经济总量翻番，而单位地区生产总值能源消耗降低20%左右的目标，靠传统的发展模式肯定行不通，必须增强自主创新能力，突破资源、环境对经济发展的瓶颈约束，走出一条创新推动、资源节约、环境良好、效率提高的新道路。要大力发展循环经济，加快发展资源节约型产业、企业和产品，培育一批循环经济型示范企业，推广普及一批资源节约适用技术，全面提高资源综合利用水平，加强环境保护，实现节约发展、清洁发展、安全发展和可持续发展。

四是要在科技推动社会事业发展上取得新突破，强化自主创新的着力点。作为省会城市和区域中心城市，公共服务资源丰富是南京的显著优势。加快社会公共事业发展，同样要依靠自主创新和科技进步。要立足提高人民生活水平和质量，进一步加大医疗技术、人口健康、文化教育的研究开发力度，培养一批在国内外有影响的名医、名师、名家，取得一批有竞争力的自主创新品牌，构筑起社会公共服务体系的坚实基础。要立足快速发展的城市建设、城乡一体的发展态势，加强对城乡公共交通、基础设施建设、城市应急系统安全保障、城乡生态体系的研究和创新，取得一批富有成效的自主创新成果，惠及广大人民群众。

三、突出主体，整合资源，走具有南京特色的自主创新之路

南京建设创新型城市要坚持走突出主体、整合资源、优化环境、跨越发展的道路，切实解决好科技资源丰富与自主创新能力相对不足的矛盾。

第一，要强化企业创新主体地位。这是企业生存发展的灵魂，也是南京建设创新型城市的源动力。无论何种所有制企业，无论何种规模的企业，都应该根据自身实际，选择适合的路径，努力增强自主创新能力。要瞄准世界科技发展前沿，根据国家和省市科学技术发展规划，立足当前，着眼长远，明确技术创新的主攻方向。要通过企业自筹、银行贷款、风险融资、股权置换等多种方式和渠道，切实改变研发投入不足的状况。要加强企业技术中心建设，根据市场需求，加强关键性技术的超前研究，努力开发具有自主知识产权、市场前景好、附加值高的新产品，争创一批中国名牌、省级名牌以及中国驰名商标。激发企业创新的内在动力，是真正确立企业创新主体地位的根本途径。一方面，要靠改革。继续深化国有企业和科研院所改革改制，加快建立现代企业制度，明晰产权关系，完善法人治理结构，激发其创新的内在动力。另一方面，要靠引导。有关部门要把技术创新能力作为企业考核的重要指标，把技术要素参与分配作为企业产权制度改革的重要内容，并针对企业特别是中小型企业创新能力薄弱的状况，制定有力的财税、融资、政府采购、技术引进以及知识产权等政策，用利益机制激励、支持企业加大研

究开发投入，积极开展创新活动，推动科技成果转化和产业化。要看到，坚持自主创新并不排斥引进国外先进技术。事实证明，引进国际先进技术和产业资本，在此基础上实现南京的自主创新，是南京发展先进生产力的有效途径。要在大力引进国际先进适用技术的基础上，进一步提高消化吸收再创新能力，形成具有自主知识产权的新技术，实现企业发展的新跨越。

第二，要强化各类科技资源整合。南京拥有众多全国甚至世界知名的大学、众多全国一流的各级研究院所、众多实力雄厚的军工企业，他们是南京自主创新的最好资源，也是南京自主创新的主力军。我们要打破创新资源分割、创新活动封闭、创新成果扩散渠道不畅的局面，当务之急是要搭建一个平台、健全两个机制。一个平台，就是加快建立有形与无形相结合、功能完备、运作高效的科技创新转化平台，把高校和科研机构的实验室、工程中心、仪器设备与科研成果展示出来，把企业的技术需求、研发方向、攻关难题排列出来。通过实施高校、院所科研项目信息首发交流制度，让企业知道搞创新该找谁；通过实施企业产品、项目、科技发展需求首发交流制度，让高校、科研院所知道搞转化该找谁，真正实现创新资源"无缝对接"。两个机制：首先是要构建企业与高校、科研院所双向互动机制。推动企业把研发中心建在高校、科研院所，利用其一流的设备、技术和人才，降低创新成本、缩短创新时间、提高创新水平；鼓励高校和科研院所向企业开放科研资源，推动在企业设立联合研发中心和专项实验室，根据企业的需求确定科研方向，为企业发展提供针对性强的科技支撑，同时获得研发资金、提升应用水平。其次是要构建政府推动激励机制。加快建立南京科技创新联席会议制度，及时研究解决产学研合作中的重大问题，组织高校、科研院所、军工和企业等各方面的力量，对事关南京发展的重大项目开展联合攻关。要尽快实施促进自主创新的政府采购和奖励办法，凡是企业生产的自主创新产品，政府采购要优先购买；凡是首先在南京推广技术、转化成果的高校、科研院所，政府都要给予奖励；凡是利用南京地区高校和科研院所成果实现产业化的企业，同样给予奖励。要通过政府的引导、推动和激励，把企业、高校和科研院所的创新热情充分激发出来，创新资源充分调动起来，创新能量充分释放出来，实现高等院校、科研机构与企业科技联盟的结合，中央、省与南京科技资源的结合，军工与地方科技力量的结合，形成自主创新资源集聚的最佳效应。

第三，要强化政府科技管理创新。政府管理不创新，环境没有大的改善，城市的创新能力就不会有大的提升。公共服务型政府要努力营造好三个环境：一是营造良好的政策环境。这次市委、市政府提出了促进自主创新的 30 条意见，措施很实，含金量很高，关键是要落实到位，把政策优势转化为创新优势。国家还将下发实施中长期科技发展规划纲要的配套意见，政府各有关部门要超前研究，抓紧制定我市的具体实施办法，既要突出创新性，又要突出实用性，做到真正有利于创新资源的整合，有利于产学研的紧密结合，有利于企业、高校与科研院所创新积极性的发挥。二是要营造高效的服务环境。政府各部门要加强对各类创新主体在创新过程中普遍性、关键性问题的研究，及时提出解决办法，及时协调解决遇到的实际困难。特别是要转变观念，增强主动服务南京地区高校和科研院所以及军工企业的意识，为他们的建设与发展提供优越条件，为引进人才与学术交流提供便捷服务，为高校改革与院所改制提供完善的社会保障服务，为师生和科研人员工作生活提供良好配套设施服务。三是要营造公平竞争的市场环境。要完善法制环境，加快地方专利立法进程，成立南京市知识产权局，加强知识产权保护的司法和行政执法工作，依法严厉打击各种侵犯知识产权的行为，为知识产权的产生与转移提供切实有效的法律保障。要建立竞争机制，市里所有科技计划都要对全社会开放，支持和鼓励有条件的各类机构平等参与承担南京的重大计划和项目，为全社会创新创造良好条件。

第四，要强化创新投入体系建设。创新投入是一项战略性投资，又是一项高风险投资。必须充分发挥政府这只"看得见的手"和市场这只"看不见的手"两只手的作用，使财政资金的乘数效应得到最大限度体现，企业、大学、院所和社会各方面的积极性得到最大程度激发。要充分发挥政府投入的导向作用，在加大财政性科技投入力度的同时，进一步调整投入方向，从以往的一般性投入向重点支持经济社会发展的关键领域转变，从支持项目为主向重点支持资源整合与公共服务平台建设为主转变，使财政投入成为城市自主创新资源整合的润滑剂，成为企业和高校、院所提高自主创新能力的推进器。要充分发挥市场配置创新投入的基础性作用，借鉴国际先进的投融资理念，加快建立高新技术风险投资机制，发挥政府资金对风险投资的引导作用。要制定鼓励措施，

7

吸引社会与境外资金在南京发展风险投资业,使一批具有发展潜力的重点项目、具有创新能力的重点企业得到扶持。

四、发挥优势,明确方向,加快打造创新人才高地

南京市最大的优势在人才,最大的希望也在人才。必须加快建设一支规模大、素质高、结构合理的创新人才队伍,为提高自主创新能力提供强有力的智力支撑,加快实现从人才大市向人才强市转变。

要加快培养科技领军人才。南京市要走在全国建设创新型城市的前列,突破口就是培育大批的科技领军人才,以人才的领先推动创新的率先。南京拥有全国总量第三的两院院士及一大批各个领域的拔尖创新人才,他们是国家的宝贵财富,更是南京发展最珍贵的资源。今天,我们把在宁院士请上主席台,就是要强化尊重院士、尊重领军人才的导向,就是要在全社会形成名师辈出、人才辈出的氛围。希望各位院士继续围绕经济、社会发展中具有战略性、关键性作用的重大课题开展研究攻关,同时做好科技知识的传播与发展,结对培养中青年拔尖人才,多出成果、多育英才,为国家提高自主创新能力做出更大贡献。市有关部门要抓紧研究建立由政府引导、用人单位为主、社会支持的领军人才服务机制,在人员配备、设备配置等方面提供更多的支持,在医疗保健、家属就业、子女入学等方面提供更好的服务,解除他们的后顾之忧,特别是要加大经费资助力度,支持他们根据发展需要自主选题立项。要通过各方的共同努力,使南京市涌现出一批又一批能在科技前沿领域独树一帜、领先世界的领军人才,产生一批又一批在国际国内领先的重大自主创新成果。

要加快培养创新型企业家。一个优秀的企业家懂经营、会管理固然重要,但更重要的是要弘扬以爱国主义为核心的民族精神和以改革创新为核心的时代精神。有了这种精神,才能有更开阔的视野,自觉肩负起发展的重任,坚定不移地走自主创新之路,才能有更高远的目标,把振兴之志转化为创新之举,创建具有自主知识产权的知名产品、知名品牌。要把培育大批具有创新精神、能够组织技术创新与成果转化活动的企业家,作为建设创新型城市的重要内容。进一步健全企业家创业发展的支持服务体系,创新政府服务方式,为企业家成长提供良好条件,特

别是要加强企业经营管理人才的科技创新能力培训，帮助他们开阔视野，提高领导与组织创新的能力；进一步完善企业家激励机制，保护企业家合法权益，真正发挥其在企业自主创新中的核心作用。

要加快培养多层次专业人才。建设创新型城市是一个多层面的系统工程，对人才的需求也是多层次的，不仅需要拔尖创新人才、创新型企业家，更多的是需要大量的技能人才和工程技术人员。当前要围绕建设创新型城市、建设社会主义新农村、构建"五大中心"等重大战略任务，大力开展职业培训，实施高技能紧缺人才和农村实用人才培育工程，尽快培养一大批能熟练掌握先进技术、工艺的企业技术人才，能迅速把先进适用技术传授给农民的农业技术人员，能适应现代服务业发展要求、开拓意识强的现代服务业技能人才，使南京经济社会发展的每一个重要领域都有充裕的人才资源，每一位具有创新能力的人才都有施展才华的舞台。要坚持政府引导和市场推动相结合，制定激励政策，鼓励科技人员到企业、到生产一线发挥才智，使企业真正成为创新人才的集聚地。一个人创新精神的塑造，创新能力的培养，是一个长期的过程，非一朝一夕之功。要从学生抓起，加强素质教育和创新教育，使新一代南京人不仅在思想文化素质、劳动生活素质上领先，而且在创新创优素质上领先，切实担负起建设创新型城市的重任。

五、传承历史，开拓进取，大力弘扬城市创新文化

优秀的文化环境是建设创新型城市的前提与基础。胡锦涛总书记指出，"一个国家的文化，同科技创新有着相互促进、相互激荡的密切关系。创新文化孕育创新事业，创新事业激励创新文化。"一个国家如此，一个城市同样如此。南京是一座有着 2400 多年历史的六朝古都，南京市人民勤劳勇敢，进行了许多敢为人先的创新实践，创造了光辉灿烂的历史文明，更赋予了这座城市自强不息、厚德载物的精神。从六朝的山水诗，到南唐词家绝唱，从明清的戏曲和长篇小说，到金陵画派，南京的文学艺术创作，大家辈出，名篇荟萃，形成了许多具有开创性的流派和流传千古的经典作品。从陶弘景编著《本草经集注》，到祖冲之制定《大明历》，从世人至今赞叹的南京云锦、南京城墙，到明代郑和下西洋的世界壮举，在制造业、建筑业、纺织业、医药、数学、天文历法等

9

方面，南京市都为祖国科技事业做出了巨大的贡献，在世界科技发展史上写下了浓墨重彩的篇章。

新中国成立以后，在党的领导下，南京人民自力更生，艰苦奋斗，制造了国产的第一台自动机床、第一台电影放映机、第一只电视显像管、第一座卫星通信地面接收站，等等。改革开放以来，特别是"十五"以来，南京人民解放思想，抢抓机遇，开拓进取，取得了辉煌的业绩，并在实践中提炼和塑造了以"创业创新"为核心的新时期市民精神。回顾历史，我们深切地感到，南京人民具有久远渊源的创新意识和绵延不绝的创新传统，在新的历史时期，我们要继续继承优秀文化传统，大力发展创新文化，不断增强自强自尊精神，激发全社会的创造活力。

弘扬创新文化，就是要让创新成为700万南京市人民的共同追求。树立创新精神，是生活方式和价值观念的重大转变，是深刻的思想革命和观念更新。要围绕弘扬创新精神，开辟解放思想的新空间，大力提倡敢为人先、敢冒风险的精神，大力倡导敢于创新、勇于竞争和宽容失败的精神。要弘扬南京市传统文化中创新的价值理念，弘扬其中艰苦奋斗、勤俭兴业、诚实守信、坚忍不拔等优秀内容，在继承中创新，在挖掘中光大，构建富有南京特色、时代风采的创新文化体系，把丰厚的历史积淀转变为创新的动力。要广泛宣传，加强引导，形成崇尚创新、追求创新、鼓励创新的舆论氛围，放手让各方面的发展活力竞相迸发，让一切创造社会财富的源泉充分涌流，让创业、创新、创优在南京蔚然成风。

弘扬创新文化，就是要让创新成为700万南京市人民的自觉行动。要营造一种激励人们创业创新创优的机制，使全体南京市人民进一步增添创业的勇气、创新的锐气、创优的志气，把各个社会阶层和全体建设者创造新南京的积极性充分调动起来，使一切有利于"两个率先"的创新愿望得到尊重、创新活动得到支持、创新才能得到发挥、创新成果得到肯定。要教育、引导广大群众克服传统观念的束缚，真正形成艰苦创业、自主创业、全民创业的热潮。各级政府要以建设公共服务型政府为目标，创新管理理念，转变政府职能，创新服务手段，提高服务效能，以政府的自身创新引领全市各方面的创新。广大干部要在树立科学发展观和正确政绩观的基础上，充分调动争先创优的积极性，始终保持奋发有为、开拓进取的精神状态，形成每个干部创优争先、各个单位励精图治、所有区县竞相发展的生动局面。

50 年前，第一次全国科学大会吹响了向科学进军的号角，28 年前，第二次全国科学大会迎来了科学技术发展的春天。今天，党中央、国务院又提出了坚持科学发展观，大力实施自主创新，建设创新型国家的历史性任务。让我们紧密团结在以胡锦涛同志为总书记的党中央周围，在省委、省政府的领导下，坚定信心，共同奋斗，开拓进取，真抓实干，努力走出一条具有南京特色的自主创新之路，向人民交上一篇满意的答卷！

第一章

总 论

　　南京市是全国重要的科教中心，科教资源禀赋优势非常突出。依托这些资源优势，南京市的知识创新和技术创新能力处于国内领先地位。近年来，在建设全面小康社会的进程中，南京市依托其科教资源优势，探索新型工业化道路的实现机制，寻求建设创新型城市的模式和路径，并且以开放和改革的姿态主动融入全球化经济，通过"创新、创业、创优"，在新兴产业领域的许多方面，逐步推进和实现由"中国制造"向"中国创造"的转变，由此产生了一系列重大的自主创新成果。各种指标和数据都表明，南京市已经达到创新型城市的基本要求。在2007年中国城市发展研究会公布的地级以上中国优秀自主创新城市前100位名单中，南京市名列第九位。

　　本章在总结南京市推进自主创新历程的基础上，探究南京市自主创新的模式、路径，特别是研究科技资源转变为现实的高科技企业和技术的可靠路径。创新型城市的形成同政府的作用是分不开的，因此，我们关注在区域创新体系中政府进行集成创新的方式和途径，特别注意到南京地区在政府的推动下，知识创新主体和技术创新主体的有效结合这一南京模式的核心问题。

依托科教中心，南京正在成为创新型城市

　　自主创新、建设创新型国家，是中国21世纪的国家发展战略。其

基础是我国的一大批企业成为自主创新的主体，城市成为由创新驱动的发展型城市。创新型城市是指主要依靠科技、知识、人力、文化、体制等创新要素驱动发展的城市，其主要特征包括：创新型城市对其他区域具有高端辐射与引领作用；城市中营造起全社会的创新体制和创新文化；造就出一大批高水平的创新型人才；培养出一大批高层次的创新型企业家；打造出一大批在海内外有影响的创新型企业；创造出一大批拥有自主知识产权的名牌产品，构建出具有较强自主创新能力的产业体系。根据我们的调研，这些特征在南京正在显现。南京市依靠自主创新建设创新型城市的道路，成为我国经济社会发展转向又好又快发展的新模式的又一个典型。

分析城市创新能力的视角主要有两个：一是资源观；二是制度观。资源观认为，城市间创新能力的差异，取决于对不完全流动要素（如城市所在地的科技机构及其所拥有的高级和专业化生产要素，具有很强的根植性，它们的流动程度不完全由市场机制决定）的获取和使用，以及在资源使用能力上的差异性。制度观则强调，城市的创新能力，取决于由城市的价值观、文化、惯例、社会认同等因素所决定的体制和政策。本书试图从资源观和制度观的结合上，分析创新型城市建设中的南京模式的发展机制和路径。南京之所以能够成为我国先行的创新型城市，既有其科教资源在全国领先的优势，又有在全国先行的制度安排。这两方面的结合，使南京具备了强大的、可持续的自主创新能力，成为创新型城市。

▶▶ （一）作为全国重要的科教中心，南京具有充分的创新资源

南京市跟国内其他城市相比，自主创新所具有的科教资源禀赋优势非常突出，包括地方政府、高校和科研机构、企业（含军工企业）三路大军。它们既有悠久的自主创新历史，又有雄厚的科技创新的实力。这不仅体现为城市所拥有的大学和研究机构的数量充足，而且也包括城市集聚的科技人才的潜力巨大。

（1）全国重要的科教中心。目前拥有像南京大学、东南大学这样的各类普通高等学校38所，其中211工程高校达8所，名列同类城市

第一位。2005 年在校本科生 50.37 万人，在校研究生（包括硕、博士研究生）5.75 万人，每万人拥有大学生 845 人、研究生 96 人，两项均列全国第一。除了拥有数量众多的高水平大学外，南京还拥有多所像中国科学院南京分院，以及为数众多的国家级科研院所。依托这些高校和科研院所，南京拥有国家重点实验室 16 个，国家级工程技术中心 10 家，名列同类城市第一位，拥有国家重点学科 76 个，博士后流动站和工作站达 131 个，均名列同类城市前列。

（2）高层次人才集聚。2005 年末南京地区拥有中科院院士 45 人、中国工程院院士 31 人，教育部"长江学者奖励计划"特聘教授、讲座教授 73 人，国家杰出青年基金获得者百余人，国家"973"项目首席科学家 13 人，中科院"百人计划"入选者 14 人。南京集聚这一批高层次人才的意义，不仅在于他们自身的知识层次高、创新能力强、社会贡献大，更为重要的是在他们周围，可以聚集起一大批创新意识和创新能力都很强的杰出的创新人才团队。所有这些科技人才手中都有国家重大的前沿性研究课题。高水平研究和创新人才的集聚，其连带效应是南京完全可以称得上是人力资源强市。这是南京正在成为创新型城市的人力资源基础。

（3）地方科研实力强大。南京市拥有从事自然科学、工程技术、农业科学、医学和社会科学的独立研究与开发机构 105 家，其中部属研究机构占全省的 65.8%，省属研究机构占全省的 71.2%。从业人员 15448 人。其中工程与技术科学领域的独立科研机构数量，占全市独立科研机构总数达到 54%，农业科学领域的独立科研机构数量，占全市独立科研机构总数的 19%。此外还有从事气象、地震、海洋、测绘、技术检测、环境监测和工程技术与规划管理等专业技术服务机构 200 所，从业人员 5495 人，从事科技交流和推广服务业的有 141 所，从业人员 4654 人。除此以外，全市还有 543 家非独立研究与开发机构。

（4）根植于南京的大型军工企业和军工研究所和部省属大企业，是南京自主创新的重要的方面军。南京不仅拥有中国电子科技集团第十四研究所、二十八所、第五十五研究所等一批军工研究机构，还有熊猫集团、晨光集团等一批具有军工背景的企业。这些军工企业和和研究院拥有一大批尖端领域的科技人员和科技项目。

以上各种数据表明，南京市作为全国的科教中心，不仅创新资源具有充足性，而且，这种禀赋具有资源的根植性，可以形成持续的自主创新能力；这种资源具有领域的广泛分布性，有各种学科的综合，涉及面广，有利于形成经济社会和谐发展的优势；这种资源具有创新成果的辐射性，便于形成进入"国家队"的大学、大院、大所、大企之间的知识创新、技术创新和产业创新的互动和转移；这种资源具有创新的先进性和高水平性，使南京的创新可以处于国家创新体系的高端地位，带来经济社会的全面和谐及又好又快的发展。

▶▶ （二）依托禀赋的科教资源，形成自主创新的基本制度

科教资源转化为自主创新的能力，需要一系列的制度安排和制度建设的保障，其中最重要的方面，涉及知识创新和技术创新的结合程度，政产学研的结合程度，以及高新技术开发区、软件园、孵化器、风险投资公司和科技中介在内的创新平台和载体的完善程度。所有这些推进自主创新的制度建设，都可以产生强大的研发能力，促使南京所拥有的丰富的科教资源优势，通过向企业和其他部门提供新技术，进行技术扩散，转化为自主创新的能力。现在南京上述的自主创新制度已经基本形成。其主要表现是：

（1）在宁的高校和中科院系统院所，实现了向国家目标导向和服务地方的科学研究的转变。不仅其知识创新能力大大增强，而且其应用研究和服务地方的自觉性也大大增强。产、学、研进一步贯通，科研活动与应用开发活动相互促进。

（2）在宁科研院所实现了以市场为导向的科研活动，特别是大部分科研机构由事业单位转变为企业法人的科研机构，成为科技型企业。这类企业真正成为技术创新的主体。

（3）在空间布局上，形成了包括国家级高新技术开发区、大型科技园、科技企业孵化器、软件园区在内的多种层次的技术创新和技术转移基地和载体。

（4）在政策层面上，形成了政府强力推进创新的机制。其中包括：政府推动分散的自发的技术创新，转向制度化和组织化的集成创新的机制和政策；推动高校、科研院所和企业界的交互作用，知识和技术转移的组织、协调和集成机制；鼓励各类民营企业和各类科技资源有效结

合，吸引外资和外地高科技企业进入的政策和环境，在高起点上建设"产学研"的融合和合作创新的政策和平台；建设服务于科技创新和创业的技术市场、网上公共实验室，专利集市等公共服务机构和平台，等等。

▶▶ （三）作为技术创新主体的科技企业在南京集聚

创新型城市需要创新的主体，不仅需要知识创新的主体，也需要技术创新的主体。知识创新的成果转化为现实生产力，更需要技术创新主体的作用。技术创新的主体是企业，但这并不等于说，只要是企业就可以成为技术创新的主体。一般说来，成为技术创新主体的生力军是各类科技企业，特别是各类高科技企业。南京成为创新型城市的基本标志，是在南京地区集聚了一大批科技企业，特别是集聚了一批高科技企业。南京地区集聚的科技企业，主要来自三方面推动：

一是研究型大学和科研院所的推动。这些大院大所进入高科技研发的主战场，除了其在基础研究、原始创新领域的主体作用外，更为重要的是分出了一部分力量从事应用研究和开发，并且参与科技创新和创业。其中包括大学和科研院所直接兴办科技企业，如南大苏富特、东大金智等。也有由科技创新转为科技创业的，其中包括一部分从科研机构直接转变来的科技企业。也包括一部分大学和科研机构的科技人员（全职或兼职）带着科研成果直接创办的科技企业。最有代表性的，包括南瑞集团、中伏光电、新华科技、戈德环保等。这些企业利用其原始创新成果，开发出了一大批专利技术和产品，并实现了产业化。

二是国防军工企业和在宁部省属大企业的推动，它们所进行的研发活动直接推进了高科技的产业化进程。其中最有代表性的是十四所、熊猫电子、晨光集团、国电南自等。这些大所大企业是带动所在行业自主创新的排头兵，具有用系统集成方式实现重大装备创新和产品国产化的能力。

三是从国内外引进的一批包含研发中心的科技企业的推动。近些年来，南京依托科教资源和大企业的"磁吸"效应，逐步从国内外引进了一批包含研发中心的科技企业，其中包括摩托罗拉、朗讯、光宝科技、金利得电子、英达热再生公司等在内的外商投资的科技企业，华为、中兴通讯等国内外著名企业在宁设立研发基地。应该说，外来的著名高科技企业，特别是其研发中心的大举进入，是南京成为创新型城市的重要的标志之一。原因是高科技企业及其研发中心对所进入的区域的选择与一般的制造业不同，后者对生产要素成本高度敏感，而前者对创新的环境所体现的交易成本十分敏感，如果没有适合的创新的资源，创新的氛围，创新的集群，创新的制度环境，它们是不会轻易进入的。

从南京高科技企业和高科技研发机构的高集聚度中，我们可以看出南京作为创新型城市的鲜明特征，即南京地区不是一般的、某些空间区域成为高科技产业园区，而是整个城市都是高科技园区。

▶▶ （四）企业创新活跃，创新主体作用凸现

自主创新是在创新主体控制下，获得核心技术、知识产权的创新。针对过去和现在的很多核心技术都是从发达国家引进，自主创新的核心是强调自主，但是着眼点仍然是技术创新。自主创新包括进入的外资企业在中国本土的创新。影响企业自主创新的因素大致是：创新的投入、创新的机制以及创新的制度。

在长三角的主要城市中，南京是开展科技活动比重最高的城市。早在2004年，规模以上的工业企业中有科技活动企业的比重，南京高达16.4%，名列第一，比全国的11.9%高出4.5个百分点，比整个江苏的13.4%高出3个百分点。近几年企业的科技活动更为活跃。

企业成为技术创新主体的重要特征，是企业在自主创新和转化科技成果方面给予足够的投入。我们可以从南京市企业研究与发展（R&D）经费支出中观察到南京市企业的创新主体作用的凸现：

（1）2006年全社会R&D经费占GDP的比重达到2.7%以上。

（2）南京市企业R&D经费投入占产品销售收入的比重逐年上升。2004年为1.5%，2005年为1.7%，2006年为1.8，高于全国1.52%的平均水平。

（3）大中型企业更为关注研发投入。2005年大中型企业R&D经费达30.6亿元，占全社会R&D经费的53.7%。

（4）新产品开发是技术创新的主要形式。2005年全市规模以上工业企业新产品开发经费支出37.95亿元，占科技活动经费支出的

50.5%，完成新产品产值 710.3 亿元，新产品销售收入 662 亿元。

南京市企业的创新有多种方式和途径，其中主要有：企业内设研究机构，在企业内部开展研发；企业与高校和科研机构合作参与国家科技计划；企业委托和资助高校和科研机构开展企业需求的创新项目；企业购买高校和科研机构的研究成果开发并应用等。总地来说，成为技术创新主体的南京企业，基本上都具有与高校和科研机构合作的显著特征。

▶▶ （五）技术创新成果表明，南京的经济发展正在转向创新驱动

从整体上来说，南京市近年来所取得的科技创新的成果，证明了其经济发展实现了由要素推动向创新驱动的转变。这是创新型城市的重要标志：

（1）科技进步贡献率。2005 年全市工业科技进步贡献率达 45.84%，农业科技进步率达到 47.25%。在江苏省科技进步统计综合评价排名中，南京市连续 5 年保持第一；在两年一次的"全国科技进步先进城市"评比中，南京市连续 5 次上榜。

（2）专利的申请和授权。南京的发明专利数量占专利授权总数的比例，要遥遥领先于其他主要城市。南京市专利申请量 2005 年达 5228 件，2006 年达 6793 件；授权量为 2005 年为 2166 件，2006 年达 2400 件，其中更能体现技术创新能力和潜力的发明专利申请量，2005 年达 2321 件，2006 年为 3360 件，授权量 2005 年为 593 件，均据全省第一位；发明专利申请量占专利申请量的 44.4%，名列全国同类城市第一位。特别需要注意的是，2006 年企业专利申请量达 2938 件，比上年增长了 60%。

（3）自主创新品牌。南京的中国名牌产品和全国驰名商标拥有数，2006 年分别为 11 个和 7 个；中国名牌产品和全国驰名商标拥有数的新增数，2006 年超过前 10 年的总和。

（4）高新技术孵化器。2006 年南京孵化器总数达 25 家，占全省的 33%；其中国家级孵化器有 8 家，占全省的 47%；完成孵化的企业 485 家，占全省的 30.9%；在孵企业 1900 家，占全省的 32%。

▶▶ （六）科技成果转化率反映科技创新的吸纳能力和外溢效应

南京的科技创新，不仅表现为本地高校、科研机构以及受到本地优秀科教资源吸引来的外地的合作研发机构的活动，而且表现为整个地区的科教和研发活动对整个国家的外溢和贡献。

2006 年南京地区高校和科研院所应用类科研成果实施率超过 82%，其中在南京的转化率 2005 年为 28%，2006 年有 1484 个科研成果在南京转化，转化率达 33%，比上年提高 5%，占在宁高校在江苏转化成果的 65%。这说明，在宁高校的科技成果就地转化率达到了 1/3，与此同时，技术合同交易额突破了 50 亿元，比上年提高 17.6%。这说明南京市不仅已经成为科技成果的吸纳中心，同时也成为科技成果的外溢中心。

衡量南京建设创新型城市的力度，不能用狭隘的眼光，不能仅仅看这些高校、研究机构对本地科技成果的就地转化率，还要看它在全国范围内的转化率。对南京作为创新型城市的评价，更应该关注在宁高校科研院所对全国的辐射力和辐射范围。南京自主创新的贡献不仅表现在南京本地，而且其影响遍及江苏省和全国。南京一方面每年向全国、全省输送了很多高级专门人才，另一方面有很多科技成果转化到全省、全军和全国。应该说，南京的自主创新对中国经济发展的外溢效应十分巨大。高校和科研机构的创新，不论是否在本地转化都是创新型城市的重要组成部分，都表现为中国创新体系建设中的巨大成就。这反映了南京区域创新在国家创新体系中的地位和影响力。

▶▶ （七）高新技术产业是创新型城市的产业支柱

创新型城市需要以具有竞争力的产业，特别是高新技术产业为支柱。因此，推动产业升级、提高产业的科技含量，是建设创新型城市的基本内容。

南京市高新技术产业已经成为工业发展的第一支柱产业。2006 年，全市高新产业实现销售收入 1540.5 亿元，占工业销售收入比例达 32.7%，高新技术及产品出口达 41.62 亿美元，同比增长 42.6%，占全市出口总值的 24%。目前，南京市已形成了电子信息与软件、生物医药、新材料等一批优势与特色产业，形成了一批原始创新、集成创新和引进消化吸收再创新的新技术和新产品。

我们选择了测度创新投入和产出的主要指标对南京市 36 个工业行业进行自主创新评价。创新投入的指标主要包括科技经费投入、R&D 经费投入和 R&D 投入强度。创新产出指标主要包括工业总产值、工业销售产值等经济指标。评价的结果，自主创新状况相对较优的行业包括：化学原料及化学制品制造业、交通运输设备制造业、通信设备、计算机及其他电子设备制造业、仪器仪表及文化、办公用机械制造业这四个行业，医药制造业、黑色金属冶炼及压延加工业、通用设备制造业、电气机械及器材制造业这四个行业的自主创新状况也相对较好。在R&D 经费投入方面，航空航天制造业、计算机及办公设备制造业、电子及通讯设备制造业、医药制造业、专用科学仪器设备制造业、电气机械及设备制造业、新材料产业等高新技术产业投入的 R&D 经费，占南京市规模以上工业企业 R&D 投入的 26.4%。在工业总产值与利润方面，计算机及办公设备制造业、电子及通信设备制造业和新材料产业 3个行业的工业总产值超过百亿元，这 3 个行业的工业总产值已占高新技术产业工业总产值的 82.55%。在利润方面，电子及通信设备制造业的利润总额最高，电气机械及设备制造业次之，新材料产业第三。

这样，南京市工业行业中自主创新成绩领先的四个行业，可以简单地概括"电、汽、化、新"，即电子信息产业、汽车工业、石化工业以及新型的高科技产业。新型的高科技产业主要包括生物医药工业和新材料工业等。

南京市高技术产业中发展最快的是软件产业。南京软件业连续 5 年保持 50% 以上的高速增长，产业规模 2006 年达到 258 亿元，在全国省会城市中位居第一。软件出口 3.8 亿美元，同比增长 80.95%。2006 年全国新增 19 个"中国优秀软件产品"中，南京有 11 个，占 57.9%。

作为南京创新型城市产业支柱的，不仅是上述四个高科技制造业，还有一个是发展迅速、具有独特竞争优势的现代服务业。"九五"以来，南京市服务业总量在地区产值中的比重逐年提高，从 1995 年的 40.3%，上升为 2005 年的 46.3%。1996～2004 年期间，服务业增加值的增幅连续9 年超过 12%，其中有 6 年的增幅超过了制造业。"十五"期间，全市服务业增加值年均增幅达到 13% 以上，2005 年实现服务业增加值 1118 亿元，服务业比重位居全省第一。目前，南京市新增的就业岗位有 80% 以上是由服务业提供的，现代服务业成为南京国民经济的支柱产业。特别要注意到的是，南京市的包括创意产业在内的文化产业，近几年依托南京市的人文学科优势正处于方兴未艾阶段，有望成为新的支柱产业。

以上分析概括起来，在当今的南京市，除了以南大、东大领头的进入国家 985、211 行列的研究型大学外，在空间布局上，城区内有三个国家科技园领头的各类科技园和软件城，城区周围有三个国家级高新技术开发区。在创新链上有由国家实验室领头的各级实验室，国家级工程技术中心领头的各级工程技术中心，国家级孵化器领头的高新技术孵化器，以国际著名高科技企业和部省属企业的研发中心领头的各类研发中心，还有一大批民营科技企业。可以说南京市满城都是科技园。南京市正在成为具有高科技自主创新能力的创新型城市。

基于科教资源优势，南京自主创新模式的选择

自主创新能力作为当代城市创新力的核心，需要各个城市根据自身的经济社会发展条件和科教资源，选择最适宜的创新模式和路径，同时也需要在城市的政府、大学研究机构和产业界之间进行战略互动和资源整合，以最大限度充分地利用各个主体的创新潜力。

▶▶ （一）科学定位南京自主创新模式

建设创新型城市，关键是选择适合南京特点的、尤其是南京资源禀赋和制度条件特点的创新模式和路径。

南京市是全国重要的科教中心，因此定位自主创新模式的关键，是充分认识大学（包括中科院系统的科研机构）在自主创新中的引领作用。大学和科研机构是知识创新的主体，研究型大学和科学院更是自主创新的生力军。原创性、高起点、高水平、高质量的科技创新活动，是研究型大学和科学院义不容辞的责任和使命。其科技创新工作可分为两种：一是基

础性原始创新，二是将知识创新成果转化为现实生产力的应用性研究。大学参与创新型国家和创新型城市的建设，主要涉及两个方面的作用：一方面其基础性研究以国家目标为导向，所产生的原始性创新成果既能瞄准世界水平，同时又为国家目标服务，解决国民经济发展的重大问题；另一方面，基础研究要向应用性研究延伸，并主动推进科技成果转化和产业化，使科技成果的开发与应用和市场紧密结合。这样，研究型大学和科研机构作为知识创新的主体，同时也承担着"技术转移"的主力军作用。

对南京这种科教资源集中的城市来说，建设创新型城市的关键，是建立基于资源和制度融合的创新模式，高度重视科教资源优势向产业界顺畅流动的机制建设，高度重视产学研、政产学研之间的有效结合。创立南京的自主创新模式，就区域特点来说，有以下三个方面考虑：

第一，美国的成功经验可以成为南京自主创新模式的借鉴。《世界是平的》一书总结美国的成功得益于其无数的制度优势，其中包括：（1）美国拥有很多具备科研能力的大学，它们源源不断地提供实验结果、创新成果和科学突破；（2）大学——企业科技中心可能涵盖很多学校和企业，最终将带动新产业的繁育，新产品的生产和新技术的运用；（3）拥有全球监管最严格、效率也最高的资本市场，新产品和创新很容易得到风险资本的支持；（4）美国社会的开放性，可以吸引众多的外国朋友；（5）严格的知识产权保护制度。① 在拥有很多具备科研能力的大学这一方面，南京有类似美国之处。

第二，南京要建设创新型城市，与深圳的模式不可能相同。深圳模式主要强调"四个90%"以上在企业：一是90%以上的研发机构设立在企业；二是90%以上的研究开发人员集中在企业；三是90%以上的研发资金来源于企业；四是90%以上职务发明专利出自于企业。这一模式的出发点和结局，都是要把自主创新资源向企业集中，由企业建立研发中心来搞创新。但深圳的经验不一定适合南京，因为在资源禀赋方面，两个城市的差别非常大，深圳起初没什么科教资源，自主创新就必须面向市场，吸收全国各地和世界的科教资源。南京则不同。南京自主创新的关键是要整合资源，实现高校、科研院所的知识资源与企业技术创新资源的对接，建立高校、科研院所的知识创新源泉向企业技术创新顺畅流动和转移

---

① 托马斯·弗里德曼：《世界是平的》，湖南科技出版社2006年版，第251~253页。

的社会机制，并在此基础上形成开放和吸收国内外资源的发展机制。

第三，在国内科技资源丰富的城市，除了南京市外，与南京市相当的还有西安和武汉等城市。比较这些科教资源类似的特大型城市，南京市的优势在于处于中国经济最发达、开放最前沿的长江三角洲地区，享有天时、地利上的优势；拥有一批创新能力强的部省属大企业。这种优势会给在宁高校和科研机构提供更多的、更充分的市场化和对外开放的条件。

基于区域特点分析，南京自主创新的关键，是充分发挥大学和科研机构在自主创新中的引领作用，将高校和科研机构的自主创新潜力充分释放出来。如果说深圳主要采取的是以其体制和企业竞争力优势吸引科教资源的模式的话，那么南京模式需要充分发挥大学和科研机构在自主创新中的引领作用，注重政产学研互动下的技术转移机制的建设，以及以科教资源的优势吸引外资和外地科技企业的进入。

南京选择的自主创新模式符合"世界是平的"的原理。在现代网络和信息经济中，人和人之间交流所达到的新水平，再加上以网络为基础的应用软件，会创造一个具有多种合作形式的全球新平台。人们可以和世界更多地方的更多人展开分工合作，并且分享更多类型的知识。在国家创新体系中，大学、科研机构与企业必须形成合理的分工协作体系。大学与科研机构是生产知识的地方，企业的主要功能是实现把知识变成财富的技术创新和产业，即使有技术创新，其创新成果的水平也不一定很高。世界科技发展趋势是，高技术产品的技术复杂性明显增加，产品的技术突破需要不同学科不同方向的技术集成，全球竞争的加剧和技术的变化，迫使企业从内部的垂直集成，转变为与大学科研院所市场一体化的横向集成，因此，南京的自主创新模式，是符合世界科技的发展趋势的自主选择。

▶▶ （二）大学与地方政府合作，从政府方面消除产学研结合的屏障

长期以来，大学、地方政府与企业实际上是在相互封闭中发展的。特别是在南京，虽然大学和科研院所密集，但其绝大部分是部省属的。其与南京市的科技合作关系，与南京地区企业的关系，在很大程度上存在着"鸡犬之声相闻，老死不相往来"的状况。因此，建设创新型城

市首先要打破这种屏障，在大学、科研机构、产业界与地方政府之间建立广泛深入紧密的合作关系。地方政府与高校的全面合作，可以促进地方人才素质和科技创新能力的提高；同时也可以促进大学优质科教资源与社会实践的有机结合。

为整合南京科教资源，把南京科教优势就地转化成发展优势，建设"全国重要科教中心"，推倒横在产学研之间的屏障，南京市政府主动担当起了地方政府和高校、科研院所合作的发动机。其主要途径包括：

（1）与南京大学、东南大学等部属高校签订全面合作协议，从而与高校建立制度化的合作关系。

（2）支持在宁高校进入三个大学城，并在各个方面为之提供最大限度的支持，由此在实际上形成了与部省共建相关大学的局面。

（3）与大学共建科技园，如南京大学—鼓楼国家大学科技园，东南大学国家大学科技园，南京理工大学国家大学科技园等。

（4）对高校的投入不再区分行政边界，不区分是否是市属，而只看项目是否落户南京。南京市政府的科技投入进入了部省属大学和科研院所。政府在加大财政性科技投入力度的同时，进一步调整投入方向，突出项目支持和对资源整合与公共服务平台建设的支持。

（5）最大限度地支持大学生在南京就业和创业。南京市政府千方百计地建设和引进便于大学生就业和创业的各类项目和岗位，最显著的就是各类软件项目，如吸引进入南京的中兴通讯项目，就网罗上万人才，其中半数是南京高校毕业生。

（6）支持高校、科研院所与企业合作研究，通过互相交换和吸纳研究人员，增进信息交流，共同从事应用开发研究。为高校和科研机构在南京转化科技成果提供各项资助和协助，鼓励科技人员创业。

所有这些政府与大学的实实在在的合作措施的实施，不仅提高了大学的自主创新能力，同时也大幅度地提高了大学和科研院所的科技成果在南京地区的转化率。

▶▶ （三）以技术转移机制建设作为建立创新型城市的突破口

科教优势转化为自主创新优势，对接知识创新主体与技术创新主体，关键是建立有效的技术转移机制，也就是产学研结合的平台。南京市的自主创新模式，是把技术转移机制的建设作为体制创新和建设创新城市的主要突破口和抓手来抓，这就切中了自主创新关键，为创新型城市建设提供了制度保障。

南京创新型城市建设把技术转移机制的建设，作为确立创新驱动的城市发展道路的工作抓手，对于推进我国各城市特别是经济、科教、文化比较发达的特大型城市的创新社会的建设，具有典型的示范作用和推广价值。

技术转移机制中的对象是科技企业。一般的科技企业都是以小企业为主体。而在南京，除了一部分高校办的科技企业及科技人员办的科技企业外，有相当数量的大中型科技企业。其原因为：南京是全国重要的军工基地，拥有熊猫集团、晨光集团等一批具有军工背景的企业；同时有一批像国电南自、南京汽车制造厂、扬子石化等部省属大型企业。这些企业均有强大的科技力量，是各自行业的排头兵，掌握着研发具有知识产权的先进技术和产品的能力。这意味着在南京不仅有作为知识创新主体的大学大院，还有作为技术创新主体的大企业大集团。因此，南京要建立技术转移机制，应特别关注在这两者之间建立产学研合作平台。

为促进大学、研究所的知识创新向企业的技术创新的转移，南京市政府建立了有效的技术转移机制。近年来，南京市政府在充分发挥市场机制作用的基础上，引导大型科技创新攻关、孵化高新技术产业、培育创新环境等方面，出台了许多可以称得上"大手笔"的、有影响的政策。

基于以上分析，南京独特的自主创新模式，可以用"12345"来概括，也就是一大平台、两个机制、三路大军、四大载体和五大领域。一大平台即基于科教资源优势的、促进科教成果转化和资源整合的政产学研结合的平台；两个机制，就是"市场机制＋政府强力推进机制"；三路大军，即地方政府、高校和科研机构、企业（含军工企业）三路创新大军；四大载体，就是从技术链路径上形成的"国家重点实验室、各类高新技术企业孵化器、各类科学园科学城，以及各类国家级开发区"四大创新载体；五大领域，指技术创新和技术转移在"电、汽、化、新、服"五大高科技产业重点突破，也就是电子信息产业、汽车工业、石化工业、新型的高科技产业和现代服务业成为创新型城市的产业支柱。用一句话概括来说，就是依托全国科教中心优势，在"两个机制"的共同作用下，通过"三路大军"的协同努力，借助"四大载体"，把高等院校和科研机构的知识创新资源，通过有效的技术转移机制，集中地配置到"五大领域"为主的城市支柱产业上，探索和走出了一条创新驱动的城市持续发展的道路。

▶▶ （四）依托人文学科优势建设创新文化

南京选择的自主创新模式与南京独有的文化基础和南京市弘扬的新时代创新精神密切相关。在这方面，南京人文学科的优势得到了充分发挥。

自主创新是一个庞大的、系统的社会经济工程，涉及的领域不仅仅是指技术创新，而应该更宽一些，是全社会方方面面的创新事物。南京的实践是把自主创新的概念，延伸到社会经济的各个方面，比如，文化创新、观念创新、体制创新、政府管理创新等，把自主创新提升到调整产业结构、转变经济增长方式的宏观层面，让创新成为落实科学发展观的强大动力。

南京深厚的文化底蕴是促进创新的重要条件，有35万年的人类活动史，6000年的文化史，2470多年的建都史，先后10个朝代在此建都，为南京留下了极其丰富的历史遗迹和灿烂的文化遗产。开放性的移民文化为各种文化观念的撞击创造了环境。各种文化的融合与创新使得南京一直是中国新文化、新思想、新技术重要的中心。南京古代科技，在化学、医药、数学、天文历法、航海造船、印刷出版和建筑诸方面，都为祖国科技事业做出了巨大的贡献，甚至在世界科技史上留下了灿烂的一页。南京文化中从来就有一种奋发有为的精神，有一种"天变不足畏，祖宗不足法，人言不足恤"的进取精神，有一种敢为天下先的精神。所有这些文化经过人文学者的挖掘，都可以成为今天的创新动力与源泉。

创新需要创新文化和创新精神的支持，建设创新型城市，说到底是一个社会氛围和文化的建设。观念创新对南京这个历史沉淀较多的城市来说，显得尤为重要。南京市委、市政府从第11次党代会后，就正式提倡新时期南京"十六字市民精神"。它们是："开明开放、诚朴诚信、博爱博雅、创业创新"。从 2001 年底以来，南京市广泛开展了"塑造新时期南京市民精神"的主题教育活动，弘扬"敢为人先、敢冒风险、敢于创新、敢于竞争、宽容失败"的创新精神，让一切有利于社会进步的创造愿望得到尊重，创造活动得到鼓励，创造才能得到发挥，创造成果得到肯定。在这一增添人们创业勇气、创新锐气、创优志气的创新文化的带动影响下，充分释放了蕴藏在高校、科研机构和企业中的创新力。

创新文化的建设不能忽视南京人文社科领域专家的作用。南京自主创新体制和政策的形成有社科专家的贡献，南京明孝陵的申遗，名城会的策划有人文学者的影子，近年来南京文化产业的发展，文化创意产业和创意园的建设，都可以发现文化人的作用。

产学研结合，大学进入南京自主创新的主战场

在南京创新型城市建设中，大学（包括中科院系统的科研机构）和企业形成了一条"创新链"，而在这条"创新链"中，大学是自主创新的源头，同时也是推动科研成果转化的基本动力之一。

在说明研究型大学和科研院所的功能时，需要肯定其从事的基础性研究和原创性创新对建设创新型城市的意义。作为知识、技术、信息、人才、思想、国际合作的源头，大学在基础科学和高科技前沿做的原创性研究工作，以及所取得的成果，不仅提高了所在高校和科研机构的国际学术地位，而且也大大提高南京作为创新型城市的国际地位。虽然许多带有原创性的基础研究成果，可能只是提供明天甚至后天的技术，但在其周围可以聚集一流的科学家，一流的研究设备，前沿的研究课题，同时今天可以应用的前沿高新技术，基本上是昨天和前天论文思想的实现。由此，高度重视基础研究、重视科研论文的质量就是重视明天的技术。因此，原创性研究、基础性研究在创新型国家建设中不但不能忽视，而且必须继续得到加强。南京地区的高校以南大、东大为代表，在 SCI、EI 收录的论文数和被引用论文数，一直名列全国高校前茅。例如，南京大学从 2000～2005 年获得 10 项国家自然科学二等奖，2006 年

又获得国家自然科学一等奖。足见南京知识创新的能力和成果均居国内领先地位。

在南京创新型城市建设中，在宁大学的作用进一步向应用研究延伸，并由此进入科技成果转化的领域。大学也有条件分出一部分力量专门从事应用研究和成果转化，由此在大学中形成知识创新和技术创新的交互和互动效应。大学在自主创新的实践中，在政府的引导下，创新了创新模式，这就是通过与地方政府合作，产学研结合，融入区域创新体系。

▶▶ （一）向企业转让科技成果

企业成为自主创新主体的一个重要标志，是大学创新的科技成果转让到企业，企业利用这些成果创新技术和产品。作为知识创新主体的大学，其参与技术创新过程的内容是将知识创新成果在企业转化，以及用知识创新成果解决其技术创新的难题。

高校自己办企业，科研成果直接转给校办企业，是成果转化的一种形式。大学科技企业具有优先成为大学科研对象的先天条件，企业可以在大学完成科研之前，提前了解大学的科研成果，选择自己需要的技术，提前做出引进技术的决策，并让自己的科技人员超前介入大学科研成果的后期研发活动。实践证明，在南京，高校兴办科技产业有不少是成功的，例如，南京工业大学依托在陶瓷膜领域取得的专利，成立了南京九思高科技有限公司，注册资金3344.3万元，建有5000平方米的陶瓷超滤膜生产线、渗透汽化分子筛膜中试线；拥有3000平方米的实验和办公用房，建有1条膜法纳米催化剂中试生产线和膜法植物提取中试线，并且在膜制备、表征、污染与清洗及膜组件和应用设备研制等各个方面，取得了多项重要成果，已有3项成果通过江苏省科技厅组织的专家鉴定，技术达到国际先进水平，拥有20多项膜应用技术的专利使用权。

但是单纯由大学办的科技企业不少是不成功的。高校办的企业，面对的根本性矛盾是仍处于旧体制襁褓中的校办企业难以同市场对话和接轨。许多成果尽管科技含量很高，都是由于缺少商业价值，或者即使有商业价值，由于校办企业没有经营或营销能力仍然难以成功。因此，大学创新的科技成果转让给企业的途径需要创新，这就是走出学校，把科研成果一次性地以部分或全部专利或特许权等形式转卖给生产企业。例如，东南大学把研制的 10 多项拥有自主知识产权的成果，辐射到熊猫集团等 10 多家企业，使企业新增产值 3 亿元以上，利税近亿元。

这种转化形式一般适用于科技成果的成熟度比较高、转化的新产品技术路线明晰完整，初步完成了开发设计过程、明确了工艺加工流程甚至通过了产品中试的项目。在成果成熟度不很高的情况下，企业就要承担较高的技术风险、投资分享和市场风险。若企业没有比较雄厚的经济实力，就难以下决心买断成果的产权。这些先天性的弱点，使得这类成果转让的方式不能满足科技成果转化的多层次需求，也就产生了其他的成果转化方式。

高校在自主创新的实践中，在政府的引导下，创新了创新模式，这就是通过与地方政府合作，产学研结合，融入区域创新体系。

▶▶ （二）以技术入股企业

南京的高校与企业创造了多种类型的技术入股企业形式。

（1）大学及其科技人员以技术或科技成果入股新办的企业，大学向企业转让科技成果采取入股分红的形式。例如，南京大学研制成功了具有 20 多种自主知识产权的 MO 源（金属有机化学气相沉积技术）产品，4 种已转让入股成立"江苏南大光电材料股份有限公司"，并已实现规模化生产。南大化学系的张全兴教授拥有 20 多项发明专利，2002年，与上市公司戈德、省内三家企业共同组建南大戈德环保有限公司，注册资金 1200 万元，南大以技术入股，占股 30%，其中张全兴教授占股 6%，其他几位科技人员占 10%，学校和环保学院占股 14%。东南大学在 2005 年以技术入股的方式，组建高科技企业——"南京博远科技有限公司"，这是以东南大学国家重点实验室的 6 项科技成果组建的，转化价值达 70 万元，注册资本 300 万元。

（2）大学主要依托其技术发起，组建股份公司上市吸收社会资本。例如，江苏南大苏富特软件股份有限公司，是江苏省高校第一家上市公司，现已成为安全软件以及电子商务研究项目的重点研发单位，连续 3年入选中国软件百强企业。

这里的技术入股者可能是学校，也可能是科技人员个人。这类产学研结合的企业形式具有明显的科技创业的特点。高校以技术入股企业的产学研合作创新模式，受到广泛的重视。高校以专利技术、非专利技术等作为出资，企业以现金、实物等作为出资，共同组建有限责任公司或股份有限公司，由该公司去实现技术的商品化和产业化。

以技术入股企业的科技成果转化方式，适用于需要对技术成果作二次开发的科技项目，这种转化形式是双方一种较长期的合作。这种方式能够优势互补，风险共担，实现单独一方难以完成的目标。更为重要的是校企分开，企业按公司规则运行。

▶▶ （三） 与企业共建研发机构

高校与企业共建研发中心，有的建在高校，有的建在企业。这样，学校教师能够定期到企业中去进行研究；企业科研人员也能介入学校专门从事研发工作。在这一过程中，高校的科研人员与企业人员可以实现充分的信息交流，把高校研究人员在科研过程中所追求产品的先进性，与企业在研发过程中对产品适应市场需要的要求结合起来。另外，这在一定程度上建立了高校与企业的长期合作机制，实现了利益上的共赢，避免了高校科研成果过剩与企业科研成果短缺共存的尴尬局面，形成了一种良性循环的长效机制。

（1）大学与企业共建的研发机构建在大学。例如，南京大学与金川集团共建的实验室建在南京大学化学化工学院。

（2）大学与企业共建的研发机构建在企业。例如，东南大学与国电南自合作，研制出南自超声波电机，在解决核心材料研制与优化、加工工艺研究定型、控制方案研究与实现、实验及测试设备研究与制造、设计系统研究、产品优化等方面，取得了一系列成果；东南大学与南京云海特种金属有限公司合作，共建江苏省镁合金材料工程技术研究中心，开发高性能镁合金研究与产业化项目并取得了突破性进展。

（3）在大学校园内提供场地，吸引企业研发中心进入。例如，南京工业大学在校园内建成78000平方米的科技创新大楼，进入该大楼的不仅包括该校的重要实验室等创新平台，同时还有20多家与该校建立合作关系的企业研发中心。

▶▶ **（四）大学科技园成为依托大学促进科技成果转化的创新平台**

南京现有三个国家大学科技园，分别是东南大学国家大学科技园、南京大学—鼓楼高校国家大学科技园和南京理工大学国家大学科技园。国家级大学科技园的数量，居全国第三，同类城市第一，特别是进入大学科技园的大学数量是全国最多的城市之一。

大学科技园与一般的高新技术开发区不同，其基本功能是将大学创新的高新技术在这里孵化为高新技术及其企业，因而是依托大学科研力量促进高技术产业化的创新平台。大学科技园的主体一般是大学及其科研机构和科研人员。进入大学科技园的有大学所属科研机构和科技人员办的企业，也有其他科技型中小企业。大学科技园作为高新技术的孵化器，可以有效解决知识创新主体与技术创新主体之间的对接。大学教师的科技成果在这里，或转让给企业，或创办自己的科技企业。大学科技园集科研、开发、孵化、科技中介、创投、技术贸易和科技成果产业化为一体的开放型的高新技术园区，为科技人员自主或合作创业提供了便利，也为创新人才的培养提供了基地。它还成为吸引高校教师、学生、校友、归国留学人员等各类人才入园创新创业的集聚和培育基地。

2001 年 5 月，被科技部、教育部认定为首批国家级大学科技园的南京大学—鼓楼高校国家大学科技园，采取"政校企合作，市场化运作模式"，按照"校府结合、多校一园"的发展模式，由南京大学和南京市鼓楼区人民政府领头，河海大学、中国药科大学、南京师范大学、南京医科大学、南京中医药大学、南京工业大学、南京邮电学院、南京工程学院等九所院校进入。至 2006 年，科技园孵化面积达 33 万平方米，园区高新技术企业总数达 607 家。在孵企业从业人员 11018 人，其中留学归国人员 40 余名，实现科技成果转化项目 135 个，批准专利 87 件。依托大学科教资源，在科技园内建立了一系列的创新载体，其中包括高科技企业孵化器、软件城以及江苏最大的工业设计中心。园区还成立了国际高科技风险投资服务园，包括美国华平、德同基金在内，全球 9 家风险投资商入园，为手中 300 亿美元资金寻找"种子"。园区成立项目组，从 600 多家高新企业中筛选"良种"，推荐给风险投资公司。科技园颁布并实施一系列优惠政策，对入园高科技企业及项目给予优惠政策和财政扶持；建立"代办式"服务体系，为入园企业和项目提供全过程的配套服务和各类专业服务；与银行、投资公司合作，不断吸纳社会资金；通过省、市各类招商平台和途径，促进科技园区的资源与社会资源的对接合作，促进企业与高校之间的合作；大力加强对外招商引资和国际交流合作，并通过技术、市场、资金等方式构筑"企业链"和"产业链"，形成集聚效应。如今，南京大学—鼓楼高校国家大学科技园已发展成为具有高科技辐射力的孵化基地和产业基地。2005 年胡锦涛总书记专门视察了该科技园。

东南大学国家大学科技园是首批试点及首批授牌的国家级大学科技园之一。2003 年，东南大学国家大学科技园在全国首批 22 家国家级大学科技园中期评估中取得良好成绩，名列第八位。东南大学国家大学科技园自成立以来，以科技成果作价入股组建了 19 家科技型公司，转化国家"863"计划、"十五"科技攻关等重大技术成果近 20 项，转让价值近亿元，吸引社会资金近 10 亿元，大学科技园已逐步形成了一园四区，即东南大学国家大学科技园（长江后街创业园、光电子孵化中心、东鼎创业园、九龙湖创业园）的发展格局。东南大学国家大学科技园为科技企业和高科技产品的孵化，提供了优良的软硬件服务和支持，积极促成学校优势资源对科技园的开放，积极构建投融资体系，搭建包括法律、专利、资产评估、标准化认证咨询、企业担保等中介服务平台，为创业企业的运作提供全方位的增值服务。

南京理工大学国家大学科技园的特色优势是：形成了由校园、创新园、服务园和创业园等"四园合一"的整体优势；构建了主体集成、功能集成、资源集成、体系集成和机制集成的系统集成优势；突出了重点发展军转民与军民两用高新技术的科技优势；强化了知识产权战略为园区建设与发展保驾护航的支撑优势。

该大学科技园重点发展"光电与电子信息、机电一体化与先进制造、新材料、环保与节能、军转民与军民两用"等领域中的高新技术和高科技产品，加速高新技术成果向现实生产力转化，成为促进区域经济发展和面向全国服务的新亮点。目前，南京理工大学、南京航空航天大学、28 所及社会力量创办的 120 家高科技企业相继落户园区，注册资本逾 4 亿元。已先后与美国、德国、英国、新加坡、中国香港地区、中国台湾地区等多家客商和投资机构就园区合作开发、城市环境亮化、电动汽车、生物工程和 IT 产业等领域项目签订了合资、合作意向，协议利用外资 1.5 亿美元。同时，在新街口商贸世纪广场，创建了另一个孵化器即"商贸世纪高科技商务服务区"，形成了一园多区的新格局。目前，园区正着手启动政府为投资人服务、学校资源共享服务和社会中介增值服务"三位一体"的科技创新服务体系平台建设。

从大学科技园的功能及其所显示出来的成果看，大学科技园在自主创新能力方面，可能会高于一般的以吸引外资和企业进入为主旨的开发区。

▶▶ （五）科技服务和科技资源共享

大学提供科技服务能够进一步密切与企业在创新中的合作关系，同时也能扩大其科技的外溢效应。其途径是：

专利服务。各个大学都设有专利事务所，关注知识产权的保护工作。例如，东南大学专利事务所，到 2000 年底已代理专利项目 1000 多件，并于 2001 年成立江苏高校首家专利代理公司，在原专利事务所的基础上，与相关高校和中科院系统等的资深专利代理人联盟，组建了南京经纬专利代理有限责任公司。该公司专利代理人所在学科涉及电子、生物、化工、材料、机械和物理等专业技术领域。又如，南京理工大学专利中心，这是获得中国专利局批准、注册并通过国家知识产权局年检的专利代理机构，也是江苏省惟一由高等学校设立的具有民用和国防专利代理资格的代理机构。代理专利申请等各类案件已达 1000 多件，处理了大量的知识产权纠纷，有力地维护了当事人的合法权益。所有这些组织的性质都属于知识的经纪人，都为南京市及其他地区的科技成果转化、专利应用等工作做出了许多有益的工作。

科技资源。主要是大型仪器设备联网共享。省、市政府通过高校、科研院所及工程技术研究中心等组建了"南京市大型科学仪器设备协作共用网"，有 1000 多套仪器设备向中小企业开放，并以此为基础共同带动了长三角地区大型仪器设备共享平台的建设，为高校、科研院所和企业技术研发、试验创造了低成本、高效率的自主创新资源。共享平台涉及电子信息、生物医药、新材料等十大类服务领域；拥有 9 家专业测试服务中心（其中省级专业测试服务中心 6 家），包括软件测试、材料测试、环境测试等方面，以及由高校、科研院所、中介机构、企业等人员组成的专家组和由市、区县、仪器拥有单位组成的三级推广网络等服务支撑体系，这些资源都以多种形式免费向社会开放，为自主创新和技术创新开设了一个"网上公共实验室"，使过去分散的资源得以重整充分利用。如南师大分析测试中心加入大型仪器网之后，100 多家企业常来测试产品质量，其中 70% 是南京的中小企业。中心设备一半时间服务企业，最忙的扫描电子显微镜，一天运转 8 小时。

▶▶ （六）科技评估机制创新与成果转化资金的支持

高校要真正进入自主创新的主战场，不仅需要建立产学研结合的形式，更需要有相应的机制保证，需要实现机制创新。

（1）评价机制的创新。在研究型大学，教师科研水平的评价大都是基础性研究的标准。与此相应，高校科研的重点一直放在追求科研成果的学术水平和获奖等级上，而忽视了科研成果的实用价值。在建设创新型城市的新形势下，在宁高校已经形成较为完善的科研评估体系，除了保留原有基础研究，继续鼓励从事基础研究的科研人员从事原创性研究外，制定了另外一套评价应用高科技研究和高新技术开发成果的标准，明确规定了应用研究和开发研究以成果转化程度和产业化程度作为主要依据和衡量标准。与此相应，各高校创新激励制度，纷纷出台了鼓励师生进行科技创新和保护知识产权的激励政策。如职务发明的科技成果技术股中，科技人员占大股；非职务发明，则由科技人员占全部股份，从而极大地调动了师生科技创新、申请发明专利的积极性。

（2）设立成果转化基金。为了鼓励并支持科研人员从事成果转化工作，南大以科技成果转化中心为载体，设立"技术创新基金"，学校首先投入 500 万元，同时先后获得鼓楼区政府投入的 200 万元和南京市政府投入的 300 万元作为启动资金。南大的科技成果转化中心组织专家认证，选择有市场前景的专利成果项目给予资助，力争让更多原创性强、起点高的科研成果在经济主战场一展身手。东南大学也设立了"产学研结合基金"充分利用高校的科研优势和品牌效应，联合其他科研院所、金融证券机构、上市公司等，采用股份制方式或者其他多种形式筹集资金，积极参与高科技产业风险投资基金的投资与管理。

上述机制创新，极大地调动了师生创新创业的积极性。据南大、东大、南理工科技园在孵企业统计，由教师创办的企业约占 30%，而采取兼职、技术顾问、聘用等多种形式由教师、学生参与创新的企业占 90% 以上。

进入市场，科研机构在市场化中推进科技成果的产业化

南京还有一批不在高校和中科院系统的科研机构，即独立研究与开发机构 105 家，它们着力于应用研究和新技术开发。在市场化改革中，独立研发机构通过不同的路径走上了市场化道路，从而成为技术创新的主体。这些科研机构在南京市的创新体系中起着连接大学和企业的桥梁作用。

▶▶ （一）科研机构的产权改革产生创新激励

科研机构面向市场的创新模式得以成功，依赖于创新的市场激励机制的形成。市场经济的发育发展激发了对技术开发的市场需求，同时为科研机构创新面向市场提供了动力来源。其中最有效的激励手段之一应该是产权激励。深化企业和部分科研院所改革，建立现代企业制度和利益分享机制，激励企业积极从事科技创新。在南京市科研机构改制中，大部分技术开发类科研机构实施了民营化，产权制度发生了重大变化，从而激发了科研人员巨大的创新动力。即使是公益型科研机构，通过分配制度的改革，产权激励作用也得到了体现。

（1）部分科研机构改制为企业法人的科研机构，这些科研机构实际上转变为科技企业。在本书中，企业是技术创新和产业创新的主体这一命题，也包括改制为企业法人的原有的科研机构，它们是南京自主创新模式中一支不可忽视的重要力量。其中有一部分科研机构实行民营化的改制。科研人员参与和组建独立的法人治理结构，使科研机构成为独立的市场主体，参与市场竞争，独立承担科技开发的收益和风险。仅在

2000～2003年间，在宁26所省属应用型科研院所被陆续推向市场，成立了产权结构明晰的现代企业。在转制科研机构中，已建有国家级重点实验室和工程技术研究中心1个，省级重点实验室7个、科技开发中试基地12个、工程技术研究中心7个，持续创新能力进一步增强。改制后，26家科研机构的科技产业发展迅猛，已有13家建立了产业化基地，部分单位收入超亿元，比改制前翻了一番。

最为明显的例子，是由中国工程院院士沈国荣领衔的继电保护研究所，改制为南瑞继保电气有限公司后，及时地抓住机遇，面向微机化的继电保护技术的攻关。经过多年的不懈努力，沈国荣及其科研团队克服了一个又一个技术难关，不断打破国外技术垄断，攻克了世界性的技术难题，使南瑞继保公司在国际电力自动化保护和控制领域中具有举足轻重的地位。

（2）科研人员获得相应的科技股权。与一般的制造业企业不同，在科研机构中，科技人员的人力资本具有高度的专业性。正是科技人员独特的知识创新能力，决定了科研机构的存在和发展。因此，科研体制改制的一个重要方面，是在明晰的科技企业产权的基础上，科研人员可以获得人力资本回报，即股权激励。根据《南京市重点技术创新项目试行资本金制度的管理办法》，对具有自主知识产权且市场前景好、附加值高的重点技术创新项目，可以按母体企业出资40%，经营者和技术骨干出资不少于40%，市财政（委托国有控股公司持股）出资不超过20%的比例，实行资本金制度（简称"442模式"），实际上明确了科技人员在技术创新项目中的股权激励。"442模式"在出资人选择和出资比例上，虽然还有改进的余地，但是在推进科技企业的发展中，其改革的基本方向是值得肯定的。

科研机构的企业化、民营化改制和科技人员获得科技股权，明显效果是将科研机构的产权，配置到掌握科研机构关键性资源的科技人员手上，并且由高水平科技专家来领导关键性资源的使用和发挥。现在，南京90%以上的转制科研单位实现了经营者持大股和技术骨干多持股的股权模式，50%以上的转制单位的经营层和技术骨干，其持股比例超过了51%。转制后，最高管理层、技术骨干全部由职工民主推荐、选举产生。

在上述股权激励下，科研机构凭借其人才优势、技术优势通过成功的成果转化在市场获得巨额回报时，就会产生一种良性循环的可持续发展机制。同时，以专利为代表的知识产权和技术，在一定时期内会为科研机构的内在于产品的技术维持一种垄断地位，由此可增强科研机构的自主创新能力。

▶▶ （二）承担重大研究课题和技术创新的结合

在原有的科技体制中，科研机构基本上是依赖于政府的，研发的技术和产品常常是不适合市场需要的。在转向市场经济体制后，基于南京市委市政府推动的科技体制"稳住一头、放活一片"的改革，科研机构面向市场，逐步走出了在推进科技成果产业化中求生存和发展的新路子。南京市科研机构形成了在基础研究支持下以应用性研发为主的格局。科研机构在转向市场经济体制后，一方面继续接受原有纵向部门的订单，完成国家下达的任务；另一方面面对市场化的挑战，逐步走出了在推进科技成果产业化、商业化中求生存和发展的新路子。

首先，科研机构继续承担着各级政府安排的重大项目，因而有较强的技术攻关能力，可以为研发不断提供可以转化的创新成果。这可以从R&D课题构成和课题来源两个方面来说明。

（1）课题项目来源保留较大比重的纵向（政府）项目。南京市科研机构课题来源中，部、省以上政府项目占比，近年来虽有点下降，但稳定在30%以上，如果将地方政府项目加起来，两者比例接近60%。国家项目和地方项目的设定通常考虑到在中长期科技攻关的重点，政府资金资助的应用性课题也是带有技术攻关、应用面广的特征，其科研成果也是技术开发的知识来源。

（2）R&D活动的结构中仍然有较大比重的科学研究投入。R&D包括基础研究、应用研究、试验发展三种活动。2005年，南京市独立科研机构的R&D课题经费达79654万元，占其总课题数的60.3%，其中基础性研究课题占21.87%左右，应用研究的占比超过43.3%，这两项加起来在R&D中占比达65.14%。这意味着这些研发机构科学研究的投入仍然占较大比重，在其转向产品和技术的研发时自身有较为充分的科研成果支持。

其次，南京市科研机构面向市场的动力已经形成，而且受到了来自市场的强力支持。在自主创新中南京市的科研机构不仅稳住了其创新的源头，同时以市场为导向开展了面向市场的研究开发。科研机构针对市场对技术开发的需求，发挥自身的人才优势和科研实力，经过 R&D 努力，在同行业竞争中形成技术优势，将技术开发成果转化到产品生产当中，无论是自身组织转化为产品参与市场竞争，还是和已有的生产企业共同转化，都在市场上形成了一定的竞争优势。南京市科研机构在 2003～2004 年无论是发明专利，还是外观设计和实用新型专利都呈现出良好的发展势头。

（1）科研机构的经费更多地来源于市场。在原来的计划体制下，科研机构的经费来源主要是政府财政资金，在市场化改革中，政府财政资金所占比例越来越少，科研机构从市场获得经费的比例越来越大。2001 年南京市科研机构获得的政府资金与非政府资金比例为 1.6∶1，而到 2005 年，该比例转变为 0.37∶1，从市场获得经费的总额大约是从政府获得的资金的 3 倍，在所有经费中占比高达 70%。而且从市场获得经费的增长速度也较快，2005 年从市场获得的经费大约是 2001 年的 1 倍。正是在经济快速发展和市场化改革的背景下，来自市场的技术需求不仅弥补了科研机构经费中政府资金投入的不足，而且极大地推动了科研机构的知识创新活动。即使是科技公共服务平台，面向市场的技术创新服务也得到了快速的发展，从市场上获得的非政府资金已经与政府提供的资金相当，政府资金与非政府资金从 2003 年的 2∶1，转变到 2005 年的 1∶1。这些数据反映了南京市科研机构创新在很大程度上面向市场，从市场需求探求知识创新的源泉。

（2）技术转让收入占收入的绝大多数，这可以证实南京市科研机构与市场密切联系的判断。南京市科研机构在 2003～2004 年的技术合同成交金额在增长，其中技术转让和技术服务的数量与金额增长最为显著，技术开发和技术咨询基本上维持在一定的水平上。2002 年，独立科研机构的技术转让金额为 12923.6 万元，到 2004 年这一数字上升到 21787.3 万元，增长了 1.69 倍。如果从技术转让对象看，2004 年，研究和研制成果的转让收入占总收入的 91%，含新技术的设备和仪器的转让收入占 5%，发明使用权占 3%，含新技术的图纸、技术手册和软件占 1%。

（3）在接受技术转让的主体中，在 2004 年，研究和研制成果有

27

68%转让到工业企业中去，其中只有40%的研究和研制成果转让到大中型工业企业，也就是说在转移到工业企业的研究和研制成果中，有60%转移到了小企业。发明使用权有73%转移到工业企业，但是只有24%转移到大中型企业。相比之下，含新技术的设备和仪器的转让全部集中在工业企业，而且78%转让到大中型企业。这组数据清晰地告诉我们，南京市科研机构目前面向市场的技术创新成果不仅限于面对大中型企业的需求，更广泛地满足了中小企业的技术需求。

▶▶ （三）产业化成为科研机构成果转化的主要形式

科研机构自主创新价值的实现，需要有创新成果转化的平台。这就是科技成果的产业化，将其技术优势转化成产品优势，并将产品优势做成产业化优势。

技术交易包含技术咨询、技术转让、技术服务和技术开发四个方面。计算南京各项技术交易在总数中的比重发现，技术咨询交易额只有3%左右，技术转让交易额所占比例不到20%，技术服务略高一些，而技术开发的产业空间较大，其占比也较大，在50%以上。从这个意义上说，产业化是南京市科研机构科技成果转化的主要机制。2006年在宁科研机构产业化的销售收入达5.4亿元。

南京的工程技术研究中心，往往也是应用开发能力最强的科研机构，它们通常具有系统配套工程的开发能力，是在密切联系企业的基础上建设的。目前，南京是全国工程技术中心最多的一个城市，其中国家级工程技术中心有10家（占全省的54.2%），省级工程技术中心有32家（占全省的62%），市级工程技术中心33家。这些在宁的工程技术研究中心，在满足市场的技术需求过程中，广泛开展了技术入股、技术转让、工程承包和技术服务等面向市场的技术转化工作。

对科研机构和科技企业来说，成果的产业化会对其研发活动产生互动效应。高技术企业的高额研发投入，一直是困扰高技术企业发展的一个难题。科研成果产业化后，产业收入可以回馈科研创新，具有良好盈利前景的项目还可以吸收社会资本和金融资本的参与，这就在一定程度上解决了研发高投入的资金问题，由此走出了一条独特的科技创新与成果产业化良性互动的创新模式。

综上所述，南京市科研机构总体上已经从政府主导型研究转变成市场导向型研究，通过面向市场的技术开发和应用，凭借其高水平的科研实力，将知识创新成果和市场技术需求信息这两个渠道连接起来，实现了技术可能性和市场可能性的结合。当我们说到企业是技术创新主体时，在南京无论如何应该包括这些科研机构。

面向知识创新主体，企业成为技术创新的主体

南京成为创新型城市的基础是企业成为技术创新的主体。在南京，自主创新能力强的企业，主要有三种类型：一是在宁的军工企业和部省属大企业，这些企业本来就是行业的排头兵，企业内部大多数有较为强大的研究机构。它们在完成国防科研和国家重大项目的同时面向市场，从事高科技的研发，产生了一批高水平技术和产品。二是引进的外资和外地的规模较大、科技含量较高的研发中心和高科技企业。三是民营的科技企业，其中相当部分是从大学和科研机构走出来的科技人员自己办的或者是同民营资本合作办的企业，这些企业规模不很大，但创新动力和能力都很强。所有这些企业的共同调整是与作为知识创新主体的大学和科研院所有密切联系的。

▶▶ （一）与在宁高校和科研机构合作，是企业技术研发的主要路径

现代的技术创新离不开知识创新的成果，因此对企业来说，并不是说所有的创新活动都由企业完成。南京的科技企业充分利用了南京科技资源禀赋的优势，主动向高校和科研机构进行投入，或者提出所需要的带有产业化的科研方向，以获取原创性成果。它们把科研院所和高等院校所创造的知识和某些相对成熟的技术，转化为产业优势和市场竞争优势，因而具有较强的自主创新能力。

数据表明，南京是企业从事研发活动最为活跃的城市。2005年，全市大中型工业企业2659家，从业人员32.1万人，有科技活动的企业

数是 142 家，占 53.6%；科技活动人员 36740 人，占从业人员的比重为 11.4%，其中，科学家和工程师 22914 人，R&D 人员 19877 人，大中型企业科研机构数 174 个，大中型企业科技活动经费筹集总额 64.89 亿元。在全市工业企业所涉及的 36 个工业行业大类中，有科技活动发生的行业有 30 个，占到 83.3%，有 R&D 活动发生的行业有 25 个，占到 69.4%，R&D 经费投入超过千万元以上的行业有 14 个。调研表明，南京市大多数企业具有一定的独立研发的能力，能够独立开展一定的研发工作，并达到了较高的技术水平。

为说明南京企业技术创新的模式，先归纳我们对南京企业进行问卷调查的数据：被调研企业中，44% 的企业采取了自主开发模式；33% 的企业采取与在宁机构合作的模式；23% 的企业采取消化吸收模式。南京的企业期望并最常采用的技术提升方式是通过与在宁高校、科研院所密切合作，充分利用其科研实力，这一比例占 59%。但"通过技术贸易，获得最适用技术"是最少被选择的。在"企业与哪类机构合作比较成功"这一问题上，大多数企业都回答成功地与在宁高校（44%）、科研机构（41%）或其他企业进行过一定程度的合作研发，而与跨国公司及海外机构的合作研发，较成功的比例较低。这从侧面反映了南京的科教资源丰富，在政府的强力推动下，高校、科研院所的知识创新成果向企业的技术创新转移比较方便。

调研中发现，目前南京成为技术创新主体的企业，基本上都与在宁科教资源有着密切的联系。绝大多数企业都与南京的高校和科研院所开展了产学研合作，企业的技术创新主体地位进一步确立，并取得了良好的效益，实现了各方"共赢"。

▶▶ （二）外资和外地的科技企业以利用科教资源为目标进入南京

对致力于自主创新的科技企业来说，其创新的资源涉及科教资源和与此相关的人力资源。南京的科教资源和科技人才的集聚引来了国内外著名高科技企业。

（1）国际著名的高科技企业及其研发中心进入南京。全球 20 多家跨国公司已在南京设立研发中心。落户在南京大学—鼓楼国家大学科技园的国际著名的电子信息企业就有微软、朗讯、阿尔卡特、爱默生、凯捷等，这些高科技企业进入大学科技园的主要方式是建研发中心。与此同时，国际著名的创业投资公司有美国富吉、美国博瑞摩森、美国华平、西班牙普凯等，这些风险投资公司一齐进入南京，主要目标是为高科技创业提供风险投资。

（2）国内软件业的旗舰企业中兴通讯和华为技术把企业软件研发和生产基地建到了南京，东软、赢滕信息也紧紧跟上。巨头来了，两三百中小企业相继跟进。这些软件企业大都集中在 10 平方公里的宁南科学城，这里将成为国内最大的通信软件基地。所有这些企业的进入，多半是冲着南京的人才和科教资源优势而来的。就如中兴通讯所说：南京人力资源富足，堪称国内发展软件产业最理想的城市，而且南京人性格沉稳，坐得下来，这更是我们所看中的！在其网罗的上万人才中，半数是南京高校毕业生。南京具有发展软件产业得天独厚的优势：这里具有丰富的软件人才资源，以及众多高校科研院所的软件学科，构成了国内罕见的"软件科研人才密集区"。

（3）外地民营资本到南京办科技企业。如中电（南京）光伏公司，就是赵建华博士领导的科研团队"连人带脑"一起进入南京的。它也是看中了南京的科教优势和人力资源优势，以及与在宁高校和科研机构的合作条件，才进入南京的。其科研团队中就包含了南京大学物理系的教授，这个企业充分体现了智力与资本的有机结合。公司成立 2 年时间，但自主创新成绩斐然，取得了一系列的创新成果，申报了多项发明专利。

（4）外地的企业把研发中心建在南京。目的是在南京就近利用大学和科研院所的科学家。例如，地处常州的江苏远宇电子集团公司就把其研发中心建在南京的金山大厦，就近吸引南大的声学教授进入研发，为摩托罗拉、索尼爱立信等生产手机配套的技术和产品。

所有以上外资和外地科技企业纷纷进入南京的主要吸引力是南京的科教资源和人力资源的优势。这些科技企业的进入，也成为南京创新型科技企业的一个重要生力军，大大增强了南京的自主创新能力。

▶▶ （三）企业与高校、科研机构组建产学研结合体

南京有一大批企业通过与高校和科研机构建立各种类型的产学研

结合体而成为科技企业。这些企业在产学研一体化中增强了自主创新能力。

（1）与高校共建工程研究院或博士后工作站，以产学研的紧密联系作为技术转移的纽带。如跃进江苏汽车工程研究院是与东南大学、南京理工大学、南京大学、南京航空航天大学等高校联合组织的，充分利用了高校中密集的科技资源。江苏雨润集团是民营的从事传统食品的企业，该企业依赖与众多高校的合作而成立的肉类工程研究中心，目前该公司在中国农业大学创建了博士后科研工作站，并建立了江苏省肉类工程研究中心等研发机构。2001年，人事部批准成立雨润集团"博士后科研工作站"。集团先后承担了国家星火计划项目等5项国家级重大科技项目及10余项省市级项目，以原创性研究推动了我国肉制品行业自主知识产权水平的提高，每年可向市场推出上百种新产品，集团现已名列南京市20强企业的第12位。江苏先声药业集团成立的博士后科研工作站，就吸收了一批从事生命科学和药学研究的博士进入新药的研发。

（2）原有的高校校办科教企业通过民营化和上市成为独立的企业，但这些企业仍然同高校保持着天然的联系，并以高校的科技成果和科教人才为依托，例如江苏金智科技股份有限公司依托东南大学，南大苏富特依托南京大学。

（3）自身拥有科研机构的军工企业从事军转民的研发，成为高科技研发企业，例如，南京晨光集团、中国电子科技集团第十四所。十四所的人才优势相当明显，有3位院士，目前已经改组为公司制，产品也都是军民结合。每年产值的5%用于经费的投入，高于国内同行业企业，用于具有市场前景的军品项目开发。

▶▶ （四）利用国际科技资源提高创新能力

南京的科技企业不仅仅充分利用在宁的科教资源，还在国际化中利用国际科技资源来提高自主创新能力。其途径主要包括以下两个方面：

一是企业与拥有先进技术的跨国公司共建研发中心，从而使企业成为拥有核心高技术的科技企业。熊猫电子集团与爱立信等国际知名大公司在通信技术和视频技术方面合作，所组建的联合开发机构就属于这一类型。

二是引进国外先进技术并进行再创新。调研发现，南京70%的企业进行了技术及设备的引进，大多数企业引进的设备基本达到二十世纪八九十年代的国际水平，更有 7 家达到了目前国际领先水平。这说明在激烈竞争的市场态势下，在宁企业在政府的支持和鼓励下，十分重视设备的技术水平在竞争中的主导作用，对引进的技术水平有非常高的追求。企业在引进技术及设备后，对生产效率改进起到了良好作用的占15%；业绩改善效果较好的占 45%，两类共计达到 60%。但也有 25%的企业在引进技术及设备后，业绩改善效果一般，未达到期望目标。被调研企业较多地采用的技术引进方式是：对企业长远发展有更深远影响的成套设备引进、合作研究、技术咨询与服务、人才引进等方式。这比过去及现在众多省市仍然存在的单一的成套设备引进方式要好得多。对不同科研活动在企业技术引进再创新中的重要性，大多数企业认为"新产品、新工艺的开发"与"产品、工艺或设备的改进"是相对较重要的活动。被调查的大多数南京市企业都曾采用过这种创新模式。企业对引进的技术进行消化吸收再创新的基本形式有以下三种：

（1）引进国外先进技术，通过消化、吸收和二次开发，形成自主知识产权。如南京工艺装备制造有限公司 2005 年初从德国 Leistritz 公司引进了具有国际一流水平的 PW160 高速硬体数控旋铣机床。经过不断的尝试，公司对该项引进技术进行了成功的消化、吸收和再创新，使公司完成了对滚珠丝杆传统加工工艺的革命，实现了与国际一流滚珠丝杆加工技术的接轨。寒锐公司于 2001 年从日本引进世界先进的钴粉系列产品生产线后，2002 年，寒锐便成功开发出新一代超细钴粉产品，被南京市科技局评定为"高新技术产品"，它已成为亚洲最大的钴粉生产企业，跻身世界三甲行列。

（2）通过收集技术信息，研究样品获得先进技术。由于涉及专利及技术保密的原因，从国外直接引进高端技术不仅成本太高，而且有时难度较大。南京金三力橡胶有限公司通过对先进设备的分解和消化，以及利用出国培训的机会研究、开发新技术。公司通过对国外的浇注机的研究获得了胶辊浇注技术。利用去日本研修、培训的机会，掌握了先进的精密制品加工技术等。南京轻工机械厂利用每两年一次参加德国慕尼黑世界啤酒、饮料机械博览会的机会，通过对外国与会样机的了解获得了一些先进的技术。

（3）收购强势国际品牌后的再创新。长期以来，中国汽车工业发展实行的是"以市场换技术"的战略，但用市场换回的只是一些成熟技术，而不是先进技术。这种做法不利于自己的品牌和核心技术的形成。在南京市政府的全力支持下，南京汽车集团 2005 年 7 月第一次走出去竞购世界知名品牌 MG 罗孚，其用意在于用 MG 罗孚的优质资产来激活南汽，造自己的车，最终打响自己的品牌，形成基于自主知识产权的创新。按照南汽的计划，南汽第一个轿车自主品牌将于 2007 年 3 月正式推出。南汽竞购 MG 罗孚的成功，对中国汽车业的发展具有里程碑的意义，通过购买国际知名品牌，形成有自主知识产权的技术平台，甚至开发出自有技术，转让给别的企业，这一创新模式将为中国轿车工业的发展带来新的希望。

▶▶ （五）企业自主创新的特色

正因为南京企业的自主创新可以依托南京的科教优势，因此其自主创新形成了以下两个特色，因此使创新的技术在总体上处于全国的领先地位。

（1）定位高端，立足"原创"。创新企业依托雄厚的科研实力，直接把企业发展的目标或竞争优势定位在国际高端前沿领域，通过自主创新，成功地在高端领域形成自主知识产权。如联创科技一头扎进软件的自主研发，先后开发出 70 多个拥有国家计算机软件著作权的自主知识产权产品。熊猫电子集团依托自身的科研实力，把发展的目标直接定位在当今数字高端彩电的第一阵营——液晶电视和等离子电视。通过调整产品结构，全面参与国际、国内数字高端产品的竞争。在近年举办的一系列全球知名的家电产品展示会上，熊猫电子的数字电视产品获得广泛好评，一举签下了迄今为止国内最大的大屏幕液晶彩电出口订单，正式迈出了进军国际液晶彩电市场的步伐。

（2）集成创新。南京的科技企业普遍有较大的规模，技术力量也较强。因此对分散的创新进行系统集成既有必要又有可能，南京科技企业的集成创新能力强可以说是南京技术创新体系的一个特色。这种状况在医药、石油化工领域尤为突出。例如，南京中科集团股份有限公司将生物、医药、食品等领域的先进技术加以集成、整合，开发出了一系列的保健产品；1998 年，公司将搁置多年的螺旋藻研制技术推向保健食品领域；1999 年又迅速开发了灵芝孢子破壁技术。2001 年公司迅速开发出了灵芝孢子油并申报了专利；现在，公司又率先将灵芝孢子深层开发应用于创新药品的研发。扬子石化在充分依托现有装置的技术与设备、应用大型 PTA 成套技术研发技术成果的同时，通过中国石化工程建设公司、华东理工大学、南京工业大学等科研、设计单位的密切配合，成功完成了 PTA 装置节能改造工艺包的开发任务；扬子石化与德国巴斯夫公司的合作项目中，成立扬子石化—巴斯夫有限责任公司，建设并运营以 60 万吨乙烯装置为核心的 9 套大型先进的石化生产装置，形成在工艺创新、流程创新上具备独特优势的创新模式。

搭建平台、优化环境，建立政府为主导的城市创新制度

南京之所以正在成为创新型城市，除了具有禀赋的科教资源优势外，还具有创新的制度优势。制度的建设和管理的创新，是保证这种资源的作用得以发挥的支撑条件，这是建设创新型城市带有根本性的、起决定性作用的要素。地方政府是政策和环境创新的主体，是促进科研院所和高等院校与企业之间技术转移的强大的推动力。政府的作用侧重于公共平台的搭建和政策杠杆使用。

"十五"期间，南京市政府以市场为导向，着力强化制度创新，为高技术企业的自主创新和发展提供制度保障。因此，南京的产学研结合体可以再加上一个"政"字，即"政产学研"的结合。这种合作体，旨在建立起以市场为导向，企业为主体，政府、高校和科研机构为纽带的创新合作机制，在科技成果转化、科技人才培养、共建研发机构、开展联合攻关等方面深入开展新一轮的全面合作，共同构筑政府、高校和企业协同作用的区域人才培养体系和科技创新体系。

▶▶▶ （一）营造支持自主创新的科技政策、法制和行政服务环境

南京市政府在推动企业自主创新能力中，实施了一系列重要的鼓励

和促进政策，其中比较重要的包括：

（1）自主创新的政策导向。早在1995年，南京市政府就制定《南京市科学技术进步条例》，为科技进步指明了发展方向和相应的政策。接着又陆续出台科技进步奖励、改善投资环境、推进行政服务效率、支持企业创新等支持科技创新的具体政策措施。特别是2006年制定的《南京市关于增强自主创新能力加快建设创新型城市的意见》，成为自主创新的纲领性文件，该文件明确了南京市科技发展指导思想和"突出主体，整合资源，优化环境，跨越发展"的指导方针，确立了科技发展思路和具体的发展目标。

（2）知识产权保护。这是发展高科技产业的最重要的制度条件。如果说一般制造业的发展主要取决于投资活动的话，那么高技术产业就是对诸如知识产权保护制度等最敏感的产业。从2003年起，南京市就每年发布《南京市知识产权保护状况》白皮书，先后发布了《南京市专利工作"十五"计划纲要》、《南京市专利试点工作方案》、《南京市保护知识产权三年规划（草案）》（2004年），签订《长江三角洲十六城市加强知识产权保护倡议书》等文件，坚持集中专项整顿和加强日常管理相结合，牵头部门推动与相关部门配合相结合，市专项行动与省、市、区县联动相结合的原则，建立保护知识产权联动机制，积极做好科技人员流动中知识产权特别是技术秘密的保护和管理工作，依法严厉查处打击侵犯知识产权的各种行为，保护创新者的合法权益不受侵犯。

（3）为科技创新和创业提供良好的外部环境。根据《中共南京市委、南京市人民政府关于进一步改善投资环境的意见》、《市政府关于推进服务型政府建设的实施意见》，南京市制定实施了全市引导和鼓励投资创业的统一政策和具体措施，清除不利于加快发展的政策措施，提高行政效能，营造统一公开高效的政务环境；营造投资者满意的服务环境、信用环境、法治环境、科技创新的发展环境和舆论环境。

（4）政府搭台发展科技中介。从知识创新到技术创新，从科技创新到科技创业，需要多种类型的科技中介插手期间。这也是产学研一体化的重要载体。伴随着应用开发类科研机构的发展，科技中介机构的服务功能能得到了建设和发展。早在1987年，南京市就建立了技术市场管理服务体系，先后建立南京技术市场、南京高新技术市场、江宁县技术交易中心等10家综合技术市场和众多专业技术市场，在国内率先建立特色鲜明的"南京市技术市场信息化管理系统（MIS）"，搭建"南京技术市场"网络交易平台，培育认证一批技术经纪人，并于 2006 年建设启用"南京市科技成果转化服务中心"这一公益性机构。南京市多次组织高层次的科技成果转化交易会，如中国（南京）国际软件产品博览会、南京·韩国 IT 经济技术洽谈会、高校科技成果产业化项目推介会、"专利集市"，等等。

最为明显的是近年来南京在建设软件名城中，市政府也是致力于从提供各种政策和生态环境入手，促进南京软件业发展。包括科学的规划，创新绿色环境，制定鼓励软件业技术创新的政策，从而推动建设起南京软件产业的延伸生态链。南京建设四大中心（软件评估测试中心、软件服务交易中心、软件投融资中心、软件人才交流培训中心）就是南京市政府为发展软件业所提供的公共平台和中介服务机构。

（5）提升各类开发区的科技功能。"十五"期间，南京市开发区发展迅速，完善的配套服务设施基本形成，产业形成体系，在建设创新型城市的过程中，南京的各类开发区的"第二次创业"以自主创新为导向，特别是国家级高新区的创新载体和平台作用得到了较好的发挥。开发区形成了产、学、研、政、介、资相结合的技术创新体系，成为南京市自主创新的主阵地。各类开发区以建设科技园为目标，密切开发区企业与高校或科研院所的联系，建立科技孵化器和中小企业孵化基地，积极培育科技企业和高新技术产品。

▶▶ （二）科技创新、创业的资金支持

无论是知识创新还是技术创新都需要资金的推动和支持。自主创新理论把金融支持作为自主创新的基本条件。为了增强自主创新的能力，建设创新型城市，南京市积极运用税收政策、政府采购、创新奖励等政策多角度地加大自主创新的资金支持力度。

（1）设立专门的技术创新基金。一是设立科技型中小企业技术创新基金，用于对初创科技型中小企业的科技创新活动提供资金支持；二是将由市科技局归口管理的科技三项费用更名为"南京市应用技术研发与产业化资金"，资金预算的 60% 以上用于安排支持重大项目的实施。

（2）打造创新投入的金融服务支持机制，有效地动员、引导社会

资金投向创新活动，形成政府资金引导、金融机构、民间资本、风险投资共同参与的多元化科技投资模式。如在"十五"期间，南京市科技局就分别与交通银行和工商银行签订了 10 亿元的授信额度，以支持民营科技型中小企业。

（3）设立创投风险投资基金。2001 年南京市政府设立了南京市高新技术风险投资基金，截至 2005 年底，公司项目库中已经收集了近 500 个项目，实际投资了南京中电联环保工程有限公司、南京聚合数码科技有限公司、南京中标机动车检测技术有限公司等 10 个项目，9 个项目已经正常运行。公司的约 5000 万元投资，调动了其他社会资金 4.2 亿元左右的投资，其中近 60% 为民营资本，起到了"投资一个、成功一个、带动一批"的示范效应。南京高新区设立了 5000 万元的创业风险基金，并与境内外多家风险投资公司建立了合作关系。2005 年投入 3000 多万元资金扶持企业自主创新。2006 年还将设立 4000 万元"科技创新资金"，同时分别拿出 3000 万元软件产业发展基金和 3000 万元生物医药产业发展基金，与国际产业风险投资基金合作，构建高科技产业风险投资平台，促进高新产业发展。

（4）设立创新贷款担保基金。南京市从 1999 年起设立民营科技贷款担保资金，旨在为南京市科技型中小企业的融资贷款担保搭建平台。设立几年来，已累计支持科技型项目 250 多个，实现贷款额度 4 亿余元，近两年年担保贷款均超过亿元。2004 年发布了《市政府关于促进全市中小企业信用担保体系建设的意见》和《关于促进全市中小企业信用担保体系建设的实施办法》，明确要求按照"社会资本为主、多元化投资、市场化运作、政府支持"的原则，从 2006 年起，连续 3 年市财政还每年安排 2000 万元，设立创新型企业担保体系建设专项资金，鼓励、扶持一批为中小企业融资提供担保服务的担保机构，并出台了大量具体扶持、优惠政策。在政府的大力倡导和推动下，银行方面也在积极探索担保的新模式，如南京市商业银行针对创意创业推出的"中小企业联保贷款"业务。

▶▶▶ （三）提升高新技术开发区：一区多园和一园多校

南京高新技术开发区是最早的国家级开发区。在创新型城市建设中，开发区除了继续吸引外资企业进入外，特别关注各类科技企业的进入。开发区成为建立产学研一体化、转化高新技术、进行自主创新的平台。

（1）一区多园。南京原本只有一个设在浦口的国家级高新技术开发区，南京市在创建创新型城市时采取的一个重要措施是实施"一区多园"，也就是将国家级高新技术开发区扩大到处于栖霞的南京经济技术开发区和江宁经济开发区，由此扩大了国家级高新技术开发区的范围，并在更大的范围内享受国家级高新区政策。

（2）一园多校。在一区多园的基础上，形成的这三个高新技术开发区，各自又形成了一园多校的结构，也就是在每个开发区都聚集了多所大学。最先的浦口高新技术开发区就是依托南京大学、东南大学的浦口校区建立的，后来又有南京工业大学等高校进入。江宁开发区建起来后，紧接着建立江宁大学城，吸引东南大学、南京航空航天大学、河海大学、中国药科大学、南京医科大学等进入。南京经济技术开发区则建立仙林大学城，南京师范大学、南京邮电大学等九所大学进入。南京大学也即将进入。其意义就在于各个高新技术开发区都有高校所具有的科教资源依托，各个开发区由此能够得到高端人力资源支持、科教成果的支持，并且能够就近构筑产学研结合的平台，提升开发区的创新能力和综合竞争力，也可以增强开发区吸纳国际产业资本的转移所带来的技术辐射和外溢效应。

开发区内高技术产业集聚和大学集聚形成良性互动。大学集聚形成对企业的强大吸引力和辐射力。进入开发区的企业通过与大学的合作，将科技投入和大学的科技成果结合起来，集聚创新人才，成为应用科技成果、创造具有自主知识产权新技术的创新主体。最为明显的是浦口高新技术开发区吸引南京大学进入建设的国家示范性软件学院，不仅培养了各类软件人才，也促进了开发区内软件产业的发展。

▶▶ （四）提升开发区：创造科技创新和创业的环境

已有开发区的发展大都是由土地资源推动的，本地资本的作用较小，外资带来的高新技术基本上是成熟的技术，开发区内自主创新的高新技术不多。南京市较早将开发区的"第二次创业"明确为将招商引资与自主创新并重，由生产要素驱动向创新驱动转变。其基本措施是鼓励国内外研发机构进入开发区，利用区内产业集聚和企业集群的优势，提高自主创新的能力。

通过营造环境招商引资，这是开发区发展的一般做法。但是，招商引资所需要的环境，与培育发展自主创新企业所需要的环境有很大的区别。自主创新的生态环境，不仅涉及政策和基础设施环境，还涉及创业环境，包括法制、产学研环境等。南京市各级各类开发区近年来所着力营造的，正是能够有利于自主创新企业生存和发展的环境，高质量的创新服务平台。

（1）建设完备的基础设施，是对开发区的基本要求。南京市开发区主管部门和各开发区，力求建立更为科学合理、能与国际接轨的开发区基础设施和管理体系。开发区积极推行 ISO14001 环境质量国际认证和 ISO9000 管理系列认证。目前已经有南京经济技术开发区、江宁开发区、高新技术开发区、浦口开发区、高淳开发区和江宁科技园取得 ISO14001 环境质量国际认证，在全省处于领先地位。在自主创新平台的建设方面，南京市开发区先走一步，取得了明显的成效。

（2）构建优质高效的创新合作体系。在继续鼓励内外资在开发区内合资、合作的基础上，开发区加强与著名大学、科研院所的联系和沟通，并与其中一批单位建立长期合作关系。为了促进大学和科研机构的科研成果在开发区实施产业化，各个开发区采取了一系列的措施，其中包括：大力支持和鼓励科研机构落户开发区，建立科教中心和研发基地，加速整合科技资源向开发区集聚；积极推进重点实验室、技术中心站建设，鼓励大学、研究所和科技企业自建或联建科技孵化器，构建产业发展所需的公用技术平台和产业服务平台；建立完善开发区网站、招商专业网和内部信息服务网站，为入园企业提供网络服务，形成创新资源高效配置的网络服务平台。

（3）提供较为完善的中介环境。南京市各开发区在开发区内都建立了一般性、基础性的中介机构，满足了技术创新的基本要求。各区积极加快发展法律、会计、审计、公证、咨询和职业介绍等中介组织，培育中介服务企业，鼓励中介服务机构加强联合；建立以外向型经济服务为主体的市场调查、经贸策划、国际标准认定、资信评估、安全评估、研发设计等中介服务体系。

上述开发区功能的转变实际上是向自主创新的科技园转变，其效果是显著的。南京市国家级高新区集中了近60％的高新技术企业。"一区多园"的各个开发区均已成为全市高新技术产业的集聚地、区域经济的发展极、高新技术产品出口的大本营，技术创新的主要基地。

南京市开发区内高新技术企业、创新创业型企业的集聚，使开发区事实上形成了南京市高端人才的集聚区，一支包括科技企业家、科技研发人才和开发区管理专家在内的科技产业化大军已经形成。统计数据说明，在高新技术企业密集的开发区，专业技术人才占从业人数30％以上，研发人员平均占全部技术人员的15％左右，形成了以研发人员领军、技术人员队伍为基础的人才结构，为自主创新创造了基础条件。

开发区不仅成为高端人才的集聚区，也是创业人才的集聚区。大量"海归"创业人员带回在国外取得的有自主知识产权的科研成果，进入高新区继续完成产业化任务，填补了高新技术产品的多项空白。金陵海外学子科技工业园是南京市人事局和高新区共建的国内最早的留学人员创业园之一，以吸引留学生到高新区创业。留学归国人员在开发区创办的科技企业，涉及电子、化工、生物医药工程、计算机软件开发等诸多行业。

▶▶ （五）开发区的提升：高新技术孵化器建设

开发区作为自主创新的载体，其重要功能之一是提供高新技术的孵化器，这是以政府为主导的城市创新体系的重要组成部分。2006年南京共有25家孵化器，其中南京市各开发区共建立了11个孵化器，总孵化面积达61.8万平方米，占全省的28％。

政府鼓励更多大学和研究机构人员进入开发区利用孵化器、工程中心、技术中心进行科技创业。进驻企业可享受贷款和融资等方面的支援和帮助；得到产品研究、试制、中试和生产过程的全程服务，因此进孵化器企业技术转化水平高。

（1）孵化器的运行机制。各个孵化器按照"自筹资金、资源组合、自主经营、自负盈亏、自我约束、自我发展"原则运行。实践证明，实行这种运行机制的孵化器能多方吸纳科技人员，并把科研成果转化为高新技术产品，最终实现产业化。

（2）发展创业投资机构。创业投资是孵化器的重要组成部分。管理部门鼓励和支持开发区建立不同类型的创业投资机构，各个高新技术产业园区大都设立创业风险金。在各开发区，行政型、公司型、内资型、合资型的创业投资机构并存。针对高新技术企业和自主创新的特点，南京市大多数开发区都建立了创业投资机构，给创新型企业以资金支持。南京市还鼓励突破开发区范围吸引风险投资进入，特别是鼓励发达国家成熟的风险资本进入，以规范的方式促进高技术产业和企业发展。与国际产业背景的风险投资基金合作，构建高科技产业风险投资平台，促进高新产业发展。

众多的孵化器孵化了大量高新技术企业，孵化出一批有作为的创业者，孵化出具有很强的创业和管理能力的企业家。开发区孵化器所提供的不仅是创业和生产的条件，形成了同类人才集聚和区域人才流动机制，更形成了浓厚的创业氛围和创业文化，其影响是巨大和深远的。例如，南京科技创业服务中心现已孵化出高新技术成果 2200 项，累计毕业企业 158 家，在孵企业 108 家，涉及新型能源、计算机软件和网络技术、生物工程和新型医药、环保技术等诸多高新技术领域。

▶▶ （六）自主创新的产业引导

南京对科技创新的支持，已经从以往的一般性投入向重点支持经济社会发展的关键领域转变，就是说政府对自主创新领域的引导以发展先进制造业为目标。南京市政府先后出台《关于加快推进电子、汽车、石化、钢铁、电力五大产业发展的意见》、《关于落实科学发展观加快工业产业发展的指导意见》等政策，并成立了由市领导亲自挂帅的五大产业发展领导小组，提出要以特殊的政策、非常的措施，加快改革，加快重组，实现体制创新、机制创新、技术创新、管理创新，用 5~8 年时间取得阶段性突破，加快五大产业跨越式发展。

2006 年 7 月，市经委和市发改委又制定了《南京市工业十大产业链发展行动纲要》，成立了南京市工业十大产业链发展领导小组，"十一五"期间，全市工业战线将以产业链建设为抓手，重点打造平板显示等十大产业链，坚持资源向十大产业链集中，优先确保十大产业链投资项目的布局规划和土地计划，优先安排金融贷款，优先提供煤电油运等各种生产要素配置，优先安排各类专项资金，对于产业链中的重大招商项目予以政策倾斜。

软件、医药、新材料、新型光电等新兴高科技产业，以及现代服务业和文化产业，是南京经济发展的先导型产业和战略性产业。为在这些产业中培育自主创新的制高点，政府分别针对特定产业出台大量支持性政策，以培育相关产业的自主创新。以软件产业为例，政府在落实国家和省级有关软件业优惠政策的基础上，进一步出台大量推动发展的政策，如《南京市"十五"软件产业发展计划纲要》、《南京市振兴软件产业行动纲要（2003～2005年）》、《南京市软件企业高级人才专向奖励实施暂行办法》、《南京市计算机软件著作权登记费用资助办法》和《南京市骨干软件企业评选办法》、《南京市"十一五"软件产业发展重点领域及重大项目规划》、《南京市软件产业发展十年规划纲要（2006～2015）》、《市政府关于进一步加快软件产业发展的意见》等，设立软件产业发展专项资金以支持利用软件技术和产品投资创业和软件孵化器建设，鼓励和支持高校院所软件人才创业，鼓励软件出口和提高软件竞争力。优良的政策环境收到了明显的效果。

南京市对自主创新的产业引导，在各类开发区尤为突出。南京市政府通过政策引导，充分发挥开发区国际品牌众多、特色产业优势明显的长处、引进有足够牵引效应的核心项目，组织产业链接和延伸，促进以消化吸收为主要形式的二次创新。通过实行对各个开发区"错位发展、有序竞争"的产业规划，有的放矢地构造产业集聚板块，促进进区企业在人流、物流、信息流等方面高频互动中加快集成创新。这种创新导向的发展模式，与以往开发区只是招商引资的目标模式，有根本性的区别。

南京市集中优势资源，特别是集中政府的行政力、协调力，使各类开发区成为南京市主导产业和高新技术产业的集聚区、密集区。南京市的主导产业，在开发区内高度集聚，开发区产业结构中，电子信息、石油化工、汽车制造、生物医药、新材料等的产值占总产值的80%以上。全市近60%的高新技术企业集中在高新区，2006年高新区年技工贸总收入达到2500亿元。其中电力软件、电信软件产品已经占有国内市场的50%和30%。开发区高新技术企业的比重普遍高于区外，南京高新区高新企业比重达95%，江宁开发区高新企业比重达48%。尤其是软件业高度集聚，各软件产业基地共有软件企业771家，占全市的87%，进驻开发区的软件企业占全市的60%以上。软件、生物医药、电力自动化、精细化工等一批高新技术特色产业基地不断发展壮大，这样，南京市高新技术产业区和软件园形成了自主创新的新高地，成为促进全市产业结构调整、优化产业升级和转变经济增长方式的新引擎。

现代服务业也是南京市政府对自主创新进行产业引导的重要方向。南京市作为长江三角洲地区的一个中心城市，发展现代服务业既有必要又有得天独厚的优势。金融、商贸、物流、运输、信息服务和各类中介服务大多是知识密集的，创新能力强的，它们与高科技制造业发展有着互动的关系。由于政府的积极推动和引导，依靠南京的人力资源和高科技制造业优势的迅猛，这些现代服务业部门得到了迅猛的发展。反过来，现代服务业的迅猛发展又成为吸引高科技企业进入和支持自主创新的重要环境。原因是，在信息经济时代，现代服务业对制造业的支配作用越来越明显，政府支持和引导现代服务业的发展，本身是为吸引高科技企业进入和发展高科技创造服务业环境。

七、

南 京 创 新 型 城 市 建 设 的 理 论 启 示

可以毫不夸张地说，南京已经达到创新型城市的基本指标和要求。自主创新中的南京模式，可以为我国许多科教资源发达的区域建设创新型城市和全面转换经济增长方式提供极其宝贵的经验。南京模式初步成功的经验表明，在文化底蕴充实、科教资源丰富、发展条件较好，但经济社会转型任务艰巨的我国特大型城市中，一方面，注重大学和科研机构与企业界的技术转移机制的建设，这是我国这些城市走自主创新道路的一个最重要的选择；另一方面，在面临科学发展、和谐发展的今天，通过对自主创新内涵的大胆地延伸，全面创新社会经济的各个领域和方面，把自主创新提升到调整产业结构、转变经济增长方式的宏观层面，可以使创新成为落实科学发展观的强大动力。

▶▶ （一）技术转移机制的建设，是我国特大型城市走自主创新道路的一个最重要的选择

南京经验和南京模式以翔实的事实和经验证据告诉我们：

第一，在我国经济体制转轨和增长方式转变的长期过程中，大学和科研机构目前非但不能退出技术创新过程，还应要求大学和科研机构加强核心技术和竞争前的、共性的、关键性的技术研究，帮助企业尽快成为技术创新的主体。

中国台湾地区自主创新的经验也在某种程度上验证了这一命题。过去，台湾地区当局鼓励自主创新的支持方法，是委托非营利性的研究机构和大学去执行工业技术发展的 R&D 项目，然后把研究结果交给工业部门实现商业化利用。从 1996 年开始，随着岛内工业技术的发展，台湾地区"经济事务部"采取的策略是：在执行和融通资金两方面，已经转向激励私人企业从事更多的 R&D 活动。由于这个原因，目前台湾地区工业技术发展的重心已经转向了私人部门，台湾地区当局现在仅仅是提供一些支持作用。

就我国许多大中型城市的实际情况而言，一般来说，在政府、高校科研院所和企业三路大军中，高校和科研院所研究力量很强，但转化能力不足；企业承接科研项目的能力凸现得也很不够。解决这一突出问题的关键，首先需要政府在市场机制下，促成高校科研院所与企业展开合作。对于处于经济转轨时期的中国经济来说，过去基于政府的力量过于强大，制约了企业自主能力，因此许多人怀疑政府在建设创新型城市中的作用。我们在南京的调研中发现，政府能够在创新型城市建设中发挥作用的关键，是采取合适的政产学研结合的模式。

目前国际上政产学研合作主要有这样几种模式。一是政府直接投入科研经费，支持产业界，要求企业有配套资金；二是政府把研发资金、资源投给非营利机构，非营利机构通过研究把项目转化给产业界；三是政府支持非营利机构，非营利机构拿到资源后，和企业合作进行研发；四是政府把科研设备、资源等投入到非营利机构，向社会开放实验室；五是政府投入资源，建立中小企业孵化器。在南京现有的资源格局下，如果我们撇开具有强大的研发优势和知识创新优势的科研院

所，而直接主要采用上述第一种模式，支持企业形成自主研发的主体，不仅不具备条件，而且会过早地进入先进国家和地区的发展模式，从而偏离自己的比较优势和竞争优势的轨道。而南京模式的特征是，政府根据本地的发展条件和发展阶段，在充分利用市场机制的基础上，千方百计地动员全社会的力量，针对具体情况混合地采用上述各种模式，尤其是高度重视各种非营利的高校、科研机构的研发能力和技术转移能力的建设。

第二，在国家创新体系中，大学、科研机构与企业必须形成合理的分工协作体系。一般来说，大学与科研机构是生产知识的地方，主要实现将全社会投入的研发资金变成新知识的科学创新；企业是营利性组织，主要功能是实现把知识变成财富的技术创新和产业创新。如果企业试图抛开科研院所的知识创新成果，自给自足包打天下，那么整个创新循环的链条就会发生断裂，即使有技术创新，其创新成果的水平也不一定很高。这是强调像南京这种科教资源发达的城市，企业和大学及科研机构之间必须高度重视技术转移机制建设的另一个重要理由。

从近几年来世界科技发展趋势看，高技术产品的技术复杂性明显增加，产品的技术突破需要不同学科不同方向的技术集成，由于受人才和技术能力的限制，这在一个企业内部很难独立完成。全球竞争的加剧和技术的变化，已迫使企业从内部的垂直集成，转变为与科研院所市场一体化的横向集成，一方面要增强自身某一方面的核心优势，另一方面要加强外部资源的利用。因此，南京的自主创新模式是符合世界科技发展趋势的自主选择。

第三，我国城市自主创新体系的建立和完善，最薄弱、也是最关键的环节，是要加强高校、科研院所与企业之间的技术转移机制建设。城市自主创新体系包括许多方面，但落实到实处，其核心不外乎有三件事：一是提高企业技术创新能力；二是提高大学和科研机构的知识创新能力；三是它们之间有效的技术转移。尽管我国企业、大学、科研机构的创新能力与发达国家相比还有很大的差距，但在整个国家创新体系中，最薄弱的环节是高校、科研院所与企业之间的技术转移机制的建设状态和实际能力。

我们做出这种判断的依据在于：一是根据瑞士洛桑国际管理学院的排名，我国企业获得大学和科研机构技术的机会与能力，在所评国家中一直排在最后几名。二是我国至今没有出台一部鼓励这种技术转移的法律法规，缺少从事技术转移的中介服务业，如专利分析师极少，事业单位成立非营利的技术转移服务机构，还受到现行法律的限制，国家预算也几乎没有考虑技术转移的开支。三是从事技术转移的现代生产者服务体系高度不发达，要把一项核心技术变成占有较大市场份额的产品，除了科研单位自己去实现产业化外（必须假设科学家同时也是企业家），似乎找不到其他的技术转移途径，而且在产业化的道路上每一步都十分艰难。因此，南京市把加强科研院所与企业之间的技术转移机制的建设，作为城市自主创新体系的建立和完善中最关键环节来抓，具有"纲举目张"的杠杆效应。

47

第四，加强高校、科研院所与企业之间的技术转移机制和环节，才能让企业在技术转移的过程中，获得关键的"技术能力"，才能逐步让企业成为技术创新的真正的主体。大学和科研单位在承担国家科研项目中，最重要的是研制过程中获得了新的知识。当研制者把头脑中关于如何做这种器件、设备或软件的知识（特别是过去无人知道的新知识），通过技术转移告诉了想生产这种产品的企业后，企业的"技术能力"就得到了本质的提升。这些成果中包含的独创性的知识，具体体现为专利形态。一个企业的技术实力，可以通过其拥有发明专利的质量与数量反映出来。企业发明专利的数量和质量，能够衡量企业是否成为技术创新的主体。由于有巨大产业化前景的专利，往往要通过多年的基础研究获得，这种有望纳入未来的技术标准专利在现阶段，还得主要依靠政府投入的科研院所来研发。自主创新的南京模式表明，南京这种科教资源集聚的大中城市，没有简单地把资源和资金向企业集中，而是集中投向产学研的结合体。因此，这种以政产学研之间互动并注重技术转移机制建设的各种做法，可以为我国许多科教资源发达的特大型城市建设区域性国家创体系，提供极其宝贵的经验。

▶▶ （二）按照城市发展规律寻求自主创新规律，全面延伸和拓展自主创新内涵，使创新成为落实科学发展观和转变经济增长方式的强大动力，是建设创新型城市的根本任务

南京建设创新型城市的成效，目前主要体现在"三个基本转变"

上：第一，基本上实现了在发展路径上，科教优势向创新、创业、创优这"三创"优势的结构转变；第二，基本上实现了在产业发展上，从传统制造业为主向以先进制造业和服务业为主导的结构转变；第三，基本上实现了在经济增长方式上，从依赖资源消耗向依靠技术进步的结构转变。一座"创新之城"正逐渐显现于长江之滨。

南京经验表明，自主创新已成为支撑和引导经济社会未来发展的主导因素。全面建设小康社会，体制创新、经济发展模式创新与科技创新，将成为我国社会主义初级阶段城市经济社会和谐发展的根本动力。自主创新的南京模式，为我国特大型城市在经济全球化背景下，走出一条科技含量高、经济效益好、资源消耗低、环境污染少、人力资源优势得到充分发挥的新型工业化道路，提供了一个十分鲜活的、具有推广价值的案例。南京模式说明，我国各个发展条件不同的城市，应该在自主创新中，按照各自的发展规律去寻求自主创新的路径，"自主创新不能事先设定一个统一的套路，要因地制宜，通过大胆地实践和探索，摸索出最适合本地区的自主创新之路"。这具体可以从以下四个方面来认识：

第一，自主创新的模式选择，要根据城市发展条件和规律因地制宜。也就是说，要根据南京资源禀赋和制度条件，选择最适合本地区的自主创新之路。搞自主创新就像新农村建设不能搞统一模式一样。南京提出要整合资源，实现高校、科研院所的知识资源与企业技术创新资源的对接，建立高校、科研院所的知识创新源泉向企业技术创新顺畅流动和转移的社会机制，这是南京在实践中探索出来的、符合本地发展情况和规律的一条具有鲜明区域特色的自主创新之路。

第二，要以技术创新为核心，以制度创新为保障，以市场创新为导向，全面拓展自主创新的内涵和领域。目前南京把自主创新的概念，大胆地延伸到社会经济的各个方面，如文化创新、观念创新、体制创新、政府管理创新等领域，具体实现全社会的和谐发展。如早在 2001 年，南京市就一改过去关门评价机关工作的做法，率先举办"万人评机关"活动，把党政机关和执法部门等 70 个单位列入评议范围，由随机抽取的近万名群众代表无记名填写评议表，并把群众的评议结果作为衡量机关工作作风的主要依据。对那些排名靠后，群众意见较大的部门，其主要负责人要受到诫勉谈话、降职、免职的惩戒。对排名靠前、群众满意度较高的部门，南京市委、市政府给予大张旗鼓的表扬。该制度创新措施实行至今，有利地促进了党政机关和执法部门创新发展、创新服务、创新自身管理地步伐，"创新"二字，成了这些部门获取群众满意的"王牌"。

第三，要把自主创新提升到调整产业结构、转变经济增长方式、走新型工业化道路的宏观层面，目的是让创新成为落实科学发展观的强大动力，走一条有可持续发展能力的道路。南京市近年来坚定不移地走新型工业化道路，推动经济增长方式向集约型转变。大力促进制造业与服务业、支柱产业与先导产业共同推动经济增长；大力发展循环经济，加快形成资源节约型增长模式和消费方式，促进人口、资源、环境相协调，实现可持续发展。同时，通过深入实施科教兴市战略和人才强市战略，把增强自主创新能力作为科学技术发展的战略基点和调整产业结构、转变增长方式的中心环节，建立健全自主创新的投入、激励和保障机制，推动科教人才资源优势向现实发展优势的转化。最为突出的是，南京这些年来还把完善功能、形成特色作为提升中心城市地位和扩大国内外影响力的重要途径，加强重大功能性基础设施建设，增强产业对周边地区的辐射带动作用，提高综合服务的能力和水平，彰显历史文化名城独特魅力与山水城林的自然特色，打造城市特色品牌，把城市影响力与知名度提高到新的层面。尤其是市委、市政府坚持社会主义市场经济的改革方向，充分发挥市场机制在资源配置中的基础性作用，进一步完善现代企业制度和现代产权制度，切实转变政府职能，创新行政管理方式，加快形成有利于科学发展的体制机制，为经济社会切实转入全面协调可持续发展轨道提供有力保障。

第四，全面建设创新驱动的城市，是全社会每个人的事，应该具体落实到创新、创业、创优这"三创"上来。"创新应该紧紧与提高生产力发展水平，与满足人民群众不断增长的物质文化生活需求联系在一起，这样才能得到广大人民群众的最广泛的实际支持，才具有持久的、长远的生命力，这样的创新实践，才是更重要的实践"。才能让人民群众迸发出创业、创新、创优的活力。过去说起自主创新，很多人都认为这仅仅是科学家、企业和政府的事，和普通百姓的生活没有多大的关系。实际上，自主创新是全社会的事情，但现在大家惯于将其和科技联系在一起。这当然很重要，因为科技创新是核心，但应该把它放大或者直接引用到贯彻落实科学发展观这个大的层面上。创新是一个过程，要通过创新调动人民群众创业的积极性，通过创业实现致富，最后达到社会和谐，这应该是整个社会创新工作的一个重要目标。

（执笔：洪银兴　刘志彪）

第二章
南京市自主创新的总体情况[①]

随着经济全球化和中国加入 WTO 过渡期的结束，国际间综合实力的竞争越来越激烈，在这场竞争中，一个国家、一个城市的自主创新能力将起到非常重要的作用。在我国，"走中国特色的自主创新道路、努力建设创新型国家"已成为 21 世纪国家的重要发展战略。

面对国际竞争新的形势、新的挑战和经济发展新的客观要求，南京市委、市政府充分认识到自主创新对于城市发展的重要意义，牢固树立和坚持科技是第一生产力、人才是第一资源、自主创新是第一竞争力的发展观。南京是江苏省省会，是长三角区域中心城市之一，是中国重要的科教中心，科技教育总体实力居全国第三位。南京作为中国著名的历史文化名城，从三国时代开始，先后十为都城，素以"首善之区"汇集全国学人名士、能工巧匠，科学成就盛极一时，在医药、天文、数学、纺织、建筑、制造等诸多方面都写下了辉煌的历史篇章。早在南北朝时期，数学家祖冲之就在南京把圆周率计算到小数点后第七位，比欧洲人早了 1000 多年；明朝医药学家李时珍在南京编写了《本草纲目》，这是世界上影响最大、最早创造植物分类法、最早的一部内容丰富和考订详细的药物学巨著；600 年前，郑和七下西洋的万吨级宝船就是在南京建造的。到了近现代，中国第一艘蒸汽机轮船、第一座现代天文台、第一台全国产化收音机、第一支日光色荧光灯、第一台全自动车床、第一只微波电子管、第一条光缆彩电传输系统、第一条光缆传输电力通讯

———————————

① 本章是南京市市副市长许慧玲 2007 年 2 月 26 日在"基于科教资源优势建设创新型城市的南京模式"新闻发布会上的讲话。

系统、第一只电视显像管、第一座卫星通信地面接收站、第一部军用雷达、第一代防空自动化指挥系统，等等，都诞生在南京这片科技沃土上。"神五"、"神六"航天飞船的发射升空，都离不开南京这座城市的科技支撑。目前，全市拥有48所各类普通高等学校和550家各类科研开发机构，其中"211工程"高校达8所，名列国内同类城市第一位，拥有各类专业技术人员60万人，每万人拥有在校大学生人数、在校研究生数量两项指标均列全国第一。2006年末南京地区拥有两院院士76人，其中中科院院士45人、中国工程院院士31人，教育部"长江学者奖励计划"特聘教授、讲座教授73人，国家杰出青年基金获得者百余人，国家"973"项目首席科学家13人，中科院"百人计划"入选者14人；拥有国家和省部级重点实验室45个（其中国家重点实验室16个），国家、省和市级工程技术中心77家（其中国家级工程技术中心10家），国家重点学科76个、博士后流动站和工作站131个，均名列国内同类城市前列。

基于南京雄厚的科教资源优势，市委、市政府及时做出了将南京建设成为创新型城市和中国重要科教中心的决策，把推进自主创新摆在城市核心竞争力之所依、发展后劲之所在、前途命运之所系的突出位置来抓，把培育拥有自主知识产权和知名品牌、国际竞争力较强的优势企业作为主要的工作目标，通过"创新、创业、创优"，积极探索新型工业化道路的实现机制，在新兴产业领域的许多方面，推进和实现由"中国制造"向"中国创造"转变，通过科技进步和创新，大力促进经济增长方式转变和结构调整，支撑和引领全市经济社会全面、协调、可持续发展，全面提升城市竞争力。

南京自主创新的关键是充分发挥政府的主导、集成作用，核心是实现知识创新主体和技术创新主体有效结合。通过整合科教资源，将高校和科研机构的自主创新潜力充分释放出来，实现高校、科研机构的知识资源与企业技术创新资源对接，建立高校、科研院所的知识创新源泉向企业技术创新顺畅流动和转移的社会机制，将科教资源转化为现实的高科技企业和技术。在此基础上，以科教资源优势吸引外资、外地科技资源和科技企业进入南京，形成开放和吸收的发展机制。

南京自主创新的路径，可用"12345"来概括，即"一大平台、两个机制、三路大军、四大载体和五大领域"。"一大平台"即基于科教资源优势的、促进科研成果转化和资源整合的"科技成果转化服务平台";"两个机制"即企业与大学科研机构互动的市场机制、政府强力推进的激励机制;"三路大军"即地方政府、大学和科研机构、企业(含军工企业)三路创新大军;"四大载体"即从技术链路径形成的国家重点实验室、各类高新技术企业孵化器、各类科学园科学城以及各类国家级开发区四大创新载体;"五大领域"指电子信息产业、汽车工业、石化工业、以软件为核心的新型高科技产业和现代服务业五大高科技产业。概括起来,就是依托基于科教优势的科技成果转化服务平台,在"两个机制"的共同作用下,通过"三路大军"的协同努力,借助"四大载体",把高等院校和科研机构的知识创新资源,通过有效的技术转移机制,集中配置到以"五大领域"为主的城市支柱产业上,实现技术创新和技术转移的重点突破。

经过多年的努力,特别是近年来的探索实践,南京市自主创新取得了重要进展,走出了一条具有南京特色的自主创新与创新型城市建设道路。南京自主创新与创新型城市建设的成效,概括起来就是基本实现了"三个结构转变":第一,在发展路径上,基本实现从科教优势向创新、创业、创优"三创"优势的结构转变;第二,在产业发展上,基本上实现从传统制造业为主向以先进制造业和现代服务业为主导的结构转变;第三,在经济增长方式上,基本上实现从依赖资源消耗向依靠科技进步的结构转变。具体体现在以下几个方面:

逐步建立以政府为主导、企业为主体、市场为导向、产学研相结合的技术创新体系

"一个平台、两个机制"建设成效显著,科技成果信息传导渠道和转化途径更加通畅,转化率显著提高。作为"一个平台、两个机制"的重要组成部分,市科技成果转化服务中心于 2006 年 4 月建成投入使用,总面积达 2000 平方米。2006 年,该中心受理省科技成果转化项目申报 88 项,其中 22 个项目获省立项;新登记注册技术贸易机构 169 家,登记技术合同 7858 份,实现技术贸易合同登记额 52.48 亿元,占

全省的 76.3%，在全国同类城市名列第 2 位；组织各类科技成果展览展示会 16 场，发布科技成果 1536 项；举办各类科技成果信息发布会 21 场次，发布最新科技成果 119 个。南京市科技成果转化网络服务平台完成建设，"南京科技资源共享服务平台"建设启动，"超大型荫罩式等离子显示技术"等一批重大科技成果在宁产业化。建立科技创新联系会议制度，省市共建"全国重要科教中心"机制正在形成。2006 年，在宁高校科研单位应用技术类科研成果实施率达 82.4%，本地实施率上升到 32.6%；在宁科研院所实现销售收入达到 54 亿元。

科技创新创业载体建设迈上新台阶，南京成为具有较强辐射和集聚效应的区域性高新技术研发中心和产业化基地。以技术市场、各类工程技术中心、大学科技园区、科技创业服务中心、生产力促进中心、科技开发交流中心等为载体的科技创新服务体系建设全面推进，基本形成了发展形式多样化、投资主体多元化、管理服务网络化的科技企业孵化体系和专业化服务体系。南京市科技企业孵化器园区总数、企业个数、技工贸收入等均在全省居领先地位，全省"三分天下有其一"。到 2006 年末，南京市共有各类科技企业孵化器 25 家，占全省的 33%，其中国家级科技孵化器 8 家，占全省的 47%；总孵化面积 61.8 万平方米，占全省的 28%；从业人员 2.2 万人；在孵企业 1900 家，占全省的 32%；毕业企业 485 家，占全省 30.9%。2006 年，25 家科技企业孵化器实现技工贸总收入 81 亿元，利润近 7 亿元，税收 4.09 亿元；高校、科研院所与企业联建工程技术中心 11 个、研发机构 23 个。

建立和完善以政府投入为引导，风险投资、金融信贷、企业自筹、社会资本与民间资本多形式参与的多元化科技创新投融资机制。不断加大政府对科技投入的力度，确保各级财政对科技的投入占财政支出比例逐年增长，放大财政投入的乘数效应，2006 年南京市市级财政科学技术实际支出 3.32 亿元，占市级财政地方一般预算支出 2.93%，其中科技三项费用 1.0237 亿元，占市级财政地方一般预算支出 0.9%。鼓励区县建立科技成果转化资金，为科技成果向区县转移提供资金引导。鼓励企业加大技术创新投入，2006 年南京市全社会研究与发展（R&D）经费投入达 75 亿元，占地区生产总值的比重提高到 2.7%；企业 R&D 经费投入占销售收入比重达到 1.8%，高于全国 1.52% 的平均水平，其中大中型企业 R&D 经费投入达 39.88 亿元，占全社会 R&D 经费的

53.2%。鼓励科技信贷、风险投资、民间资本、国际风险投资业涉足南京市高新技术产业。探索建立科技担保机制，为科技企业科技成果产业化提供流动资金支持。积极帮助企业上市，培育上市群体。

逐步健全科技人员创新创业的激励机制

近年来，南京市不断探索并建立健全行之有效的科技人员激励机制。一是坚持对科技功臣实行重奖。南京市从 1991 年起，坚持对为南京地方经济振兴、科技发展、社会进步做出突出贡献的科技功臣实行重奖，到目前为止共进行了 8 次重奖活动，奖励科技功臣 51 人，有效地调动了广大科技人员创新创业、奉献南京的积极性。从 2006 起，市科技功臣奖奖金额度提高到 50 万元，市科技功臣和科技之星可享受市级劳模待遇，市科技进步奖一等奖、二等奖、三等奖分别提高到 5 万元、3 万元和 1 万元。二是加强市中青年行业技术、学科带头人及后备人员的选拔和培养工作，及时发现人才和培养更多的中青年科技人才，带动全市各行业科技创新团队建设。到目前为止，共选拔 6 批 207 名中青年行业技术、学科带头人，选拔后备人员 370 名，命名了 2005 年度南京市软件产业十大领军人物。三是设立科技人才创新创业专项计划。从 2004 年起，南京市每年安排 400 万元科技专项资金实施科技人才创新创业专项计划，鼓励软件人才创新创业；市级财政拿出 1000 万元，用于资助高层次海外留学人员来宁创新创业。贴近产业前沿，举办软件行业人才培训系列讲座，组织开展市科技人力资源开发与科技创新创业人才培育与队伍建设等调研活动，不断创新科技人才工作思路，积极营造鼓励创新、宽容失败，尊重知识、尊重人才，人尽其才、优秀人才脱颖而出的良好社会环境。

高新技术产业成为经济发展的重要动力

2006 年，南京市高新技术产业销售收入达 1540.51 亿元，比上年增长 18.5%，占全市工业销售收入的比例达 32.7% 以上；高新技术及产品出口 41.62 亿美元，增长 43.52%，居各类商品出口增幅之首，占全市出口总额的比重持续增长。全市经认定的高新技术企业累计达 704 家，其中上市 23 家，占全市上市企业总数（40 家）的 57.5%。有高校背景的 35 家，有研究所背景的 38 家，由科技人员创办的 135 家。移动通信、汽车电子、数字化视听设备、显示器件、通信设备、电力自动化、轨道交通、生物技术与医药、新型复合材料等特色优势产品群初具规模，"70 千瓦太阳能塔式热发电系统"、"新型高效低成本硅太阳能电池"等一批重大核心技术取得突破。民营科技企业快速发展，2006 年实现技工贸收入 771 亿元，同比增长 71.3%，其中超亿元企业 60 多家，超千万元企业 200 多家；全市经认定的高新技术企业中，民营科技企业占 70% 以上。

软件产业发展势头迅猛，打造中国软件名城取得重要进展。南京软件产业销售收入连续 5 年保持 50% 以上的高速增长，2006 年达到 258 亿元，在全国省会城市中位居第一，同比增长 55.4%，出口达 3.8 亿美元，增长 80.95%。全市软件企业近千家，累计认定的软件企业达到 484 家，占全省总数的 54%；软件收入超亿元企业 25 家，超千万元企业 85 家；2 家企业进入 "2006 中国软件企业出口 20 强"，占全省 100%；有 7 家企业进入 "中国软件收入规模前 100 家企业" 行列，占全省的 87.5%；8 家企业进入 "国家规划布局内重点软件企业" 名单；10 家企业在境内外证券市场上市，占全省的 91%；16 家企业通过 CMM/CMMI 三级以上认证，2 家企业通过二级以上认证，44 家通过系统集成商资质认证；累计登记软件产品 2286 个，占全省的 59.7%；2006 年全国评选出 19 个 "中国优秀软件产品"，其中南京占了 11 个，占总数的 57.9%，电力、电信、交通、安全、企业信息化等行业应用软件在国内具有领先优势，占全国市场份额分别为 50%、30%、20%、18%、18% 以上。以南京软件园、江苏软件园为代表的 "两园多基地" 研发面积达到 137.82 万平方米。南京市获得 "国家软件出口创新基地"、"中国服务外包基地城市"、国家软件人才国际培训（南京）基地授牌，全市软件从业人员达 5 万人。

四、

专利工作成为促进科技创新的重要推动力

2003 年，南京市顺利通过了国家知识产权局的全国专利城市试点工作验收，并被批准为国家知识产权试点城市。随后，南京市在全国率先提出建立高科技专利创业园的工作思路并组织推进。以南大科技园为主的广州路科技一条街已成为高科技专利创业园的孵化基地；以南京理工大学为核心的白下区科技园成为高科技专利园研发基地，国家知识产权局将该科技园作为惟一的全国专利产业化试点基地，向中国"专利硅谷"的目标发展；栖霞区的金港创业中心、马群科技园等被培育成为高科技专利创业园产业化基地，金港科技创业中心被确定为国家级科技创业服务中心。

大力实施以知识产权为重点的品牌带动工程，提高产品核心竞争力，带动企业自主创新和技术创新。重点扶持一批拥有自主知识产权、自有品牌和核心竞争力的企业，尤其是对占有市场份额的产品给予重点扶持，发挥重点企业（领域）和高新技术企业的领军地位和示范效应，推进知识产权工作。南京市每年投入 600 多万元，设立重大专利实施和专利二次开发计划，对重点领域的专利转化项目给予支持，实施专利申请费补助，把专利和知识产权工作纳入科技计划管理的全过程，促进专利意识提升。

多年来，南京市的发明专利申请量、授权量在省内持续保持领先地位。2006 年，全市专利申请量达 6793 件，同比增长 29.9%，其中，发明专利 3360 件，增长 44.8%；授权专利 2847 件，增长 31.4%。企业专利主体地位进一步突出，全市企业专利申请量达 2938 件，占总量的43.25%，增长 59.7%；企业专利授权量为 1032 件，占专利授权总量的36.3%，增长 55.4%。2006 年，全市专利申请总量中，职务发明 4711件，占总量的 69.5%，增长 38%；在授权专利总量中，职务发明 1927件，占总量的 67.7%，增长 51.11%。全市拥有"中国名牌"产品 11个、"江苏名牌"产品 117 个、"南京名牌"产品 340 个；拥有全国驰名商标 7 件、省著名商标 127 件、市著名商标 250 件。

五、

科技进步对社会经济的支撑和引领作用显著增强

近年来，南京市深入实施"科教兴市"战略，大力推进科技兴农、科技兴工、科技兴贸等战略措施，不仅确立了高新技术产业优先发展的战略地位，同时强有力地推动了工业、农业、商业、现代服务业等产业和社会事业的发展。2006 年，南京市科技进步对工业的贡献率达到46%，对农业的贡献率达到47%，对农业增效、农民增收的贡献率达到60%，对社会经济的支撑和引领作用显著增强。南京连续 10 年 5 次荣获"全国科教兴市先进城市"、"全国科技进步先进市"称号，科技进步水平连续 5 年在江苏省雄踞第一位。

深入实施科技兴农战略，大力发展优质、高产、高效的现代化农业，促进农村经济结构战略性调整，促进农业增长由要素扩张型向科技推动型转变，提升南京农业的整体生产水平和竞争力。强化实施农业品种、技术、知识三项更新工程，在良种培育和繁殖基地建设上取得重大突破，良种体系建设取得明显成效；抓好农业科技示范园区建设，使之成为科技创新和成果转化的重要载体；不断提升农产品加工企业的持续科技创新能力，推动农业结构战略性调整。全市共建成农业科技示范园区 69 个，其中省级示范园区 6 个；共推广农业新品种 500 多个，推广面积达 2000 多万亩次，农作物主要品种基本上实现更新换代，取得经济效益 400 多亿元；推广应用现代农业生产技术 200 多项，受益农户300 万户，帮助农民增收 90 亿元；培训农民 180 万人次，农村整体科技水平和农民科技意识显著提高。

深入实施"科技兴工"战略，坚持以信息化带动工业化，依靠自主创新推进工业结构优化升级，推进工业增长方式转变。充分依托南京雄厚的产业基础，促进软件技术向电子信息、石油化工、汽车、钢铁、服务业等传统优势产业渗透，推动软件产业和先进制造业、现代服务业紧密结合，促进生物医药、新材料、新型光电、文化等新兴产业快速发展。坚持不懈地抓好制造业信息化"5511"专项工程，CAD/CAM、MRP II/ERP、CIMS、电子商务技术的应用从点到面，在全市推广，累计实施的 200 家示范工程效果显著，提升了企业的综合竞争力，产生了社会效益和经济效益。最近 5 年，全市信息产业保持年均 30% 左右的增长速度，2006 年销售收入达到 1300 亿元。

深入实施"科技兴贸"战略，加速培育、建立高新技术产品出口基地，努力扩大高新技术产品出口，优化进出口商品结构，加快转变贸易增长方式。2006 年，全市高新技术产品出口增幅高出外贸出口平均增幅 20.7 个百分点，有高新技术产品出口实绩的企业达 532 家，其中出口超亿美元的高新技术企业有 6 家，累计出口 32.4 亿美元；出口超千万美元的高新技术企业有 28 家。高新技术产品出口拉动整个外贸出口的新格局初步形成。2005 年、2006 年，南京市成功举办了第一届、第二届中国（南京）国际软件产品博览会，集招商引资、项目合作、软件外包、产品促销、技术引进与交流、人才招聘等于一体，吸引了微软、IBM、摩托罗拉、华为、中兴等一大批国际、国内著名软件企业参会，促成 202 个软件项目落户南京，总投资 56.9 亿元。在 2005 年度、2006 年度中国会展之星评选中，中国（南京）软博会均被评为"中国十大知名品牌展会"，成为展示江苏省、南京市高新技术领域发展水平和最新成就、开展对外经贸合作的重要舞台。

大力推进国民经济和社会信息化，开展科技攻关和科技示范，重点推进环境保护、城市建设、人口卫生三大社会发展科技专项，解决一批影响社会发展的重大问题，促进社会可持续发展。电子商务技术在全市推广应用；电子政务建设全面推进，权力阳光运行机制取得明显成效；科技强警、智能交通发展水平位居全国中心城市前列；数字化城市管理模式在全市推广；"金税"、"金盾"、社会保障、教育等一批重点电子业务系统加快建设和完善；多项医疗技术达到国内甚至国际先进水平。

创新之路永无止境。今后一个时期，南京将紧紧围绕建设创新型城市的战略目标，继续探索实践，努力使自主创新成为落实科学发展观、转变经济发展方式、实现又好又快发展的不竭的源泉，成为建设环境友好型、资源节约型城市、构建和谐社会的强大推动力，为提高南京的综合竞争力，为把我们伟大祖国建设成为自立于世界民族之林的创新型国家做出应有的贡献！

（执笔人：许慧玲）

第三章

南京市自主创新的资源优势

南京市自主创新的资源及其技术转移的特征

▶▶ **（一）南京市自主创新的资源丰富**

南京具有丰富的科教资源、悠久的创新文化传统，这是南京加入全球经济体系的第一比较优势，而这一科教资源向创新、创业和创优的转变，则是在新一轮全球分工中快速攀升价值链的主要动态优势。南京丰富的科教资源主要表现在以下几个方面：

1. 南京具有悠久的创新文化传统

南京位于长江下游南岸的江苏省西南部，地处我国东西水运大动脉长江与南北陆运大动脉京沪铁路的交汇点，素有"东南门户，南北咽喉"之称。南京有 35 万年的人类活动史，6000 年的文化史，2470 多年的建都史，历史上曾经先后 10 个朝代在此建都，为南京留下了极其丰富的历史遗迹和灿烂的文化遗产。总地来看，六朝文化、明朝文化资源和民国文化资源为重，是南京文化的三大支柱。

优越地理位置使得南京自古以来当之无愧地成为全国政治中心之一，历史上的南京比任何城市都承受过更多的国家兴亡，目睹过更多的民族悲欢。始终置身于南北地域的对话、江海水域的冲突、历史震荡的焦点之中，南北东西中外各种文化都在此碰撞交流，久而久之形成了南京敦厚朴实、包容开放的文化个性和城市精神。一种文化博大的包容性和开放性特征所带来的多元文化的碰撞交流、整合扬弃无疑能够为创新提供强大的动力和绝佳的环境。文化的巨大包容性，成为促进创新的重要条件，开放性的移民文化为各种文化观念的撞击创造了环境。文化的融合与创新使得南京一直是中国新文化、新思想、新技术最为重要的中心。南京古代科技，在化学、医药、数学、天文历法、航海造船、印刷出版和建筑诸方面，都为祖国科技事业做出了巨大的贡献，甚至在世界科技史上留下灿烂的一页。南京文化中从来就有一种奋发有为的精神，有一种"天变不足畏，祖宗不足法，人言不足恤"的进取精神，有一种敢为天下先的首倡精神。这种精神正是创新的动力与源泉。

2. 南京拥有丰富的科教资源

南京市目前拥有普通高等学校（不含部队院校）48 所，2005 年在校本科生 50.37 万人，在校研究生（包括硕士研究生、博士研究生）5.75 万人，每万人拥有的大学生人数为 845 人、研究生为 96 人，两项均列全国第一。南京地区的高层次人才也出现集聚效应，2005 年末拥有中科院院士和中国工程院院士 48 人和 32 人，全市有教育部"长江学者奖励计划"特聘教授、讲座教授 73 人，国家"973"项目首席科学家 13 人，这一批高层次人才知识层次高、创新能力强、对社会贡献大、影响力强，其创新意识、创新能力、协作能力具有很强的外溢效应。

除了拥有数量众多的高水平高等院校之外，南京还拥有很多的国家级科研院所。截至 2004 年末，从事科学研究、技术服务等行业机构 435 个，从业人员 23273 人；教育机构 1206 个，从业人员 121768 人。经济普查数据表明，各类科研院（所）占全市行政单位总数的 5.4%，从业人员占全部从业人员的 5.6%。全市有 543 家研究与开发机构。至 2004 年底，中国科学院南京分院系统在岗职工 1175 人，其中科技人员 724 人，两院院士 14 人，具有高级职称的科技人员 350 人；国家杰出青年基金获得者 12 人，中科院"百人计划"入选者 14 人，引进海外杰出人才 9 人。全市拥有门类齐全的自然科学与社会科学研究院所，2004 年末，从事自然科学、工程技术、农业科学、医学和社会人文研究所达 76 所，从业人员 7618 人；从事气象、地震、海洋、测绘、技术检测、环境监测和工程技术与规划管理等专业技术服务业的有 200 所，从业人员 5495 人；从事科技交流和推广服务业的有 141 所，从业人员 4654 人。

3. 南京已经形成强大的研发能力

科技创新系统根植于有效的研发活动，南京拥有丰富的科教资源优势，而这一优势通过向企业和其他社会部门提供新技术，进行技术扩散，形成了更大规模的经济增长和社会效益。科教资源优势从而体现为强大的研发能力，南京目前拥有 16 个国家重点实验室，21 个教育部重点实验室，通过这些重点实验室的科研创新，使得产学研进一步贯通，科研活动与经济活动相互促进、同步增长。

2004 年，全市规模以上工业企业 2449 家，从业人员 55.24 万人，有科技活动的企业数是 401 家，占 16.4%；科技活动人员 40754 人，占从业人员的比重 7.4%，其中，科学家和工程师 22547 人，R&D 人员 17046 人，机构人员 12623 人，科技活动经费筹集总额 59.35 亿元。在全市工业企业所涉及的 36 个工业行业大类中，有科技活动发生的行业有 30 个，占到 83.3%；有 R&D 活动发生的行业有 25 个，占到 69.4%；R&D 经费投入超过千万元以上的行业有 14 个，详见表 3-1。

表 3-1

	规模以上	大型工业	中型工业	小型工业
企业个数（个）	2449	30	227	2192
有科技活动企业数（个）	401	27	116	258
有科技活动所占比重（%）	16.4	90	51.1	11.8

2004 年科研活动的课题经费达 3.10 亿元，比上年增长 8.24%。申报专利与授权专利数量增长较快，全年共申请专利 131 件，其中发明专利 66 件，分别比上年增加 22 件与 10 件；获得专利授权共 109 件，其中发明专利 53 件，分别比上年增加 51 件与 32 件。全市规模以上工业企业科技活动经费支出总额达 60.3 亿元。其中代表自主创新能力，反映和评价企业技术原创能力和创新水平的重要指标——研究与发展（R&D）经费支出 20.2 亿元，占规模以上工业企业科技活动经费支出总额的 33.5%。新产品开发是技术创新的主要形式，全市规模以上工业企业新产品开发经费支出 22.63 亿元，占科技活动经费支出的

37.5%，完成新产品产值 707.2 亿元，新产品销售收入 683.6 亿元。南京市规模以上工业企业 R&D 经费投入强度（R&D 经费投入占产品销售收入的比重）为 0.65%，高于全省的投入强度（0.59%）0.06 个百分点和全国的投入强度（0.56%）0.09 个百分点。2006 年全社会 R&D 经费占 GDP 的比重达到 2.7% 以上。

▶▶ （二）南京市自主创新的技术转移的特征

正是拥有了丰富的科教资源优势，使得南京市的科技创新主要来源于本地科研机构以及受到本地优秀科教资源吸引来的合作研发机构。这一模式与其他地区的创新模式如深圳模式有着本质的不同，深圳市作为一个典型的新兴移民城市，科教资源相对贫乏，而接近香港地区使得其商业市场气氛浓厚，使得深圳市有条件也更有优势在企业中利用市场来促进科技创新。而南京必须在立足本地强大的科教资源基础之上，通过政府的积极引导和帮助，使得科研院所的知识创新和企业技术创新相互促进、相互溢出，努力走出了一条不同于其他地区的自主创新道路。

在现有的科教资源优势基础之上，南京市的自主创新已经取得了一定的成果。长三角主要城市中，南京市虽然是拥有规模以上工业企业最少的一个城市，但却是开展科技活动比重最高的城市。2004 年规模以上工业企业中，有科技活动企业的比重，南京市高达 16.4%，排列第一，比全国 11.9% 高 4.5 个百分点，比江苏 13.4% 高 3 个百分点。在专利的申请和授权方面，南京市的发明专利占专利授权数的比重上，则遥遥领先于其他主要城市。在专利种类划分中的实用新型和外观设计专利的技术含量不能与发明专利相比，发明专利更能体现资金投入产生的技术创新能力和潜力。发明专利比重的增加证明了南京市的科技创新更多地偏重基础创新，也同时更具有长远性，从而更容易接近技术的前沿，因而可以吸引更多的高层次研发机构前来合作。

2005 年，南京市的高新技术销售收入占 GDP 比重达到 30% 以上，形成了电子信息与软件、生物医药、新材料等一批优势与特色产业。中国工程院院士沈国荣和他率领的南瑞继保十年创业，在中国电力系统保护和控制行业屡创佳绩，如今已经占据了国内高压和超高压电网保护设备近半的市场，而在 10 年前，我国在网运行的 500kV 继电保护设备，

90％都要依赖进口。南瑞、新华科技、中电光伏公司、金陵药业等企业加强原始创新，开发了电网广域监测分析保护控制（WARMAP）技术、基于LINUX的操作系统、太阳能光伏电池组件、脉络宁注射液等一批技术和产品，并实现了产业化。扬子石化公司的"聚丙烯"、"聚烯烃"，南京汽轮电机（集团）有限责任公司的燃气轮机（规格6B、9F）等都是通过对引进技术消化吸收，实现了创新。联创、康海药业、康尼机电等一批企业通过集成创新，突破国外专利或技术壁垒，形成有自主知识产权的产品。依托高校、科研院所联合建立的市级工程技术中心达39家，大中型企业建立博士后科研工作站达24个，产学研机制进一步活跃。

▶▶▶ **（三）基于现有资源和优势，南京市政府选择了一条正确的自主创新模式，并初见成效**

依托现有的科教资源优势，充分发挥市场和政府的应有功能。创新活动是由基础研究、应用研究、试验发展和产业化等多种行为的承载，企业作为技术创新的主体，并不是说所有的创新活动都由企业完成，在建设以企业为主体的技术创新体系中，科研院所和高等院校都要发挥重要作用，他们在政府的帮助下，积极参与企业的技术进步和企业技术攻关，与企业可以建立共同的技术联盟。南京市的科研院所和高等院校集聚着大量的应用技术研发力量，南京市政府利用这一优势，通过大量的中介服务，促使创新要素的流动集成和创新网络整体功能得到了很好的发挥。到2004年底，全省累计批准建设的科技创业服务中心、大学科技园、留学生创业园、软件园等各类科技企业孵化器达76家。其中南京市的南京科技创业服务中心、南京金港科技创业中心位列国家级高新技术创业服务中心；全省5家大学科技园中，南京市独占3家：南京大学—鼓楼高校国家大学科技园、东南大学国家大学科技园、南京理工大学国家大学科技园。

另外，高等院校和科研院所还承担着基础研究和高新技术领域原始创新的主力作用。基础研究是高新技术发展的重要源泉，是未来科学和技术发展的内在动力，是技术发明的先导，只有注重基础研究，才能着眼长远，持续推进自主创新。南京市在注重大学的基础研究方面，作了很大的工作，使得南京市的创新能够为未来占领高技术发展的制高点和在未来的科技竞争中赢得主动奠定基础。基础研究和应用研究是 R&D 活动的重中之重。南京市的基础研究项目和应用研究项目，科研院所和高等院校分别承担了 81.7% 和 78.01%，"领头羊"作用突出。随着市场经济的健康发展，科研院所、高等院校科技资源的人力优势、知识优势和技术优势对企业和地区的辐射和扩散作用正日益显现。

近年来，南京市政府努力增加对科技事业的财政支持力度，为重大科研任务提供各项保障。大中型工业企业根据市场变化和自身发展要求，增强科技创新意识，不断加大科技经费投入。科研机构也逐步形成了以政府资金为引导，立足自主筹集，扩大金融机构贷款，接受事业单位资金并吸收国外资金等多渠道筹集科研经费的新路子。总之，在增强自主创新能力方面，南京市具有不可比拟的优势。一是院校资源；二是人才资源；三是中心城市所形成的辐射力和凝聚力；四是良好的制造业基础。依靠这四大优势和基础，政府充分发挥制度调整的优势，从而走出了一条基于制度和资源的自主创新之路。

南京市"十五"期间经济增长状况

自 20 世纪 90 年代以来，南京市经济发展迅速，特别是"九五"和"十五"期间，综合经济实力得到了显著增强，"十五"期间的年均增长速度达到 14.2%，经济连续 14 年保持两位数以上增长，2005 年南京市人均地区生产总值达到 35538 元。1999 年，南京市国民生产总值为 899.40 亿元，占江苏省 GDP 7697.82 亿元的 11.7%，占全国 GDP 80422.8 亿元的 1.1%，到 2004 年，南京市国民生产总值达到 1910 亿元，占江苏省 GDP 15512.35 亿元的 12.3%，占全国 GDP 136584.3 亿元的 1.4%。然而，在繁荣的背后，也存在一定的不利因素，如按可比价格计算的 GDP 增长率，在 2001 年之后经历了下降的趋势。

图 3-1 表明，南京地区的按可比价格计算的产出增长率自 2001年以来有了显著的提高，而与之相对应的是资本—产出比增长率自

2000 年以来的下降趋势，特别是 2004 年的资本产出比的增长率已经成为负值。事实上，一般而言，产出增长率的上升往往伴随了资本—产出比增长率的下降，产出增长率的最高点对应了资本—产出增长率的最低点。

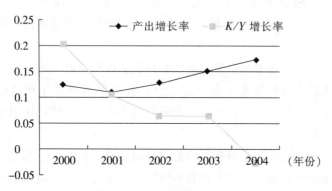

图 3 - 1　南京市 2000 ~ 2004 年产出增长率与资本—产出比率增长率的比较

注：产出与资本存量数据的度量均剔除了物价波动因素，采用可比价格计算。

借助 Solow（1957）和 Dension（1967）的"增长的核算框架"，可以说明影响经济增长的因素。此框架由 Cobb-Douglas 生产函数出发，假设规模报酬不变，导出"资本—产出比率"核算方程：

$$\left(\frac{\hat{K}}{Y}\right) = (1-\alpha)\left(\frac{\hat{K}}{L}\right) - \hat{TFP}$$

即，资本—产出比率取决于资本产出弹性、资本—劳动比率和 TFP 的值。当资本存量 K 增加时，如果有足够的劳动力与之匹配，在 TFP 的水平保持不变的条件下，产出的增长率就能与资本的增长率相匹配，此时资本—产出比率稳定，经济增长依赖于投资推动。

观察南京市 2000 ~ 2004 年的经济增长状况，在图 3 - 2 中，资本—劳动比率自 1999 年以来一直快速上升，大量投资带来的资本存量上升并没有相应的劳动力与之匹配，形成资本的深化。产出的增长超过了劳动力的增长，造成劳均产出的增长，而产出的增长却低于资本的增长，使得资本—产出比率有一定上升，但其上升趋势逐渐趋缓。可见，如何保证现有的经济增长率，避免可能存在的下降趋势，是研究的主要问题，根据资本—产出比率核算方程，使产出增长稳定可以通过两个途径实现：以 *TFP* 增长率的提高抵消资本—劳动比率的快速上升；或通过技术来提高资源禀赋，维持 *K/L* 值的稳定。

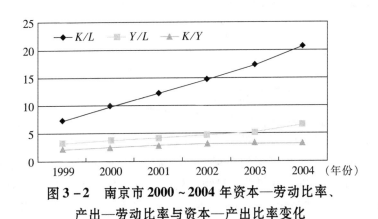

图 3 – 2　南京市 2000～2004 年资本—劳动比率、
产出—劳动比率与资本—产出比率变化

南京地区全要素生产率的估计和比较分析

▶▶ （一）基本模型

考虑到现有大多数研究采用估算 *TFP* 的方法，本文采用新古典 Cobb-Douglas（C – D 函数）生产函数对 *TFP* 进行估算，带有 C – D 函数时间 *t* 因素的形式，设总量生产函数为：

$$Y_t = A_0 e^{\alpha_T t} K_t^{\alpha_K} L_t^{\alpha_L} \tag{1}$$

其中，Y_t 表示产量，在计量中用地区国民生产总值代替；*K* 表示资本存量；*L* 表示劳动力，用地区从业人员总数代替；α_L 和 α_K 分别代表劳动和资本的产出弹性；A_0 代表初始的技术水平；*t* 表示在模型中引入了时间因素。分别取对数得到用于回归的第一个模型：

$$\ln Y_t = \ln A_0 + \alpha_T t + \alpha_K \ln K_t + \alpha_L \ln L_t + \varepsilon_t \tag{2}$$

通过模型（2）的拟合，我们可以得到资本和劳动的产出弹性 α_K 和 α_L，为保证 $\alpha_K + \alpha_L = 1$，我们沿用通常的正规化处理方法，即：

$$\alpha_K^* = \alpha_K / (\alpha_K + \alpha_L) \tag{3}$$

$$\alpha_L^* = \alpha_L / (\alpha_K + \alpha_L)$$

于是可以定义全要素生产率 TFP 为：

$$TFP = \frac{Y_t}{K_t^{\alpha_K^*} L_t^{\alpha_L^*}} \tag{4}$$

▶▶ **（二）计量数据**

在计量模型中，所需的三个统计数据分别为产出（Y），资本（K）和劳动力（L），其中考虑到南京市和后文进行比较的其他几个城市官方公布的统计数据的可获得性，时间序列的数据仅包括了自 1999～2004 年的数据，进一步的分析还有待于其他年份统计资料的获得。（2）式中，产出为以 1999 年不变价格计算的南京市各年国民生产总值，单位为亿元；劳动为历年从业人员数量，单位为万人。资本存量是模型中最难掌握的一个统计变量，因为在我国没有现成的关于资本存量的统计，因此，在资本存量的估计上，笔者主要借鉴了张军等（2003）对中国1952～2000 年中国分省际资本存量估算的部分成果，并利用其方法①，对各年份南京市和其他在后文中进行比较的城市的资本存量进行了估计。具体方法是，基于张军等（2003）对我国省际资本存量的估计数据中 1999 年的数据作为基年的资本存量数据，利用各地历年的固定资本形成总额数据和固定资产投资价格指数的数据进行估计，年折旧率采用 5%，得到省级数据，再根据各城市各年在省中投资比例进行分配，得到各城市各年的资本存量数据。资本存量同样是以1999 年的不变价格计算，单位为亿元。本文中使用的统计数据见表3 - 2。

---

① 在估计资本存量时，主要采用了"永续盘存法"，并进行了折旧处理和价格平减。详细做法参见张军、吴桂英、张吉鹏（2004）与张军、章元（2003），其主要公式归纳如下：

（1）实际资本存量（1952 年价格）= 上年实际资本存量×（1 - 经济折旧率）+ 各年实际投资额（1952 年价格）

（2）各年实际投资额（1952 年价格）= 固定资本形成总额/固定投资价格指数（1952 = 1）

（3）固定资产投资价格指数（1952 = 1）= 上年固定资产投资价格指数×固定资产投资价格指数（上年 = 1）

表 3-2　　　　　　　　各城市基本统计数据

	Y（亿元）	L（万人）	K（亿元）		Y（亿元）	L（万人）	K（亿元）
南京				上海			
1999 年	899.40	266.81	1950.55	1999 年	4035.00	733.80	9148.48
2000 年	1010.03	266.77	2632.81	2000 年	4470.78	745.20	10809.00
2001 年	1134.66	266.66	3265.66	2001 年	5015.20	752.30	12547.06
2002 年	1297.54	270.27	3973.58	2002 年	5489.55	692.40	14305.19
2003 年	1492.21	280.68	4864.30	2003 年	6046.99	771.50	16448.33
2004 年	1848.88	283.94	5870.10	2004 年	7100.92	812.30	18893.57
苏州				广州			
1999 年	1358.43	311.30	2438.19	1999 年	2056.00	454.89	3845.14
2000 年	1529.59	313.89	3174.86	2000 年	2335.62	503.69	4664.36
2001 年	1730.21	321.96	3926.35	2001 年	2632.24	507.70	5357.21
2002 年	2015.52	323.75	4718.62	2002 年	2979.69	512.27	6254.39
2003 年	2454.84	346.19	5706.72	2003 年	3426.65	537.75	7384.08
2004 年	3294.63	362.67	6848.44	2004 年	3940.65	539.99	8655.56
无锡				武汉			
1999 年	1138.00	224.97	2194.37	1999 年	1085.00	417.78	1070.69
2000 年	1265.46	221.06	2865.12	2000 年	1215.20	417.80	1631.47
2001 年	1338.22	216.13	3548.81	2001 年	1350.72	406.12	2167.08
2002 年	1534.20	222.53	4154.16	2002 年	1505.95	407.30	2770.98
2003 年	1824.08	260.08	5136.05	2003 年	1672.53	412.00	3305.72
2004 年	2232.03	274.67	6163.60	2004 年	1902.99	417.50	3935.47
北京				西安			
1999 年	2174.00	618.60	5756.77	1999 年	613.00	389.00	1035.55
2000 年	2413.14	619.30	6971.29	2000 年	625.26	389.10	1271.42
2001 年	2755.54	628.90	8369.96	2001 年	708.42	389.30	1584.79
2002 年	3141.98	679.20	9921.83	2002 年	801.22	397.10	1895.19
2003 年	3555.68	703.30	11626.01	2003 年	909.39	404.90	2506.60
2004 年	4146.52	895.10	13534.94	2004 年	1032.15	409.50	3219.49

资料来源：历年《江苏省统计年鉴》，《中国城市统计年鉴》，以及各省市统计局网站提供的统计数据。资本存量数据根据张军（2003）的估算方法以及初始省际数据进行估算和推算而来，Y、K 单位为亿元，L 的单位为万人。

▶▶　（三）回归分析

利用所得到的数据，针对等式（2），首先对南京的数据进行初步的计量分析，而得到的结果令人失望，$\ln L$ 前的系数符号始为负值，劳动力的增加对产值产生负向影响，系数的 t 统计值未能通过显著性检验。若去除时间趋势因素，虽然系数均变为正直，然而 $\ln L$ 的系数的 t 统计值仍然不显著，此分析产生问题的主要原因很可能是没有把规模报酬不变这一经济信息考虑进去，劳动和资本之间存在多重共线性，为了避免多重共线性，尝试在模型（2）中加入生产规模不变即 $\alpha_K + \alpha_L = 1$ 的假设，得到相应的回归方程：

$$\ln(Y_t/L_t) = \ln A_0 + \alpha_T t + \alpha_K \ln(K_t/L_t) + \varepsilon_t \tag{5}$$

从对（5）式回归的结果来看，时间 t 的系数与显著性水平皆不高，于是在解释量中再去掉 t，进行再一次回归。这次的拟合结果令人满意，我们得到以下回归模型（6），各项参数估计值括号内的数据，上行为其标准差，下行为其 t 统计量的估计值；R^2 为判定系数，$R^2(\text{Adjusted})$ 为考虑自由度校正后的判定系数；F 为 F 检验值。

$$\ln(Y/L) = -0.3249 + 0.7065\ln(Y/L)$$
$$se = (0.173) \qquad (0.065) \tag{6}$$
$$t = (-1.87) \qquad (10.99)$$

$$R^2 = 0.9757 \qquad R^2(\text{Asjusted}) = 0.9677 \qquad F = 120.938$$

从统计检验的结果来看，这次回归的各项数据指标均相当不错，系数的 t 检验值均较大，在 5% 的水平上显著，说明模型中变量的系数都比较显著；判定系数与经过调整后的判定系数均达到 97% 以上，说明拟合优度较大；另外，F 检验值说明了模型的显著性较高。采用此模型的回归结果，估计南京市的资本产出弹性 α_K 为 0.7065，劳动的产出弹性为 $\alpha_L = 1 - \alpha_K = 0.2935$。根据（4）式，可对南京市 1999~2004 年的 TFP 值和以上年为 100 的 TFP 指数进行估计，详见表 3-3。

表 3-3　　　　各城市 1999~2004 年 TFP 指数计算结果

	南京	苏州	无锡	北京	上海	广州	武汉	西安
α_K	0.70646	0.85184	0.77464	0.64974	0.77023	0.81849	0.4979	0.50786
α_L	0.29354	0.14816	0.22536	0.35026	0.22977	0.18151	0.5021	0.49214
TFP								
1999 年	0.82680	0.75580	0.86647	0.8249	0.78754	0.78771	1.62549	0.95842
2000 年	0.75123	0.67880	0.78677	0.80824	0.76468	0.75000	1.47611	0.88073
2001 年	0.72488	0.63832	0.70850	0.81513	0.76307	0.75358	1.44487	0.89201
2002 年	0.71880	0.63529	0.71425	0.81007	0.76953	0.75029	1.42327	0.91231
2003 年	0.70867	0.65157	0.69563	0.81698	0.74257	0.74658	1.43944	0.88983
2004 年	0.76628	0.74350	0.73002	0.79321	0.77448	0.75331	1.49162	0.88447

续表

	南京	苏州	无锡	北京	上海	广州	武汉	西安
TFP 指数（上年 = 100）								
1999 年	100	100	100	100	100	100	100	100
2000 年	90.8602	89.8123	90.8014	97.9795	97.0977	95.2116	90.8102	91.8939
2001 年	96.4932	94.0362	90.0521	100.8530	99.7888	100.4780	97.8839	101.2810
2002 年	99.1609	99.5252	100.8115	99.3799	100.8470	99.5633	98.5046	102.2750
2003 年	98.5907	102.5619	97.3920	100.8530	96.4963	99.5059	101.1370	97.5364
2004 年	108.1293	114.1095	104.9442	97.0907	104.2970	100.9010	103.6250	99.3977

注：根据回归数据和（4）式计算。

从计算结果来看，南京市的 TFP 值自 1999～2003 年有一定下降，2003 年起有了显著上升，且速度非常快，而 TFP 指数自 2000 年以来一直有所上升，即 TFP 的下降速度经历了趋缓的过程，直到 2004 年总量上有了显著的突破。从计算公式来看，TFP 下降的原因可以归结为 K 的增加或 L 投入的增加。从统计数据来看，南京市 1999 年以来资本投入的增长率虽然趋于下降，然而其绝对值仍然上升迅速，另外，劳动投入的增长率自 1999 年以来由负值转为正值，也对 TFP 的增加不利。一直到 2004 年，资本投入增长率继续下降，而劳动投入的增长率比上年有下降的趋势时，TFP 的绝对值才有所上升，详见图 3 - 3。可见，今后南京市要使 TFP 值继续上升，途径之一就是减小资本和劳动投入增加的比率。

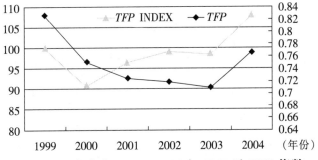

图 3 - 3 南京市 1999～2004 年 TFP 及 TFP 指数

（四）南京市 *TFP* 与其他城市的比较分析

本文选取了 7 个城市分别估算其同期 *TFP* 值，与南京市进行比较分析，城市选取的原则为：江苏省发展较快的苏州市和无锡市，发展较快的北京市和上海市，以及东、中、西部发展较快的三个城市广州市、武汉市和西安市。通过类似的计量方法，根据（5）式，基于各城市的统计数据，可以对其他 7 个城市的资本产出弹性进行计量估计，从而得出 *TFP* 值及 *TFP* 指数，结果见表 3 - 4。

表 3 - 4　　　各城市"十五"期间个要素增长率及贡献率

单位：%

	产出增长率	资本增长率	劳动增长率	TFP 增长率	L 贡献率	K 贡献率	TFP 贡献率
南京							
2000 年	12.30	34.98	-0.01	-12.41	-0.04	200.90	-100.86
2001 年	11.10	24.04	-0.04	-5.87	-0.11	152.98	-52.88
2002 年	12.80	21.68	1.35	-2.91	3.10	119.64	-22.75
2003 年	15.00	22.42	3.85	-1.97	7.54	105.57	-13.11
2004 年	17.30	20.68	1.16	2.35	1.97	84.44	13.59
苏州							
2000 年	12.60	30.21	0.83	-13.26	0.98	204.26	-105.24
2001 年	12.30	23.67	2.57	-8.24	3.10	163.93	-67.02
2002 年	14.50	20.18	0.56	-2.77	0.57	118.54	-19.11
2003 年	18.00	20.94	6.93	-0.86	5.71	99.10	-4.80
2004 年	17.60	20.01	4.76	-0.15	4.01	96.83	-0.84
无锡							
2000 年	11.20	30.57	-1.74	-12.09	-3.50	211.41	-107.92
2001 年	11.50	23.86	-2.23	-6.48	-4.37	160.74	-56.37
2002 年	12.80	17.06	2.96	-1.08	5.21	103.24	-8.45
2003 年	15.40	23.64	16.87	-6.71	24.69	118.89	-43.58
2004 年	17.40	20.01	5.61	0.64	7.27	89.07	3.67
北京							
2000 年	11.0	21.10	0.11	-2.75	0.36	124.62	-24.98
2001 年	11.2	20.06	1.55	-2.38	4.85	116.39	-21.24
2002 年	10.4	18.54	8.00	-4.45	26.94	115.83	-42.77
2003 年	10.7	17.18	3.55	-1.70	11.62	104.30	-15.91
2004 年	13.2	16.42	27.27	-7.02	72.36	80.82	-53.19

	产出增长率	资本增长率	劳动增长率	TFP 增长率	L 贡献率	K 贡献率	TFP 贡献率
上海							
2000 年	10.8	18.15	1.55	-3.54	3.31	129.45	-32.75
2001 年	10.2	16.08	0.95	-2.40	2.15	121.42	-23.57
2002 年	10.9	14.01	-7.96	1.94	-16.78	99.02	17.77
2003 年	11.8	14.98	11.42	-2.36	22.25	97.79	-20.04
2004 年	13.6	14.87	5.29	0.93	8.93	84.19	6.87
广州							
2000 年	13.6	21.31	10.73	-5.79	14.32	128.22	-42.54
2001 年	12.7	14.85	0.80	0.40	1.14	95.73	3.13
2002 年	13.2	16.75	0.90	-0.67	1.24	103.84	-5.08
2003 年	15.0	18.06	4.97	-0.69	6.02	98.56	-4.58
2004 年	15.0	17.22	0.42	0.83	0.50	93.96	5.54
武汉							
2000 年	12.0	52.38	0.00	-14.08	0.02	217.31	-117.33
2001 年	12.0	32.83	-2.80	-2.94	-11.70	136.22	-24.52
2002 年	11.8	27.87	0.29	-2.22	1.24	117.58	-18.82
2003 年	12.1	19.30	1.15	1.91	4.79	79.41	15.80
2004 年	14.5	19.05	1.33	4.34	4.62	65.41	29.96
西安							
2000 年	2.0	22.78	0.03	-9.58	0.63	578.37	-479.00
2001 年	13.3	24.65	0.05	0.76	0.19	94.11	5.69
2002 年	13.1	19.59	2.00	2.17	7.53	75.93	16.54
2003 年	13.5	32.26	1.96	-3.85	7.16	121.37	-28.53
2004 年	13.5	28.44	1.14	-1.50	4.14	106.99	-11.13

将各城市各年的 TFP 的均值进行比较，可见武汉的均值最高，达到1.4，其他城市的 TFP 水平均较为相似。比较各城市的上年为100的 TFP 指数，其中除苏州 TFP 指数变化幅度较大以外，其他城市的 TFP 指数值同南京相似，都经历了先下降后上升的过程，特别是1999～2000年，所有考察城市的 TFP 指数都有所下降。为进一步分析各城市之间 TFP 值和指数既有显著区别又存在一定规律的现象，要从 TFP 的决定因素进行分析，图3-4中首先分析了资本产出弹性与 TFP 的关系。可见，资本产出弹性较高的城市，TFP 值相对较低，特别是武汉，其资本产出弹性仅有0.49，不仅与其他城市相比最低，而且几乎与劳动产出弹性的值相当。与南京的资本产出弹性和 TFP 值都较相似的城市是上海、广州和无锡，而武汉与西安的资本产出弹性值相近但 TFP 均值差别较大。进而要分析 TFP 的其他两个决定因素——资本和劳动

投入。通过分析表3－3，可见，南京与北京相比，其资本投入增长率较大而劳动投入增长率较小，根据 *TFP* 的计算公式，在资本产出弹性一定的情况下，资本和劳动投入越多，*TFP* 值越小，从而可知，虽然南京与北京的资本产出弹性相差不大，而南京市的 *TFP* 水平却较低的关键因素是，南京资本投入增长率相对较大，并且抵消了较少增长的劳动投入对 *TFP* 增长的有利影响。武汉与西安相比，也有类似的结论，即武汉与西安在资本产出弹性的值较相似的情况下，之所以有较高的 *TFP* 值，在于其劳动投入的增长率保持在较低水平。与其他城市相比，南京市的资本和劳动投入的增长率都保持在中等的水平上，造成南京市1999～2004 年 *TFP* 水平较低的主要原因是资本产出弹性较高，即产出的增加主要由资本投入的增长带来，而劳动投入和技术进步对产出增长的贡献率较资本而言还不十分显著。而北京、上海保持 *TFP* 值较高和 *TFP* 指数保持增加的原因就在于其资本对增长的作用相对较小，主要靠劳动和技术的推动。

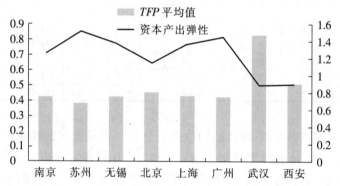

图3－4　各城市2000－2004 年 *TFP* 均值与资本—产出弹性的关系

四、

全要素生产率与南京市的经济增长

根据新古典增长理论，影响经济增长的因素主要可以归为三类，即资本投入的增加、劳动投入的增加、剩余因素的影响，也即全要素生产率的贡献。全要素生产率，即技术因素，通过作用于资本和劳动投入，对经济的增长产生类似指数性的推进作用。全要素生产率的变动涉及技术路径的选择，包括技术革新、R&D、有效的制度和组织、激励机制、企业家、人力资源、科教资源等。由前文中"资本—产出比率"核算方程可知，当资本投入增加时，若要保持产出的增长，有两种途径：一是增加劳动投入量；二是增加 TFP 的值。而 TFP 水平的变动与资本—产出比率、资本—劳动比率的关系是：

$$\ln TFP = (1 - \alpha_k)\ln\left(\frac{K}{L}\right) - \ln\left(\frac{K}{Y}\right)$$

分析南京市 1999～2003 年 TFP 水平的变化趋势，造成 TFP 水平有所下降的原因是 K/Y 的增长率过大，K/L 的增长率相对较小，而使得等式右边的值小于 0 且逐渐变小，即根本原因是资本投入增长过快，由于劳动投入的变动弹性较小，因此要使 TFP 值有所增加，只能减小资本投入的增长率，减小纯粹的资本投入增加对增长的拉动。而 2004 年，南京市 TFP 水平有了显著的提高，其原因在于 K/L 的值有了显著的增加，而 K/Y 的值则有所下降。2004 年与 2003 年相比，其资本投入的增长率略有下降，而劳动投入的增长率相对有较大下降，而在两种要素投入的增长率都有下降的情况下，经济仍然有快速增长，说明 TFP 对经济增长的贡献有了显著的提高。

为进一步分析南京市全要素生产率与经济增长的关系，笔者计算了各城市资本、劳动以及全要素产出率对产出增长的贡献率，计算要素的贡献率时依旧延续了上文模型的框架，公式为：

$$L\text{ 的贡献率} = \alpha_L\, l/y$$
$$K\text{ 的贡献率} = \alpha_K\, k/y$$
$$TFP\text{ 的贡献率} = a/y = (y - \alpha_L\, l - \alpha_K\, k)/y$$

其中，a，y，l，k 分别代表 TFP，Y，L，K 的增长率，α_K 和 α_L 分别代表资本和劳动的产出弹性，为保证各要素贡献率相加等于 1，这里的 TFP 增长率由去除资本与劳动增长率后的余值计算得来，与通过上文各年 TFP 值直接计算增长率存在一定误差，但不影响分析。

南京市经济增长作用最大的因素一直以来都是资本投入，劳动的贡献率相对较小，TFP 对增长的作用虽然还不十分显著，然而其贡献率一直有所上升，在 2004 年达到 8.7%，超过了劳动投入的贡献率。从总体上看，虽然南京市的经济增长主要还是依靠资金投入的粗放型模式，在"十五"期间，技术对经济增长的贡献率逐渐提高，各要素对经济增长的贡献率变化如图3–5所示。

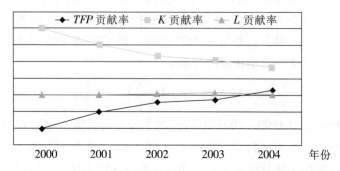

图3–5　资本、劳动投入与*TFP*对增长贡献率的比较

南京市自主创新的技术选择

提高产出增长率的途径可以通过资本、劳动等要素投入的增加，实现内涵式的经济增长，也可以通过提高*TFP*即通过技术创新来实现外延式的经济增长。提高*TFP*的途径主要通过技术进步，如企业生产中的自主创新，高校和研究机构的自主研发，以及政府相关政策和制度的推动，由于创新模式具有路径依赖特性，取决于各创新主体的初始资源禀赋、发展状况、产权制度、历史文化等因素，在创新体系具体的路径选择中，要根据南京市现有的资源条件具体而定。

从表3–5可以看出，自2000年开始，南京市的资本—劳动比率有了显著的下降，至"十五"末期，2004年的资本—劳动比率已经小于产出—劳动比率，而后者也较以前有了显著的增长。可见*TFP*对经济增长的贡献逐渐增强，南京市的技术选择路径逐步向技术推动的增长模式发展。从南京市与其他7个城市*TFP*水平和产出增长的各指标相对比可以看出，除苏州市因资本产出弹性过小导致*TFP*指标较为异常外，南京市与其他城市相比，*TFP*的增长速度和对产出的贡献都处于较为优势的地位，并且从目前发展趋势来看，*TFP* 的增长速度还会继续保持，并可能加速增长，在产出贡献中的地位越来越高。

表3-5　　　各城市资本—劳动比率、产出—劳动比率及其增长率

	K/L	Y/L	K/L增长率	Y/L增长率		K/L	Y/L	K/L增长率	Y/L增长率
南京					上海				
2000 年	9.87	3.79	35.00	12.32	2000 年	14.50	6.00	16.34	9.10
2001 年	12.25	4.26	24.09	12.39	2001 年	16.68	6.67	14.98	11.12
2002 年	14.70	4.80	20.05	12.83	2002 年	20.66	7.93	23.88	18.93
2003 年	17.33	5.32	17.88	10.74	2003 年	21.32	7.84	3.19	-1.14
2004 年	20.67	6.51	19.29	22.48	2004 年	23.26	8.74	9.10	11.53
苏州					广州				
2000 年	10.11	4.87	29.14	11.67	2000 年	9.26	4.64	9.55	2.59
2001 年	12.20	5.37	20.57	10.28	2001 年	10.55	5.18	13.95	11.81
2002 年	14.57	6.23	19.51	15.85	2002 年	12.21	5.82	15.71	12.19
2003 年	16.48	7.09	13.10	13.90	2003 年	13.73	6.37	12.47	9.55
2004 年	18.88	9.08	14.55	28.11	2004 年	16.03	7.30	16.73	14.52
无锡					武汉				
2000 年	12.96	5.72	32.88	13.17	2000 年	3.90	2.91	52.37	11.99
2001 年	16.42	6.19	26.69	8.16	2001 年	5.34	3.33	36.65	14.35
2002 年	18.67	6.89	13.69	11.35	2002 年	6.80	3.70	27.50	11.17
2003 年	19.75	7.01	5.78	1.73	2003 年	8.02	4.06	17.94	9.79
2004 年	22.44	8.13	13.63	15.86	2004 年	9.43	4.56	17.48	12.28
北京					西安				
2000 年	11.26	3.90	20.96	10.87	2000 年	3.27	1.61	22.75	1.97
2001 年	13.31	4.38	18.23	12.45	2001 年	4.07	1.82	24.58	13.24
2002 年	14.61	4.63	9.76	5.58	2002 年	4.77	2.02	17.24	10.88
2003 年	16.53	5.06	13.16	9.29	2003 年	6.19	2.25	29.71	11.31
2004 年	15.12	4.63	-8.53	-8.37	2004 年	7.86	2.52	27.00	12.23

从 *TFP* 增长的途径来看，在"十五"期间主要是依靠自主创新能力的提高，即以政府推动的、以研究机构和高校为中介的、以企业为主体的创新体系。我国未来经济增长正面临着需求、资源约束和瓶颈的压力，特别是南京作为快速发展的大城市之一，也是科学发展的重大战略机遇期。自主创新一是加强原始创新，在科学技术领域努力获得更多的科学发现和重大的技术发明；二是加强集成创新，使各相关技术成果融合汇聚，形成具有市场竞争力的产品和产业；三是在广泛吸收全球科学成果，积极引进国外先进技术的基础上，充分进行消化吸收和再创新。若想获得持久的竞争优势，就必须实现由技术引进为主向自主创新为主

的转变。

　　有效推进自主创新并使之取得预期成效,首先要正确处理科技发展与经济发展的关系,就是要坚持科学技术面向经济建设,把增强自主创新能力作为调整产业结构、转变增长方式的中心环节,使我国经济发展切实转到依靠科技进步和自主创新上来;另外,要以企业为载体,实现经济与科技的有机结合,促进科技创新要素和其他生产要素有机结合,形成科技不断促进经济社会发展、社会不断增加科技投入的良好机制;最后,政府的主导作用也不能忽视,政府应当加强科技宏观管理,营造有利于科技创新和人才成长的政策环境,以及具有完善的产权保护制度的法律环境。在政府主导的同时也要坚持以市场为导向,更大程度地发挥市场配置科技资源的基础性作用,有效整合科技资源,激发企业和全社会的创新活力。在推进自主创新过程中,后发优势与竞争优势是相互关联、相互影响的,在推动自主创新过程中,要切实看清我们在推动技术创新的路径选择、技术选择、新技术应用等方面的后发优势和比较优势,选择一些具有一定比较优势的领域谋求局部竞争优势,结合技术引进和技术模仿,实现真正意义上的自主创新。

(本章执笔:沈坤荣　耿　强)

第四章

在市场机制基础上推动自主创新

建设自主创新体系需要政府推动

▶▶ （一）政府需要在市场机制基础上推动自主创新

随着竞争力体系中科技竞争力重要地位的日益凸显，世界各国或地区都开始加大科技投入，普遍采用财税、金融等政策工具诱导资源更多地投入到科技创新领域。从国际政策实践效果来看，那些在经济增长方面取得较大成功的国家和地区，无一不将科技创新置于极其重要的地位。政府，特别是发展中国家的政府在经济增长过程中，尤其是在科技创新领域，应该而且能够有所作为，发挥积极的能动作用。

1995 年以后，国家逐渐明确了企业在技术创新过程中的主体地位，提出要促使企业成为决策主体、开发主体、投资主体、利益分配主体和承担风险的主体，这实际上已在政策上强调了企业在技术创新中的重要作用，明确了企业作为技术创新第一主体的地位。目前，在部分市场化程度较高的地区，例如深圳，大量的独立研究机构被合并到企业中，开始了创新主体企业化的进程，其创新活动也越来越集中于企业内完成，在这些地区，创新活动多属于企业的经营活动。

企业是技术创新的主体，但这并不意味着技术创新可以完全依靠企业自身力量，完全依靠市场的力量。

1. 技术创新具有较强的外部性

市场机制在调节经济运行、促进资源优化配置的同时，也有各种缺陷和不足。例如，具有较强外部性的公共产品或准公共产品的供给，就无法依靠市场竞争和价格机制来解决，而需要政府的积极介入。

技术创新就是存在大量外部性的领域，技术创新成果会产生大量的外部收益。企业的技术创新成果一旦被推广应用，就会在全社会范围内产生极为可观的经济效益和社会效益，并为其他企业甚至其他行业所共享，因此技术创新者所获得的收益只是所有收益中极小的一部分。但是企业技术创新取得成功，往往是以大量的长时间的前期应用与开发性研究，甚至基础研究为前提的，因此在私人收益率远远低于社会收益率的情况下，它们的创新成本在很多情况下难以得到充分补偿。这样，企业就没有积极性来投资于代价高昂的技术创新活动。这时，就需要政府介入，通过直接参与或变革相应的制度来加以解决。

2. 技术创新主体易陷入博弈困境

根据格林沃德—斯蒂格利茨定理，虽然完全竞争的市场机制可以导致帕累托最优，但由于市场不完备、信息不对称和竞争不充分这些经济特征的普遍存在，市场机制无法自行达到帕累托最优状态。尤其是由于存在沉没成本、路径依赖和资产专用性等因素，微观经济经常会陷入博弈的困境。

在技术创新领域，创新成果的知识密集特征使得创新企业很难将其保持独占，从而使这些需要高额投入的创新项目在完成后很可能会发生技术外溢。这种情况下，相关企业就会倾向于选择这样的策略——等待接受创新企业的技术外溢，而不是开展技术创新。如果大部分企业都将"等待"作为其最优策略，那么整个社会的技术创新活动就会陷入停滞状态。这对整个社会而言，无疑是一种效率损失。因此，当通过市场机制实现资源最优化配置的功能被扭曲时，政府作为"第三方"介入技术创新就显得十分必要。

3. 新兴产业与战略产业成长

随着市场经济的发展，分工与交易的广度和深度已经达到前所未有的水平，世界各国、各地区不可避免地面临来自经济全球化的机遇和挑战。在这一过程中，如何利用比较优势从国际分工中获得较多利益，在全球价值链中占据高端位置，成为各方关注的焦点。然而如果机械地照搬传统比较优势思想，这种静态比较优势战略往往会使后发国家和地区陷于低级产业结构当中。而实际上那些经济上有突出表现的国家或地区在实践中并不是依赖于低成本的比较优势，而是以部分地放弃中短期比较优势为代价，持续推动一些本不具有比较优势的产业成长，从而最终造就整体的竞争优势。

在这种情况下，这些通常被称为"新兴产业"和"战略产业"（这些产业大多是技术密集型的）的领域，对于一国在未来国际竞争中占据制高点是至关重要的。一般认为，当一国资本市场相对健全高效时，即使政府不提供特殊的政策保护，这些新兴产业和战略产业也能够获得足够的资金支持，自行以短期亏损来换取长期收益。但对于中国这样的发展中国家来说，不完善的资本市场难以对这些产业提供足够的资金支持。这时就需要政府对这些产业提供刺激和培植，塑造动态而非静态的比较优势，尽快形成规模经济，降低成本，使新兴产业和战略产业尽快形成比较优势。

4. 技术创新领域企业能力、动力配置的失衡

技术创新领域企业能力失衡主要是指不同企业在技术创新能力上存在着差异，例如在一些特定领域中，大企业相对于中小企业来说在创新能力上具有优势。另外，对就单个企业来说，它所具备的技术创新能力与它对技术的需求也是不均衡的。这种失衡会导致创新资源利用的不充分，从而使经济体的实际创新产出低于其潜在创新能力。而技术创新动力失衡则是源于技术类型的差异，主要表现在资源开发技术和资源保护技术之间、基础研究与应用研究之间。企业在资源开发技术创新和应用研究方面具有较强的动力，而对那些社会效益高于经济效益的资源保护类技术创新和基础研究方面动力则明显不足。这种动力失衡单纯依靠市场机制也无法完全解决，同样需要政府实施积极而审慎地介入。

目前我国一些科教资源丰富的地区，例如南京，科技人员及研究所需的专用技术设备等有形资产和技术专利、信息等无形资产都主要集中于研究机构和大学而非企业，而企业间、企业和外部机构间又缺乏横向

联合协作机制，企业习惯独立进行技术开发，而由于基础水平、技术力量以及人财物资源的缺乏，这种独立开发难以取得大的突破，往往在现有技术上做出一定改进就作为创新产品推向市场。因此在企业内部倾向于短期行为，以致创新大都集中于大量的短平快项目上，高精尖项目少人问津，从而使企业技术水平难以提高。

5. 私人部门效率和政府效率的配合

有学者认为，在现代市场经济运行过程中，即使存在市场失灵，也不足以说明政府干预的合理性和必要性，因为政府干预常常也是无效的，这种政府失灵的危害性可能比市场失灵更大。也有学者认为，由于利润动机弱化、预算软约束和涉及许多政治、文化等非经济因素，政府的运行效率甚至要低于私人部门的效率。

然而，到目前为止，还没有足够的证据可以表明政府效率在所有领域都一定低于私人部门下的效率。斯蒂格利茨的研究发现，无论是统计数据还是具体案例，都不能支持政府效率低于私人部门的观点。相反，在处罚权、禁止权、节约交易费用等方面，政府具有私人部门无法比拟的优势。外部性、逆向选择、社会福利、基础教育等问题是私人部门竞争很难解决的，但政府在解决这类问题时却可以大大降低交易费用，在包括技术创新在内的这些领域，不难发现很多情况下政府部门的效率会明显高于私人部门。

6. 创新行为的系统性特征

自主创新所涉及的对象是多种多样的，包括观念创新、理论创新、工艺创新、管理创新等等，这些不同的创新行为可以通过不同的方式分别纳入以下三种较普遍的创新范畴：知识创新、技术创新与制度创新。这三种创新囊括了创新的主要方面，它们的相互联系与作用可以较完整地体现创新行为的系统性特征。

知识创新是指通过科学研究获得自然科学和技术科学知识的过程，它的重要功能是增加整个创新系统的基础知识存量。而技术创新则是以实现特定经济目的和技术的高效应用为目标，优化组合既有技术，并发展出新的技术，打破旧有技术经济的均衡格局，实现经济发展的突破。它是人类财富之源，是经济发展的巨大动力。而制度创新所要改善的则是知识的流动效率，是通过提供把交易费用降低到可操作水平程度的法律、秩序，来使与先进技术相关联的生产活动得以运行。这三种创新行为虽然具有不同的内涵，但紧密相关，不可分割。知识创新是技术创新与制度创新的基础，技术创新的实践反过来又能不断拓展知识创新的问题域，并为加速知识创新提供技术手段的支撑。制度创新，一方面保证了知识创新与技术创新成果能在市场利益机制的牵引下良性循环、流动通畅；另一方面它的边界又最终决定于知识与技术的存量，技术变革会直接引致制度边界的扩大。创新行为的这种系统性特征使得作为知识创新主体的科研机构和大学、作为技术创新主体的企业和作为制度创新主体的政府之间的互动成为一种必然。技术创新的主体是企业，但不能单纯依靠企业完成，必须有其上游的知识创新为其提供可持续发展的基础，也离不开政府为其提供的各种制度保障。政府通过国家创新体制和创新计划能够促进和引导自主创新，特别是在自主创新的初级阶段政府引导和资助更显重要。政府对于基础研究、重点产业和先导产业等领域技术创新的推动对整个国家发展都具有战略性价值。美国、日本、欧洲等发达市场经济以及韩国、中国台湾地区等后起市场经济国家或地区创新支持计划的经验表明，政府可以在引导大型科技创新攻关、孵化高新技术产业、技术创新的制度供给、培育创新环境等方面大有作为。中国作为发展中国家，政府在引导自主创新方面更应在科学发展观的指导下发挥积极能动作用。

▶▶ （二）在市场基础上大力推动自主创新的路径和基点

当代竞争理论认为，资源与制度融合的优势是一个企业、地区和国家在经济全球化背景下最主要的竞争优势。因此，这种背景下一个城市能够做什么，不是取决于它想做什么，而是取决于它拥有什么样的资源，取决于是否有足够的制度创新来支持和激励这种资源，使其优势得以充分发挥。根据这个理论，要提升城市的自主创新能力，关键在于选择适合本地资源禀赋和制度条件的创新模式。从这个意义上说，自主创新不应只有一个模式，各地应该根据自身条件，通过实践探索出最适合本地区的自主创新之路。

在这方面，有些城市已经开始了有益尝试，并取得了一些宝贵经验。例如缺少科教禀赋的深圳，所采取的方式是面向市场，依靠企业来吸收全国乃至全世界资源，由企业建立研发中心来提升自主创新能力。然而，深圳这种自主创新模式对于其他城市来说，尤其是南京这样科教资源比较丰富的城市，却不一定适用。作为发达的长江三角洲地区的中心城市之一，南京具有丰富的科教资源优势、悠久的创新文化、强劲的知识创新和技术创新能力，这是南京融入全球经济体系中的第一比较优势，也是南京现在和未来发展的基础。但由于长期受计划经济体制的影响，南京在体制和机制创新方面显得不如在市场导向中迅速崛起的深圳。因此在相当长一段时间里，南京高校和科研院所的研究能力很强，成果也很多，但转化能力不足；而企业在承接科研项目方面的能力也显得不够。

在这种情况下，南京市委、市政府认识到在现有资源格局下，如果撇开具有强大研发优势的科研院所，直接照搬深圳模式，采取政府直接投入科研经费支持产业界、支持企业形成自主研发能力的做法，不仅不具备条件，而且会偏离自己的比较优势和竞争优势。大学与科研机构是生产知识的地方，主要任务是将研发资金转变为创新的知识；而作为营利性组织的企业，从事的则是将创新知识进一步转变为财富的技术创新。如果抛开科研院所，仅仅依靠企业包打天下，会大大削弱创新循环链条的韧性。因此，南京市在建设创新型城市过程中，选择的道路是依托和深入挖掘现有的科教资源优势，在市场机制的基础上，由政府强力推进各种资源的整合，重点加强科研院所与企业之间技术转移机制的建设。在这一工作思路的指导下，南京市政府引导和支持了社会各方对技术转移的投入，一方面使各科研院所的研究开发更加有效地针对国民经济建设，另一方面，又使南京的科研院所避免陷入过于靠近市场、研究开发急功近利的境地。

在市场经济体制下，自主创新的主体是企业，自主创新的转化和实现主要是通过市场机制进行。政府在市场机制的基础上，通过大力推进科研院所知识创新向技术创新主体的转移，不仅使南京市丰富但分散的科教资源得以整合，而且使企业和各类科技资源得以有效结合，使它们在高起点上实现"产学研、政产学"的融合与合作创新，通过二者的交互作用和系统知识的转移逐步形成了具有鲜明特色的区域自主创新体系。

在市场机制基础上的政府强力推进自主创新，意味着政府职能的转变。政府从直接组织创新项目、干预创新过程，开始转向以宏观调控、政策引导、环境创造、提供服务为主。通过财政部门加大对科技的投入力度，实行财税扶持政策。建立科技型中小企业技术创新基金，为高新技术成果转化提供资金支持；对高新技术产品实行税收扶持政策；实行政府采购政策；对技术转让、技术开发和与之相关的技术咨询、技术服务的收入免征营业税；对高新技术产品的出口，实行增值税零税率政策；对国内没有的先进技术和设备的进口实行税收扶持政策。改进对科技型企业的信贷服务，培育有利于高新技术产业发展的资本市场。建立风险投资机制，发展风险投资公司和风险投资基金。对增加研究开发投入的企业，对产学研合作给予税收优惠。加强对知识产权的管理和保护。建立有利于提高整体创新素质的人才培养和激励机制，营造有利于优秀人才脱颖而出的环境和氛围。采取优惠政策，吸引高层次的人才为企业技术创新服务。总之，南京在国家和江苏省创新体系中利用和发挥本地各类科技资源优势，运用财政、金融、法律、文化、服务等政策工具全方位推进自主创新形成了可资借鉴的经验。

积极营造自主创新的政策环境

自主创新需要良好的政策环境和制度环境支持，不仅需要促进创新的科技政策，也需要良好的保护创新的法制环境，更需要一个致力于创新的行政服务环境。为此，南京市委、市政府在优化创新环境、推进和服务产学研创新活动等方面积极为创新提供较为完善的保障。

▶▶ （一）打造自主创新的科技政策环境

南京市人大常委会早在 1995 年 7 月 26 日就通过了《南京市科学技术进步条例》（以下简称《条例》），为南京市的科技进步指明了发展方向。《条例》明确将电子信息技术、机电一体化技术、生物工程技术、新材料技术、能源新技术等作为南京市科技进步的重点领域，并提出要运用现代科学技术改造传统产业，加速支柱行业的科技进步，重点发展主要行业的基础技术和共性关键技术、先进的工程设计、制造与施工技术、节能降耗技术。《条例》还对科技开发与推广、科研开发机构的管理和鼓励方向、科技资金投入、科技进步奖励等做出了具体详尽的规定。在科技进步奖励方面，后续还有《南京市科学技术奖励办法》和《南京市科学技术奖励办法实施细则》等政策出台，将各项奖励措施切实落到实处，充分发挥了对自主创新的激励作用。

2000年，市科委制定了《关于实施科技型中小企业技术创新工程的意见》（以下简称《意见》），该《意见》旨在引导中小企业从传统产业的发展模式转向走技术创新之路，不断在产品创新、技术创新、工艺创新、质量创新、市场创新、管理创新和制度创新上迈出更大的步伐。对"科技型中小企业技术创新工程"中的重点项目给予金融、财政等方面的扶持，吸纳更多资金流向科技型中小企业。其他政策规定还有《南京市加速民营科技企业发展的意见》、《市政府关于鼓励在宁设立研发机构的意见》、《鼓励在宁设立科技研发机构若干政策意见实施细则》和《关于加快培育工业企业自主创新能力的实施意见》等。

南京市在"十一五"规划中，就自主创新问题提出了如下战略目标："在战略性优势产业发展上实现新突破，筑牢自主创新的支撑点；在先导型新兴产业发展上实现新突破，培育自主创新的制高点；在建设资源节约型、环境友好型社会上实现新突破，形成自主创新的切入点；在科技推动社会事业发展上取得新突破，强化自主创新的着力点"。"基本形成自主创新的体制架构，成为国内重要的科技创新基地、知识扩散基地、高新技术产业化基地。"

为全面贯彻党的十六届五中全会和全国科学技术大会精神，落实《中共中央、国务院关于实施科技规划纲要、增强自主创新能力的决定》要求，南京市于2006年制定了《南京市关于增强自主创新能力加快建设创新型城市的意见》，这是一份重要的纲领性文件，明确了南京市"十一五"科技发展指导思想和"突出主体，整合资源，优化环境，跨越发展"的指导方针，及科技发展思路和非常具体的发展目标。并提出经过十年左右时间的努力，要把南京建设成为"特色优势明显，引领作用突出，人才名品汇集，创新氛围浓厚"的创新型城市。

南京市科学技术局制定的《南京市"十一五"科技发展计划纲

要》，在对南京市科技发展现状进行了系统总结的基础上，具体指明了"十一五"期间，南京将紧紧围绕四大支柱产业和五大新兴产业发展，加快农业现代化步伐，加速社会进步及公益事业发展对科技的需求，重点对通讯系统、集成电路设计和制造等 21 个重点领域中的 66 个关键技术群进行攻关。《计划纲要》还提出了实施重点技术创新工程、创新主体推进工程、创新人才集聚工程、创新平台建设工程、产学研畅通工程、创新环境优化工程等具体措施。

▶▶ （二）加大知识产权保护力度，建设文明公正的法治环境

科技创新最易引致科技社会关系的急剧变动，因而也最迫切需要科技社会关系的法律调节。通过协调科技社会关系，科技法制促进与保障了科技活动、科技进步的正常发展。历史和现实都表明，一个国家、一个地区法制工作的好坏，将直接影响它的科技、经济发展和社会进步。

1. 深化依法治市，营造文明公正的法治环境

南京市政府采取的主要措施有：（1）清理地方性法规、规章，健全地方法规体系。（2）进一步规范立法程序，提高立法质量，增强立法工作透明度，解决"部门利益法制化"的问题。（3）努力提高司法执法水平，依法调节经济关系，平等保护各类经济主体的合法权益。（4）进一步落实社会治安综合治理的各项措施。严厉打击各类经济和刑事犯罪，增强了来宁投资者的安全感。（5）制定和实施行政执法行为规范，杜绝多头执法、交叉执法、重复执法和随意执法。（6）建立对投资企业检查的登记许可制度和检查预告制度，减少对企业的重复检查，不得干扰企业的正常生产和经营活动。对企业的一般违规行为，以教育、责令整改为主。（7）加大对行政执法的监督力度，在机关执法部门、窗口部门实行群众举报"一次查实下岗"制度。加强法律服务工作。（8）积极发挥 WTO 法律服务中心的作用，培育和发挥律师、公证和基层法律服务机构，为投资者提供优质法律服务。

2. 加强知识产权保护工作，优化科技进步法制环境

2001 年 12 月南京市知识产权局成立。2002 年 4 月，南京高新技术

产业开发区被列为"南京市知识产权工作试点区"。2003 年 11 月 20 日，南京市与长三角十五城市共同签订了《长江三角洲十六城市加强知识产权保护倡议书》，共同在开辟专利技术市场、建立专利行政保护协作执法网、建立知识产权预警机制等方面进行紧密合作。从 2003 年起，每年发布《南京市知识产权保护状况》白皮书。此外还先后发布了《南京市专利工作"十五"计划纲要》、《南京市专利试点工作方案》、《南京市保护知识产权三年规划（草案）》（2004 年）等文件。市知识产权办公会议办公室、市整顿规范市场经济秩序领导小组办公室、工商局、版权局、科技局（知识产权局）、公安局、外经贸局、法院、海关等职能部门通力合作，从全市重点地区、重点商品、重点场所、重点对象入手，在 2004 年和 2005 年开展了两场较大规模的集中整治专项行动。市科技局与市财政局联合印发了《南京市专利专项资金管理办法》，对南京市辖区内的专利申请给予部分资助。各区县也制定并出台了相应的鼓励政策，调动了专利申请的积极性。2005 年，市科技局又制定了《南京市计算机软件著作权登记费用资助办法（试行）》，对计算机软件著作权登记发生的部分费用进行资助，鼓励企事业单位和个人开发软件的积极性，加强软件知识产权保护。

"十五"期间，全市知识产权管理部门共检查涉及专利的商品 1000 多件，调解或查处涉嫌冒充专利和侵权案件 40 多件；工商管理部门共查处商标违法案件 1077 件；版权管理部门捣毁非法出版物地下窝点 425 个，收缴各种非法及盗版出版物共 929 万张（册）；查处使用盗版软件企业 70 家；南京海关共查获侵犯知识产权案件 163 件，案值 2300 多万元人民币。南京市中级人民法院共受理各类知识产权案件 1660 件，审结案件 1653 件。为全市的科技进步和经济发展提供了有力保障。

▶▶ （三）建设服务型政府，打造利于创新的行政服务环境

根据《中共南京市委南京市人民政府关于进一步改善投资环境的意见》、《市政府关于推进服务型政府建设的实施意见》，制定实施了全市引导和鼓励投资创业的统一政策和具体措施，清除不利于加快发展的政策措施，提高行政效能，营造统一、公开、高效的政务环境；营造投资者满意的服务环境、信用环境、法治环境、科技人才的发展环境和舆论

环境。此后，市地税局、市工商局、市规划局、市对外贸易经济合作局等机构，都制定了相应的具体措施并加以落实。政府各部门加强对各类创新主体在创新过程中普遍性、关键性问题的研究，及时提出解决办法，及时协调解决遇到的实际困难。

推进产学研互动创新机制

基础性科研具有明显的外部经济特征，一旦实现创新就具有极强的社会正外部性。由于缺乏高额投入成本的回收模式，市场机制难以调动产业部门从事基础性研究的投资积极性，因此，政府大力资助社会公共研究机构的科技项目，鼓励高校和科研院所集中精力进行重大科技攻关，将弥补市场机制的不足。

南京市政府向高校、科研院所直接提供大量财政资助，以支持其科技研发活动。以 2004 年度为例，全市 1083 家行政事业教育机构中，高等教育机构为 82 家，共获财政拨款 38.476 亿元，占当年财政拨款总额的 69%。其中，南京市财政为高校财政拨款 3.8541 亿元，占高校当年全部财政资金的 30%。该年，市财政还提供了 1.31 亿元的科学支出拨款，比 2003 年增长了 35%。最近，政府已经突破财政支持基础研究和科技创新的传统思路，在加大财政性科技投入力度的基础上，进一步调整投入方向，从以往的一般性投入向重点支持经济社会发展的关键领域转变，从支持项目为主向重点支持资源整合与公共服务平台建设为主转变，使财政投入成为城市自主创新资源整合的润滑剂，成为企业和高校、院所提高自主创新能力的推进器。

▶▶ （一）促进成果转化，建立科技中介服务体系

针对本地研究成果产业化的低效现状，市政府积极整合科技资源、打破条块部门分割，下大力气抓好产学研结合。近两年，南京各类技术创新和发明专利数量都在 4000 件上下，但这些专利中有 6 成左右埋藏在科研院所和个人手中；企业也非常希望从高校和科研院所找到好的可

开发成果，但缺少有效的沟通交流途径和机制。南京市以企业技术需求为牵引，发挥政府组织和市场引导的作用，组织科技信息发布和技术需求对接等活动，组织各类科技成果交流会，大力促进科研部门和产业部门的直接沟通，推进企业和高校、科研院所的紧密联合。实行应用性科技成果登记发布制度，促进高校、科研院所转化科技成果，对就地转化的科技成果给予优先扶持。市政府提出"凡是首先在南京推广技术、转化成果的高校、科研院所，政府都要给予奖励；凡是利用南京地区高校和科研院所成果实现产业化的企业，同样给予奖励"，并设立市科技成果转化专项资金，市财政每年安排3000万元，一定3年，重点为省级重大科技成果转化资金提供配套。

早在1987年，南京市就成立了技术市场管理办公室，主要从事技术市场管理及与科技成果转化相关业务的咨询服务工作。各县科委也成立了技术市场管理机构，形成了市区县相结合、相关部门协同、覆盖全市的技术市场行政管理服务体系。先后建立了南京技术市场、南京高新技术市场、江宁县技术交易中心等10家综合技术市场和南京化工技术市场、电子技术市场、模具技术市场、环保技术市场等众多专业技术市场；整合科技系统内部资源优势，加快技术交易、科技成果转化。还在国内率先建立特色鲜明的"南京市技术市场信息化管理系统（MIS）"，真正实现了技术贸易机构的技术交易活动资源完全共享和科学、高效的流程式操作，从根本上提升了技术市场的管理服务水平；建设技术交易网络平台，进行科技成果转化和技术交易是在管理服务方式中的又一创新。借助"南京技术市场网"这一网络平台，推荐可供转让的最新技术成果就达上千项。这些信息化举措构建起一个政策发布、技术活动告知、技术项目扩散、在线洽谈交易等具有多方面功能、面向全世界的科技服务网络窗口。

在技术市场管理办公室的推动下，全市有数百人通过科技、工商部门培训考试，拥有技术经纪人从业资格，而且这支队伍还在不断壮大。这批从事科技成果转化的"红马甲"熟悉法律、法规，具有较高的市场意识，了解科技成果转化的各个环节，在促进技术成果转化的过程中发挥越来越显著的作用。2006年4月启用的南京市科技成果转化服务中心，是江苏省首家大规模的科技成果转化服务中心。该中心是为企业自主创新和高校、科研院所、军工科研单位转化科技成果提供全方位服务的公益性机构，目前已具备三大功能：一是科技成果展示和发布功能，中心展厅常年举办科技创新资源和企业创新需求系列展，形成定期发布科技成果和技术需求信息的制度，打造"创新资源供需双向首发交流"的权威品牌。二是南京科技创新资源网上共享服务系统，该系统以集成的方式收集和链接了南京地区高等院校、科研院所等多方面的创新资源，设有重点实验室、工程技术中心、投融资机构、大型仪器、文献服务等支持科技创新的信息专栏。三是600平方米的科技成果转化和技术产权交易服务大厅，为技术合同认定登记、企业创新融资、科技创业服务、技术产权交易、产学研合作等科技成果转化提供系列化、一站式服务。中心的下一步发展目标是：进一步整合全市的科技服务资源，形成产学研合作的互动机制；建立科技创新联席会议制度，形成鼓励自主创新的激励机制，使中心成为南京市促进产学研结合和政府激励自主创新、建设创新型城市的重要载体。

促进科技成果转化，已经成为高校、政府、企业三方共同的迫切愿望和现实举措。市委、市政府领导分头走访科研院所、高等院校，探索利用南京科教人才资源为城市发展服务的路径，使得科研成果更快地转化为经济效益，取得了多赢效果。以农业为例，在农产品种植规模上，南京在全国没有任何优势，但依靠强大的研发实力，劣势转化成了优势，南京种业步入了全国第一方阵。江苏明天种业科技有限公司，这个几年前名不见经传的小企业近年来靠和科研院所"联姻"发"家"，几年前花500万元购买的具有自主知识产权的杂交籼稻"Ⅱ优084"，如今每年回报2000多万元。在引进院所科研成果的同时，企业自己的研发能力也得到了迅速发展，公司手中具有自主知识产权的品种多达40个。

南京市政府出面组织各类科技交流、交易平台，促进科技创新成果的产业化。目前，南京地区科技成果转化协作机制逐步形成。市政府先后组织参加"南京大学科技成果推介会暨自主创新与科技成果转化论坛"、"高校科技成果产业化项目推介会"、"院省科技合作"、"专利集市"等活动，在宁高校科技成果转化联系制度建立。2005年的创新大会更是激发了建设自主创新型城市的热潮。除此之外，还进一步组织加强国际科技交流，如2005年主办了国际软件产品博览会、南京·瑞典乌普萨拉科技经贸洽谈会、南京软件产业投资说明会、南京·韩国IT经济技术洽谈会等等。仅在举办的国际软件产品博览会上，就有14个软件产品开发及贸易合同成功签订，40 多家企业、100 多个项目达成成交意向。

南京市科技局、南京市经委于 2006 年 9 月 15 日在南京市科技成果转化服务中心举办"南京市产学研合作科技成果发布会——先进制造业专场"，组织了近 70 家高新技术企业和科技民营企业进行交流洽谈，参会洽谈人员近百人。南京市科技局、南京市经委还将对其中有意向性的项目进行全程跟踪服务，一方面组织相关企业到高校进行一对一的具体项目参观洽谈，另一方面组织高校的有关专家有针对性的带着项目到企业进行考察洽谈，力促项目的成功。对达成合作的项目，市科技局、市经委将在科技计划立项上给予一定的倾斜。2006 年 9 月 19 日，10 家企业分别与高校、科研院所签约，副市长许慧玲出席了签约仪式。首批签约的 10 个自主创新与产学研合作项目技术水平高，总投入达到 2.4 亿元。如南京奥赛康医药集团与南京工业大学合作的"一类新药 SFP 研究"，南京福中信息产业集团与南京大学合作的"微波肿瘤治疗仪升级"，南京擎天科技公司与东南大学计算机科学与工程系合作的"电信资料查询分析系统关联分析及工作簿模块开发"等，主要集中在南京市自主创新企业与部分高校、科研机构的产学研联合开发上。

根据"十一五"南京科技发展规划，到 2010 年，要初步建成适应南京市科技创新需求和科技发展需要的科技基础条件支撑体系和科技资源共享平台，重点建设基础条件服务、科技创业服务、新兴产业服务、技术转移服务、科技合作服务和科技人才支撑六大平台，形成以共享机制为核心的管理制度，建立一支与平台建设和发展相适应的专业化人才队伍，提升产业竞争能力，形成融入长三角、服务全国的区域技术创新服务体系。

▶▶ （二）大力资助合作研究

支持高校、科研院所与企业合作研究，通过互相交换和吸纳研究人员增进信息交流，共同从事应用开发研究。目前，南京产学研直接结合的途径有两个：一是高校和科研院所与大型企业联合设立科技攻关项目，共同派出科技人员，通过科技人员之间的交流合作实现结合；二是企业向高校或科研院所发布研究课题，征求最有实力的研究团队或研究人员进行课题研究，在研究过程中经常交流研究进展，注重研究成果的产业化导向。市政府大力鼓励联合攻关项目，引导企业介入高校、科研院所前期科研，推动企业把研发中心建在高校、科研院所，联合建设工程技术中心、企业技术开发中心等，聚集高校、科研院所的科研和人才资源，利用其一流的设备和技术，降低创新成本、缩短创新时间、提高创新水平，使企业成为技术创新的投资主体、研究开发的主体和科技成果应用的主体。鼓励高校和科研院所根据企业的需求确定科研方向，为企业发展提供针对性强的科技支撑，同时获得研发资金、提升应用水平，鼓励高校院所向企业开放科研资源，推动在企业设立联合研发中心和专项实验室。

▶▶ （三）促进资源共享，资助建设技术共享平台

科研仪器、大型专业设备等科研设施是进行科技创新、特别是自然科学、工程技术等方面技术突破的重要前提。据调查，国内很多中青年科研骨干留在发达国家的一个重要原因就是国内科研设备跟不上。我国在科研装备的建设和使用上存在着许多问题：一方面是中小企业需要使用的大型科学仪器设施严重匮乏；另一方面是重复购置和不能开放使用，资源浪费的现象普遍并十分严重。因此，建立开放的协作共用网，科学、合理地使用好现有仪器设备是解决上述问题的有效途径，也是建设节约型社会的必要措施。

目前，南京有中科院、高等院校、部、省、市及企业所属各类自然科学研究和开发机构 700 多家，研究领域涉及自然科学和工程技术各大门类，科研设施先进，科研开发实力雄厚。同时，拥有以高校、科研院所为依托、代表国家一流学术水平和科研水平的实验室和研究中心百余个，其中，国家重点实验室 18 个，国防科技重点实验室 4 个，国家专业实验室 5 个，国家工程技术研究中心 10 个。但是，如此优良的科研设施条件过去主要分散于各大高校和科研院所，设备利用能力相对不足，重复购置现象较为严重。与此同时，大量中小研究机构和一般企业没有能力购建先进的研发设施，难以提高研发创新能力。针对这种情形，南京市委、市政府打破部门分割的局限，下大决心构筑创新支持体系，由南京市科技局牵头于 2005 年 10 月开通了"南京市大型科学仪器

设备协作共用网"（网址 http：//www. njdyw. cn）。该协作共用网开通时已拥有 775 台套入网仪器设备（其中列入省网仪器 513 台套），涉及电子信息、生物医药、新材料等十大类服务领域；拥有 9 家专业测试服务中心（其中省级专业测试服务中心 6 家），包括软件测试、材料测试、环境测试等方面，以及由高校、科研院所、中介机构、企业等人员组成的专家组和由市、区县、仪器拥有单位组成的三级推广网络等服务支撑体系，这些资源以多种形式免费向社会开放，为自主创新和技术创新开设了一个"网上公共实验室"。这个向公众敞开大门的研发公共服务"大平台"，将昔日零散分割的科研资源整合重塑，立足南京，服务全国，架设"跳板"，召唤有志创新的人士，为科技腾越，实现强劲有力的"第一跳"。

通过开放的协作共用网的建设，有效地整合了社会资源，使区域科技创新能力得到最大化提升，降低了中小企业的创业成本，加快了科技型企业的发展速度，成为推动区域经济协调发展和提高企业自主创新能力的重要支撑；协作共用网的建设同时为政府的投入决策提供参考，是提高公共财政使用效率的重大举措。

市政府还充分发挥高校、科研院所科教资源优势，建立以国家和省部级重点实验室、省市级工程技术研究中心为主体的公共研发平台，集成多学科研发优势，提高承接重大科研攻关项目的能力；鼓励高校、科研院所建设开放的资源共享技术平台和信息网络体系，实现共性技术和信息资源高效利用。

四、

积极健全企业创新的政府推动机制

企业是技术创新的主体，只有各个分散企业的自主创新能力得到提升，国家的整体创新能力才能得到增强。但是，创新活动外溢性在很大程度上会损害作为创新主体的企业的积极性，这时就需要政府有所作为来弥补这种市场失灵，积极灵活地运用财税方面的政策措施，担当企业大力开展科技创新的第一外部推动力。

▶▶ （一）深化改革，激励、资助和引导企业加大研发投入

激发企业创新的内在动力，是真正确立企业创新主体地位的根本途径。一方面，靠改革。继续深化国有企业和科研院所改革改制，加快建立现代企业制度，明晰产权关系，完善法人治理结构，激发其创新的内在动力。另一方面，靠引导。有关部门要把技术创新能力作为企业考核的重要指标，把技术要素参与分配作为企业产权制度改革的重要内容，并针对企业特别是中小型企业创新能力薄弱的状况，制定有力的财税、融资、政府采购、技术引进以及知识产权等政策，用利益机制激励、支持企业加大研究开发投入，积极开展创新活动，推动科技成果转化和产业化。

大型企业集团是科技创新的中坚力量，是政府重大技术创新工程的载体。根据南京市 2005 年统计年鉴，大中型工业企业科技活动经费中来自政府部门的资金约为 1.34 亿元，占其全部科技经费的 2.63%。大中型工业企业获取的政府科技投入占据了规模以上全部工业企业所获政府科技投入的 70% 左右。目前，南京正针对本市支柱产业、新兴产业、农业、社会事业发展对科技的重大战略需求，实施重点技术创新工程，准备培育一批具有自主知识产权和较强竞争力的高新技术产品和企业，带动产业跨越式发展。为促进产学研的有效结合，市政府鼓励有条件的重点企业集团建立博士后工作站等研发合作组织，对博士后项目予以资助。

随着企业技术研发实力的增强，大型企业普遍建立独立的研发中心，科研设备较为先进，政府资助公共研究机构的研发项目再向企业转化的间接模式，将逐渐让位于向企业研发中心投资的直接资助扶持模式。市政府对企业科技创新的支持不仅表现在税收、人才、土地等政策方面，还大量借助并不充裕的政府财政资金引导企业技术创新，以带动科技研发的多元投资模式。例如通过探索和实践形成的"442"模式已经产生较高的社会效益。鉴于多数国有企业集团机制不够灵活、创新动力不足的问题，根据《南京市重点技术创新项目试行资本金制度的管理办法》，对具有自主知识产权且市场前景好、附加值高的重点技术创新项目，从母体企业中独立出来，按母体企业出资 40%，经营者和技术

骨干出资不少于40%，市财政（委托国有控股公司持股）出资不超过20%（简称"442"），组建"项目公司"，按照现代企业制度的要求，规范操作。该模式通过期权、技术入股等有益探索，在母体企业、项目企业形成压力和动力机制，创新积极性大幅度提高，新品开发速度加快，企业效率和效益也明显提高。不仅如此，还促进了产学研的有效结合，企业在管理体制上的自发模仿，带动了大量社会资本对科技研发的投入。

南京拥有很多事业化的科研院所，在传统的行政事业管理体制下科技人员和主管人员创新激励和动力不足，针对这一情况深化科研院所体制改革，探索利于创新的管理模式。其中一个重要的途径就是对科研院所进行企业化改制，使研究创新更直接地面向市场、服务客户，研究创新收益强化了市场利益机制的激励约束，大大提高了研究努力和成果价值。

▶▶ （二）以财税、政府采购、创新奖励等政策激励企业创新投入

中小企业是科技创新的生力军，但中小企业普遍存在启动资金不足，科研设备不具备等困难。为引导中小企业科技创新，早在2001年南京市就以财政预算安排专项、科技三项费设立科技型中小企业技术创新基金，用于对初创科技型中小企业的科技创新活动提供资金支持。支持方式主要有贷款贴息、无偿资助、资本金投入三种。（1）贷款贴息主要适用那些已具有一定规模的后期创新项目，主要用于扩大生产规模，一般按年利息的50%～100%的优惠条件鼓励其使用银行贷款。（2）无偿资助方式则主要是对国家、省科技型中小企业技术创新基金项目给予相应配套；或者是当高校或科研机构科技人员携带科技成果在南京创业进行成果转化时给予的补助；或者是对承担市重点科技型中小企业技术创新工程项目的补助。（3）对少数起点较高、后续创新潜力较大、市场广阔的项目，则采取资本金支持方式。同时，将由市科技局归口管理的"科技三项费用"更名为"南京市应用技术研发与产业化资金"。研发与产业化资金预算的60%以上用于安排支持重大项目的实施，重大项目单项支持额度一般为50万～200万元；一般项目单项支

持额度为 10 万 ~ 50 万元。随后，又陆续建立了多个类似的创新基金，例如 2001 年的高新技术风险投资基金等。但从总体上说，这些创新基金都只是一种引导性基金，是不以营利为目的的，设立创新基金并不是对市场力量进行替代，相反是为了吸引包括地方、企业、科技创业投资机构和金融机构等多元资金，建立以私人资金为主体的创新支持体系，推动企业的自主创新活动。例如，作为市中青年行业技术学科带头人，傅家边农业科技园总经理李百健得到了从资金到项目方方面面的优惠政策，现在，他和 9 所科研院校联合开发的项目多达十几个，多个项目已申报国家实用新型专利，并开始实施产业化。

采取优惠的税收政策是南京市支持自主创新活动的重要工具，并且这种激励工具的有效性在实践中也得到了验证。为加速民营科技企业发展，南京市对高新技术产品出口实行增值税零税率政策，并且允许部分特定企业的工资支出可以按实际发生额在所得税税前扣除。例如，为鼓励软件产业发展，南京市规定软件企业进口所需的自用设备时，可以免征关税和进口环节增值税；如果研发费用比上年增长 10% 以上的，可再按实际发生额的 50% 抵扣当年度的应纳税所得额；软件企业的人员工资和培训费用，可按实际发生额在企业所得税税前列支。为鼓励在南京设立科技研发机构，南京市规定新办的年纳税额 500 万以上的科研机构，从盈利年度起，实际交纳的企业所得税地方留成部分，前五年全额补助，后五年减半补助；已经设立的科研机构，以 2002 年为基数，企业所得税增量地方留成部分，前五年按 50% 补助，后五年按 25% 补助。科研机构中高级管理人员和技术人员的工资报酬等收入在计征个人所得税时，可在税前扣除个人应交纳的社保统筹、失业保险、医疗保险和住房公积金。而为加大对科技型企业的扶持，南京市规定高新技术企业的技术开发费可以按照实际发生额计入成本，在税前扣除，其中盈利企业该项费用年增长幅度在 10%（含 10%）以上的，经审核，可再按实际发生额的 50% 抵扣当年度的应纳税所得额。

另外，目前南京市开始注意采用政府采购这一财政支出工具，来对自主创新进行扶持，在一些纲领性的文件中，例如，在 2006 年由南京市委市政府颁发的《关于增强自主创新能力加快建设创新型城市的意见》中，明确提出了要实施扶持自主创新的政府采购政策，完善政府购买向自主创新产品倾斜的有效措施，制定政府购买技术标准和目录，建立财政性资金采购自主创新新产品制度。对本市企业开发的符合政府采购技术标准和目录的具有自主知识产权的产品，实施政府首购政策和订购制度，不断提高政府采购中本市创新产品和服务的比例。尽管目前政府采购这一工具还不完善，但由于它的作用机制是市场竞争而非行政指令，因此它是真正通过市场竞争力来实现对自主创新的扶持。

市政府还采取多层次、多类型的资助和奖励措施。例如，加大对企业专利申请的扶持力度，重点对发明专利、有出口能力和出口商品目的地企业的 PCT 专利申请进行资助，鼓励其实现技术交易。对于获得省级以上名牌产品和著名商标的企业，组织各类媒体每年进行系列宣传。加大名牌扶持与激励力度，市政府对新获得中国名牌产品和全国驰名商标的企业，一次性奖励 100 万元；对新获得国家免检产品称号的企业，一次性奖励 50 万元；对新获得江苏名牌产品和江苏著名商标的企业，一次性奖励 20 万元，等等。

▶▶ （三）打造自主创新的金融服务支持体系

财政的直接投入和税收优惠政策固然十分重要，但这一块毕竟是有限的。我国银行储蓄存款数额一直居高不下，民间实际上并不缺乏资金，关键是要有一个好的机制，来有效地动员、引导这些资金投向创新和创业活动，形成政府资金引导、金融机构、民间资本、风险投资共同参与的多元化科技投资模式，实现资金的合理配置。2001 年，南京市政府颁布了《市政府关于进一步深化投融资体制改革的意见》，强调要充分发挥市场对投融资活动的调节作用；拓宽融资渠道，完善融资体系，规范融资方式；培育投融资中介服务组织，加强行业自律，推进公平竞争，提高中介服务质量；加强政策和信息引导，规范投融资监管；逐步形成投资主体自主决策、银行独立审贷、融资方式多样、中介服务规范、政府调控有力的新型投融资体制。2002 年 5 月，专门成立了由市长罗志军同志亲自任组长的南京市推进投融资体制改革工作领导小组，以大力推进投融资体制的改革。几年来，政府在推进银企合作，引导风险投资发展，建立信用担保体系等方面做了大量工作，成效显著。

1. 鼓励、促成金融机构对创新创业活动的支持

早在"十五"期间，南京市科技局就分别与交通银行和工商银行

签订了 10 亿元的授信额度，以支持民营科技型中小企业，为这些企业提供贴身的银行服务。

市政府鼓励银行等金融机构制定符合企业自主创新的信贷管理和服务政策，建立自主创新贷款激励与风险补偿机制，完善与自主创新贷款相适应的组织形式、管理模式和运行机制，降低信贷门槛，增加信贷品种，简化信贷手续，为企业创新提供宽松、便利的融资环境。对资信好的高新技术产品出口企业可核定一定的授信额度，在授信额度内开具履约保函、预付款保函等，并可适当降低资金抵押或保证金比例。大力推进金融工具创新，如无形资产抵质押贷款、融资租赁、典当融资、贸易融资等。积极促进开展知识产权专利质押业务试点。各家银行在政府的积极引导下，强化了对创新活动和中小科技企业的支持力度。

南京市商业银行通过近些年的不断摸索，在支持中小企业发展方面实践出了一系列思路与具体方法。在全行的信贷工作指导意见上，将突出发展小企业作为第一重点，实行考核政策倾斜，鼓励政策引导。在 2006 年全年贷款经营指标中就明确了小企业贷款净增额不低于全年贷款净增总额的 25%。该行根据发展小企业业务的核心在流程创新的理念，按照标准化、电子化建设统筹考虑，进行了"小企业评核决策系统"的建设和完善，通过模型进行分析、评价、决策，实现标准化、电子化审批；培养和设置专门的小企业营销队伍；积极与南京市众多经营实力较好的担保公司、政府型的担保基金合作，共同控制担保风险；为了使小企业业务的量能够上去，积极探索建立一些拓展小企业的平台；加强创新与梳理适合小企业的金融产品，非常注重对中小企业提供细致入微的综合服务。中国工商银行近年来一直在致力研究和解决中小企业融资难的问题，针对小企业的经营和管理特点，从信贷政策的调整、企业信用评级授信、信贷审批、贷款方式和贷后管理等各个环节都进行了一系列调研和创新。2005 年 6 月以来，工行江苏省分行营业部还出台了《小企业信贷业务工作指导意见》。交通银行南京分行计划 2006 年小企业"展业通"产品新增授信 10 亿~14 亿元。今后 5 年，浦东发展银行南京分行将进一步拓展中小企业市场，向江苏省的中小企业投入 800 亿元的贷款。同时多家银行的小企业贷款风险定价系统也正在建设和完善当中。

2. 率先带动科技创新风险投资业的发展

目前国际上转移技术的初始投入一般来自风险投资，风险投资又被称为创业投资，主要选择未公开上市的有高增长潜力的中小企业，尤其是创新性或高科技导向的企业作为投资对象，承担"孵化"的重任，使企业获得必要的资金，促进企业的快速成长。在企业发展成熟后，创业资本通过股权转让等方式退出获得较高回报，继续进行新一轮的投资运作。作为一种特殊的投融资方式，风险投资实现了知识与资本的直接结合，从而使得创新思想迅速实现其价值，转化为现实生产力。由于风险投资的目标一般为高新技术中的"种子"技术或创新思想，不够成熟，风险很大，风险投资从投入到退出所需要的时间相对较长，流动性较低。这些特点都要求创业资本管理者具有很高的专业水准，在项目选择上实现高度专业化和程序化。

我国的风险投资本身发展的时间不长，还不够成熟，实力也不够强大，加上市场风险超过风险投资商的预期，造成了我国所谓科研成果和投资者支持之间的脱节。如果要迎合投资者的偏好，大学与科研机构主要应该做更靠近市场的、可以很快带来显著经济效益的研究开发，但这种思路对我国长期的国家竞争力建设会造成巨大的危害。根据发达国家的成熟经验，正确途径应该是：政府应承担比一般投资者更大的风险，加大种子基金的投入，为风险投资商培育出更多的可选"项目"，这正是我国目前把科教优势转化为技术优势和产业优势的软肋之处，是技术转移的关键和难点，因而必须重点予以解决。

南京市政府对风险投资在促进自主创新中的重要作用有着非常深刻的认识，也对南京地处内地、金融业的发展落后于深圳、上海等沿海城市的现状十分清楚。面对社会性的风险投资企业尚未得到充分发展的情况，政府责无旁贷地承担起了引导发展，大力推进的重担。2001 年 4 月，南京市政府设立了南京市高新技术风险投资基金，并制定了《南京市高新技术风险投资基金管理办法（试行）》（宁政办发〔2001〕1 号）。明确了政府通过一定的投入和政策导向，通过多渠道筹集，吸引企业和社会资金，按一定比例投资创业期和成长期的科技型企业，探索有效地集中创业资本和适应社会主义市场经济规范的风险投资途径和机制的指导思想。具体指明了风险基金的投资重点为电子信息、生物工程与医药、新材料、环保节能和机电一体化等领域的高新技术产业化项目。

为了进一步落实宁政办发〔2001〕1号文的精神，在南京市人民政府支持下，由南京市国资集团、南京新港开发总公司、南京医药集团有限责任公司、南京红太阳股份有限公司、南京高新技术产业开发区、南京市江宁经济技术开发区六家共同发起，经南京市人民政府批准，南京市高新技术风险投资股份有限公司于2001年2月24日正式成立，成为南京市首家高新技术风险投资公司。公司注册资本为1亿元人民币，采用规范化的股份公司运作形式。坚持"稳健、创新、高效、发展"的经营方针，主要业务是投资于IT、通讯、新材料、新能源、生物医药、生物工程、光机电一体化、环境保护等领域中处于成长期、扩张期的科技型创业企业。该公司采用直接投资方式，在投资项目中所占的股份比例一般不超过30%，投资期限一般为5~7年。截至2005年底，公司项目库中已经收集了近500个项目，实际投资了南京中电联环保工程有限公司、南京聚合数码科技有限公司、南京中标机动车检测技术有限公司等10个项目，9个项目已经正常运行。公司约5000万元的投资，调动了其他社会投资4.2亿元左右，其中近60%为民营资本，起到了"投资一个、成功一个、带动一批"的示范效应。据保守预测，目前投资的10个项目通过购并、上市、管理者回购直至清算退出后，将能收回0.8亿~1亿元。为了使该公司能更好发挥资金与科技成果之间的纽带作用，通过政府资金的主导促进科技成果的转化，带动产业结构的调整，为地方经济服务，市委书记罗志军、市长蒋宏坤于2006年初做出批示："南京市高新技术风险投资股份有限公司今年要再增资扩股0.5个亿，更好地为南京中小企业服务。"

国家十部委联合下发的《创业投资企业管理暂行办法》的实施，给风险投资带来了前所未有的发展机遇。目前南京市已有各类风险投资公司10多家。在南京市委2006年发布的《关于增强自主创新能力加快建设创新城市的意见》中进一步明确了加快发展创业风险投资事业的方向：为了促进风险投资企业的发展，南京市设立市创投引导基金，市财政的投入在原有基础上增加到1亿元，用于市高新技术风险投资公司的资本金投入和对市政府认定的创投企业开展业务的奖励补贴。发挥好市高新技术风险投资公司对科技风险领域投入的引导作用，建立有效的资本进入和退出机制，明确其经营范围和对创新型企业支持的条件及决策程序，完善监督考核办法，提高资金使用效果。积极创造有利条件，推动一批高新技术企业优先进入国内、国际证券市场进行融资，或通过资产重组进入证券市场。

3. 扶持、推动信用担保体系建设

造成中小企业和新兴高科技企业融资难问题的原因是多方面的，其中很重要的一点就在于没有充分发挥担保机构的中介和桥梁作用。由于信息不对称等原因，逆向选择和道德风险难以避免，银行出于风险考虑，必然会慎贷、惜贷，采取严格的授信标准，而大量的中小企业又由于缺乏有效的抵押和担保，不符合银行的授信条件。因此，必须要加快信用担保体系建设，推进银保企三方合作，搭建信息交流和项目协作的平台，排除中小企业融资时担保不足的障碍，打通银行和企业之间的信用融通渠道。担保业是一个新兴行业，并没有成熟的运营和盈利模式。国内外大量的实践已充分证明，主要或完全从事中小企业贷款担保这类业务的贷款担保机构，基本上是无法盈利的，政府的大力扶持必不可少。为推动南京市的信用担保体系建设，市政府所做的工作主要体现在出台大量扶持政策、直接资金投入和直接协调银保企三方关系、促成三方合作等方面。

在扶持政策方面，2004 年发布了《市政府关于促进全市中小企业信用担保体系建设的意见》和《关于促进全市中小企业信用担保体系建设的实施办法》，明确要求按照"社会资本为主、多元化投资、市场化运作、政府支持"的原则，鼓励、扶持一批为中小企业融资提供担保服务的担保机构，并出台了大量具体扶持、优惠政策。如对担保机构给予税收优惠、担保贷款保费补贴和担保业务风险损失补偿。2004～2006年，市政府为此每年安排财政专项资金 2000 万元。要求金融机构加大对担保机构的金融支持。人民银行应发挥窗口指导作用，引导和鼓励商业银行与市重点扶持的担保机构建立合作关系，积极为市重点扶持的担保机构提供金融服务。支持具备条件的担保机构申办典当行，为中小企业小额资金需求提供高效便捷的融资服务。

2006 年 8 月市政府又出台了《关于进一步加大对信用担保体系建设的资金扶持力度增强企业自主创新能力的有关意见》，进一步扩大业

务补贴范围、提高保费补贴标准。鼓励担保机构降低担保业务的收费。引导担保机构足额提取风险准备金与未到期责任准备金，提升担保机构风险防范能力。鼓励各区县、乡镇、街道及社会资本增加对本市担保业投入（包括增资和新办），推动多层次信用担保体系建设。通过奖励为创新型中小企业提供贷款担保的担保公司的办法，激励企业大胆创新，激励担保公司大胆为创新企业担保。从 2006 年起，连续 3 年市财政还将每年安排 2000 万元，设立创新型企业担保体系建设专项资金，鼓励各类担保机构支持创新型企业的发展。

直接资金投入方面，南京市从 1999 年起设立民营科技贷款担保资金，每年 2800 万元，旨在为南京市科技型中小企业的融资贷款担保搭建平台。设立几年来，已累计支持科技型项目 250 多个，实现贷款额度 4 亿余元。

以上政策、措施有效地推动了南京市担保机构的发展，目前南京有100 多家担保公司，在资金实力规模化、企业制度规范化、业务运作专业化、服务手段多元化等方面取得了积极进展，在一定程度上缓解了中小企业的融资难问题。以中融信佳投资担保有限公司为例，该公司于2004 年 7 月成立，由江苏汇鸿国际集团有限公司、南京医药股份有限公司、三九集团、广东中海工程建设局等单位共同出资，注册资本 1 亿元人民币，是南京市注册资本规模最大的担保公司。公司成立后，一直关注成长性好的中小制造型企业，提供"保姆式"的融资担保服务，并建立"融资策划服务—信用担保服务—人力资源管理服务"的全程化阶梯式服务体系，在国内担保服务领域独树一帜。该公司在以担保业务为主的前提下，还介入担保风险投资、担保配套服务等领域，为客户提供诸如项目评估、跟踪调查、人力资源管理、培训等方面的系列化服务，并通过差异化经营另辟蹊径，为担保业的发展进行了有益探索。

在市政府的大力倡导和推动下，银行方面也在积极探索担保的新模式。如南京市商业银行针对创意创业推出的"中小企业联保贷款"业务。创意产业是信息经济时代的新兴产业，具有文化含量高、知识创新强、资源消耗低、产业带动能力大等特点，已成为城市经济发展的一个重要突破口。南京创意产业目前正处于萌动期，但许多中小企业由于"担保难"导致融资难而不能做大做强。为此，南京市商业银行适时推出了"中小企业联保贷款"业务，亦即三个或三个以上中小企业自愿组成一个担保联合体，并仅限于为其成员提供连带责任担保。当联保体中的某一成员向南京市商业银行申请办理指定的信用业务时，联保体其余全部成员为该申请人的信用业务提供连带责任担保。这项业务切实解决了银企合作中的担保壁垒问题，使中小企业融资更加现实可行。

近年来由于国家加强宏观金融调控，市场资金供应明显趋紧，贷款难度加大，南京市政府本着"政府扶持，市场运作，三方合作，加快发展"的原则，积极推动银保企三方的合作。如 2006 年 7 月 10 日，南京市发改委就特别将银保企三方召集在一起洽谈，并在会上发布了 115 个中小企业 5.9 亿元资金需求信息和 52 个创新企业项目，同时披露了市政府奖励创新的新做法，在紧缩的金融环境下为中小企业尤其是创新型企业争取发展机会。

▶▶ （四）依托科技园区，建立科技企业孵化器

科技企业孵化器将技术资源、人才资源、基础设施和金融资本等结合在一起，是培育科技型中小企业、孵化科技成果和培养人才的创新创业服务机构，是区域创新体系和科技中介服务体系的重要组成部分。企业孵化器为创业者提供良好的创业环境和条件，帮助创业者把发明和成果尽快形成商品进入市场，提供综合服务，帮助新兴的小企业迅速成长形成规模，为社会培养成功的企业和企业家。一般认为，一个成功的孵化器离不开五大要素，即：共享空间、共享服务、孵化企业、孵化器管理人员和扶植企业的优惠政策。

南京市政府以各类科技园区为载体，密切开发区企业与高校、科研院所的联系，建立科技孵化器和中小企业孵化基地，积极培育科技企业和科技新品。市科技局根据科技部《关于进一步提高科技企业孵化器运行质量的若干意见》等要求，于 2003 年制定了《关于进一步推进南京市科技企业孵化器建设与发展的指导意见》（以下简称《指导意见》），明确了建设与发展孵化器的指导思想、主要目标、建设与发展的分类指导原则和主要措施。南京市各相关部门根据《指导意见》，积极深化改革并创新科技行政管理方式，以与国际接轨的"软环境"建设为重点，全面开展"一站式服务"、"限时服务"、"无差错服务"等行政服务方式，牢固树立"服务就是竞争力"的全新理念，建设一支合格的孵化

器运作与管理团队。同时把科技人员创业急需的法律咨询、融资担保、项目审核、知识产权、合同咨询、商业企划、财务税收、经营管理、广告宣传和技术测试服务等中介服务机构引入孵化器，并加强国内外信息交流公共平台建设和强化知识产权保护工作，提高科技资源共享程度和科技创新水平，进一步推动科技创业平台向高层次方向发展。

以南京软件业为例，南京软件园是国家级软件产业基地，"十五"期间，市政府重点支持南京软件园发展，建设了供软件企业使用的公共开发平台，设立软件培训基地，建立并完善软件质量认证体系。该园区还设立专项发展资金和创业风险资金，以投资、担保等多种形式扶持入园软件企业发展，同时园区还为入园企业提供各类可能的资助和补贴。截至2005年，全市累计建成各类科技企业孵化器、大学科技园23家，其中科技创业服务中心等综合性孵化器14家，国家级大学科技园3家，专业孵化器6家，总孵化面积超过55万平方米。在孵企业1800家，吸引创新创业人员近2万人。高新技术产业各类园区集聚了全市近60%的高新技术企业，2005年高新区年技工贸总收入达2095亿元。科技企业孵化器基础管理工作不断加强。"南京大学—鼓楼"高校科技园进入全国20家投资补贴类创业项目服务机构行列。

▶▶ （五）强调企业引进技术的消化吸收再创新

引进国际先进技术设备、购买专利技术等是国内企业提高生产技术水平的重要途径，甚至是不少企业的主要成功经验。然而，多数企业重引进，轻消化吸收，缺少二次创新。韩国引进技术之初就提出一条明确的政策，即技术只能引进一次，对科技经费进行调整，引进和消化、吸收的费用比例是1：5，也就是说，韩国花1元钱引进的技术要用5元钱进行研究和开发。而中国目前技术引进和消化、吸收的资金比例是1：0.08。针对这一现象，南京市政府强调企业在引进技术和先进设备之时，要加大配套研发投入，避免陷入"引进—落后—再引进—再落后"模式，通过消化吸收再创新获取知识产权。以南京浦镇车辆厂为例，其在吸收法国阿尔斯通城轨车辆制造技术过程中，一直把重点放在对技术的消化和吸收上。工厂在技术转化中，先后派出200多人次对34个课题进行技术培训，完成了由法国阿尔斯通公司向工厂提供跟踪、生产和工业化三大类 25 个转向 35 批次的技术支持，共消化吸收了攻关技术文件 1294 份、生产技术资料 5085 份。目前，企业已经完全掌握城轨车辆车体、转向架、表面处理以及静调和动调五大核心技术，并在项目实施过程中形成技术管理、质量控制、物流供应和自主生产体系，除已经加入跨国公司庞巴迪供应链条之外，具有自主知识产权的国际先进水平的 A 型地铁列车已进入紧张的研发阶段。

▶▶ **（六）政府出面吸引各类研发中心入驻**

随着经济开发的深化，在制造和销售全球化之后，研发全球化又成为新的发展趋势和阶段。抓住这个机遇，大力鼓励跨国公司在本地设立研发机构，成为扩大外资技术外溢效应，培育自主创新能力的重要途径。外资企业在大陆设置研发中心的一个重要目的是与外商直接投资的制造、销售等产业环节进行衔接，更直接地面对市场需求。大陆地区科技人员人力资本雄厚而人工成本相对偏低，这是外资企业在大陆设置研发中心的一个重要的权衡条件。南京素以研发资源和科技环境著称，在市政府的政策引导和积极努力下，南京已经吸引了国内外不少著名企业在宁设立研发中心。至 2005 年中期，摩托罗拉、朗讯、西门子、菲尼科斯、三星、LG、夏普、明基、电通等世界著名企业的外资研发机构已达 21 家。此外，中国香港、台湾地区的光宝科技、金利得电子、英达热再生公司，以及内地的华为、中兴通讯等多家著名企业亦在宁设立研发中心。与区域产业特色和龙头企业相衔接配套、"扎堆"发展，是外商研发中心在南京选择投资地点的主要特征。这为南京培育自主创新能力、扩大外来研发中心的外溢效益，以及促进研发中心科技创新成果的本地化打下了基础。

五、

推动关键性产业的自主创新

经过多年的发展和积蓄，南京市电子、汽车、石化、钢铁、电力等产业已形成了较强的物质和技术基础，在全市工业经济总量中占有较大份额，成为工业经济的支撑。但是，相比于国内产业发展的整体水平和速度，相比于先进地区，这五大产业还存在不小的差距，主要表现在：企业规模偏小、产品结构单一，核心竞争力不强，产品趋于老化，体制、机制急需转换。按照市委书记罗志军同志的说法，"战略优势产业是南京经济的主体，在这些产业领域，一些企业已经初具规模，在全国乃至国际市场上占据了相当份额，但缺乏核心技术的'根'，缺乏自主品牌的'神'，缺乏自主知识产权这个核心竞争力的问题仍然存在。"

充分发挥五大产业优势，加快五大产业跨越式发展，争创发展的新优势，具有十分重大的战略意义。为此，《市政府关于加快推进电子、汽车、石化、钢铁、电力五大产业发展的意见》、《市政府关于落实科学发展观加快工业产业发展的指导意见》等先后出台，并成立了由市领导亲自挂帅的五大产业发展领导小组，并成立了相应办公室，提出要以特殊的政策、非常的措施，用5~8年时间取得阶段性突破，加快五大产业跨越式发展。要加快改革，加快重组，实现体制创新，机制创新，技术创新，管理创新。力争到2010年，全市五大产业要实现"五五"目标，五大产业销售收入达到5000亿元左右，占全市工业经济总量的75%左右；以开发园区为载体，加快产业布局的调整，提高集中度；充分发挥重点产品的带动和辐射作用，形成新的产业链。

根据"开拓新兴产业新领域，构筑支柱产业新优势，推进传统产业新突破"的总体要求，2006年7月，市经委、市发改委又制定了《南京市工业十大产业链发展行动纲要》，成立南京市工业十大产业链发展领导小组，提出"十一五"期间全市工业战线将以产业链建设为抓手，重点打造平板显示、集成电路、通信、光伏、石化、汽车、钢铁、风力发电设备、轨道交通设备以及电力设备十大产业链。相应的政策保障措施有：坚持资源向十大产业链集中，优先确保十大产业链投资项目的布局规划和土地计划，优先安排金融贷款，优先提供煤电油运等各种生产要素配置，优先安排各类专项资金，对于产业链中的重大招商项目予以政策倾斜，鼓励面向十大产业链的基地建设。

在市政府的政策支持和推动下，高新技术企业已经显现出立足自主创新、自有品牌和自我提升、大力发展有自主知识产权产品的趋势。2006年7月1日，青藏铁路全线正式通车，南京中圣集团拥有国家发明专利的近万根"热棒"绵延在30多公里的实验区，破解了青藏高原冻土"魔咒",确保了青藏铁路顺利通车;一块仅有名片大小、利用超薄硅片做成的电池板,却能完成光能到电能的转换,吸收一天太阳光能可以让一盏50瓦的灯亮上一夜,这是南京中伏光电科技有限公司的高科技产品。凭着这小小的电池板,南京跨步迈入国际光伏产业第一方阵。在南京这样的企业还有很多。南瑞集团、新华科技、金陵药业等众多企业不断加强原始创新,开发了一大批专利技术和产品,并实现了产业化,尝到了自主创新的甜头。南瑞继保拥有自主知识产权的电力控制保护系统已达到国际领先水平,成为"西电东送"的重要技术保障。先声药业已经获得和申请中国发明专利6项,成功开发的独家上市品种近10个,其中,仅用3年时间和1000余万元人民币,就研制出"必存"这一世界上治疗脑梗塞急性期的一线治疗药物,被国际专家称为奇迹。金陵石化公司的化肥装置水煤浆原料工艺改造工程于不久前获得成功,这个国内首套装置的投产,标志着国内石化行业"煤代油"自主创新取得了重大突破,更是对国内石化行业"循环经济"的成功探索。

集聚创新人才,弘扬创新文化,建设创新型城市

▶▶ (一)搞活人才政策,聚集海内外精英

作为中国教育基地、区域性科技中心的南京,不仅自身具有培养综合性人才的能力,而且具有强大的人才凝聚力和辐射力,这与南京市独具特色的人才发展战略是密不可分的。

首先,南京市已经初步形成了具有自身特色的、适应南京发展需求的人才政策体系。目前,南京市的人才政策已颇具系统化,已经涵盖了从人才培养、人才引进到人才作用发挥的各个环节。在人才培养方面,值得一提的是,2003年南京市制定和颁发了《南京市专业技术人员继续教育管理规定》,对南京市企业、事业单位和其他组织中从事专业技术工作和管理工作的在职专业技术人员进行专业知识和技能的更新、补充、拓展和提高。这一管理规定的实施不仅使得南京市专业技术人员的

整体素质、知识结构、创新能力和专业技术水平得到不同程度的提高，更重要的是，它是对"终身教育思想"的一种贯彻，这在当前科学技术发展迅速，国内外竞争日益加剧的背景下，十分具有前瞻性。在人才引进上，南京市针对不同类型、不同层次的人才进行细分，不仅有引进应届大学毕业生的政策，还有引进优秀人才的政策、引进海外留学人员和智力、引进博士后人员的政策。在人才作用发挥上，也针对不同类型人才特点，制定和实施了不同的选拔措施。例如在专业技术领域就有市级中青年拔尖人才、市级有突出贡献中青年专家、市级行业技术和学科带头人等一系列选拔管理办法。为充分发挥高层次人才领头羊作用，还陆续启动了职业经理人培养工程、高技能人才培养工程、科技人才创新能力援助行动以及其他各种紧缺人才培养工程，让各类高层次人才带动更多人才，汇聚百川奔海之力，推动南京经济新跃升。

南京市人才政策的系统化还表现在其不仅停留在宏观指导层面，而且在实际工作中颇具现实可操作性。此外，目前南京市人才政策的一个发展趋势，就是从人事部门的优惠政策向综合部门的优惠政策扩展，把针对人才自身的优惠政策扩展到家庭子女、优化生活环境等领域。

其次，南京市的人才战略除了人才政策体系自身的特点以外，还有以下两个亮点。第一，由于一度以来南京市被认为缺乏高素质的"一线人才"，因此南京市人才优势迟迟不能转化为经济优势。针对这一点，南京市展开了"构筑创业型人才高地"的一系列工作。例如，南京市对重点企业、重点项目所需的高层次人才，打破地域、身份、计划等限制，为人才引进开辟畅通的渠道。此外，还积极参与建立长江三角洲人才资源开发一体化组织协调机制、一体化协作共商机制和一体化资源共享机制。

南京市人才战略的另一个亮点是人才的国际化。早在2001年，南京市就颁布了《南京市引进海外留学人员和智力的若干规定》，2006年又推出《关于鼓励海外高层次留学人员来宁科研、创业和发展的意见》。根据这些规定，南京市从资金、项目、专利、生活、工作各个方面为在南京工作的海外留学人员提供支持和保障。例如建立了"海外高层次留学人员创业扶持资金"，以无偿拨款的方式一次性或分两年为处于创业发展初期，由海外高层次留学人员创办、领办的企业提供资助；建立"海外高层次留学人员企业发展资金"，以贴息贷款的方式，对经过遴选的重点企业进行重点资助；对给留学人员创业予以贷款的担保机构给予补贴；对留学人员企业和个人的国内外专利申请给予资助；海外留学人员以拥有的科技成果、专利技术或专有技术投资创办企业时，占企业注册资本的比例最高可达35%；并选择条件、设施、环境好的住宅小区建立"海外留学人员周转公寓"；对海外高层次留学人员个人在南京第一次购买商品房和汽车给予专项补助；设立"海外留学人员突出贡献奖"，等等。此外，值得一提的是，从2001到2005年，南京市已经成功主办了四届中国国际人才交流大会（宁交会），通过人才交流大会，许多专家引进项目和出国培训项目都取得了显著成效，中国国际人才交流大会（宁交会）目前已经成为国际人才交流的重要舞台和中国引进海外人才智力的重要渠道，在海内外的影响力也日益扩大。

其三，政府着力创造便于人才创业创新的政策，为人才创业、创新提供保障。2005年4月，市委、市政府出台《关于进一步加强人才工作的意见》，20多条人才新政，对支持科技人员创业给出多项政策优惠，鼓励以科技成果为主体的无形资产作价入股，高技术成果占企业注册资本比例最高可至35%，全方位营造有利于人才创新创业的生存环境。

目前，南京已经成为科技创新人才的集聚地。截至2005年底，南京地区人才总量已达105.4万人，拥有各类专业技术人员53万人，研发（R&D）人员占科技活动人员的比例为45.3%。每万人口中专业技术人员数为976人，人才总量和人才质量均位居全国前列，也是全国拥有专业技术人员比例最高的城市之一。

▶▶ （二）创造优美人居环境，完善自主创新体系建设

城市的人居环境是吸引和维系人才的一个重要因素。在人居环境方面，南京有着得天独厚的先天条件：地处吴楚之会，既有龙盘虎踞的山川形胜，又有钟灵毓秀的南国风物。悠久的历史和深厚的文化底蕴，使得它是一座六朝遗迹和现代气息相互融合的城市。南京还具有良好的教育资源优势，拥有显著的人力资本和优越的教育科研条件：大专院校、科研机构云集，是我国重要的智力密集城市。总之，"风景秀丽"、"古都文明"与"现代文化"的交融，已成为南京人居环境的特色。

　　为了保持和改善南京的人居环境，南京市政府重点做了四方面工作。一是保护历史遗迹；二是旧城改造和交通建设；三是推行生态南京战略，净化、美化南京；四是改善高端人才的居住条件。

　　为了保护南京的历史古迹，从 1982 年开始，南京先后制定了《南京主城外围文物保护单位紫线规划》、《南京近代优秀建筑保护规划》、《南京明城墙风光带保护规划》、《明故宫遗址区保护规划》、《南朝石刻保护及研究基地开发规划》等 15 部规划，并专门成立了历史文化名城保护领导小组，制定和修订了《南京历史文化名城保护规划》、《南京市文物保护条例》、《南京城墙保护管理办法》、《南京市地下文物保护管理规定》等一系列管理法规，全力保护南京的古都文化遗产和神韵。全市 281 处文物保护单位均被划定了保护范围和建筑控制地带，并以此为基础确立了明故宫地区、朝天宫地区、夫子庙地区、天王府—梅园新村、门东传统民居、门西传统民居、大百花巷传统民居、金沙井传统民居、南捕厅传统民居、中山东路近代建筑群、民国时期公馆区等 12 个重要历史文化保护地段，钟山风景区、石城风景区、大江风貌区、雨花台纪念风景区、秦淮风光带、明城墙风光带等 13 个环境风貌保护区。从整体上把保护环境风貌、城市格局、文物古迹、建筑风格和发掘历史内涵等各个方面融于各区域保护规划中，形成点、线、面相结合的保护体系。不仅如此，南京市还确定了"保老城、建新城"的方针，贯彻实施"一个疏散、三个集中"（疏散老城人口，工业向开放区集中、建设向新城集中、高校向大学城集中）的城市建设新思路。在保护好历史文化遗产的同时，南京市还打出了六朝文化、明文化、民国文化和革命文化四张"牌"，让历史为现实服务。

　　近年来，南京实施的旧城改造和交通建设工程对南京人居环境的改善贡献较大。目前，"一城三区"的建设工程也正在推进，并以"十运会"为契机，初步建成河西新城核心区，滨江大道一期也已经全线贯通，建成开放了绿博园，并成功举办了我国首届绿化博览会。不仅如此，南京老城的历史文化内涵也得以进一步彰显：外秦淮河环境综合整治一期工程基本完成，开通了水上观光游览线路，建成开放了龙江宝船遗址公园、天妃宫、静海寺景区等，明城墙综合整治也进展顺利。在对外交通方面，长江三桥建成通车，过江隧道已开工建设，绕城公路和沪宁高速公路南京段也已改造完成，铁路新客站建成使用。此外，南京立体公交网络建设也在推进过程中，地铁一号线建成通车，地铁二号线试验段开工建设，已初步建成城市快速内环，城区道路出新 90 公里。另外，铁路沿线环境治理、出租车升级、房屋出新等十项环境整治也已完成预期目标。

近年来，南京市的人居环境得到了进一步的改善。首先，南京已完成生态市建设规划编制工作，生态县建设已经开始启动，并新建了 21 个绿色人居环境社区。其次，南京建立了"循环经济清洁生产技术推广中心"，在扬子石化、金陵石化、南钢集团等一批企业开展了循环经济试点工作。这些使"绿色南京"的建设成效显著，中山陵风景区环境综合整治进展顺利，幕府山植被恢复等绿化工程不断推进，城市绿化覆盖率达 45%，重点工业污染源达标排放率达 95%，空气质量良好以上天数超过 300 天。

在高端人才的居住条件方面，南京市的一个重要举措，就是联合江苏省委省政府共同在南京市城西秦淮河畔的龙江小区内建设在宁高校教师公寓，切实贯彻"科教兴国"战略，为南京市的高校教师解决居住困难，改善居住条件。公寓占地 7 公顷，共计 10 幢，总建筑面积 27 万平方米，可居住教师 2600 户，总居住人口可达 9000 人，总投资接近 7 亿元人民币。高教公寓由市政府和省教委共同督促实施，由房地产开发公司代建，在 2500 元的每平方米造价中，政府补贴 500 元，其余由院教主管部门、学校和教师个人共同筹集解决。

而在南京颇具特色的引进国际化人才战略中，也都在居住条件上提供各种方便。例如，在 2001 年颁发的《南京市引进海外留学人员和智力的若干规定》中，明确规定从海外留学人员资金中拨款购置留学人员周转公寓，为到南京工作和服务的海外留学人员提供短期居住房源。根据该规定，海外留学人员可以优先购买安居工程住房和金陵海外学子公寓区住房，并可享受特定的购房优惠。对于那些能为海外留学人员优先解决住房问题的用人单位，政府会给予补贴。再如，在 2006 年颁发的《关于鼓励海外高层次留学人员来宁科研、创业和发展的意见》中，也明确列出了解决海外高层次留学人员短期生活住房困难的具体措施：在南京市不同区域，选择若干条件、设施、环境较好的住宅小区，以单元统一长期包租的形式，建立"海外留学人员周转公寓"，由政府补贴公寓房租和物业管理费的 50%，供用人单位确无能力解决住房的高层留学人员租用。这些措施，在吸引人才，增强凝聚力方面发挥了重要作用。

▶▶ （三）弘扬创新精神，营造创新文化氛围

在国家或地区创新体系中，文化是决定自主创新能力的一个重要环境变量。文化是一定社会的经济、政治在观念形态上的反映，它从最深层次上影响着社会组织的价值取向和行为方式。可以说，文化氛围决定人的存在状态，而人的存在状态又决定了创新能力。因此，一个没有文化的城市是不可能有创新能力的。一个城市如果缺乏崇尚创新、激励创新的文化氛围，就不可能吸引、凝聚一大批科学大师，也就不可能拥有强大的科技原创力。具体来说，文化通过三个层面影响人的创新能力：一是文娱产品或服务对人的放松、愉悦和激发功能；二是文化设施所发挥的交流平台功能，因为网络基础设施、图书馆、科技会等形式的信息平台增加了资源、信息和思想的碰撞机会，从而提高了创新的几率；三是对创新的社会规范和态度，研究表明，"开放交流"、"鼓励尝试"、"挑战权威"、"宽容失败"和"从失败中学习"等是所有激发创新的文化的最本质特征，而"封闭自满"、"墨守成规"、"服从权威"、"嘲笑失败"和"以成败论英雄"等则是阻碍创新的文化的最主要内容。

政府可以通过文化建设来塑造本地的文化氛围，提高创新能力。近年来，南京市政府正是通过文化产业培植、文化设施建设和社会环境塑造等，来提升南京的自主创新能力的。除了制定了大量鼓励文化产业发展的政策措施外，南京市政府在文化基础设施建设方面，重点加强了对网络基础设施、网络信息平台和科教文化场所的建设。2004 年 3 月 19 日颁布的《南京市互联网上网服务营业场所专项整治方案》，就对公共网络场所的运营行为进行了全面细致的规定。2006 年 4 月 29 日又颁布了《南京有线电视数字化工程实施方案》，目的就是要加快南京文化产业和城市信息化建设的进程。

根据南京市的政府工作报告，南京市目前的工作和下一步计划主要着重于以下几个方面。首先，是南京市一些重点图书场馆的建设。不仅要建设好南京图书馆、江苏图书城、金陵图书馆新馆和南京市少儿图书馆等工程，而且要健全公共图书馆网络，建立并完善覆盖全南京市的公

共图书馆体系和查阅服务网络，加快图书馆信息化、数字化、网络化进程，建成特色资源库，使全南京市的公共图书馆资源得以共享。其次，是南京市文化艺术场馆的建设。目前南京市正着手筹建南京大剧院、音乐厅、爱涛艺术馆，扩建南京市艺术小学（南京小红花艺术团），计划在 2007 年建成功能齐备的南京美术馆新馆，在 2010 年前建成江苏现代美术馆（含名人馆）和江苏广播电视城。再次，是南京市科教场馆及特色文化场所的建设。2004 年已经建成南京科学馆暨青少年科技活动中心，2005 年又建成了南京市全民健身中心、环玄武湖体育带、南京国际体育公园等，同时建成南京奥体中心并投入使用。计划于 2008 年建成南京院士馆，并在 2010 年前建成江苏科学历史文化大厦及国际性休闲文化名城。

在营造社会氛围方面，发展实践已证明，自主创新一旦从一个单纯的经济活动上升到一种理念、一种精神、一种文化的高度，渗透进百姓生活，成为一种自觉行为，必将爆发出强大的创造力。积极营造创新文化氛围，自然成了南京建设创新型城市的必然选择。南京市在自主创新的实践中，特别提出要弘扬创新文化，因为他们意识到，创新是每个人的事，创新是一个过程，要通过创新调动人民群众创业的积极性，通过创业实现致富，最后达到社会和谐。

"十五"时期以来，南京以推进学习型机关、学习型企业、学习型社区和学习型家庭的建设为主要载体，逐步构建市民终身学习体系，积极营造人人终身学习、时时处处学习的良好氛围。南京市把塑造城市价值观作为城市文化建设的核心内容来抓。2002 年以来，全市开展了以创业为核心的新时期市民精神塑造活动，开展了"市民精神用语征集"活动。经过全市广大市民的反复讨论，"开明开放、诚朴诚信、博爱博雅、创业创新"得到了广泛认同，逐步成为新时期南京市民精神。同时有关部门还面向社会征集"市民之歌"，组织"市民精神"城市论坛和"自豪吧，南京人"大型文艺演出等活动，努力营造勇于创业、善于创新的良好社会氛围。南京市"以文化、经济、科学为中心"做成一个品牌，形成别具特色的市民文化，使经济、科教和文化交相辉映、协调发展。

总之，在营造支持创新的氛围方面，南京市政府强调要解放思想，"敢为人先、敢冒风险、敢于创新、敢于竞争、宽容失败"，让一切有利于社会进步的创造愿望得到尊重，创造活动得到鼓励，创造才能得到发挥，创造成果得到肯定。在这一增添人们创业勇气、创新锐气、创优志气的创新文化的带动影响下，大批高科技企业快速成长，效益显著。如南瑞继保电气有限公司用 10 年时间，使自身规模翻了 100 倍。公司董事长沈国荣院士在谈起公司取得的成绩时说："如果不是在南京，我们公司不会有这样大的发展。南京文化底蕴深厚、社会治安好、领导素质高，这是我们最为看重的。"

南京市政府推动自主创新的经验总结

（1）找准推动自主创新的基点，在市场机制基础上，发挥政府的能动性、创造性，建设具有自身特色的区域自主创新体系；

（2）拓展自主创新内涵，以政府观念创新、管理创新、服务创新打造自主创新的制度环境和政策环境，将自主创新与南京创新、创业、创优的"三创精神"融合联动，提升产业综合竞争力和动态竞争优势；

（3）着力发展现代服务业特别是生产性服务业，建设各类创新服务体系，如公共研发试验服务平台、"网上公共实验室"，技术市场专利集市，科技人才创新创业专项计划，降低自主创新的交易成本；

（4）营造文明公正的法治环境，加大知识产权保护力度，实施特色人才战略，提升自主创新氛围，建设创新型城市，培育创新潜力。

（本章执笔：刘志彪　史先诚　路　瑶　周彩霞）

第五章

高校在南京市自主创新中的模式与路径

在建设南京市自主创新体系过程中，离不开政府的主导作用、市场在科技资源配置中的基础性作用、企业在技术创新中的主体作用、科研机构的支撑和引领作用以及高校的基础和生力军作用。也就是说，只有作为创新主体的企业、科研机构、大学形成一条"创新链"，城市自主创新体系才具有生机与活力。显然，作为创新源头的大学，其作用怎么估计都不为过。

根据南京市政府向社会公布的《2005 年南京市知识产权保护》白皮书显示，南京的年专利申请量由 5 年前的 1500 件上升至 2004 年的5228 件，2005 年南京市专利申请量大幅增长，年专利申请量达 5228件，同比增长 36.2%，其中发明专利 2321 件，实用新型专利 1676 件，外观设计专利 1231 件。年专利授权 2166 件，其中发明 593 件，实用新型 1000 件，外观设计 573 件。而且在申请知识产权的队伍中，高校成为专利申请的主力军。在全省申请量前 10 位的高校中，南京高校占有8 家，其中南京大学、东南大学在全国高校专利申请中分别排第 9 位和第 11 位，在全国高校发明专利申请中分别排在第 7 位和第 13 位。

从高校科技工作的整体来看，自主创新可分为两类：基础性原始创新与产学研结合的科技创新。

一方面，高校是基础性研究的主要力量，理应在原始性创新研究方面做出成绩，在一些优势学科领域实现与世界水平同步，进而实现超越，保持持续领先。从南京市的情况来看，近年来，作为知识创造与技术创新的表征，南京高校在承担科研课题与获取科研经费方面，呈现出良好的增长势头，如表 5 - 1 所示。

表 5 - 1　　　　　南京高等学校承担课题情况

年 份 项 目	2002	2003	2004
课题（项）	8729	9720	11730
R&D 课题	6588	6748	7887
人员（人/年）	7571	7881	9127
R&D 人员	6113	6038	6684
经费（万元）	97338	153924	199780
R&D 经费	71397	105062	139358

另一方面，高校在加强科技成果转化与产业化，增强为社会服务意识，使科技成果的开发与应用和市场紧密结合，为企业技术创新提供源泉与保障方面，也做出了卓有成效的工作。

南京市高校在自主创新上的经验可以总结为"三创"：创造新知识、创造新企业、创造新经济模式。

创 造 新 知 识

高校作为城市创新体系的一个方面军，是创新链上的重要一环，其主要作用之一是为创新链提供科学知识基础，提供创新源头。随着知识经济的到来，科学知识的作用日益凸现。现代科技创新通常表现为先有原创性科学，再有它的技术应用，从而引领企业的技术创新与新产业的发展。

▶▶▶ （一）原始创新

高校是知识创新、推动科学技术成果向现实生产力转化的重要力量。高校在自主创新过程中最重要的作用是创造新知识，高校和科研机构是知识创新的主体。知识创新是指大学根据国家需求和科学发展前沿，通过科学研究活动创造知识、传播知识以及培养创新型人才的过程。科学研究是知识创新的主要活动和手段。作为知识创新的主体，其成员主要由教师队伍、科研队伍、管理队伍、技术支撑队伍以及学生共同构成，他们都是知识创新活动的实施者。知识创新活动是伴随着科学技术知识研究的一系列活动过程，是一个从知识生产—知识积累—知识传播—知识集成—知识转化的系统工程。

知识创新过程是一个自由探索的过程，不可能有很强的计划性；它具有失败的风险性，研究的前景是不确定的；而且也不会立即产生经济效益，它需要最富于创新意识和创新能力的人才群体，需要多学科的综合和一种能够自由探讨的宽松的学术环境。这些特征决定了它最适宜在高校中进行。因为大学同时承担着教学与科研双重任务，设置着众多的学科专业，有各学科的优秀学术带头人和广大教师；大学还有富有朝气和创新精神并不断流动的博士研究生、硕士研究生等青年人才群体；而且大学有多学科交叉渗透的条件和宽松自由的学术环境。

作为知识、技术、信息、人才、思想、国际合作的源头，南京各高校都在基础学科的建设和知识的创新方面做出相当大的贡献。南京各高校近年来持续加强基础科学和高科技前沿的原创性研究工作，构建在国内领先或特色鲜明的学科群体和科研团队。高校是国内外论文的主要产出机构，分别占 SCI、EI、ISTP 和 CSTPCD 论文的 74.7%、81.8%、83.8% 和 66.2%。南京大学近年来在国际刊物上发表的论文数量都多达 1000 多篇，南京大学在没有合并任何学校的情况下，以相对较少的科研人数和较小的办学规模仍然保持了相当高的科研质量，SCI 论文被引用数连续多年全国第一；东南大学近年来依托科研基地发表的论文已达 3000 余篇，并有 700 余篇被《SCI》、《EI》收录。

专利同样是高校进行知识创新的成果之一。2004 年，南京大学有专利 20 多项，其中主要以发明专利为主，2005 年一跃至 240 多项；2004 年，南京各高等学校共申请专利 966 件，发明专利申请 715 件，拥有发明专利 576 件，发表科技论文 20147 篇，出版科技著作 140 部；共承担课题 11730 项，其中 R&D 课题 7887 项，R&D 经费 139358 余万元，详见表 5-2。

表 5－2　　　　　　　南京高校科技成果情况

指　标＼年　份	2002	2003	2004
专利申请数（件）	357	—	966
发明专利申请数	268	—	715
拥有发明专利数	—	—	576
发表科技论文（篇）	15032	—	20147
出版科技著作（部）	686	—	140

高校的科研基地在完成科研任务的同时，还积极承担学校本科生、硕士和博士研究生的培养任务，既为国家培养了人才，又为科研基地长期稳定地发展不断补充新生力量。

►► （二）观念创新

高校不仅是知识创新的主体，还是观念创新的重要力量。观念创新在整个创新体系中地位非常重要，因为它是创新的先导，是其他创新如技术创新、机制创新的前提。

南京各高校在观念创新方面也做了许多有益的工作。如南京大学主办的江苏发展高层论坛、南京市社会科学院召集各高校及科研院所举行的南京经济发展高层论坛等等，对加快推进科技进步，通过自主创新促进南京经济增长方式的转变，调整和优化经济结构，切实把经济结构的战略性调整作为发展经济的主线，加快发展循环经济，建设资源节约型和环境友好型社会等重要发展理念进行了深入探讨，对推进南京市建设创新型城市起到了积极的作用。

高校还充分利用其管理类学科的教学资源，开展 MBA、EMBA 教育。EMBA 即"高级管理人员工商管理硕士"，是专为处于事业发展期的中高级管理人员设计的硕士学位教育，全面、系统、国际化的现代工商管理教育提供了进一步开拓职业生涯的契机。例如南大—康奈尔 EMBA 项目、南京大学中荷国际工商管理教育中心的 EMBA 项目，这些项目旨在培养适应全球经济一体化趋势，具有参与国际经济技术合作能力和国际竞争力的高层次复合型经济管理人才。同时，南京大学、东南大学、南京理工大学、南京航空航天大学的 MBA、MPA 项目都为培养工商企业及经济管理部门需要的高层次实务型综合管理人才提供了良好的平台，通过定向委托培养向企业输送大批具有扎实基础知识和专业知识、富有自主创新精神的后备人才。

观念创新与高校科技成果转化机制的形成是相互促进的。高校科技成果转化机制是指高校科技成果在其转化过程中，相关的各构成要素之间相互作用、互为因果的联结关系、工作方式和运行原理。高校科技成果转化机制是把高校科技成果转化作为一个有机系统，一个运动过程来加以描述的，是指与高校科技成果转化活动有关的各个环节及其所处的环境诸因素，包括体制、政策、条件、管理等的相互联系相互制约，从而发挥特定功能的运行过程。它是高校科技成果转化的内在功能及其作用方式的总和，存在于高校科技成果的投入与产出、供给与需求的全过程。观念创新与机制优化是一个相互影响、相互促进、共同发展的整体运动过程。

高校科技成果转化机制是指转化主体根据一定的社会目标、通过主观努力而有意识建立起来的运行机制。观念创新作为精神动力，推动着机制的优化，并为机制的优化起着导向作用。同时，机制优化是促进观念创新的因素和条件，高校科技成果转化机制的变化，随时随地会在高校科研人员的精神生活和精神生产中得到直接或间接的反映。

例如，东大于 2004 年举办产学研高层论坛，就深化产学研合作、加快江苏省"两个率先"等问题展开研讨。论坛指出，要促成更多的具体项目合作，进一步密切高校与地方的战略合作，必须推动地方领导与大学校长、教授、专家和企业家互通信息，广交朋友。2003 年，东南大学到账科技经费 4.5 亿元，其中 60% 是通过产学研合作而获得的。举办此次高层论坛，是学校深化产学研联合的重要举措。会议期间，东大还与 13 个市建立了科技信息联络员制度，与无锡市政府、国电南京自动化公司等单位签署了共建产学研合作基地协议。这也说明了观念创新与高校科技成果转化机制形成是密不可分的。

▶▶ （三）人才培养创新

人才培养创新，指培养人才的环境和机制的创新。优秀创新人才的培养、引进、使用，都需要适宜的环境。除了必需的物质、财力条件外，良好的创新文化、科学合理的体制机制的创造和建立，对创新人才辈出、人尽其才、才尽其用，有着更为重要的意义。

南京高校在创新人才培养过程中，首先，改革传统的人才培养模式和制度，即单一的"传授知识—接受知识"的教学模式和简单的以老师为中心、以课堂为中心和以课本为中心的"三个中心"教学制度等，倡导以"素质教育、终身教育、创新教育"为"三个基点"，实现专门性人才向综合性人才的转变、简单课程式教学向理论实践复合式教育的转变、教师单向传授向学生自主学习的"三个转变"；其次，将大学生创新创业教育贯穿于大学教育的整个过程，不仅仅局限于创业竞赛活动和大学生毕业前的就业指导过程，而是充分把传播知识和培养学生的创新创业能力相结合，让学生从沉重的被动学习负担中解放出来，有较充足的想象与创新创业空间，充分发挥自身与众不同的个性，不断挖掘自身的创新创业能力；第三，坚持实践第一，教、学、做相结合的原则，要求大学生走出课本，走出课堂，走出学校，贴近生活，贴近社会，贴近现实。拓宽渠道，让学生尽早介入产学研活动，从而使学生的创新创业能力得到提高，同时也可以使教师在创新创业活动中积累经验，更好地教育学生，并起到潜移默化的表率作用。同时通过课外科技和社会调查实践等活动让学生尽早地参与创业活动的初步阶段，增强创业的感性认识以及创业创新能力。

创 造 新 企 业

加快科技成果向现实生产力转化，是建设创新型城市的一项重要任务，高等院校要在其中发挥基础和生力军作用。高校只有建设产学研相结合的技术创新体系，以建立开放、流动、竞争、协作的运行机制为中心，高效利用学校雄厚的科技资源，加快科技成果向现实生产力的转化，才能增强科技创新对城市经济社会发展的引领与支撑力度。

▶▶ （一）高校科技成果的转化重大意义

加快高校科技成果的转化，具有重要的意义：

第一，对社会，加快高校科技成果转化有利于国民经济建设和社会进步。在高等院校的教学、科研、产业化三大职能中，强调科技的职能占了两方面，高校具有大量的高技术人才储备，如果能充分利用这一优势，及时将科技成果转化形成生产力，必将为社会进步做出巨大贡献。

第二，对高校，加快科技成果转化有利于培养和锻炼学科队伍、增强学科建设的实力。学科建设是高校发展的根本性问题，必须以学科建设带动教学与科研。学科建设说到底就是要不断产生对社会和国家有价值的高科技成果，没有一流的科技成果就不可能有一流的学科诞生，学科实力很大程度上取决于科技成果产业化的水平。只有经过产业化的过程，在研究、应用中培养、锻炼学科队伍的创新意识、管理能力、团队精神，提高队伍的业务水平，才能造就更多的学术带头人和高水平的学科队伍。

第三，科技成果转化还可以增强学校的经济实力。高校事业要快速发展，就需要经费支持。虽然国家对高校的投入一直在增加，但是投入的经费毕竟有限。要建设一流大学仅仅靠国家拨款是不够的，即使在美国这样教育投资较大的国家里，公立学校从政府拿到的拨款也只占学校所需经费的 20%～30%，其余则要靠学校自己筹措。因此，通过科技成果转化取得更多的经费补偿就显得尤为重要。

第四，对企业，科技成果转化是企业实现快速、良性发展的助推剂。企业在发展过程中要提升自己的核心竞争力，就要有强大的技术开发能力。高校科技成果的转化有助于企业充分利用外部资源实现自主创新。在转化过程中不仅可以使参与其中的企业获得高校和科研院所的科技资源，而且还可使其获得持续的技术支持，以迅速开发出新技术、新工艺与新产品，从而为赢得市场机遇创造条件，获取成长的动力。

大学科技产业是在依托大学科技力量而形成的创新活动最为活跃的高技术企业密集区，可以说绝大部分大学科技产业都是高新技术企业，这些企业又大部分是利用大学的科技成果生存。利用这种血缘优势，企业可以充分利用大学的各种科技成果，易于中试转化，同时为高校科技成果转化做出重要贡献。大学科技产业同样是独立核算、自负盈亏、照章纳税的市场主体，同样和社会其他企业一样要按照市场的规律运行，这样大学科技产业从市场上取得的第一手需求资料有利于在大学与企业间建立双向互动创新链，能够为大学科技成果与企业技术创新的紧密结合提供有利条件。

传统的成果转让方式是把科研成果一次性地以部分或全部专利或特许权等形式转卖给生产企业。采用这种转化形式，一般适用于科技成果的成熟度比较高，转化的新产品技术路线明晰、完整，初步完成了开发设计过程，明确了工艺加工流程，甚至通过了产品的中试。企业的目标是对前述几个环节进一步完善，然后进行工业化生产。实际上，产业化是一个工程问题，要解决规模生产的工艺和装备。这个阶段的投入往往比研究、开发要大几十倍甚至上百倍。在成果成熟度不很高，若企业没有比较雄厚的经济实力，或其经济效益不甚好，它们都难以下决心买断成果的产权。因为在产业化过程中，企业要承担技术风险、市场风险，对于产业化投入而言，还要承担投资风险。这些先天性的弱点使得成果转让的方式不能满足科技成果转化的需求，也就产生了其他的成果转化方式。

▶▶ （二）以创造新企业转化科技成果的成功模式

大学的技术向企业转移不是简单的技术交易过程，而是企业以引进的技术为起点进行技术创新的过程。这一过程需要后续的智力和技术支持，也需要其他相关的多种学科和技术的集成与支撑。没有大学科技人员的知识、技术、智慧和智力的介入，特别是在企业与大学间存在技术落差的情况下，往往会导致技术转移的失败。在科技成果转化的实践过程中，南京高校形成了以下几种转化模式：

1. 自己办企业

大学技术向大学科技产业系统内的企业转移，非常便于大学科技人员的介入。向大学科技企业转移科技成果是大学的优先选择，因为大学科技企业可以在大学完成科研之前提前了解大学的科研成果，选择自己需要的技术，提前做出引进技术的决策，并让自己的科技人员超前介入大学科研成果的后期研发活动。实践证明，高校兴办科技产业已经成为技术转移、成果转化的一种行之有效的方式。

另一种模式则是创业转化的方式，技术成果拥有者自行创办企业，实现科技成果的产业化。在发达国家，这种方式已经成为成果转化的主要形式。使用创业转化的前提是创业支持环境较为完善，在外部具有良好的市场运行机制，经济法规比较完备以及金融投资上的便利等，在内部高校具有明确激励创业的导向与措施，放手支持教师的创业并提供一系列的优惠政策。例如，在美国，各类科技人员携带科技成果到高技术企业集聚地创办高技术企业已经被看做是知识经济的标志性图景，这种由高校的科研人员离开学校自己建立公司，开发自己的科研成果的现象，在美国被称为"高校派生企业公司"。在德国，大学也同样支持和帮助师生创办公司：柏林工业大学技术转让处经常举办培训班，给学生传授自己当老板的经验及必要的知识，了解法律程序等。

南京市高校在创业转化方面不但做出了很大的成绩，而且创造了许多有益的经验。2005年东南大学全校校办产业完成产值4.73亿元，实现利润8166.06万元，交纳税收2894.66万元，全年上缴学校利润和费用1406.89万元。南京大学则办出了江苏省高校第一家上市公司——江苏南大苏富特软件股份有限公司，现已成为国家级互联网以及电子商务研究项目的重点研发单位，并连续3年入选中国软件百强企业。南京大学研制成功的20多种自主知识产权的MO源（金属有机化学气相沉积技术）产品，4种已转让入股成立"江苏南大光电材料股份有限公司"，并已实现规模化生产。南京工业大学则依托在陶瓷膜领域取得的专利，成立了南京九思高科技有限公司，注册资金3344.3万元，主要进行陶瓷滤膜和成套膜工程应用装置的生产，建有5000平方米陶瓷超滤膜生产线，渗透汽化分子筛膜中试线；拥有3000平方米的实验和办公用房，建有1条膜法纳米催化剂中试生产线和膜法植物提取中试线，并且在膜制备、表征、污染与清洗及膜组件和应用设备研制等各个方面，取得了多项重要成果，已有3项成果通过了江苏省科技厅组织的专家鉴定，技术达到国际先进水平，拥有20多项膜应用技术的专利使用权。

2. 以技术入股办企业

作为一种重要的产学研合作创新模式，技术入股办企业受到了广泛的重视。高校以专利技术、非专利技术等作为出资，企业以现金、实物等作为出资，共同组建有限责任公司或股份有限公司，由该公司去实现技术的商品化和产业化。在这种方式下，学校不需要投入资金，不承担任何经济风险，全部资金由风险投资公司或大公司注入。公司盈利，学校则按股份比例分享利润，一旦公司清算或亏损，学校不会因此受到影响。另一方面，企业方不需为采用新技术事先支付技术转让费，降低了实现新技术商品化、产业化的门槛和风险，提高了企业实现技术商品化、产业化的积极性。

多数情况下，以技术入股办企业的科技成果转化方式，需要对技术成果作进一步开发完善（称为二次开发）。二次开发是签约双方优势互补的合作过程。成果拥有方一般不具有二次开发的条件，如产品加工工艺、中试设备、产业化所需要的人力、物力、场地，以及所需要的投资。合作转化中的核心问题，是双方（或几方）在合作过程中，甚至在各个具体环节上明确承担的义务和权利。其中风险分摊和利益分成是双方最关切的问题，能否妥善地处理好这一问题，是双方能否顺利合作，完成成果转化的关键。由于这种转化形式是双方一种较长期的合作，中间出现和需要解决的问题比较多，每一步都可能涉及未来双方的权益，所以比成果直接转让方式复杂。但由于这种方式能够优势互补，风险共担，实现单独一方难以完成的目标。例如，美国 21 所著名大学承担着全美大学 50% 以上的科研任务，它们积极鼓励老师以技术专利入股创办高技术公司。哥伦比亚大学自 1997 年开始，鼓励师生利用技术专利入股，创办了 20 多家高技术公司，利润 40% 归公司经营者，40% 属风险投资公司，20% 归大学所有。大学所得的 20% 利润中，13% 的利润分配给技术发明人和院系，7% 的利润上缴校方。

东南大学在 2005 年以技术入股的方式组建高科技企业——"南京博远科技有限公司"，是以东南大学儿童发展与学习科学教育部重点实验室的 6 项科技成果组建的，转化价值达 70 万元，共形成注册资本 300 万元。南大化学系的教授张全兴拥有 20 多项发明专利，2002 年，上市公司戈德公司与省内三家企业共同组建南大戈德环保有限公司，注册资金 1200 万元，南大以技术入股，占股 30%，其中张全兴教授占股 6%，其他几位科技人员占 10%，学校和环保学院占股 14%。

3. 与企业共建研发机构

影响高校科技成果转化的关键因素分析很多。问题的症结在于"基础理论研究、工程研究、产业化运作实施"三者严重脱节，没有以市场导向、共同的利益为驱动，造成高校科研成果束之高阁，随着时间的推移，科研成果走入"先进→落后→淘汰→重新研究"的命运怪圈。而

125

许多企业在原有产品中发展，难以推出满足市场的新产品，期盼高新技术产品却寻路无门。在科研成果与产业化实施之间起着桥梁作用的工程技术人员，他们或因信息渠道不畅或因成果不适应市场需求等原因，有时难以找到适合的产品进行开发。

高校与企业共建研发中心就可以很好地解决上述问题。通过这种方式，一部分企业把研发机构建到校内或者是学校周边，学校教师能够定期到企业当中去进行研究；企业科研人员也能入驻到学校专门从事相关研发。在这一过程中，高校科研人员与企业人员可以实现充分的信息交流，把高校研究人员在科研过程中所追求的产品先进性，与企业在研发过程中对产品适应市场需要的要求结合起来。另一方面，这在一定程度上建立了高校与企业的长期合作机制，实现利益上的共赢。高校教师有了稳定的研究方向，企业的科研实力得到进一步增强。从而避免了高校科研成果过剩与企业科研成果短缺共存的尴尬局面，形成了一种良性循环的长效机制。在国际上，这已经是非常普遍的科技成果转化方式。1987 年，日本文部省在部分大学设立"共同研究中心"，到 1994 年底，有 38 所高校设置了这类中心。"中心"的设备供专职教授和兼职教授共用。在"共同研究中心"内，除进行与民间的共同研究和委托研究、对民间研究开发等事宜进行技术咨询外，还对民间技术人员进行研修开放。

国际通行的这些做法，也为南京的高校所借鉴。东南大学凭借雄厚的科技实力，已经与很多企业合作共同设立研发中心，仅 2005 年，东南大学就与三家企业合作设立了研发中心，分别是东南大学—建德五星机电工程研究中心、东南大学—海昌研发中心以及东南大学—维尔无线网络与安全工程技术研究中心。东南大学与国电南自公司合作研制出南自超声波电机，在解决核心材料研制与优化，加工工艺研究定型，控制方案研究与实现，实验及测试设备研究与制造，设计系统研究，产品优化等子项目方面取得了一系列成果，为进一步推动超声波电机的产业化，带动相关产业升级，更高层次参与国际高段控制极点产品的研究提供了可能，也为国电南自带来了巨大的经济效益。东南大学与南京云海特种金属有限公司合作进行的高性能镁合金研究与产业化项目，也取得了突破性进展。项目完成时，达到耐热镁合金年产能 3 万吨；高强度高塑性变形镁合金年产能 5 万吨，并申请发明专利 6 项。项目实施期内累计实现销售收入 56384 万元，缴税 4428 万元，净利润 4670 万元，创汇 5701 万元。

南京工业大学自 20 世纪 80 年代开始，就已经开始与企业共建研发中心，到目前已经建立了 80 多个研发中心，其中大多数是建在南京工业大学校内。研发中心的建立，使学校与企业之间形成了一种长效合作的机制，实现了学校与企业的双赢：学校为企业提供一种长期的技术支持，企业为学校的在校学生提供了大量的实习机会，实现了教学过程中的产学结合。

▶▶ （三）创造新企业的机制

在以上三种模式的推动下，南京市高校近年在技术市场上的活动越来越为活跃。令人可喜的是，这是一种从量到质都不断进步的增长过程。从图 5 - 1 和图 5 - 2 中可以看出，南京高校技术市场中传统的技术转让方式呈现出逐年递减的趋势，从 2003 年的 66808 万元降至 2005 年的 58590 万元，但是代表着更高层次的创造新企业的技术服务项目的金额，却是逐年递增的，由 2003 年的 23963 万元增加到 2005 年的 47647 万元，年均增长幅度达 41%。另外，南京市高校在技术市场中合同签订的数量减少了，但单笔合同金额由 2003 年的 22.2 万元增加到 2005 年的 33.6 万元。在高校与企业的合作方式中，长期合同所占的比例增加，说明有利于高校与企业双方共赢的一种良好的长期合作机制正在形成。

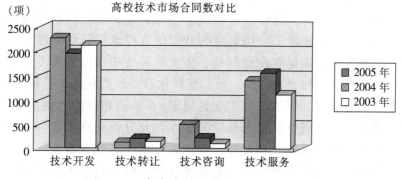

图 5 - 1　南京高校技术市场成交合同数

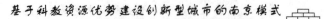

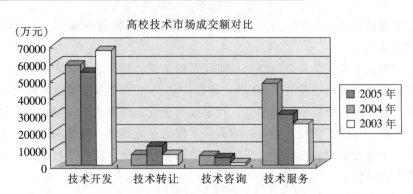

图 5 - 2 　 南京高校技术市场成交额

在长期合作模式建立的过程中，南京市高校也逐渐形成了自己的特色与机制，这主要体现在以下几个方面：

第一，转变传统观念，完善科研评估和教师评价体系。长期以来，高校科研工作的重点一直放在追求科研成果的学术水平和获奖等级上，而忽视了科研成果的实用价值。高校在对科技人员评定职称或奖励时，将科研成果的水平、获奖等级、论文、专著的发表数作为硬指标加以考核，而对科研成果的开发应用及其应用所取得的经济效益则未给予同等的地位。高校一般将科技成果转化项目列为横向项目，而国家自然科学基金、国家及省市攻关类项目列为纵向项目，在科技人员考核和评职称时，往往重"纵向"轻"横向"，造成科技人员认为承担科技成果转化项目是吃力不讨好，从而使高校科技成果转化困难。

在建设创新型城市的新形势下，南京市高校已经形成较为完善的科研评估体系，从科研立项和成果鉴定抓起，在提高科技成果质量的同时，明确规定了应用研究和开发研究以成果转化程度和产业化程度作为主要依据和衡量标准，重大的科技项目以发明专利的获得作为立项目标和验收指标。对实现转化和实现产业化的科研成果，按照《高等学校知识产权保护管理规定》，抽取相应的比例为奖酬，真正使高校的科研导向更加科学和务实，充分调动高校教师开展科技成果转化的积极性。在教师评价体系方面，高校也改变了长期以来只以教学和科研成果水平的高低来评价教师和科研人员的评定方法。对于从事科技产业的人则以其能力和贡献大小制订相应的评职标准，学校根据他们的实绩和水平考核，组织专门的评审组进行评审。同时允许校办产业有一定比例的内部职称资格，其待遇由产业单位予以兑现。

第二，创新激励制度，由科技奖励制度转向知识产权制度。科技奖励制度带有浓重的计划体制的特点，这种激励制度在给予创新者较为固定的成果奖励后，还会陆续给予大量的派生待遇，如晋升工资、提升职称、发放津贴、扩大住房等等。对创新者来说，科技奖励制度风险小，收益大，而在专利制度下，创新者获得的收益是由市场说了算，专利市场化存在较大风险，因此高校教师在选择发表论文和申请专利之间，多数人选择了前者。在这种体制下，科研不是面向市场，而是面向国家计划；科研的终端目的不是为了获得知识产权，引导企业生产，解决实际问题，而是获得奖励。于是就出现了严重忽视市场实际需要的不良倾向。当前，国家高度重视并大力推进技术创新和高新技术产业化，制定了一系列相关政策法规，这是我国科技政策和管理由实施促进技术发明的措施，向实施强化技术发明转化和扩散转移措施的一个重要标志。按照《专利法》的规定，对发明人的奖励和回报，重点不是在技术发明完成后，而是移至技术发明产业化以后，从其创造的效益中提取。这就促使科研人员主动去推动科技成果产业化。

1999 年起南京市各高校就纷纷出台了鼓励师生进行科技创新的优惠政策，如职务发明的科技成果技术股中，科技人员占大股；非职务发明，则由科技人员占全部股份，从而极大地调动了师生创新创业的积极性。据南大、东大、南理工孵化器在孵企业统计，由教师领办的企业约占 30%，而采取兼职、技术顾问、聘用等多种形式由教师、学生参与创新的企业占 90% 以上。

这也直接带动了南京专利申请量的大幅上升，2005 年南京市专利申请量大幅增长，年专利申请量达 5228 件，同比增长 36.2%，其中发明专利更是达 2321 件同比增 64%。以东南大学为例，其专利申请量连年创新高，2005 年全年共申请专利 309 项，比创纪录的 2004 年（213 项）增加了近 50%，其中发明专利占总量的 3/4。另外，还申请了 3 项"PCT"国际专利、2 项美国专利、6 项韩国专利。全年的专利授权量也高达 178 项，比创纪录的 2004 年提高近 45%。

表5-3　　　　南京市专利申请与授权情况

年份 指标 项目	2003		2004		2005	
	申请量	授权量	申请量	授权量	申请量	授权量
合　计	3160	1551	3908	1761	5228	2166
发　明	1263	283	1414	471	2321	593
实用新型	1249	863	1422	838	1676	1000
外观设计	640	405	1072	452	1231	573

第三，创立全新机构，支持创造新企业。目前，南京市各高校都建立了自己的技术转移中心或类似的机构，架起高校与企业联系的桥梁。对内可以帮助高校教师全面了解企业对科技成果的需求，对外则让企业更多地认识到高校的研究能力和科技成果的水平，使双方都能发挥各自的优势。提供从项目筛选、项目孵化、项目融资、企业服务、投资管理、产品销售、咨询服务、培训及国际技术转移的一系列服务内容，并不断地丰富服务内容，加快高校科技资源优势转化为现实生产力，有效解决科技、经济"两张皮"问题。此外，南京高校中的技术转移中心还在进一步完善科技成果转化政策法规基础上，规范技术转让交易、技术产权交易、科技信息交流、科技成果发布等行为，培育和健全中介服务职能。

在实际工作中，东南大学、南京大学等高校的技术转移中心都通过提高自己的服务水平与服务内容来尽快实现高校与企业的"无缝对接"。东南大学2005年共参加省内外各种成果展示会40余次，发布各类项目500多项，并且动员与鼓励教师与企业的直接接触，真正实现科技成果的供给与需求的全面对话。另外，学校还接待各地主动来校寻求科技服务的企业和企业家，其中包括无锡市百家企业大学科技行南京分站的200多家企业，以及泰兴市政府组织的10多家企业的企业家。学校还举办了首次全省各市科技信息联络员会议，取得了圆满成功。

但是，南京市高校的技术服务中心还多数是事业单位，采取行政化运作，缺乏市场化运作手段，科技成果转移中的工作人员的知识结构还比较单一，在这些方面南京高校的技术转移中心与国际知名高校的科技转移中心还有一定的差距。以斯坦福大学1970年1月1日正式成立技术许可办公室（Office of Technology Licensing，简称OTL）为例，OTL

属于校内办公室，但是独立而较为完整，专门从事专利的申请、登记、营销、授权等事务，一直是美国将大学科技成果转移到工业应用最活跃的办公室之一。OTL将专利营销放在工作首位，强调大学亲自管理专利事务，并把工作重心放在专利营销上，以专利营销促专利保护。OTL的工作人员均为技术经理（Technology Manager）。他们既有技术背景，又懂法律、经济和管理，还擅长谈判，因此被称为"技术经理"。技术经理只管专利营销和专利许可谈判，在决定申请专利后，专利申请的具体事宜交由校外专利律师事务所办理。此外，OTL制定优惠政策让发明人和发明人所在院系参与分享专利许可收入，允许发明人分享收入旨在激励教师不断披露发明，并配合随后的专利申请和许可工作。

第四，成立基金公司，全方位辅助创造新企业。在美国风险投资发展早期，各高等学校的捐赠基金是风险资本市场的最早参与者之一。他们从对本校科研项目投资做起，逐渐过渡到成为风险资本市场的主角之一，全面参与各种项目的投资，创造了这一高回报的充满诱惑力的市场。斯坦福大学对加州硅谷，哈佛大学和麻省理工学院对马萨诸塞州128号公路附近风险投资中心区域的影响是巨大的。换句话说，风险投资发达的中心区域大都与实力强大的高等学校互相交错，连为一体，共同促进，共同发展。我国企业由于技术与知识方面的差距，在较长时期内难以较多接纳来自高等院校的高新技术，高科技成果绝大多数面临着搁置的命运。这就产生了对风险资本的强烈需求。

基于高校自身的优势和风险投资发展的需要，南京高校借鉴国外高校在参与风险投资方面的经验，逐渐加盟风险投资活动。这样做既可以活跃风险资本市场，促进风险投资业的发展，也为高校科研成果的产业化转化、资金的保值增值提供了新的渠道。

南大以科技成果转化中心为载体，设立"技术创新基金"，以学校和鼓楼区政府先期各投入的500万元、200万元作为启动资金，吸引社会资本资助有市场前景的专利成果的转化，力争让更多原创性强、起点高的科研成果在经济主战场一展身手。东南大学也设立了"产学研结合基金"，充分利用高校的科研优势和品牌效应，联合其他科研院所、金融证券机构、上市公司等，采用股份制方式或者其他多种形式筹集资金，积极参与高科技产业风险投资基金的投资与管理。

此外，南京高校在风险投资的建立过程中注意无形资产的利用。在宁高校蕴藏着丰富的无形资产，如科研成果、专利、著作权、商标，甚至冠名权、社会信誉，等等，高校风险基金遵循技术发展的内在规律和价值增值原则对这部分无形资产的运作和管理，适时进行转让或二次开发，从而提高了高校对基金的投资比例以及高校在投资基金中的影响力。

创造新经济模式

▶▶ **（一）创造与地方政府合作的新模式**

高校与地方政府只有通过更广泛深入的合作，才能实现双赢，更好地推动创新型城市的建设。地方政府与高校的全面合作，可以促进地方的人才培养和教育以及科技创新能力的提高，推进经济和社会的发展；同时也为高校提供了大学优质教育资源与社会实践的有机结合，加快推进大学的发展目标。

南京高校积极探索校府企合作新模式，建立政产学研相结合的科技创新体系，更好地服务国家和地方经济建设。在江苏省和南京市的支持下，南大与鼓楼区政府联手共建南京大学—鼓楼高校科技园，采取"政校企合作，市场化运作模式"，盘活国有存量资产，这一集科研、开发、孵化、技术贸易和科技成果产业化为一体的开放型的高新技术园区为科技人员自主或合作创业提供了便利，也为创新人才的培养提供了基地。目前，园区孵化面积达 20 万平方米，园区科技企业 500 余家。

东南大学与苏州市政府在 2005 年 10 月 22 日签署《东南大学—苏州市人民政府全面合作协议》双方商定：（1）双方合作共建的东南大学苏州研究院落户苏州工业园区独墅湖高教区，主要培养高层次创新型人才，促进科技成果转化和高新技术产业化，为苏州经济和社会发展服务。（2）东南大学将以苏州研究院为基地，开设各类研究生层次的学历和非学历教学，举办研究生课程进修班、企业负责人和管理人员培训班等，为苏州培养高层次应用型人才，苏州市则为东南大学在苏办学提

供优惠条件。（3）双方将在东南大学苏州研究院共建国家和省部级重
点、专业实验室和工程中心，东南大学逐步将校内有关重点实验室向苏
州研究院延伸，鼓励优势重点学科优先在苏州进行成果转化和产业化，
并与苏州企业共同申报国家和省部级重要项目。

　　1988 年东南大学在无锡市创办了东南大学无锡分校，2004 年在无
锡分校设立国家 ASIC 中心无锡研发中心、东南大学 IC 学院无锡分院，
对于无锡市 IC 产业的发展和高层次人才的培养起到了非常重要的作用。
2006 年 1 月 26 日，东南大学与无锡市政府签署产学研合作协议，旨在
建立起以市场为导向，企业为主体，政府、高校和科研机构为纽带的创
新合作机制，以实现优势互补，互惠互利，协同创新，共同发展。通过
多种形式，在科技成果转化、科技人才培养、共建研发机构、开展联合
攻关等方面深入开展新一轮的全面合作，共同构筑政府、高校和企业协
同作用的区域人才培养体系和科技创新体系。

▶▶ （二）构建高校知识创新平台

　　高校知识创新平台的建设从培养高层次创造性人才和增强持续创新
能力出发，服务于学科前沿研究、经济社会发展的重大需求，强化创新
平台和高水平学术队伍建设。从促进人才的交流合作和营造宽松的环境
入手，使高校知识创新平台逐步成为凝聚、培养高层次拔尖人才的高
地，为增强城市自主创新能力和城市综合竞争力提供人才支持和知识
贡献。

　　东南大学科研基地是国家、地方和学校科技创新体系的重要组成部
分之一，是科技创新、学科建设、人才培养的重要平台，在为国家和地
方的科技创新、经济发展等方面发挥着重要作用，做出了很大贡献。科
研基地由国家级、部省级等重点（或专业）实验室、工程（技术）研
究中心等科研机构组成。至今已拥有国家重点实验室 3 个、国家级工程
（技术）研究中心 2 个、国家专业实验室 1 个、教育部重点实验室 6 个、
教育部工程研究中心 1 个、江苏省重点实验室 4 个、江苏省工程（技
术）研究中心 5 个、市级工程技术中心 4 个、产学研基地 8 个、跨学科
基地 8 个、国际合作研究中心 2 个，及一大批校级科研机构。为提高研
究水平，拓宽科研思路，各科研基地十分重视与国内外的学术交流与科

133

技合作，与多所国际知名的一流大学、科研机构开展交流和互访，并派员外出进修、组织高水平研讨会或培训班，促进了科研基地的建设与发展。为促进科研成果的转化及产业化，以科研基地的科研成果为主导技术和产品，相继成立了工程中心及股份制公司，使科研基地的多项科研成果和专利技术及时转化为生产力，实现了从基础研究、应用基础研究到科技成果的转化和工程化、产业化的全过程，产生了巨大的社会效益和经济效益。

▶▶ （三）高校作知识的经纪人

高校作知识的经纪人不仅体现在服务社会的活动方面——向政府部门、公司和各类组织提供各类咨询、策划和规划方案，解决各种技术问题，还体现在研究型大学将其与学科建设（科学研究、人才培养、基地建设、学术交流和队伍建设）和服务社会有机地结合起来。例如南京大学在为社会进行科技服务的同时，目前建成国家重点实验室 6 个，教育部重点实验室 5 个，江苏省重点实验室 2 个，江苏省工程研究中心 7 个，国家重点学科 28 个，省重点学科 10 个，国家基础科学、应用科学研究和人才培养基地 11 个，有力地促进了高校的知识创新。

大学扮演知识经纪人角色有效地促进了知识的传播过程。东南大学十分重视专利和知识产权的保护工作，早在 1985 年我国专利法开始实施之时，就成立了专利事务所，并培训了一批专利代理人，到 2000 年底该专利事务所已代理专利项目 1000 多件，并于 2001 年成立江苏高校首家专利代理公司。在原专利事务所的基础上，又与相关高校和中科院等系统的资深专利代理人结盟，组建了南京经纬专利代理有限责任公司。该公司专利代理人所在学科涉及电子、生物、化工、材料、机械和物理等专业技术领域。同时，东南大学还有独资创办的科技服务中心，这是一家以技术贸易为主、技工贸一体化的、具有独立法人资格的科技型企业。依托东南大学专业设置面宽、人才配备齐全、科技力量雄厚、实验手段完善、信息资源丰富、科技成果丰硕等综合优势，开展多层次、多形式、全方位的科技服务，并负责全校科技服务的归口管理和经营。很好地调节了科技市场上的供求关系，促进了科研成果的高效转移和应用。南京理工大学专利中心，这是获得中国专利局批准、注册并通过国家知识产权局年检的专利代理机构，也是江苏省惟一由高等学校设立的具有民用和国防专利代理资格的代理机构。代理专利申请等各类案件已达 1000 多件，处理了大量的知识产权纠纷，积累了丰富的从业经验，有力地维护了当事人的合法权益。知识经纪人组织的建立，为南京市及其他地区的科技成果转化、专利运用做出了积极的贡献。

▶▶ （四）大学科技园

大学科技园是培育高科技企业群的特殊经济组织，这一组织牵涉到政府、高校、企业、金融机构等方方面面，是依托高校科研力量促进高技术产业化的创新平台，是科技型中小企业的培育中心，是在知识经济萌芽和初始发展阶段中孕育出来的一种加强大学与社会联系的新型社会经济组织形式。南大—鼓楼高校科技园的实践证明，创办和建设大学科技园符合现代科技、经济发展规律，是加速高新技术成果商品化、产业化的一条重要途径。

南京大学—鼓楼高校国家大学科技园是按照"校府结合、多校一园、前街后园、多元推动"的发展模式，由南京市鼓楼区人民政府与南京大学、河海大学、中国药科大学、南京师范大学、南京医科大学、南京中医药大学、南京工业大学、南京邮电大学、南京工程学院等"一府九校"共同创办，作为技术创新、企业（项目）孵化和企业家培育的平台。集研发、孵化和科研成果产业化于一体的高新技术园区。2001年5月，被科技部、教育部认定为首批国家级大学科技园。

鼓楼区是南京市政治、经济、文化的中心城区，商贸繁荣、人文荟萃，云集了 22 所高等院校和 58 家部、省属科研机构，是全国罕见的智力密集区。只有将自身的区位和经济实力与南京大学等高校的科研优势紧密结合起来，加强技术创新和体制创新，共同促进高科技产业化，实现以知识和技术为基础的增长，才能形成城区经济发展的不竭动力。发展高科技、实现产业化这一共同目标使南京大学和鼓楼区政府走到了一起，于 2003 年 3 月在江苏省科技创新大会期间签署了合作意向书，决定以"发挥优势、面向市场、强强联合、共同发展"为宗旨，共建南大—鼓楼科技经济园。经过协商，鼓楼区政府与南京大学、河海大学、中国药科大学、南京师范大学、南京医科大学、南京中医药大学、南京工业大学、南京邮电大学、南京工程学院等9家有较强科研实力的高校及有关科研单位、金融机构、大中型企业于2000年6月签订了共建南京大学—鼓楼高校科技园的协议书。

如今，南京大学—鼓楼高校科技园已发展成为具有高科技辐射力的孵化基地和产业基地。科技园颁布并实施一系列优惠政策，对入园高科技企业及项目给予优惠政策和财政扶持；建立"代办式"服务体系，为入园企业和项目提供全过程的配套服务和各类专业服务；与银行、投资公司合作，不断吸纳社会资金；通过省、市各类招商平台和途径，促进科技园资源与社会资源的对接，促进企业与高校之间的合作；大力加强对外招商引资和国际交流合作，通过技术、市场、资金等方式构筑"企业链"和"产业链"，形成集聚效应；以人才为第一资源，积极吸引高校教师、学生、校友、归国留学人员等各类人才入园创新创业，使科技园成为高层次创新创业人才的集聚和培育基地。

（本章执笔：张宗庆　杨　煜　周　腾　姜　效）

第六章

南京市企业自主创新的模式和经验

从 2006 年 8 月中旬起，我们先后组织召开了多场专题研讨会，参加的企业科研单位达数十家。其间，我们还向数十家企业发放了调查问卷，并对回收的问卷中的大量数据进行了统计分析。通过这次广泛、深入的调研，我们对南京市企业自主创新的总体状况、企业自主创新模式、企业技术引进、消化吸收、再创新的现状与存在的主要问题有了进一步的了解，对典型企业的基本经验有了更深刻的认识，对今后如何引导企业建立良好的自主创新模式，提升企业自主创新能力的对策有了更明确的思路。

南京市企业自主创新现状分析

▶▶ （一） 调研方法、调研过程与调研对象特征描述

本次调研采取访谈和问卷调查相结合的方法。访谈主要是先由南京市政府、市经委统一组织与企业代表和政府相关职能部门代表开座谈会，座谈会后我们就重要问题，与代表们个别交流。参与访谈的政府职能部门包括：南京市科技局、财政局、国税局、地税局、人事局、发改委等部门。访谈的企业主要是在自主创新方面成就突出、具有代表性的

高新技术企业。其中包括南京中科集团股份有限公司、中电电气（南京）光伏有限公司、江苏先声药业公司、南京金三力橡塑有限公司、南京数控机床有限公司、南京工艺装备制造有限公司、江苏金智科技股份有限公司等多家企业。

在访谈的基础上，结合理论研究的已有成果，我们编制了《南京企业技术创新问题调查问卷》，并在全市范围内选择数十家具有典型性的企业发放调查问卷，对南京市企业自主创新能力现状、模式、环境、经验等问题进行全面的调研。调查问卷由四部分组成，包括企业经营状况、技术投入、技术产出等企业概况，有关企业技术创新的模式，企业技术引进、消化、吸收与再创新情况，以及创新环境情况等。

问卷调研对象在综合考虑市经委相关处室等有关单位的推荐意见的基础上，兼顾调研企业的行业分布、地区分布、所有制性质等因素，最终确定了50家企业作为样本企业。

本次调研由市经委统一组织，各调研企业积极配合，确保了调查的顺利进行和结果的真实可信度。最终回收有效问卷39份，其所有制性质、行业分布分别如图6-1、图6-2所示。从图中可以看出，本次调研对象的选择与南京市整体经济的行业分布、企业所有制性质是基本吻合的，保证了本次调研结果能够客观、真实地反映南京市企业自主创新能力的现实状况。

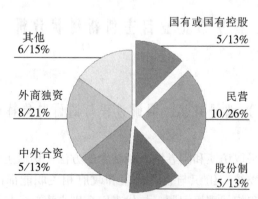

图6-1　调研企业所有制性质分布

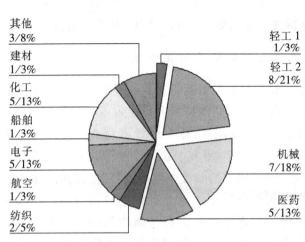

图6-2 调研企业行业分布

▶▶ （二）企业自主创新总体状况

南京自"十五"时期以来，大力实施"科教兴市"和"人才强市"的战略，调动了广大科技人员的积极性和创造性。全市科技综合实力明显增强，科技产出水平迅速提高，科技进步对区域经济和社会发展的促进作用更加显著。

1. 通过政产学研合作，努力将南京科教资源优势转化为技术创新优势

全市目前拥有普通高等院校38所，科研学科门类齐全，建有各类研究与开发机构543家，国家和省级重点实验室31个，拥有一批承担国家重大国防科研任务的军工企业和研发机构，科研装备水平先进。国家、省市级工程技术中心和企业技术中心分别达到74家和73家。经国家、省和市认定的高新技术企业达到686家。国内外知名企业在宁设立研发机构的超过20家。这些企业是南京自主创新的最好资源，也是南京自主创新的主力军。

近年来，市政府充分利用南京市科教资源的优势，构建了有效的政产学研合作平台，制定了协同自主创新的激励机制。调研的企业绝大多数都与南京的高校和科研院所开展了产学研合作，企业的技术创新主体

地位进一步确立，并取得了良好的效益，实现了各方"共赢"。

2. 企业自主创新能力明显增强

整体上，调研企业在长期的发展过程中形成了一定的自主创新能力。技术经费投入、中高级技术人员比重等指标都逐年上升，调研企业的技术开发经费、新产品开发经费占总销售收入的比重分别达到5.49%和3.28%。到2005年，调研企业平均技术经费投入已经超过4500多万元，90%以上的各类企业都拥有专门的研发机构。企业自主创新能力的不断提高保证了企业良好的经济效益。2003～2005年，调研企业销售收入逐年上升，而且新产品销售收入、自主品牌销售收入所占比重也有所上升。在销售收入不断扩张的同时，利润率保持稳定，并有小幅增长。2005年企业平均利润率达到13.8%，新产品利润率显著高于平均利润率，而自主品牌利润率也高于平均利润率。

从全市数据来看，更为喜人。2004年南京大中型工业企业R&D经费投入18.58亿元，同比增长72.9%，全年新产品经费支出19.3亿元，同比增长33.5%。"十五"期间，全市工业企业立项开发的新产品近万件，累计实现新产品产值3700亿元，全市获国家"863"、国家重大科技攻关、科技型中小企业创新基金、高技术产业化，重大装备国产化、重大成果转化、火炬、星火等计划立项项目达800多项。

3. 高新技术产业园区成为企业自主创新的重要载体

经过20多年的发展，南京市各级各类开发区从小到大、由弱变强。特别是"十五"期间，南京市着力强化制度创新，为高技术企业的自主创新和发展提供了制度保障。从我们调查的情况来看，高新技术产业开发区不仅成为南京市外商投资的密集区和高新技术产业集聚地，而且成为自主科技创新的重要区域。总体上讲，开发区内的创新能力和环境好于区外，高新区的创新能力和环境强于区外，有其独特优势和实力，最具创新基础和产业化条件。

最为典型的是南京高新技术开发区（以下简称"南京高新区"）。南京高新区科技创业服务中心孵化面积达4.5万平方米，在孵企业148家，毕业116家，科技成果转化成功率高达60%。在发展过程中，逐步形成了一套适合自身发展的创新平台体系，培育了一批拥有自主知识产权的科技型企业，实施了包括国家及省火炬项目、重大攻关项目和重点推广项目在内的电子信息、生物工程、环保及新材料等一大批高科技项目，其中一批重要成果达到了当前国际、国内先进水平。

南京高新区十分重视扶持企业自主开发以及企业科技成果的自主知识产权保护。目前全区被认定的 175 家高新技术企业中，60% 以上的产品拥有自己的品牌或自主知识产权。区内振中公司自主研发的二类新药"香菇多糖"项目，占领了国内市场的 95%，已申请了多项国内专利和 6 项国际 PCT 专利。南京春辉科技实业有限公司，共有有效专利 37 项，其中发明专利 13 项。据不完全统计，2005 年全区专利申请量 60 余件，专利产品实施新增产值 2.3 亿元。

南京高新区每年都推出扶优扶强计划，加大了技术创新投入，设立了 5000 万元的创业风险金，并与境内外多家风险投资公司建立了合作关系。2005 年投入 3000 多万元资金扶持企业自主创新。2006 年还将设立 4000 万元"科技创新基金"，同时再分别拿出 3000 万元软件产业发展基金和 3000 万元生物医药产业发展基金，并且开展与国际产业背景的风险投资基金合作，构建高科技产业风险投资平台，促进高新产业发展。

此外，利用"金陵海外学子创业园"，积极吸引留学生等高层次人才到高新区创业。

▶▶ （三）企业技术研发现状分析

1. 企业的研发水平

企业的研发水平反映了企业自主创新能力以及提高技术开发水平的潜力，对后期的创新模式的选择有重要影响。这也是企业实现创新成果转化，创造良好经济效益的重要条件。如图 6 - 3 所示，调研企业中，23 家企业有独立研发的能力（1、2、3、4、5 选项），或独立开发新产品，或在消化吸收国外新产品、新技术基础上，独立进行二次创新。16 家企业在消化吸收的基础上，采取与国内高校或科研机构进行合作研发方式。这说明南京市企业目前的研发水平总体上良好，大多数企业具有一定的独立研发的能力，已经独立开展了相关的研发工作，并达到了相当的技术水平。这对于开展自主创新工作奠定良好的基础。

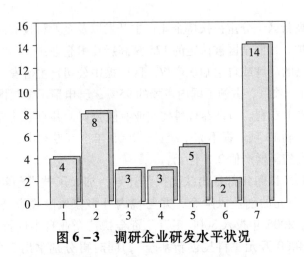

图 6-3　调研企业研发水平状况

注：
1 表示：独立开发新产品，达到国际先进水平，并能够形成自主知识产权。
2 表示：独立开发新产品，达到国内先进水平，并能够形成自主知识产权。
3 表示：独立开发新产品，达到国内较先进水平。
4 表示：在吸收国外新产品、新技术基础上，独立进行二次创新，形成自主知识产权。
5 表示：在吸收国外新产品、新技术基础上，独立进行二次创新。
6 表示：在吸收国外新产品、新技术基础上，与国内高校或科研机构合作，进行二次创新，形成自主知识产权。
7 表示：在吸收国外新产品、新技术基础上，与国内高校或科研机构合作，进行二次创新。

2. 企业主要的研发模式

如图 6-4 所示，调研企业中，17 家（次）企业采取了自主开发模式，占 44%；13 家（次）采取与在宁机构合作模式，占 33%；9 家（次）采取消化吸收模式，占 23%。而与海外机构合作、模仿创新、技术改造等几种模式采用的较少。综合来看，自主开发、与国内机构合作开发和消化吸收是目前南京市企业最常用的技术进步模式。

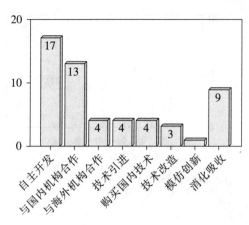

图6-4 调研企业主要的研发模式

3. 影响研发模式选择的因素

对企业研发模式选择的影响的各种因素如表6-1和图6-5所示。表6-1中重要性表示有相应百分比的企业选择其作为影响因素，最关键程度表示将其作为最关键因素的企业比例。从表6-1和图6-5中可以看出，企业领导支持、充足的研发人员、充裕的研发经费、政府政策支持、良好的研发设备和环境可以说是影响企业研发模式选择的相对重要的几大因素。

表6-1　　　　　　影响企业研发模式选择的因素　　　　单位：%

影响因素	重要性	最关键程度
企业领导支持	46.2	24.9
充足的研发人员	30.8	16.5
充裕的研发经费	23.1	17.2
良好的研发设备和环境	23.1	10.3
政府政策支持	23.1	20.2
良好的外部合作	20.5	8.2
合理的激励措施	17.9	2.0
科学的研发管理	5.1	0.7

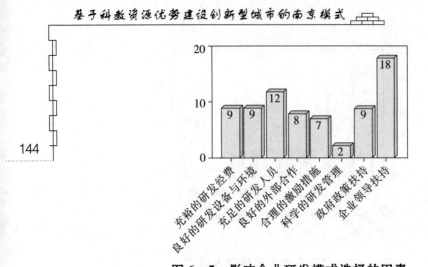

图 6 - 5　影响企业研发模式选择的因素

4. 企业进行自主创新的动力

从图 6 - 6 可以看出，企业进行自主创新的主要动力因素是提高市场占有率和提高企业的核心竞争力。

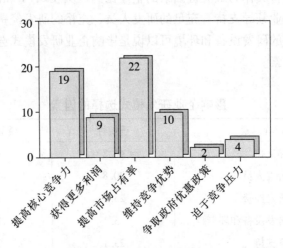

图 6 - 6　调研企业进行自主创新的动力因素

5. 企业与哪类机构合作比较成功

从图 6 - 7 可以看出，大多数企业都与国内高校、科研机构或其他企

业进行一定的合作。其中与国内高校合作比较成功的有 17 家（次），占
44%；与国内独立科研机构合作比较成功的有 16 家（次），占 41%。与
国内其他机构的技术合作对绝大多数企业提高自主技术创新能力都起到了
积极作用。而与跨国公司及海外科研机构的合作成功的企业则较少。

从以上情况来看，南京市企业进行合作研发的合作对象主要还是在
国内（主要在南京），这可能是因为南京市的科研基础较强，高校、科
研院所较多，其科研设备、科研人员等研发资源较容易为南京市企业所
获取。此外，南京企业与高校、科研院所合作研发的传统可能对此也有
很重要的影响。

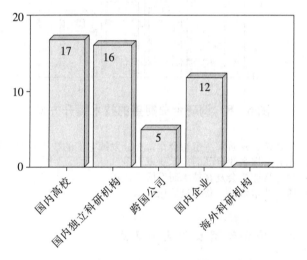

图 6 - 7　调研企业与哪类机构合作比较成功

6. 为提升企业自主创新能力，企业期望的技术提升方式

从图 6 - 8 可以看出，南京市企业为提升其自主创新能力，期望的
技术提升方式最常采用的方式是通过"与高校、科研院所密切合作，充
分发挥它们的技术开发力量"。有 23 家（次）选择了此方式，占 59%。
而选择其他三种方式也有 10 家（次）左右，说明不少企业期望通过多
渠道来提升自己的技术能力。而"通过技术贸易，获得最适用技术"
是最少被选择的。这从侧面反映了南京市企业更多地期望借助国内的机
构及相关资源来提升自己的自主创新能力，对于国外机构期望较小。如

前所述，这可能是因为南京市企业的主要研发模式是自主开发，及与国内高校、科研院所及其他企业的合作研发，而且取得成功的合作研发模式主要是国内高校、科研院所的合作。正是这种先前的研发模式及成功的经验，促使南京市企业在选择技术提升方式时，优先考虑的是与国内高校、科研院所的密切合作。

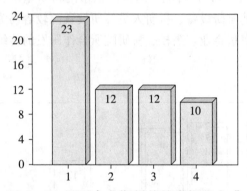

图 6-8　调研企业期望的技术提升方式

注：
1 表示：与高校、科研院所密切合作，充分发挥它们的技术开发力量。
2 表示：充分发挥企业自己的技术研发力量。
3 表示：建立行业协会及其技术研发服务机构。
4 表示：通过技术贸易，获得最适用技术。

7. 企业选择合作研发的主要方式

从表 6-2 和图 6-9 可以看出，南京市企业在选择研发合作的形式时，大多数企业首选的是联合研发（双方共同参与研发过程）的形式。表 6-2 中重要性表示有相应百分比的企业选择其作为合作研发的方式，最关键程度表示将其作为首选形式的企业比例。

表 6-2　　　　调研企业选择合作研发的主要方式　　　　单位：%

研发合作的主要形式	重要性	最关键程度
联合研发（双方共同参与研发过程）	61.5	55.7
技术转让、专利或产权购买	35.9	14.1
委托研究（贵机构较少参与研究过程）	33.3	12.7
成立多家联合研发机构	30.8	13.4
其他	7.7	5.1

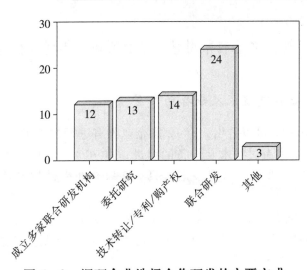

图 6 - 9 调研企业选择合作研发的主要方式

8. 主要结论

从以上调研数据分析结果来看，有以下主要结论：

（1）总体而言，南京市企业研发水平较高，大多数企业具有一定的独立研发的能力，为开展自主创新工作奠定了良好的基础。

（2）自主开发、与国内机构合作开发和消化吸收国内外先进技术是目前南京市企业最常用的技术创新模式。

（3）企业领导支持、充足的研发人员、充裕的研发经费、政府政策支持、良好的研发设备和环境是影响南京市企业研发模式选择的五大因素。

（4）南京市企业自主创新的主要动力是提高市场占有率和提升企业的核心竞争力。

（5）南京市企业进行合作研发的合作对象主要是在国内高校、科研院所及相关企业。

（6）南京市企业最期望的技术提升方式是通过与高校、科研院所密切合作，提升自主创新能力。

（7）南京市大多数企业选择联合研发（双方共同参与研发过程）的研发合作形式。

▶▶ （四）企业技术引进、消化吸收、再创新情况

1. 企业引进技术及设备的数量情况

从图 6 – 10 可以看出，有 12 家企业没有进行过技术及设备引进，占 30%；27 家有过技术及设备的引进，占 70%。其中 3 家企业较少引进，22 家企业引进数量一般，只有 2 家企业引进技术及设备相对较多。

可见，南京市企业大多数进行了技术及设备的引进工作，但引进的技术及设备数量总体上来说并不多，可能主要的技术提升还是依靠自身的研发能力。

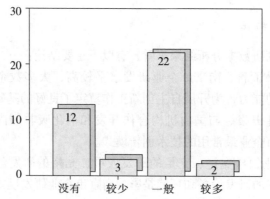

图 6 – 10　调研企业引进技术及设备的数量情况

2. 企业引进技术及设备的先进程度

企业引进技术及设备的先进程度如图 6 – 11 所示。在开展了技术及设备引进的 27 家企业中，基本都达到 20 世纪 80 年代后国际水平，更有 7 家达到了目前国际领先水平。这说明南京市企业在进行技术引进时，对标的物的技术水平有非常高的追求，而不是盲目引进技术及设备。

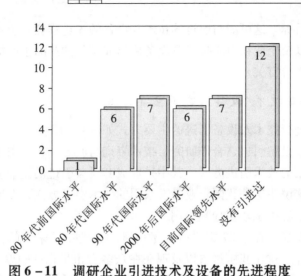

图6-11　调研企业引进技术及设备的先进程度

3. 引进技术/设备后，生产效率及销售业绩改善情况

如图6-12所示，企业在引进技术及设备后，对生产效率改进起到了良好的作用，其中4家业绩改善效果显著，占27家引进技术设备及企业的15%；业绩改善效果较好的有12家，占45%。两类共计达到60%。但也有11家企业在引进技术及设备后，业绩改善效果一般，未

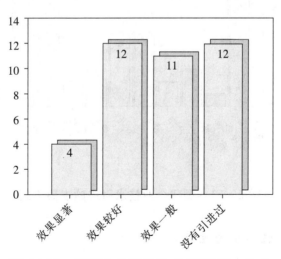

图6-12　调研企业引进技术/设备后，生产
效率及销售业绩改善情况

达到期望目标。这可能与引进的技术与设备的先进程度，企业的消化吸收能力，以及企业在引进技术及设备后形成实际的产品生产能力及后期的营销工作等有关。

4. 企业技术/设备引进的主要方式

企业进行技术及设备引进的主要方式如图 6-13 所示。从图中可以看出，成套设备引进、合作研究、技术咨询与服务、人才引进是调研企业较多采用的技术引进方式。其中采取成套设备引进的企业有 9 家，占 33% 强。这说明这种我国企业最常采用的技术引进方式，在南京企业的技术引进过程中也较多地被采用。

调研发现，在这 27 家进行技术引进的企业中，采用的技术引进方式多种多样。这比我国过去以及现在在众多省市仍存在的单一的成套设备引进方式要好得多。特别是通过人才引进、合作研究、技术咨询与服务这些被实践证明对于企业未来的技术提升，提高自主创新能力，以及企业长远发展有更深远影响的技术引进方式，也较多地被南京企业所采用。

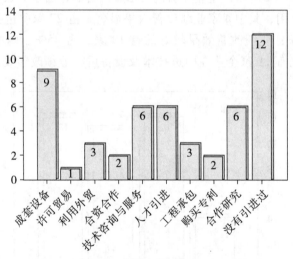

图 6-13　调研企业技术引进的主要方式

5. 引进技术的资金来源

如图 6-14 所示，调研企业引进技术的资金来源主要来自于企业内部筹集、其他公司的投资、企业技术发展基金，而银行贷款和财政拨款还有较大的提升空间。这说明南京市企业的引进技术资金更多地依靠企业自身的企业化行为，或是自筹，或是引进其他合资企业。政府虽然一直对于企业技术引进予以资金支持，但幅度有待进一步提升。

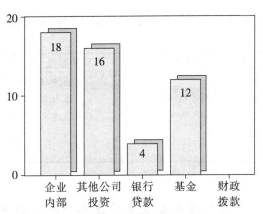

图 6 - 14　调研企业引进技术的资金来源

6. 企业在研发过程中遇到问题时寻求的救助机构

如图 6 - 15 所示，企业在研发过程中遇到问题时，通常的救助机构

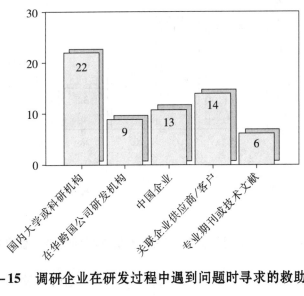

图 6 - 15　调研企业在研发过程中遇到问题时寻求的救助机构

是国内大学或科研机构及国内关联企业。表 6-3 中重要性表示有相应百分比的企业选择其作为救助机构，最关键程度表示将其作为首选形式救助机构的比例。

表 6-3　　　调研企业在研发过程中遇到问题时寻求的救助机构

单位：%

研发合作的主要形式	重要性	最关键程度
国内大学或科研机构	56.4	53.8
中国的关联企业（供应商或客户）	35.9	20.5
中国其他企业	28.2	17.9
在华的跨国公司研发机构	23.1	5.1
专业期刊/技术文献	15.4	2.6

7. 不同科研活动在企业技术引进再创新中的重要性

图 6-16 是 39 家企业对于不同科研活动对于企业技术引进再创新的重要程度打分的平均数，满分 5 分。

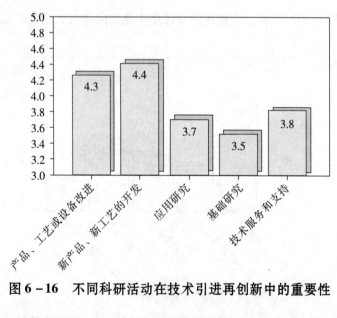

图 6-16　不同科研活动在技术引进再创新中的重要性

从图中可以看出企业认为"新产品、新工艺的开发"与"产品、工艺或设备改进"是相对较重要的两项活动。这可能因为企业对于科研活动的重要性的评价主要是从企业经营发展实际出发的,所以对于短期内可以改变企业的经营状况,提高企业的市场竞争力的"新产品、新工艺的开发"与"产品、工艺或设备改进"的重要性评价自然就高了。

企业对于"应用研究"、"基础研究"的评价,明显比前两项科研活动的评价要低,这可能与我国"基础研究"和"应用研究"的现状有关。如基础研究与应用研究成果转化率太低,很多研究成果没有形成实际的产品生产及市场竞争能力。但这也可以从一个侧面反映了企业对于"基础研究"和"应用研究"相对不够重视。

8. 不同机构在企业技术引进再创新中的重要性

图 6 - 17 是 39 家企业对于不同机构对于企业技术引进再创新的重要程度打分的平均数,满分 5 分。从图中可以看出,企业对于政府在技术引进再创新中的作用最为重视,然后依次为科研机构、高等院校、技术服务中介机构、基础研究机构、其他企业。后三种机构比前三种机构的评价要明显低。这说明企业在技术引进再创新的过程中,特别期望能得到政府的各项支持,以及期望能够借助科研机构和高等院校更快、更好地进行消化吸收、再创新工作。

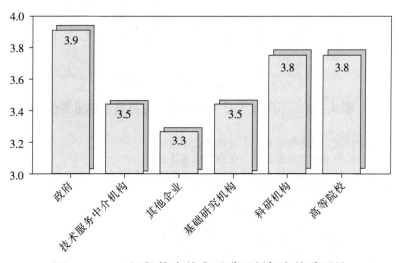

图 6 - 17 不同机构在技术引进再创新中的重要性

9. 不同政府政策对企业技术引进再创新的重要性

图 6-18 是 39 家企业对于不同政策对企业技术引进再创新的重要程度打分的平均数，满分 5 分。调研企业认为相对重要的政府政策方面的工作包括：鼓励技术引进消化、吸收的优惠政策、技术引进再创新成果保护政策、技术引进再创新中人才引进的优惠政策，得分在 4.2 以上的有三个方面。这说明企业对于技术引进、消化吸收的优惠政策，引进再创新的成果保护，以及人才引进相对更为重视。调研企业认为相对不太重要的工作包括：制定技术引进、消化吸收的总体规划、鼓励企业间或产学研合作消化引进技术政策、制止对技术盲目引进政策等。得分在 3.8 分及以下的共三个方面。这从一个侧面反映了企业对于引进、消化吸收的总体规划、技术的盲目引进，以及合作消化引进技术等方面不太重视。

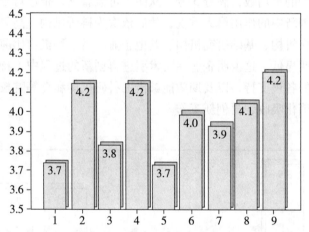

图 6-18　不同政策对企业技术引进再创新的重要性

注：
1 表示：制定技术引进消化、吸收的总体规划。
2 表示：鼓励技术引进消化、吸收的优惠政策。
3 表示：鼓励企业间或产学研合作消化引进技术政策。
4 表示：技术引进再创新成果保护政策。
5 表示：制止对技术盲目引进政策。
6 表示：政府提供企业引进技术的信息交流平台。
7 表示：政府提供企业间引进技术再创新经验交流平台。
8 表示：协调好企业技术引进再创新资金缺口。
9 表示：技术引进再创新中人才引进的优惠政策。

10. 主要结论

从以上调研数据分析结果来看，有以下主要结论：

（1）虽然不少南京市企业进行了技术及设备的引进，但引进的技术及设备数量总体上来说并不多。

（2）南京市企业在引进技术及设备的过程中，对标的物的技术水平有非常高的追求，而不是盲目引进技术及设备。

（3）引进技术及设备，对于大多数南京市企业的生产效率改进起到了良好的作用。

（4）南京市企业采用了多种的技术引进方法，而不是单一的成套设备引进。

（5）南京市企业引进技术的资金来源主要来自于企业内部筹集和其他公司的投资。相对而言，政府对企业技术引进的资金支持力度不大。

（6）南京市企业在研发过程中遇到问题，通常的救助机构是国内大学或科研机构及国内关联企业。

（7）南京市企业在自主创新过程中，对于"新产品、新工艺的开发"与"产品、工艺或设备改进"相对较为看重，而对于"应用研究"、"基础研究"的重要程度评价较低。

（8）南京市企业对于政府在技术引进再创新中的作用最为重视，对科研机构、高等院校也较为重视。

（9）南京市企业对鼓励技术引进、消化吸收的优惠政策，引进再创新的成果保护，以及人才引进的相对更为重视；而对于引进、消化吸收的总体规划，技术的盲目引进，以及合作消化引进技术等方面不太重视。

南京市企业自主创新的模式

在总结南京市企业自主创新的模式之前，有必要对自主创新的基本概念、特征及模式进行界定，从而为后文的分析提供理论基础和依据。

▶▶ （一）自主创新的概念

关于什么是自主创新，目前尚无统一的公认的界定。我们采用的概念是，所谓的自主创新是指创新主体通过主动努力获得主导性创新产权，并获得主要创新收益而进行的能形成长期竞争优势的创新活动。这里，创新主体包括：个人、企业、区域、产业和国家；创新产权主要指专利等技术类知识产权；创新收益包括创新获得的利润和技术进步。

▶▶ （二）企业自主创新的特征及其模式

1. 企业自主创新的特征

创新可以细分为宏观创新和微观创新，即国家科技创新和企业技术创新。企业的自主创新，是企业主动付出创造性努力的过程，主要依靠企业内部的研究开发力量，相对独立自主地进行技术的研究开发及其他创新活动。因而企业自主创新具有以下特征：

（1）以掌握主导权为目标。所谓主导性主要是指创新主体对创新产权与创新收益分配享有的主导权。自主创新企业对创新产权和创新收益分配必须拥有足够的控制力，从而对竞争对手产生决定性影响，并为企业自身带来利益，赢得竞争优势。根据这一特征，企业的独立创新、消化吸收再创新以及自身参与程度较大的合作创新等模式，只要能够获得全部或大部分主导性创新产权，获得大部分创新收益，均可以视为自主创新。

（2）以获取自主知识产权为根本手段。企业自主创新的目标是获取创新收益和竞争优势，核心是对创新产权与收益享有主导权。只有掌握自主知识产权才能掌握创新的主导权。因此，只有取得自主知识产权的创新才是真正意义上的自主创新。从这一角度而言，取得自主知识产权是企业自主创新的制度化保障，也是企业实现自主创新目标的根本手段。

（3）以适用性为基本要求。自主创新投入高、风险大，需要付出很大的代价和勇气。因此，自主创新必须符合企业发展的实际和需要。

脱离自身发展实际和需要的创新往往不能实现企业创新追求的目标。而且也会造成极大的浪费。

（4）以产业化为着眼点。根据熊彼特的观点。创新是指新技术、新发明在生产中的首次应用，也就是说，当一种新技术、新发明只有具有市场价值时，才可称其为创新。而产业化是实现技术创新市场价值的重要途径之一。因此，产业化是企业自主创新的着眼点。没有产业化，企业自主创新的收益就难以实现。很多跨国公司或者分拆自己的子行业，或者加大力度推动产业整合，或者扩展自己的核心产业，或者与其他巨头建立战略联盟，谋求的正是产业发展不同阶段上的主导地位。企业如果没有自主创新的能力并形成产业化，必然受制于人，甚至在产业发展格局中被逐步淘汰出局。

（5）以技术、经营、管理各个环节的有机整合为表现形式。企业自主创新的模式很多，但无一例外地都要求将技术过程、管理过程、经营过程、组织过程有机地加以整合，以实现自主创新能力的最大化。若没有各个环节，职能之间的良性整合和互动，企业自主创新就很难实现。

2. 企业自主创新的模式

企业自主创新模式可以从不同的角度或标准加以划分。本报告中将其划分为两种模式：传统的自主创新模式和特色自主创新模式。

首先，传统的自主创新模式。传统的自主创新模式主要包括：原始创新、集成创新、消化吸收创新等模式。每一种模式又可以进一步地加以细分。

（1）原始创新模式。目前关于原始创新的概念，学术界尚无公认的统一界定。宋和发等认为，所谓原始创新是指具有重大技术进步，不依赖于他人技术，完全不受他人知识产权影响的创新。有观点认为，所谓原始创新，就是指重大科学发现、技术发明、原理性主导技术等原始性创新活动。也有观点认为，原始创新是指"元创新"（Meta-innovation），即是一种观念上的根本性创新，由元创新将会带出其他科技创新，即"衍生创新"。尽管不同学者对原始创新的概念界定不一，但我们仍然可以对原始创新的特征进行概括。原始创新成果通常具备三大特征：

①首创性。即前所未有、与众不同。

②突破性。即在原理、技术、方法等某个或多个方面实现重大变革。

③带动性。即在对科技自身发展产生重大牵引作用的同时，对经济结构和产业形态带来重大变革，在微观层面上将引发企业竞争态势的变化，在宏观层面上则有可能导致社会财富的重新分配以及竞争格局的重新形成。

（2）集成创新模式。集成创新是自主创新的一个重要内容，它把各个已有的技术单项有机地组合起来、融会贯通，构成一种新产品或经营管理方式，创造出新的经济增长点。尽管集成创新的概念目前尚无定论，但其基本精神是指将现有技术和知识进行整合的一种创新模式。比较一致的观点认为，集成创新的主体是企业，目的是有效集成各种要素，更多地占有市场份额，创造更大的经济效益。从技术层面来讲，集成创新可以是纵向的。在产品的生产链中，几个环节的整合或位置的调换就可能带来巨大的经济效益。集成创新也可以是横向的。

集成创新更应该体现在管理中。每个企业都有自己的特殊情况，没有一种管理模式是普适的。如何把管理中的各个环节组合成一个适合自己的、崭新的模式，是每个企业都应该认真对待的创新课题。戴尔的成功，并不是只靠新技术的发明，而是通过集成创新，创造了全新的管理和销售模式。在现代工业社会，产业关联度日益提高，技术的相互依存度增强，单项技术的突破很难一枝独秀。必须要通过整合相关配套技术、建立相应的管理模式才能最终形成生产力和竞争力。在这种背景下，从某种程度上讲，集成创新更具有持续的优势；在现代科技发展中，相关技术的集成创新以及由此形成的竞争优势往往远远超过单项技术突破的意义。

原始创新对企业的要求较高，需要长期的知识和技术积累以及巨额的资金投入，因此，这重创新模式往往难度较大，不容易实施，效果也不一定理想。集成创新更关注适用性，同企业生产和管理的关联度也更高，企业也更容易找到切入点，实施起来也相对容易，创新效果也比较明显。因此，大多数企业更愿意选择集成创新模式。

（3）消化创新模式。所谓消化创新，是指对引进的国外先进技术或产品进行消化、吸收，在此基础上进行二次开发和创新，并获得自主知识产权；或者通过其他途径获得先进技术的信息，经过消化、吸收，最终掌握该项技术，并获得自主知识产权。消化创新是基于国内外现有技术的创新活动，也是最为普遍的一种创新活动。对广大发展中国家的企业而言，消化创新往往是它们首选的一种创新模式，因为对企业而言，这种创新模式风险较小、成本较低，收益见效也比较快。

其次，特色自主创新模式。这里所谓的特色自主创新模式，是指不同于上述传统的自主创新模式而言的。主要是指一些企业根据自身特点，经过不断实践和总结而形成的独具特色的并为企业带来一定经济社会效益的自主创新模式。尽管这些模式对其他企业不一定完全适用，但其创新思想及其实践精神同样能给其他企业带来有益的启示。

正是本着上述思路，课题组通过对南京市企业自主创新的状况进行深入的调研和分析，总结出了一系列独具特色的自主创新模式。

▶▶ （三）南京市企业自主创新的模式

本次调研对象的选择具有以下两个特点：首先，这些企业基本都包含在南京市五大支柱产业内，即电子信息、汽车、石化、特色产业和服务业等。其次，被调研企业很多是南京市的大企业，其中扬子石化、南汽集团、南京医药集团、熊猫电子集团以及作为民营企业及传统食品行业典型的江苏雨润集团等均已进入南京市工业企业20强。南瑞继保电气有限公司、江苏先声药业集团等企业，因近年来在自主创新方面的突出成就，也成为本次调研的重点对象。通过本次系列座谈、研讨和调研，我们总结出了目前南京市企业自主创新的基本模式和经验。

1. 传统的自主创新模式

我们发现，传统的自主创新模式仍然是目前南京市许多企业广泛采用的自主创新模式。但相比较而言，这些企业的自主创新也一定程度上带有自身的特点，主要表现为以下几种形式。

（1）定位高端，立足"原创"。定位高端是指创新企业根据自身拥有的雄厚的科研实力，直接把企业发展的目标或竞争优势定位在国际高端前沿领域，通过自主创新，成功地在高端领域形成自主知识产权的创新。

一般而言，一开始就采取这种创新模式的企业往往具有国际水平的技术先发优势，拥有高水平的科技人员，先进的生产设备，先进的信息收集和处理能力以及高水平的组织能力。在数字电视技术日趋成熟的今天，电视产业的革命已经拉开序幕。彩电行业的竞争已不再是单纯的价格竞争，而是行业内新一轮技术实力的较量。当今彩电产品发展的主要方向是高端的液晶电视和等离子电视。熊猫电子集团是曾经统领中国彩电市场近20年，创造彩电业诸多第一的名牌彩电厂家，自然不甘在竞争中落伍。面对当前激烈的竞争形势，熊猫电子集团依托自身的科研实力，把发展的目标直接定位在当今数字高端彩电的第一阵营。通过调整产品结构，熊猫电子集团全面参与国际、国内数字高端产品领域的竞争。在近年举办的林柏电子展、美国拉斯维加斯电子展等全球知名的家电产品展示会上，熊猫电子的数字电视产品都给参会客商留下了深刻的印象。在2004年香港电子展上，熊猫一举签下了4万台27英寸、32英寸大屏幕液晶彩电出口欧洲市场的订单。这是当时，国内签下的大屏幕液晶彩电最大的出口订单。此举填补了熊猫彩电高端产品出口欧洲市场的空白，同时也标志着熊猫电子正式迈出了进军国际液晶彩电市场的步伐。在国内市场，熊猫也制定了切实的战略目标：以大屏幕液晶电视为突破口，以速度赢得市场先机，领先国内液晶一线品牌，同时带动熊猫数字电视全面升级。大力推广DLP光显背投，促进背投产品升级换代；在开放的研发平台上，融合3G技术，开发智能化网络终端视讯产品。

南京博翔电子有限公司，是一家民营的移动通信领域的无源器件专业制造商，公司自2001年12月成立以来，始终致力于研发、制造和销售功粉器、耦合器、合路器、中小功率负载等4大系列100多种产品。产品具有低损耗、宽频带、高可靠性、防水防尘性能稳定；性价比高、交付迅速等优点。仅仅几年时间，公司就迅速成为目前国内同类无源器件最大的专业供应商之一。该公司科技实力雄厚，其中从事前沿高科技研发的人员占职工总数的比例接近20%，企业法人及技术总负责人均为业内技术骨干，具备高级工程师职称。依托自身雄厚的科研实力，博翔电子成立之初就把目标定位于国内国际前沿高端水平。德国凯瑟琳公司是全球最大的移动通信器件供应商，它提供的无源器件指标是公认的，产品品种也是最丰富的。经过几年的努力。博翔公司依靠自主创新生产的工分器、耦合器、合路器、中小功率夫在四个系列产品基本达到或接近凯瑟琳公司同类产品的技术水平，成了凯瑟琳公司的替代产品。

该公司生产的同轴腔体耦合器、四进四出混合变换器，曾一度填补了国内空白，但公司并未感到满足，而是坚持不懈地强化研发，使同类产品达到国际先进水平。

（2）集成创新。一些高技术企业将生物、医药、食品等领域的先进技术加以集成、整合，从而开发出了一系列的保健产品，既满足了消费者的健康需求，又为公司创造了收益。

南京中科集团股份有限公司是由中国科学院及其科研人员控股的高新技术企业。公司成立于 1986 年，原为中国科学院南京地理湖泊研究所科技开发公司，1999 年进军保健食品行业。中科主营保健食品的研制、生产与销售，并向药品、药械等健康相关领域拓展。公司自成立以来，一直把自主创新放在企业发展的首位。现已拥有保健品批文 40 多个，囊括了众多领域，居国内同行业前茅。1998 年，中科公司将科学院搁置多年的螺旋藻研制技术推向保健食品领域。1999 年又迅速开发了灵芝孢子破壁技术，从而迅速打开了市场。2001 年面对大量同类产品的竞争，该公司迅速开发出了灵芝孢子油并申报了专利。现在，公司又率先将灵芝孢子深层开发应用于创新药品的研发，有望在 2006 年获临床批件，同时还有几个品种正在进行临床前的各项研究。该公司不断提高自主创新能力，创造和掌握了更多的自主知识产权，逐步提高企业的核心竞争力，使得企业在日趋激烈的竞争中逐步占据主动地位。目前，中科集团已拥有自主知识产权专利数十件。公司的一种灵芝孢子油的超临界加工法获得南京市优秀专利及第十四届全国发明展览会专利金奖等。公司自主开发的灵芝系列产品对癌症患者有着突出的疗效，为企业带来了可观的利润。

（3）消化创新。消化创新是被调查的大多数南京市企业都曾采用过的创新模式。这些企业的消化创新的模式尽管并不完全相同，但基本可以分为两种形式：

第一，引进国外先进技术，通过消化、吸收和二次开发，形成自主知识产权。为了缩小与国际一流同行在滚珠丝杠加工技术上的差距，南京工艺装备制造有限公司 2005 年初从德国 Leistritz 公司引进了 PW160 高速硬体数控旋铣机床。这是一台将丝杠加工工艺和绿色制造合二为一的具有国际一流水平的先进机床，它彻底改变原有丝杠加工工艺，缩短丝杠加工周期，提高丝杠的产能和产品品质，实施环保型生产。为尽快消化、吸收这一先进加工技术，实现批量生产，同时也为了让这一国际先进的加工工艺和生产模式在公司顺利地引进和拓展，从而推动企业的产业化进程，拉近与国际先进水平的差距，公司领导将这一工艺攻关项目列为年度重点推进项目，并成立了专项攻关组。

高速硬体旋铣加工工艺技术的先进之处是打破了高精度滚珠丝杠的传统加工模式，采用旋铣方式。一次高效硬铣削即可加工 P3 级的滚珠丝杠，这无论是在设备技术、工艺方法、刀具技术及与旋铣设备相配套的仪器等方面都较之原传统工艺方法有革命性的突破，是国际上近年来滚珠丝杠加工工艺的重大突破。

公司技术和工艺人员在外国专家的指导下，对机床加工的工艺参数，国产材料的替代等方面进行了多次试验和探索。经过不断的尝试和总结经验，编制了旋铣加工前原材料的加工精度标准；确定了全系列滚珠丝杠副旋铣加工工艺参数表；制定了旋铣加工后滚珠丝杠改制加工专项工艺；并且通过不断试验解决了用国产材料替代进口材料的工艺"瓶颈"，从而大幅度降低了产品加工成本。该技术的成功引进、消化、吸收，使公司完成了对滚珠丝杠传统加工工艺的革命，实现了与国际一流滚珠丝杠加工技术的接轨。

在完成了硬体旋铣加工技术的攻关后，公司又实施了再创新工程，在基于旋铣丝杠优良特性的基础上进行丝杠接长的项目攻关。根据旋铣丝杠中径稳定、截型准确、锥度一致性好的优势，尝试用旋铣丝杠来实施滚道接长，通过不断调整工艺和多次试验，成功进行了丝杠接长，接长后的丝杠完全可达到精度要求。目前这一先进工艺已正式用于生产，为国内多台大型数控机床提供了配套，替代了进口，并且向国家知识产权局申请了发明专利和实用新型专利，现已经获得了实用新型专利授权。

第二，通过收集技术信息，研究样品获得先进技术。由于涉及专利及技术保密的原因，有时从国外直接引进高端技术不仅成本太高，而且难度较大。对于有些尖端技术，国外往往实行技术封锁，花再多的钱也引不进来。一些企业利用出国学习、考察和参观展览会的机会广泛搜集最新的技术信息，或者通过对相关产品的甚至样品的分解和研究，再经过消化和吸收最终获得技术上的突破。

南京金三力橡胶有限公司是一家知名的橡胶企业。公司把自主创新能力看成是企业发展和进步的重要因素，特别重视对先进技术的消化、吸收和二次开发。由于国外企业的技术封锁，或者出于成本的考虑，公司并未专门引进国外先进技术，而是通过对先进设备的分解和消化，以及利用出国培训的机会研究、开发新技术。公司通过对国外的浇注机的研究获得了胶辊浇注技术。利用去日本研修、培训的机会，掌握了先进的精密制品加工技术等。

南京轻工机械厂的自主创新能力在啤酒、饮料罐装机械行业中处于国内领先地位，并已达到国际先进水平。企业利用每两年一次参加德国慕尼黑世界啤酒、饮料机械博览会的机会，通过对外国与会样机的了解获得了一些先进的技术。此外，该厂还通过与日本三得利饮料公司（上海）合作开发无菌冷罐装生产线以及与美国可口可乐公司合作开发饮料果肉二次罐装生产线的机会，获得了先进的设计理念和技术突破。

2. 特色创新模式

这里所谓的特色创新模式，是相对于传统的自主创新模式而言的。主要是指在政府部门的推动下，一些企业根据自身资源和优势而形成的独特的自主创新模式。本次调研中，我们发现南京市的不少知名企业结合自身特点，经过不断实践，摸索出了一套行之有效独特的自主创新模式，产生了良好的经济、社会效益。尽管这些独具特色的创新模式对其他企业不一定完全适用，但其创新思想及其实践精神却很值得其他企业学习和借鉴。

（1）因地制宜，政府推动，实现政产学研一体化创新。产学研合作是被多数企业广泛采用的是一种传统的创新之路。通过与高等院校、科研院所和专业公司的合作，企业不仅可以拓宽自身的技术研发渠道，实现技术获取方式的多元化，而且还可以实现以技术优势创造市场优势，推动企业核心竞争力的不断提升。然而，南京的最大优势在科教人才资源，最有力的创新环境在于政策。正是市政府的着力推动，使得一些企业把南京丰富的科教资源与政策优势结合起来，从而探索出了一系列独具特色的政产学研一体化创新模式。

①以高校与企业共建工程研究院为典型的紧密型产学研结合模式。其主要特征是：以企业为主体；以高校、科研院所为技术依托；以现代企业制度为规范的三位一体的组织形式。该组织是独立法人，既接受参

与组建企业委托的研发任务，同时也可以接受其他企业的委托或将成果向其他企业转让。最终利益按股份分成，这样能迅速、有效地将其研发产品推向市场，实现商业利益。江苏雨润集团依赖与众多高校的合作而成立的肉类工程研究中心就是这样的研发机构。

②以实力雄厚的高校、科研院所为技术依托而组建的新型高科技企业模式。其主要特征是：以技术开发和市场开发为重点，抓两头带中间的开发经营型，而不是以生产为主的生产经营型。区别于一般工业企业的最突出特点是，主要以出售具有知识产权的新技术产品和知识产品，生产方式以虚拟生产为主，将知识和智力转化为现实生产力，体现了知识经济的特征。江苏金智科技股份有限公司就是典型的这类企业。

③以大型企业集团研究院为典型的模式。其主要特征是：充分利用大型企业集团的资金优势和对市场的研究深度，进行多元化、高层次的研究开发。对于一般性技术开发，主要是通过国外先进技术的引进、消化、吸收、创新，最终集成为具有自主知识产权的产品；对于前沿性技术开发，主要是发挥其博士后工作站等高层次技术人才的优势，依托高等院校和科研机构，立足于企业自主研究开发，在此基础上形成自有高技术知识产权。江苏先声药业成立的博士后科研工作站就属于这种类型。

④在产学研合作中与国际大跨国公司技术中心共建研究中心的国际化模式。其主要特点是：充分利用大跨国公司所拥有的全球性技术资源和当地化发展战略需求，通过与跨国公司在资本、技术、市场为纽带的整合，实现技术、商品、利益的共享。这种模式有效地实现了技术开发国际化，最大限度地利用了全球化技术资源，进而提升了大型企业集团的技术平台，加快了技术开发向生产力转化的进程。熊猫电子集团与爱立信等国际知名大公司在通信技术和视频技术方面合作组建的联合开发机构就属于这一类型。

⑤以军工科研所创办公司为典型的军转民模式。其主要特征是：充分利用我国在军事工业上的大量资金和技术投入，将军工系统的高技术成果与民用市场相结合，依托军工系统雄厚的技术实力，生产当前市场需要的民用产品，将军工技术资源转化为现实生产力。通过这种模式生产的产品一般都是技术起点高、经济效益显著的高技术产品。南京晨光集团就是这样的典型企业。

⑥以技术交易为基础的松散型产学研联合模式。此模式是面广量大的中小企业技术创新的有效途径。其主要特征是：政府搭台，通过各种交易会、洽谈会、信息发布会等形式，将高等院校、科研院所的科技成果以各种渠道传递给企业，企业根据市场需求选择自己需要的技术成果，双方通过技术市场交易行为，以技术转让、技术合作，技术入股等形式，将高校、科研院所的技术成果转化为现实生产力。近年来，南京市政府通过多种途径，促进了这种松散型产学研合作，起到了不可忽视的中介机构的特殊作用。

（2）引进"链头"项目，推进上下游企业联动，打造高技术产业创新集群。南京市现已基本实现了工业发展从传统制造业向高新技术产业为主导的转变。2005年全市高新产业销售收入占工业销售收入的比例高达32%。高新技术产业已经成为工业发展的第一支柱产业，而软件产业更是南京市政府着力培育新的增长点。

作为省会城市，南京具有发展软件产业的得天独厚的优势：这里具有丰富的软件人才资源，众多高校科研院所的软件学科构成了国内罕见的"软件科研人才密集区"。近年来，南京市政府一直把软件产业放在优先发展的重要位置。南京打造"全国软件名城"的战略部署给南京软件园的发展带来了勃勃生机。截至2005年3月，南京软件企业已经超过400家，其中有250多家通过软件企业认定，通过软件认证的产品1100多项，两项均达到全省认定数的50%以上，从业人员达25万余人。然而，与国内其他重要的软件产业基地相比，南京的软件产业无论在销售收入、产业规模，还是出口额等方面，均存在着一定的差距，而且也缺少全国知名的软件品牌。通过对苏州、上海、北京、西安和成都等城市高新区的考察后，南京软件园区领导感到了巨大的压力和震撼。市政府对此也十分关注，他们认识到，如果没有超常规的力作，南京软件园就难以获得突破性的跨越。巨大的压力和启示迅速迸发出一种全新的思维——引进产业链的"链头"项目，推进上下游企业相互联动，打造全新的软件创新集群。

这一战略思维随即得到落实，一批批产业链的"链头"项目纷纷落户南京软件园。国内动漫排名第二的鸿鹰卡通、南师大蓝与白动漫教学实践基地等知名企业进入软件园。同时，软件园还与中科院软件工程研制中心合作成立了国家"十一五"重点项目——"南京BIOS（基本输入和输出系统）与嵌入式应用工程中心"。世界知名的管理咨询公司美国毕博管理咨询公司也已经签约落户南京软件园，并将利用其 BPO（软件外包）业内的全球发包资源，尽快在南京软件园建立 BPO 产业的标杆型企业，全面引导和推进 BPO 产业在南京地区的发展。

这些"链头"项目的到来，带动了产业链条的联动。围绕动漫产业，南京软件园正在整合主流媒体、龙头企业及高校专业资源组建动漫产业发展联盟，园内动漫企业现已占南京市全部动漫企业 1/3 以上。围绕 BIOS 产业，软件园正吸引国内主要家电、移动通讯厂商在此设立研发中心和生产经营机构。一些国际知名的投资公司也进入软件园。一批名牌家电厂商正将生产和物流基地转移到该园区，一个全新的软件创新集群已初具规模。目前，南京软件园正沿着国际化道路向一流软件园区拓展，先后与爱尔兰、澳大利亚、韩国、印度等多个国家的著名软件企业和软件协会建立了战略协作关系。一个特色鲜明的软件产业创新高地正在崛起。

（3）智力与资本嫁接。所谓智力与资本嫁接，也就是将国内企业的资本与海外科研团队雄厚的科研能力有机结合起来。中电电气（南京）光伏有限公司的成立是最为典型的案例。该公司是利用中电电气集团的资本与海外归国博士团队的智力（技术）合作组建的一家高科技企业。

公司总经理赵建华博士曾任澳大利亚新南威尔士大学硅太阳电池及硅发光实验室主任。从 1986 年到现在，每一年他都有一两项光伏领域的世界纪录诞生。由赵建华及其科研团队共同研发的转换效率高达 24.4% 的 PERL（钝化发射极、背面点扩散）太阳能电池，至今仍然保持着光电转换率的世界纪录。光转换率与之接近的两个机构是德国的 Fraunhofer 太阳能电池研究中心（23.3%）和美国斯坦福大学（22.7%）。赵建华曾一直思考如何将拥有世界纪录的光伏技术带回中国，并实现产业化。一次偶然的机会他接触到了中电电气集团，双方随即产生了合作意向。由中电电气提供资金，赵建华将他的自主创新技术和博士科研团队带进来，中电（南京）光伏公司诞生了。中电（南京）光伏公司的成立并非像许多企业那样简单地从海外引进高端技术，而是将赵建华博士领导的科研团队"连人带脑"一起引进——不仅引进他们的技术，更重要的是包他们的整个团队一起引进，从而迅速实现了自主创新向生产力的转化，充分体现了智力与资本的有机结合。公司成立之初，硅太阳电池生产线建设期间就注重产品的研发并举。所生产的P型硅太阳电池从投产就得到15%以上较高的转换效率，高于国内同行业1%~2%，有较强的市场竞争力。2005年被评为江苏省高新技术产品。虽然公司成立只有短短的几年时间，但自主创新成绩斐然。公司结合自身光伏先进技术和研发设备优势，在研发中心成立一年多时间取得了一系列的创新成果，申报多项发明专利。该公司研发成功的高效低成本N型背面结硅太阳电池填补了国内空白，达到了世界先进水平。物理法硅原料提纯工艺也获得了技术上的突破。为促进我国新能源行业快速发展，实现民族光伏产业的崛起，中电南京光伏利用自身技术创新优势，"十一五"期间计划投入14亿元，形成600兆瓦（相当于目前6倍）的太阳电池生产能力，形成国内最大、世界领先、发展潜力良好的太阳能光伏研发产业基地。中电南京光伏公司的成立是国内民营资本与国际智本联姻的成功尝试，探索出了一条独具特色的发展自主创新产业的捷径，实现了创新、创业、创优的"三创"相结合。

（4）传统工艺与现代高科技的融合。作为南京市民营企业中的佼佼者，雨润集团也是本次课题组重点调研的企业之一。从1993年起步到现在，江苏雨润集团资产由300万元快速增长到近20亿元，其下属有20多家分公司，遍布江苏、安徽、北京、河北、甘肃、四川、辽宁、黑龙江等省市。江苏雨润集团现已名列南京市20强企业排名第12位。据国家相关部门统计，雨润的综合指标在全国非公有制经济500强企业中排名第25位。集团先后获得"21世纪最有影响的食品企业"、"全国食品行业十佳杰出食品企业"及"AAA级信用企业"等多项殊荣。2000年经农业部、国家经贸委等八部委确认，雨润集团为全国151家重点龙头企业之一。促使雨润集团超常规发展的关键就在于其独特的创新模式。这一创新模式就是：传统工艺与现代高科技的融合。

雨润集团虽然做的是传统的食品工业。但是，公司的决策者们一直认为，要使中国传统的食品工业真正发展壮大，走出国门，成为全球知名品牌，必须实现传统食品工业与现代高科技的有机结合。长期以来，雨润集团一直非常注重技术进步和科技创新，技术实力和科技创新能力在国内同行业中名列前茅。目前已在中国农业大学创建了博士后科研工作站，并建立了江苏省省级技术中心，江苏省肉类工程研究中心等研发机构。2001 年，人事部批准成立雨润集团"博士后科研工作站"。同时，雨润集团还与中国肉类研究中心、南京农业大学、江苏农科院、德国肉类研究所等国内外多家科研机构建立了良好的科研创新和人才培养合作关系。

雨润集团把推动科技创新、技术原创性研究作为公司发展的重大长远战略。集团近年来通过科技项目带动科技工作者的科技创新活动及产业的技术进步，先后承担了国家星火计划项目等 5 项国家级重大科技项目，及 10 余项省市级项目。其中，"牛肉分级和牛肉制品加工技术研究"获得全国商业科学技术进步二等奖。国家"十五"重大科技专项"中国传统肉制品现代加工技术设备与产业化示范"获得 2003～2004 年度中国食品工业科学技术奖一等奖。近年来，雨润集团申请专利近 80 项，其中发明专利 10 余项，以原创性研究推动了我国肉制品行业自主知识产权水平的提高。每年可向市场推出上百种新产品。现以"雨润"、"旺润"、"福润得"、"雪润"、"福润"、"法香"等 6 大品牌统领 500 多个规格品种的食品门类。

（5）创新与成果产业化良性互动模式。企业自主创新不仅要承担巨大的风险，而重要的是往往需要高额的投入，高技术企业更是如此。我国由于风险投资机制不够完善，高技术企业的高额研发投入一直是困扰许多高技术企业发展的一个难题。尽管一些地方政府通过政府资金主导设立了风险投资公司，但总体上讲仍然不能满足不断增长的市场需要。

南京市首家风险投资公司成立于 2001 年。这是由政府资金主导，以市国资集团作为政府的出资代表，为公司的控股股东，旨在通过政府资金的主导促进科技成果转化，带动产业结构调整。尽管目前南京市已有各类风险投资公司 10 多家，但仍然不能满足南京市庞大的风险投资市场需求。因此，高额的研发投入仍然是当前众多高技术企业发展的一大"瓶颈"。

南瑞继保电气有限公司通过科研成果推动产业发展，以产业发展回馈科研创新，有效地解决了高投入的"瓶颈"问题。走出了一条独特的科技创新与成果产业化良性互动的创新模式，如图 6-19 所示。

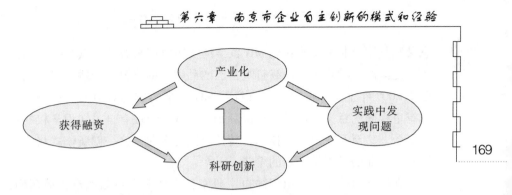

图 6 - 19 南瑞继保创新与产业化良性互动模型

在南瑞继保，创新成果往往在最短的时间内实现产业化，变成产品，产品又变成商品、货币，从而解决了融资的难题。同时，在产品生产过程中又可以发现新的问题，从而为技术创新提供新的主攻方向。产业化不仅给南瑞继保的技术创新提供了有力的资金保证，产业化的实践也成为技术不断创新和提高的源泉。南瑞继保选择一个研发项目，一般要考虑以三个条件：①具有自主知识产权；②具有国际先进水平；③能快速实现产业化。而第三点正是企业生存和发展的先决条件。正是这种以科技创新推动产业发展，以产业发展支撑科技创新的良性循环机制，使得南瑞继保一次又一次克服发展中的"瓶颈"，赢得了持续不竭的发展动力，使得南瑞继保的产业越做越大，一次次站在了中国和世界继电保护行业的高端。公司先后获得国家技术发明二等奖 2 项，国家科技进步一等奖 1 项，省部级科技进步一等奖 5 项，获得和正在申请的发明专利达 46 项。

（6）购买强势品牌，创新获得自主知识产权。长期以来，中国汽车工业发展实行的是"以市场换技术"的战略。这种战略客观上推动了我国汽车工业的发展，但伴随而来的却是严重的后遗症：我们用市场换回的只是一些成熟技术，而不是先进技术。没有自己的品牌和核心成了中国汽车工业的一大通病。因此，增强自主创新能力成了摆在中国汽车工业面前的一个关键突破口。南京汽车集团在国际上参与竞购 MG 罗孚，正是立足于自主创新的一个重要举措。以前中国汽车企业都是从国外请进知名品牌合作，这种做法不利于自己的品牌和核心技术的形成。南京汽车集团第一次走出去购买世界知名品牌，进而创新自主知识产权，这一举措，不仅对南汽，对整个中国的汽车工业都具有不同寻常的意义。其用意非常明确：用 MG 罗孚的优质资产来激活南汽，造自己的车，走国产化的路子，最终打响自己的品牌。南汽第一个轿车自主品牌已于 2007 年上半年推出。南汽竞购 MG 罗孚的成功对中国汽车的发展具有里程碑的意义，通过购买国际知名品牌，形成有自主知识产权的技术平台，甚至开发出自有技术，转让给别的企业，这一创新模式将为中国轿车工业的发展带来新的希望。

在国际医药市场，由我国自主研发具有完全自主知识产权的药物，以前只有青蒿素一个。烟台麦得津生物工程股份有限公司经过 8 年的潜心研究，开发出了拥有全部知识产权的国家一类抗肿瘤新药恩度。正是看中了它巨大的市场潜力，2006 年 5 月，江苏先声药业集团斥资 2 亿元收购烟台麦得津公司 80% 股份，将恩度纳入自己的麾下。这次并购是自 2005 年联想控股成功入股先声药业以来，先声药业第一次运用资本优势在医药市场出击，创下了国内医药界以单一品种知识产权为目标的最大金额企业并购。恩度是中国生物制药这一高新技术领域第一个拥有完全自主知识产权的创新药物，目前已获得了美国专利，其他专利正在申请，下一步目标为海外销售。目前先声药业已在为恩度进军海外市场做准备，市场十分看好。

（7）市场创新模式。市场创新模式，即企业坚持以市场为导向、以用户满意为目标，集中优势、以市场为突破口，加大研究与研发的力度，不断创新、研制、开发、生产和销售既能满足市场需求又能带动企业经济增长点的新产品。

南京市一些企业的市场创新模式表现为两种形式：

①寻找市场空白，搭建创新项目平台。对于医药研发企业来说，生存是第一位的。具有关部门统计，2001 年，南京的医药研发企业有 298家，现在只有 103 家，淘汰率高达 65%。科研的实力决定着研发企业的生存。维持雄厚的科研实力依赖于高额的投入。名列南京市工业企业20 强第 6 位的南京医药产业集团近年来一直加强科研及新产品开发的投入，每年直接用于新产品研发的费用均在 2000 万元以上，先后开发并形成了七通痹胶囊、利焕缓释片、香菇多糖等一批重点产品。

激烈的市场竞争促使南京医药产业集团把创新作为立身之本。2002年，集团先后投资成立了南京凯基生物科技发展有限公司和南京凯腾科技有限公司，组成了南京医药产业集团研究院。生存的压力迫使研究院时刻把目光聚焦在市场上。注射剂是全身给药，比较适合肿瘤、心脑血管治疗。目前国内医药市场上用于一线治疗的药物是国外产品一统天下，国内产品主要是用于病情稳定后的维持药。介于两者之间的巩固治疗药物几乎空白。这块少之又少的市场正是该研究院未来志在必得的高地。中药注射剂因为难以解决有效成分筛选、分离、蛋白质过敏及重金属超标等问题，国内医药厂家甚至大专院校和科研院所大多视此为禁区。南京医药集团研究院通过自主研发，将难题全部攻克，建立了中药现代化的技术平台。该集团的金陵制药厂的"脉络宁"中药注射液仅2004 年一年就实现销售额 7 亿多元，在全国单品销售中排名第三，在江苏省排名第一。

②具有超前意识，引领市场发展。1989 年，南瑞继保电气有限公司的前身，南京自动化研究所成立继电保护工程部。尽管当时发展势头非常好，但负责人沈国荣并没有满足现状。他敏锐地捕捉到，微机时代正在来临，微机化继电保护技术将是今后发展的潮流。在他的带领下，新的一轮面向微机化的继电保护技术的攻关开始了。从原理到算法再到框图，沈国荣都全程亲自主导。经过多年的不懈努力，沈国荣和他领导的科研团队克服了一个又一个技术难关，不断打破国外技术垄断，完成了完整的工频变化量快速继电保护理论的研究。攻克了世界性的技术难题。无论在理论创新、技术创新还是在科技成果的产业化上，南瑞继保在电力自动化保护和控制领域具有举足轻重的地位。事实表明，沈国荣的科研团队的眼光是超前的。如果没有他们的超前意识，中国的继电保护微机化进程不会有这么快。当前，面对电力系统中应用的种类越来越多的测控技术和各种自动化平台，沈国荣领导的南瑞研发团队又率先站在电网全局的高度，提出通过整合电网各种数据，建立一体化的电网二次系统。这一全新的概念又将引领电力自动化技术新的发展。

在医药领域，肿瘤、心脑血管疾病是众多医药研发机构专注的两大方向。南京医药产业集团研究院意识到，在不久的将来，处于所有药品销售金额排名第 4 位的抗肿瘤药品将会超过处于第 3 位的消化系统及代谢药物。该研究院早已把目标瞄准这个正在扩大的市场。该集团的凯基生物科技发展有限公司正在进行自主知识产权肿瘤基因开关药物的研发，这种药物主要用于肿瘤和肝癌的治疗。现行的肿瘤药物医疗手段主要是化疗。这种方式的治疗造成患者的生存质量低下。凯基所研发的基因开关药物是从基因源头让肿瘤细胞停止生长。实现肿瘤患者带瘤生存，从而提高生存质量。目前，凯基的研发已完成动物实验阶段，进入临床前研究，不仅在国内拥有专利，在美国、欧洲和日本都申请了专利。

南京金三力橡塑有限公司平时注意超前研究，积累技术。看准新产品新技术的方向后，迅速加大投入力度。2005 年公司突接宝钢家电彩板聚氨酯涂覆辊攻关项目时，表现的底气十足，由于公司在相关领域的超前研究和技术积累，不到两个月就获得技术突破，拿出了新产品样辊，一次试车成功，在众多同行业厂家的竞争中胜出，结束了涂覆辊依赖进口的历史。现已大批量为宝钢、海尔等企业顶端彩色钢板生产线配套，销售量成倍增长，产品完全可以和国外同类产品媲美，市场前景十分看好。

3. 小结

我们对南京市企业自主创新的模式和经验进行了总结，归纳出了传统创新（原始创新、集成创新、消化创新、产学研一体化创新）和特色创新（智力与资本结合、市场创新等）两大类自主创新模式。然而，值得一提的是，企业技术创新的模式划分本身并无统一的、公认的标准，因此，我们的划分也只是相对而言的，关键是为了突出南京特色。

另一方面，即使同一种创新活动也往往会由于观察角度的不同而被归为不同的模式。例如，消化创新与合作创新之间的区分往往就十分困难，很多企业正是通过与发达国家企业的合作（技术或生产），在合作过程中不断消化、吸收，从而潜移默化地将对方的技术或双方合作激发的新的理念融入自己的产品设计和制造中，最终获得了新的技术突破。

再者，我们在调研过程中发现，几乎每一家企业都不局限于一种自主创新模式，更多的情况是，每一家企业的自主创新活动都采用了不同的创新模式。而且每一家企业的创新模式也不是一成不变的，而是各有侧重，并适时地发生变化。表 6 - 4 是我们对调研的南京市部分企业的自主创新模式的总结，从中可以发现一些有益的启示。

表6-4   南京市部分企业自主创新模式

	定位高端	集成创新	消化创新	产学研一体化	智力与资本结合	传统工艺融入现代高科技	创新产业化良性互动	购买品牌获得知识产权	市场创新	链头带动集群创新
扬子石化			+	*						
熊猫电子	*									
南汽集团								*		
南京医药						+			*	
江苏雨润			+	+		*				
先声药业			+	+				*		
南瑞继保				+			*			
南京软件园				+						*
南京光伏	+			+	+					
尚洋号			*	+						
工艺装备			*	+					+	
金三力	+		+						*	
轻工机械			*	+						
金智				*						
数控机床	+		+	+					*	
中科集团		*					+			

注：＊代表侧重的自主创新模式；＋表示其他的自主创新模式。

南京市企业自主创新的经验与启示

通过对南京市自主创新取得突出成就的典型企业进行深入调研和案例研究，结合对市政府在企业自主创新中的作用等方面的研究，我们将南京企业自主创新成功的典型经验从下几个方面进行归纳与总结。

▶▶ （一）战略定位：立足国际领先，实现创新、创业、创优相结合

1. 坚持"原创"，抢占制高点，实现创新、创业、创优的"三创"相结合

从南京市企业的创新经验来看，自主创新取得成功必须要：以国际领先水平为参照点，坚持自我为主、技术创业、科技兴企，着力培育具有"原创"的企业自主核心技术，在科研攻关中能够立足长远，克服研发中的"浮躁"和短期行为，锲而不舍地进行基础应用研究和创新，力图在重大核心领域打破国际巨头的垄断，振兴民族产业。在自主创新开发方向上，从"自我改进型"、"引进消化型"逐步过渡到"消化吸收创新型"和"自主创新型"。

中电电气（南京）光伏有限公司（以下简称"中电光伏"）成立于2004年10月。目前拥有国际最先进的太阳能技术，是集太阳电池的研发、制造、销售和技术服务为一体的国家重点扶持的新型高新技术企业。中电光伏非常重视自身研发能力的提升，在公司进行首条生产线建设同时，就成立了企业光伏技术研发中心，其中高级技术人员占研发人员比例达70%。研发中心成立1年多时间，取得了一系列自主创新成果，申报多项发明专利。其成功的开发高效低成本 N 型背面结硅电池，填补了国内低成本高效率太阳电池的技术空白，使中国在新型太阳能电池先进工艺技术方面具有真正意义上的自主知识产权。与现有 P 型电池相比，N 型硅电池的转换效率高4%，成本低30%~40%，极具市场竞争力。公司在2006年下半年，新建两条太阳电池生产线，形成了70MW 的 N 型硅电池生产能力，满足了市场需求，缓解了国内外太阳电池的紧缺局面，特别是极大地推动中国的太阳电池技术，使其居于国际领先地位，实现了创新、创业、创优的"三创"相结合。

而随着全球光伏产业快速发展，导致硅原料供应紧张，并且面临国内硅原料提纯不过关、传统的化学法提纯工艺被国外公司技术封锁等问题，导致了国内太阳电池制造90%原料依赖国外进口，制约着国内光伏产业正常发展。为打破国外的技术垄断，以解决制约发展的高纯度硅

原料的供应紧张问题，中电光伏另辟蹊径，采用物理制备方法，回避了传统的西门子法和硫化床法等化学方法制备投入大，电力能耗高、环保治理压力大的难点，其投入和成本分别占化学法 20%、70%，有极大的优势。目前工艺研制基本完成，所得硅原料纯度达到 99.9999% 以上，可满足太阳电池制备需求，并有望短期形成工业化生产。2005 年 10 月 22 日国务院总理温家宝亲赴公司视察，详细了解太阳电池生产制作流程，对公司在自主创新，发展自主知识产权科技产品表示赞许，对中电光伏在发展我国新能源产业，提高我国太阳电池生产水平所作出的贡献给予了充分的肯定。出于技术保密的原因，目前中电光伏仍有几十项研发成果相应的专利申请工作尚在进行之中。

2. 在市场需求与世界先进技术中寻求突破，形成自主核心产品

南京市企业自主创新成功的第二条经验在于，以国际先进技术和龙头企业为标杆，紧随国际技术发展潮流，面对中国市场客户特殊需求，进行深度的产品开发，克服自主研发周期长的缺陷，在巨人的肩膀上迅速成长。

如南京尚洋号科技有限公司（以下简称"尚洋号科技"），为提高自主创新能力，成立了技术推进委员会，根据企业业务需求，安排专门的技术人员跟踪国外同类产品的技术发展情况，定期进行技术交流，并在具体引进国外先进技术时，按以下步骤进行：第一步，了解客户需求，确定引进何类产品。第二步，充分调研需要引进产品的国外技术发展状况，和国外提供商进行充分的技术交流，掌握国外所有同类产品的技术特点和优缺点，以及是否满足引进需求，产品的开放性如何？是否方便二次开发。第三步，确定引进方式。第四步，选择合作方，企业根据客户需求选择国外产品提供商进行技术合作，共同开发满足客户需求的产品。尚洋号科技从 2005 年开始，引进英国 Wallingford 公司产品，进行二次开发城市水务信息一体化管理平台，包含水务信息一体化管理操作平台、水务信息一体化管理应用服务组件及数据库管理和维护工具，提出水务数据分类标准。引进加拿大 Plaform 公司产品，研究和二次开发水利信息服务应用 Portal，并开发水资源信息服务网格支持系统，并提出水利数据中心资源共享规程草案及水利数据网节点建设规范相关标准。这些成果在行业内都具有示范作用，并形成了自主核心产品创新。

▶▶ **（二）协同创新：整合南京科教资源优势，产学研全面结合**

在南京市政府的强力推动下，南京市许多企业一直都非常重视运用多种形式的产学研合作方式，面向高校科研院所整合智力资源以支撑企业自主技术创新。从我们的调研结果来看，南京市企业的主要创新模式之一就是与国内科研院所、高校等机构合作开发；在引进技术的消化吸收再创新的过程中，也更多地借助国内科研院所、高校等机构；在企业的研发过程中，遇到困难也会优先考虑救助于国内大学或科研机构及国内关联企业。

南京中科集团股份有限公司（以下简称"南京中科"）是由中国科学院及其科研人员控股的高新技术企业。作为原中国科学院南京地理湖泊研究所下属的科技开发公司，在 2001 年改制后，以中科院的强大人才实力为依托，公司的骨干成员均为原中科院的研究员、高级工程师，而且地处南京，高校、研究院林立，尤其在药品研发方面有着巨大的外部资源。南京中科的科研项目在根据市场需求立项后，大力与高校合作开发，充分利用各高校在科研上的优势，目前已与南京大学、中国药科大学、南京中医药大学、南京医科大学等院校建立了良好的合作，在合作的过程中，提升了企业的技术水平，同时培养了企业的优秀研发人才。

而中电光伏的高纯度硅原料的物理提纯方法，也是公司副总经理联合中科院物理所、清华大学、南京大学材料方面专家，另辟蹊径完成工艺研制的。2005 年该公司与南京大学环境及再生能源研究中心签订全面合作协议，共同组建研究队伍，研究开发新型太阳电池及相关技术，共同申请国家及省、市科研项目，进行了科技人员交流培训，以及研究信息的共享与交流。目前就太阳能级硅材料项目研究，正与清华大学、中科院物理研究所等院校商谈进一步研究合作事宜，拟通过项目联合研发形式，利用高校优秀的人才和实验设备，培养和锻炼自己的研发人员。

此外，江苏金智科技股份有限公司、南京市恒瑞医药股份有限公司、南京数控机床有限公司等企业在自主研发上也采取了类似的做法。

▶▶ （三）市场导向：设计持续创新，引导市场发展

从调研结果来看，南京市企业的技术创新模式的选择，技术引进、消化吸收、再创新更多地是围绕市场竞争，赢得优势，这可以说是企业自然的经济理性行为。在残酷和市场竞争中，南京市企业深刻意识到企业的技术创新必须以市场为导向，只有不断加强产品研发能力，通过卓越的研发，产生层出不穷的新产品，才能适应市场、才能满足客户不断变化的需求，从而赢得竞争优势。

南京数控机床有限公司（以下简称"南京数控机床"）在充分了解和吸取国际最新数控机床市场动态和技术的基础上，结合国内数控机床市场的实际需求，自主开发研制数控机床新品。如 N-094 系列数控双端面车磨复合加工机床，该产品是按照国内客户需求，针对汽车零部件行业加工刹车盘而开发研制的专用数控机床，解决了刹车盘双端面的同时车削后再同时磨削的高难度加工难题，加工精度和生产效率大大提高，是国内独创，填补了国内空白，获得国家实用新型专利授权，目前产品已批量生产，用户使用后非常满意。公司研制的部分新品已取代了国外进口产品，在国内许多企业应用，特别是军工企业的应用得到充分肯定，现在国内所有生产炮弹的军工企业都有南京数控机床提供的大型高效数控车床，并按他们的要求，与他们的加工工艺结合起来设计开发，前景十分看好，基本做到替代进口，达到了军工用户所需的同等功能和要求，这节约了大量的外汇，更重要地是增加了我国的经济安全与国防安全。

而南京工艺装备制造有限公司也始终注意集中优势，以市场需求为突破口，加大研发投入，发展能够带动企业经济增长的重点产品，2005年企业的新产品率达到了 40%。在滚珠丝械副产品方面，针对数控机床用户对高速滚珠丝杠的需求，研发了内循环式滚珠丝杠副和插块式滚珠丝杠副，目前这两项成果已向国家知识产权局申报了发明专利和实用新型专利。针对国际、国内数控机床市场对重载型和低噪音滚动直线导轨的需求，公司研发成功了重载型 GZB 滚柱直线导轨副系列，GGD 滚动直线导轨副系列和低噪音型 GSB 滚动直线导轨副系列，目前这些研发成果不仅形成了产品，还为公司赢得了市场，形成公司的持久竞争力。

▶▶（四）因地制宜：打造高素质自主创新队伍

南京市企业自主创新的另一个重要经验就是：依托南京人才资源优势，为企业构建高素质的研发队伍，完善人才激励机制。常用方法是与在宁高校、科研机构建立人才培养、合作关系，从而建立企业级专项研发中心，吸引、培养、利用企业优秀的研发人才，大幅提升企业的自主创新能力。

南京轻工机械厂（以下简称"南京轻机"）设有技术开发机构——设计院，下设11个设计所（室）。设计院与南京多所高校、科研单位建立了人才培养关系，使得设计院的研发能力不断提升，已开发出具有国内领先水平、国际先进水平的产品，如新型36000瓶/时啤酒瓶装生产线获国家经贸委颁发的年度国家级新产品证书。为了留住人才、用好人才，自2002年元月起，在技术系统实行"项目招聘制"，得到广大工程技术人员的支持，激发了他们的积极性。2003年4月起，企业率先在技术系统实行"年薪月发"的分配方案，同时实行"项目奖金"按劳分配原则，普遍反映良好，保持了企业主要技术骨干的稳定。

又如南京工艺装备制造有限公司（以下简称"南京工艺"）。为提升公司的自主创新能力，该公司充分利用南京市场的人才资源优势，并投入巨资，广邀各方精英，组建了以72名科技人员为主体的滚动功能部件创研中心。中心于2001年通过了市经委的审查，被确认为南京市第一批市级技术中心，由总师办协调、组织，并按ISO9001质量保证体系所规定的程序来实施运作。在中心内，有外聘的国内行业中知名专家、教授，有南京市行业技术学科带头人，也有公司自己培养的各方面的专家和项目带头人，以及生产一线所涌现出来的高级技师等，形成了一个庞大的科技攻关团队。公司还十分注重企业技术中心的技术带头人的培养，为此不但选送了6名技术骨干赴东南大学攻读工程硕士，还派出多批专业技术和管理人员去香港蒋氏基金培训。为了发挥技术带头人在其专业领域的引领作用，促进企业技术创新工作，公司对他们委以重任，让他们牵头负责企业重点新产品和关键技术的攻关和研发项目，努力为他们的发展搭建平台。

为了最大限度地激发技术人员自主创新和科技攻关的积极性和创造

性，企业建立了有效的激励机制，制定了《公司技术进步工作管理条例》，将技术创新工作范围内的新产品研发及鉴定、工艺攻关、技术改造、项目获国家和省市科技进步奖励及专利申报等纳入企业技术进步工作的管理和奖励范畴，完善了企业技术进步工作的激励机制和管理机制，为企业技术进步工作奠定了良好的基础。

▶▶ （五）过程管理：建立自主创新"全过程全方位风险管理"机制

技术创新必然要面对多种不确定因素和风险。创新风险的防范与控制是企业自主创新中的两难选择。南京市部分企业自主创新成功的经验在于企业自觉地将现代项目管理的最新成果应用于研发活动中，全过程全方位地进行风险的预测监控和防范。其成功的关键是将科技人员的收益与风险紧密相连，使得研发的风险管理成为全员努力的共同目标，从而在最大程度上确保科技创新的成功。

国电南京自动化股份有限公司是从事电力自动化产品研制生产的高科技上市公司，在国有上市公司中成功实施了"重大自主创新项目管理"和"合同式开发"，将创新风险分解到创新过程中，把创新风险由企业独自承担转变为企业与项目组人员共同承担，并成功引入项目组人员创新风险质押金制度、创新风险回报制度，使项目组人员的利益与项目风险捆绑起来；把创新与成果转化、工程应用纳入统一的风险管理中，阶段考核、利益挂钩；创新用合同方式约定、采用项目管理方法，先由项目组负责人组建创新团队，向公司申请竞争某项创新任务，经评审合格后项目团队与公司签订创新开发合同，以合同方式管理创新项目。

（本章执笔：刘 洪 彭纪生）

第七章
南京市科研机构创新经验和模式

问题的提出

专业化的研究与开发活动在 20 世纪 50 年代兴起于西方国家公司技术创新活动，适应了技术越来越具有科学性、越来越复杂的要求，引发了一场"研究革命"。在中国，科研院所作为专业的科研机构从诞生起就担负着追赶发达国家科技水平的重任，集中了一大批科学家和工程师，按照国家计划专门从事科学研究和知识创新活动。南京作为全国高校最密集的地区之一，自然也成为全国科研院所最密集的地区之一。

中国科技体制经过 20 多年的改革，大部分独立研究机构，尤其是技术开发类科研机构研究与开发活动实现了计划导向向市场导向的转变。作为科研密集地的南京市，地处于中国市场经济最发达的长江三角洲地区，研究开发成果有广阔的市场需求，在面向市场的知识创新和产业化上呈现出了明显的活力，科研机构得到了长足的发展，科技进步在经济社会发展中的作用日趋显现。随着中国经济发展阶段逐步升级，以创新驱动的经济发展成为中国下一阶段经济发展的主要特征，技术竞争和市场竞争成为创新的驱动力，在技术与市场不断变化的情况下，产业的竞争力原来依赖的生产要素优势不再存在，转向依赖于持续地创新，要求产品和制造技术不断改进。这要求形成更高级的基础实施、研究机构和大学组成的科研体系，因为在这种环境下，高级和专业化的生产要素能够不断地创造出来，与特定的产业形成联系，会产生锐不可当的创新势头。① 南京市密集的科研资源和相关基础设施，在面向市场的创新过程，又遇到一次新的发展机遇，为产业发展出高层次的竞争优势提供了强有力的支持。为此，我们有必要对南京市科研机构在科技体制改革以来，尤其是"十五"时期以来的创新经验、模式和机制进行总结和评价。

南京市科研机构自主创新活动的特征

无论从一个国家，还是一个公司来看，科研活动有专业化研究机构来进行，一方面可以形成垂直专业化的分工格局，符合经济原则；另一方面，也体现了技术越来越科学化的发展趋势。因此，专业化科研机构的创新活动特点，就是高度集中了经过科学培训的工程师和资深的科学家，他们负责研究和技术开发工作，与大学及其他基础研究中心保持密切联系，将以科学为依据的技术变革作为科研机构的生存之道。② 在西方发达国家，这些专业化的研究机构大都设立在大公司内部，如 IBM、杜邦、通用汽车、丰田，等等。而在中国，由于受计划经济体制的影响，专业化的研究机构则单独作为国民经济的一个部门。

不管如何设立，以科学为基础的技术创新本身有特殊的规律，一方面创新包含了承认需求，承认新产品或新工艺的潜在市场，另一方面，创新常常从新的开创性活动中得到新的科技知识，试制和设计、试生产和销售作为技术可能性和市场相结合的过程，③ 是创新不可缺少的环节。这两方面的要求都对科研机构的创新活动提出了依赖于基础研究、面向市场的要求。中国科技体制改革始终坚持"稳住一头、放活一片"

---

① 迈克尔·波特：《国家竞争优势》，李明轩、邱如美译，郑风田校，华夏出版社2002年版，第 541～542 页。
② 克利斯·弗里曼、罗克·苏特：《工业创新经济学》，华宏勋、华宏慈等译，柳卸林审校，北京大学出版社2004年版。
③ 克利斯·弗里曼、罗克·苏特：《工业创新经济学》，华宏勋、华宏慈等译，柳卸林审校，北京大学出版社2004年版，第 254 页。

的思路，让科研机构坚持这两个要求开展研究与开发活动。从南京市独立科研机构的统计调查中，我们发现南京市科研机构创新活动体现了技术创新规律的要求，形成了一个良好的知识创新和转化的体系。具体特征体现为以下三个方面：

▶▶ **（一）南京市科研机构形成了以应用性研究为主、基础研究支持应用研究、科技中介机构服务于应用研究的良好布局**

首先，在学科上南京市科研机构呈现出应用研究为主，基础研究为支撑。如表7-1所示，2005年南京市共有独立科研机构105家，分布在五个主要学科中，包括：自然科学、农业科学、工程与技术科学、医药科学和人文社会科学。其中工程与技术科学领域的独立科研机构占了大部分比例，占独立科研机构总数的54%，农业科学领域的独立科研机构占独立科研机构总数的19%。这种学科分布基本上反映了南京市不同产业的规模和对新技术的需求情况。如果把工程与技术科学、农业和医药都划归应用类研究的话，那么应用性科研机构占总比高达83%，而且在近5年内没有变化，非常稳定。基础类研究虽然只占17%，但是考虑到大量的基础研究项目和人才都集中在高校，可以说，基础研究对应用研究的支持是充分的。

表7-1　　　　南京市独立科研机构学科分布情况

项目 年份	合计	自然科学	农业科学	工程与 技术科学	医药科学	社会、人 文科学
2001	112	11	22	62	9	8
2002	109	11	22	60	9	7
2003	105	10	21	58	9	7
2004	100	10	20	55	9	7
2005	105	11	20	57	10	7

资料来源：南京市科学技术局编写的各年《南京科研机构与创新体系建设工作年报》。下面数据来源均出于此。

其次，从南京市科研机构分布的行业来看，上述特征更加明显。如

表 7-2 所示，南京市科研机构主要分布在六大行业，包括：(1) 制造业；(2) 农、林、牧、渔业；(3) 科学研究、技术服务、地质勘探业；(4) 教育、文化、卫生、体育、社会保障和社会福利业；(5) 水利、环境、公共设施管理业；(6) 建筑、采矿、交通运输、电力、信息传输、计算机服务和软件设计业。其中，属于应用开发类的行业可以大致划为第 (1)、(2)、(6) 大行业，在所有科研机构中占据主导地位。属于基础性研究的行业大致划为第 (3) 大行业，属于公益性研究的行业大致划为第 (4)、(5) 大行业。

表 7-2 　　　　　　独立科研机构行业分布情况

	行业	项　　目	2001 年	2002 年	2003 年	2004 年	2005 年
1	制造业	机构数（家）	41	44	36	32	34
		占总机构数的百分比（%）	36.6	40.4	35.3	33.0	33.3
		从业人员（人）	12975	13159	5563	4908	5233
		占总的从业人员比重（%）	54.5	57.8	35.8	31.8	33.9
2	农、林、牧、渔、业	机构数（家）	18	17	14	16	15
		占总机构数的百分比（%）	16.1	15.6	13.7	16.5	14.7
		从业人员（人）	2151	1930	1548	1829	1701
		占总的从业人员比重（%）	9.0	8.5	10.0	11.9	11.0
3	科学研究、技术服务、地质勘探业	机构数（家）	23	21	28	20	22
		占总机构数的百分比（%）	20.5	19.3	27.5	20.6	21.6
		从业人员（人）	3270	2371	3175	2346	2214
		占总的从业人员比重（%）	13.7	10.4	20.5	15.2	14.3
4	教育、文化、卫生、体育、社会保障和社会福利业	机构数（家）	7	8	10	11	12
		占总机构数的百分比（%）	6.3	7.3	4.8	11.3	11.8
		从业人员（人）	—	—	1420	1721	1693
		占总的从业人员比重（%）	—	—	9.2	11.2	11.0

184

	行业	项目	2001 年	2002 年	2003 年	2004 年	2005 年
5	水利、环境、公共设施管理业	机构数（家）	7	7	5	7	8
		占总机构数的百分比（%）	6.3	6.4	4.9	7.2	7.8
		从业人员（人）	—	—	1384	1623	1711
		占总的从业人员比重（%）	—	—	8.9	10.5	11.1
6	建筑、采矿、交通运输、电力、信息传输、计算机服务和软件设计业	机构数（家）	16	12	9	11	11
		占总机构数的百分比（%）	14.2	11	8.8	11.3	10.8
		从业人员（人）	—	—	2428	2988	2896
		占总的从业人员比重（%）	—	—	15.6	19.4	18.7

注：统计数据不包括中国电子科技集团第 14 研究所、第 28 研究所、第 55 研究所。

从各行业科研机构数量和从业人员变动情况来看，如图 7-1、图 7-2 所示，由于科研机构改制的原因，除了第（4）大行业之外，其他各个行业的科研机构数量都呈现不同程度的减少。但是，侧重于应用开发的行业的科研机构总数仍然占据绝对优势，而从业人员数量则有了一定程度的回升，这意味着，应用开发类科研机构在改制中虽然数量上有所减少，但是改制后的科研机构更具有良好的发展势头和潜力。另外，在基础研究性的行业，科研机构的数量与应用开发类科研机构数量始终保持

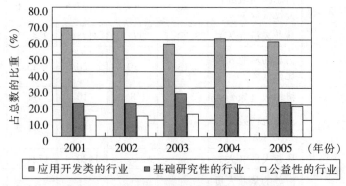

图 7-1　各行业科研机构数量变动情况

在 1:3 的比例，但是却呈现出另外一种发展态势，即基础研究性科研机构数量总体上呈现小幅回升的势头，而从业人员的数量小幅下降，这意味着，从事基础研究的科研机构的科研劳动生产率在提升。对于公益性行业的科研机构，无论机构数量还是从业人员的数量都呈现出良好的发展势头。

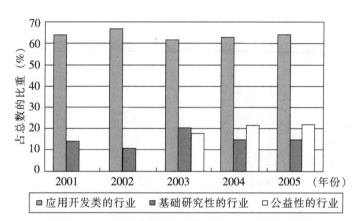

图 7 – 2　各行业科研机构从业人员变动情况

再次，从科技中介机构活动情况来看，伴随着应用开发类科研机构的发展，科技中介机构的服务功能得到了建设和发展。如图 7 – 3 所示，省重点实验室在国家和省拨款以及主管部门配套金额逐年减少的情况

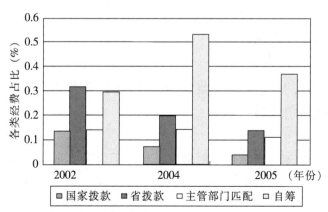

图 7 – 3　省重点实验室投入构成变动情况

下，通过为科研机构服务，自筹经费在筹集的经费总额中大幅度的上升，占据了主要地位，如果没有对科研机构的服务，自筹经费是难以有如此显著地增长的。再如图7－4所示，在宁省级公共科技服务平台的技术服务和技术咨询也展开了大量的科技服务，从2004～2005年，技术服务收入虽然有点降低，但是技术服务的项目数却在显著增加，而技术咨询服务项目在稳定的基础上，咨询收入却呈现了上升的势头。

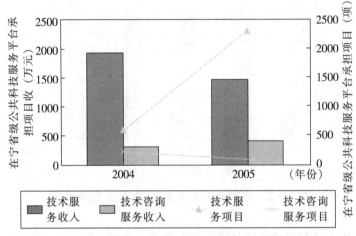

图7－4 在宁省级公共科技服务平台承担项目情况

因此，我们可以说，南京市科研机构的改革发展基本上实现了"稳住一头，放活一片"的改革要求，各种类型科研机构的分布也呈现良好的、稳定的格局，为南京市科研机构面向市场的知识创新和技术转移奠定了良好的发展基础和环境。

▶▶ （二）南京市科研机构技术创新具有面向市场的动力和来自市场的支持

在经济学家看来，技术创新源泉来自于市场，通常由两个方面含义：一是技术创新是指新工艺的首次商业应用或新产品的首次投产，这要求技术创新的组织者具有企业家能力，能够将新设想和市场结合起来，甚至是对现有产品的新市场的设想，以占领足够大的市场份额。二是指技术创新无须经过任何进一步适应和开发就能自动掌握市场。南京市科研机构在总体上以应用开发类为主，在一定程度上要求知识创新能够准确估计到市场的需求，具备丰富的市场知识，甚至是建立强大的销售机构，关注于客户的需求和意见。我们从科研机构开拓市场的结果的统计数据来看，南京市科研机构面向市场的动力已经形成，而且受到了来自市场的强力支持。

　　首先，我们从南京市科研机构经费获得渠道来看，原来计划体制下，科研机构的经费来源主要是政府财政资金，在市场化改革中，政府财政资金越来越少，科研机构从市场获得经费的比例越来越大。如图7-5所示，在2001年南京市科研机构获得的政府资金与非政府资金比例为1.6:1，而到2005年，该比例转变为0.37:1，从市场获得经费的总额将近是从政府获得的资金的3倍，在所有经费中占比高达70%。而且从市场获得经费的增长速度也较快，2005年从市场获得的经费将近是2001年的1倍。这些数据反映了南京市科研机构创新在很大程度上面向市场，从市场需求探求知识创新的源泉。

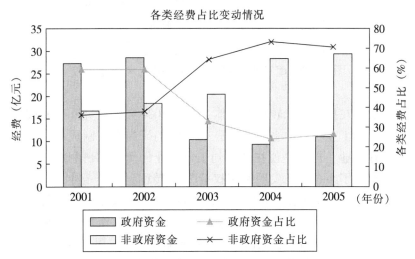

图7-5　南京市科研机构经费收入变动情况

　　其次，从技术转让收入来看，可以进一步证实南京市科研机构与市场密切联系的判断。如图7-6所示，南京市独立科研机构和高校研发机构相比，前者的技术转让收入总额2001年以来始终大于后者，而且平均每个科研机构的技术转让金额也始终远远高于高校，并且从 2002 年起始终保持了稳定的增长。2002 年，独立科研机构的技术转让金额为 12923.6 万元，到 2004 年这一数据上升到 21787.3 万元，增长了 1.69 倍。如果从技术转让对象来看，在 2004 年，研究和研制成果的转让收入占总收入的 91%，含新技术的设备和仪器的转让收入占比 5%，发明使用权占 3%，含新技术的图纸、技术、手册与软件占 1%。这意味着，南京市科研机构对经济社会的贡献主要是通过知识创新和转让进行的。

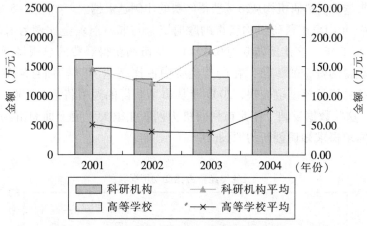

图 7-6　南京市科研机构与高校技术转让比较

再次，在接受技术转让的主体中，在 2004 年，研究和研制成果有 68% 转让到工业企业中去，其中只有 40% 的研究和研制成果转让到大中型工业企业，也就是说在转移到工业企业的研究和研制成果中，有 60% 转移到了小企业。发明使用权有 73% 转移到工业企业，但是只有 24% 转移到大中型企业。相比之下，含新技术的设备和仪器的转让全部集中在工业企业，而且 78% 转让到大中型企业。这组数据清晰地告诉我们，南京市科研机构目前面向市场的知识创新不仅限于面对大中型企业的需求，更广泛地满足了中小企业的技术需求，知识创新已经深入到市场的各个层面。

最后，在宁工程技术中心在满足市场的技术需求过程中得到了快速的发展。工程技术中心在科研机构改制中通常是具有系统、配套工程开发能力的科研机构在密切联系企业的基础上兴建的，主要开展技术入股、技术转让、工程承包和技术服务等面向市场的技术创新转化工作。从表7-3和表7-4来看，技术转让和技术服务是工程技术中心成果转化的主要内容，并且呈现了稳定发展的态势，而相关收入的增长幅度则非常显著（如表7-4所示）。这从一个侧面反映了南京市科研机构以市场为导向的知识创新和成果转化已呈现出相当的规模和良好的发展势头。

表7-3　　市级工程技术中心工程化成果转化

项目＼年份	2001	2002	2003	2004	2005
合　计	219	249	286	307	261
技术入股	30	12	10	10	9
技术转让	50	96	108	108	85
工程承包	38	45	94	34	72
技术服务	101	76	34	94	89
其　他		20	40	43	6

表7-4　　在宁省级工程技术中心工程化成果转化

项目＼年份		2002	2003	2004	2005
合计	项目数	70	455	259	391
	收入（万元）	—	—	33586	59269
技术入股	项目数	33	43	9	2
	收入（万元）	—	—	312	50
技术转让	项目数	17	160	67	41
	收入（万元）	—	—	2898	3754
工程承包	项目数	1	95	83	90
	收入（万元）	—	—	29575	45707
技术服务	项目数	8	108	100	258
	收入（万元）	—	—	801	9758

总之，正是在经济快速发展和市场化改革的背景下，来自市场的技术需求不仅弥补了科研机构经费中政府资金投入的不足，而且极大地推动了科研机构的知识创新活动。即使是科技公共服务平台，面向市场的技术创新服务也得到了快速的发展，从市场上获得的非政府资金已经与

政府提供的资金相当，政府资金与非政府资金从 2003 年的 2∶1，转变到 2005 年的 1∶1，如表 7-5 所示。

表 7-5　　　　　在宁省级科技公共服务平台收入情况　　　　单位：万元

项目＼年份	2003	2004	2005
总收入合计	4378	9430	17464
政府资金	2949	8093	8738
非政府资金	1429	1337	8726

▶▶　（三）南京市科研机构课题研究活动适应面向市场的技术创新需求，形成了知识创新和技术开发相互支持的有序结构

知识创新通常体现在 R&D 活动上。按照定义，R&D 是在科学技术领域，为增加知识总量，以及运用这些知识去创造新的应用而进行的系统的创造性的活动，包括基础研究、应用研究、试验发展三类活动。其中基础研究活动主要指为了获得关于现象和可观察事实的基本原理的新知识而进行的实验性或理论性研究，它不以任何专门或特定的应用或使用为目的。应用研究是为了确定基础研究成果可能的用途，或是为达到预定的目标探索应采取的新方法或新途径。试验发展是指利用从基础研究、应用研究和实际经验所获得的现有知识，为产生新的产品、材料和装置，建立新的工艺、系统和服务，以及对已产生和建立的上述各项作实质性的改进而进行的系统性工作。[①] 在这三种活动中，基础研究和应用研究可以看作是知识创新活动，试验发展可以理解为在知识创新基础上的技术开发和应用。从技术供给角度看，知识创新是源头活水，知识创新活动如果减少，那么后续的技术开发和推广就要萎缩。我们从 R&D 课题构成和课题来源两个方面对南京市科研机构知识创新进行评价。

首先，如图 7-7 所示，南京市科研机构知识创新活动的规模总体上呈逐年上升态势，到 2005 年，R&D 课题数占到总课题数的 60% 以

----

① 参见《中国统计年鉴》对 R&D 的概念界定。

上，应用性课题如 R&D 成果应用、科技服务两类课题占比也接近 40%，单纯的生产性活动课题比重微乎其微。在从图 7-8 关于 R&D 内部各项活动的分布来看，基础性研究课题的占比虽然只有 20% 左右，但是每年呈稳中有升的势头，R&D 中反映知识创新的另一个内容是应用研究，近年来也呈现稳中有升的势头，而且在 R&D 中的占比到 2005 年已超过 40%，这两项加起来在 R&D 中占比接近 80%。这就充分说明了，南京市科研机构技术创新在以市场为导向的前提下，稳住了知识创新的源头，在技术源头上，使得满足市场的技术创新能够可持续地发展。

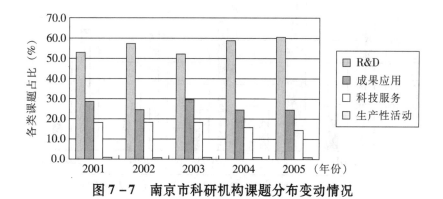

图 7-7　南京市科研机构课题分布变动情况

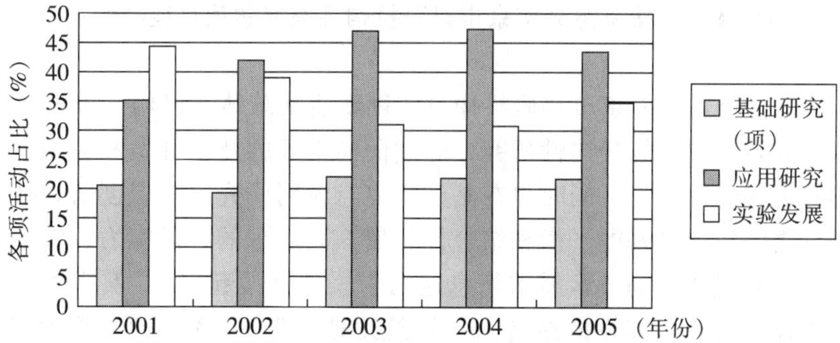

图 7-8　南京市科研机构 R&D 各项活动课题数变动情况

其次，从课题来源来看，我们知道，国家项目和地方项目的设定通常考虑到在中长期科技攻关的重点，由于这项目是由政府资金资助的，所以，即使是应用性课题也是带有技术攻关、应用面广的特征，其科研成果也是技术开发的知识来源。因此，如图 7 - 9 所示，南京市科研机构课题来源中，国家项目占比最高，近年来虽有所下降，但稳定在30% 以上，这说明南京市科研机构科研人员有相当高的研究实力，如果将地方项目加起来，两者比例将接近 60%，这意味着，知识创新在南京市科研机构科研活动中占据主要规模。令人可喜的是，在企业委托课题和自选课题在近年来都呈现上升的势头，这从一个侧面反映南京市科研机构技术攻关能力在增强，知识创新成果转化为技术应用的能力和水平在不断提高。

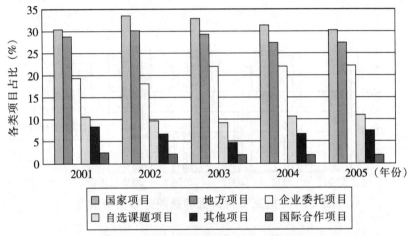

图 7 - 9　按来源分南京市科研机构各类课题项目变动情况

综上所述，南京市科研机构自主创新活动总体上已经从政府主导型研究转变成市场导向性研究，通过面向市场的技术开发和应用，获得充足的经费支持，同时也在基础研究与应用研究、知识创新和技术开发之间实现良好的平衡和结合，凭借其高水平的科研实力，将新思想、新知识和市场技术需求信息这两个渠道连接起来，"实现了技术可能性和市场可能性的结合"，[①] 而这正是专业性研究与开发机构成功素质的体现。

---

　　① 克利斯·弗里曼、罗克·苏特，《工业创新经济学》，华宏勋、华宏慈等译，柳卸林审校，北京大学出版社 1997 年版，第 258 页。

南京市科研机构自主创新模式

人们通常从创新活动的发生和运行过程来界定创新模式，并从技术推动和需求拉动两个角度进行界定。但是，我们从南京市科研机构改制以来所发生的变迁中可以看出，创新主体的行为和激励导向也导致创新活动产生和运行方式的变化。其中一个重要的决定因素就是科研活动生产要素的形成方式，如果科研生产要素形成是通过政府完成的，我们就称之为政府主导型的，如果是通过市场进行的，我们称之为面向市场型的。与别的生产性活动不同，科研活动的要素主要是科研人员和经费投入。科研人员的能力、努力程度和激励水平、经费投入规模和再投入机制等因素就决定了创新能否持续不断地获得成功，只有成功的创新，才是可持续的创新。因此，我们从科研机构研发资源和能力的形成、运行和激励角度对南京市科研机构自主创新模式做进一步的分析。

中国科技体制改制之前，南京市科研机构创新模式与全国其他地区的科研机构一样，都是以政府主导型为主的，其运行过程图 7－10 所示，首先，科研机构通过计划渠道从政府财政获得科研经费，从国立高等院校毕业生分配中获得科研人员。其次，按照科技发展规划展开研究和开发，并根据企业的需要，主要是大中型国有企业的需要，通过一定的试验发展形成相关的产品。由于科技规划的制定通常是超越于市场需求，不仅仅满足于当前市场需求的，而且科研人员有天生的科学家研究兴趣，所以，科研机构研发出来的产品运用到市场的通路是不通畅的，如图 7－10 中的虚线部分。因此，市场中产业发展和竞争的需求信息也不能直接传递到科研机构中去。长此以往，科研机构的研究开发人员的注意力和精力就集中在从政府财政争取科研经费上和学术研究上，再加上中国经济发展实力还没有积累足够的财政收入来养活庞大的科研机构这一实际情况，在政府主导的科研机构创新模式中，科研机构的研究与开发与市场脱节。一方面得不到来自市场对技术投入的回报，另一方面政府财政资金投入紧张，进而阻碍了有才华的专业人才不断地补充到科研机构中去，科研机构的研究力量和规模几乎陷入停滞状态，甚至一部分科研人员流失，使得多年形成的研发模式和经验丧失。

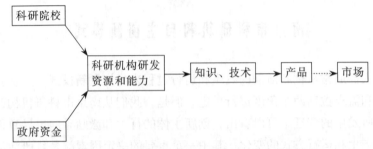

图 7-10　政府主导型的科研机构创新模式

但是，有一种研究机构除外，那就是军工科研机构。政府出于国防的需要，为军工科研机构提供了充足研究经费，同时还养活了一大批为科研活动服务的行政和后勤人员。尽管军工科技机构出现了"办社会"，重复建设过多、生产能力过剩、资源浪费很大、经济效率低下等现象，但是在经费充足的情况下，军工科研机构还是吸收和留住了一大批科技人员，使得这些科技人员所形成的军工研发模式和经验得以维持下去，保证了军工技术能够得到不断地创新。

南京市科研机构在改制后近几年的变化，如上面所述，为我们解释面向市场的创新模式提供了启示。导致科研机构从政府主导型创新模式转变成面向市场型创新模式的主要原因主要是科研机构在政府主导下的发展难以为继，同时市场经济的发育发展激发了对技术开发的大量市场需求，为科研机构创新面向市场提供了动力来源。如图 7-11 所示，在

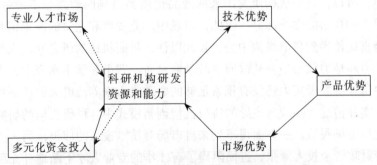

图 7-11　面向市场型的科研机构创新模式

政府推动科技体制"稳住一头，放活一片"的改革后，政府支付的科研人员事业费将更少，并且鼓励科研机构和高等院校参与科研经费的竞争，大部分科研机构面临着强烈的预算硬约束，不得不面向社会，面向市场。

首先，科研机构针对市场对技术开发的需求，发挥自身的人才优势和科研实力，经过 R&D 努力，在同行业竞争中形成技术优势，将技术开发成果转化到产品生产当中，无论是自身组织转化为产品参与市场竞争，还是和已有的生产企业共同转化，都在市场上形成一定的竞争优势，在图 7-9 中如右边环形部分。这可以从表 7-6、表 7-7 的数据中反映出来。从表 7-6 中我们清楚地看到，南京市科研机构在 2003～2004 年的技术合同成交金额在增长，其中技术转让和技术服务的数量和金额增长最为显著，技术开发和技术咨询基本上维持在一定的水平上。再如表 7-7 所示，南京市科研机构在 2003～2004 年无论是发明专利，还是外观设计和实用新型专利都呈现在良好的发展势头。

表 7-6　　　　　　　南京技术合同成交情况

	2003 年			2004 年		
	合同数（项）	合同金额（万元）	技术交易额（万元）	合同数（项）	合同金额（万元）	技术交易额（万元）
合　计	11347	363171	309936	11413	403802	372363
技术开发	4704	242271	207464	4104	225236	206505
技术转让	990	51345	47039	1577	71594	68213
技术咨询	2221	12127	9011	2154	14329	13389
技术服务	3432	57428	46422	3578	92643	84256

表 7-7　　　　　　南京专利申请量与授权量　　　　单位：件

	2003 年		2004 年	
	申请量	授权量	申请量	授权量
合　计	3160	1551	3908	1761
发　明	1263	283	1414	471
实用新型	1249	863	1422	838
外观设计	640	405	1072	452

其次，一旦科研机构凭借其人才优势、技术优势，通过成功的成果转化在市场获得巨额回报时，就会产生一种良性循环的可持续发展机制。

因为，一方面，以专利为代表的知识产权和技术在一定时期内会为科研机构的内在于产品的技术维持一种垄断地位，赚取较高的利润，以此来进一步吸引优秀的专业人才，这带动了专业人才市场的开发和发展，通过人才流动，为整个科研机构造成巨大的外溢效应；另一方面又向社会资金所有者发送了有价值的信号，资金的筹集变得更加容易。如图7-11中的左半部分所示。这些变化在表7-8、表7-9中得到了反映。如表7-8所示，南京市科研机构人员中博士学位获得者的人数在逐年上升，硕士学位人数维持在一个稳定的水平上，而大学本科和专科学历人员则呈逐年下降的趋势。表7-9则列举了科研机构从银行获得贷款的情况，有国家政策性贷款支持的火炬项目和星火项目贷款有下降的趋势，而反映银行的商业贷款的"其他"项目则呈现大幅度的上升势头。

表7-8　　　　南京市独立科研机构人员概况

年份 科研机构人员	2001	2002	2003	2004	2005
博士学位人数（人）	332	365	392	441	450
硕士学位人数（人）	1623	1603	1496	1621	1632
研究生学历人员占科技活动人员比例（%）	11.2	11.4	17	19.2	18.8
大学本科学历人员（人）	7131	7045	4967	1797	4882
大学本科学历人员占科技活动人员比例（%）	40.8	41.1	44	44	43.6
大学专科学历人员（人）	3723	3653	2555	2376	2396
大学专科学历人员占科技活动人员比例（%）	21.3	21.3	23	21.8	21.4

表7-9　　　南京市银行科技贷款概况——按贷款项目类型分

单位：万元

年份 项目	2002	2003	2004
火炬项目	112140	43000	17261
星火项目	21000	153800	17700
其　他	50011	198700	345735
合　计	183151	395500	380696

结合弗里曼和苏特（1997）的研究，我们从南京市科研机构由政府主导型创新转变成面向市场型创新的实践中，对成功的创新可以总结为："一个结合过程，而这种结合首先出现在富有想像力的人的思想中。新设想总是在科学、技术和市场的不断变化和相互影响中凝聚成形。就其本意来说，这个结合过程不是把最初的以闪念中的那些设想结合或联系的过程，更是在整个试验发展工作及新产品或新工艺推出全过程中连续不断地创造性交流。"①

在这个结合过程中，创新主体的行为倾向的差异会形成不同的结合方式，或者说创新模式。下面根据弗里曼和苏特（1997）对影响成功创新的因素的归纳，区分出科研机构的两个创新模式的具体特征，如表7－10所示。

表7－10　　　成功创新的决定因素*：两个模式的差异

	决定成功创新的因素	面向市场型创新模式	政府主导型创新模式
1	开展基础研究或与进行基础研究的机构保持密切的联系	√	√
2	利用专利获取保护，并取得与竞争对手的讨价还价的能力	√	×
3	充足的经费，足够支持长期的研究开发	√	？
4	多元化的经费筹集：政府、银行、风险基金等	√	×
5	比竞争对手研制周期短、投产快	√	×
6	愿意承担高风险	√	×
7	及早而有想像力地发现及证实未来的潜在市场	√	×
8	及早地发现及证实未来的技术前沿	√	√
9	密切关注市场，切实努力了解、培训和帮助用户	√	×
10	能有效地协调研究开发、生产和销售	√	×
11	与外面科学界保持充分的交流	√	√
12	与消费者保持充分的交流	√	×

注：*为这些因素的归纳大部分借鉴了弗里曼和苏特（1997）的研究。

著名的评价技术创新规律的研究项目——萨福（Sappho）项目在对

---

① 克利斯·弗里曼、罗克·苏特：《工业创新经济学》，华宏勋、华宏慈等译，柳卸林审校，北京大学出版社1997年版，第259页。

企业的研究与开发成功因素进行评价时，发现表 7 – 10 中第 2、9、10、11、12 项因素得到了证实。在本章总结的两种创新模式中，除了第 1、8、11 项之外，其他因素在面向市场型创新模式中都受到了关注，而在政府主导型创新模式都没有得到关注。这也就说明了，在政府主导型创新模式中，科研机构在研究与开发基本上是不考虑市场需求和竞争对科研的影响，相反在第 1、8 项上投入了大量的精力。后者如果受到预算限制的话，即第 3 项因素得不到保证的话，那么就会陷入发展困境；反之，仍然可以得到较好的发展，就像目前的军工科研机构一样。

相比而言，在面向市场的创新模式中，科研机构的主要特征是：（1）对市场销售、对用户的教育、宣传，与用户和消费者进行交流，了解用户的需求，以此为创新活动的方向，将自身的人才优势转化成产品和市场优势。（2）科研机构的管理者，无论是科学家还是工程师，都必须有承担风险的意识，要对市场需求变动有敏感性，兼有企业家职能，其中最重要的是筹集和配置科研经费。

应当看到，两个创新模式也是有共同特征的，它们是：（1）开展基础研究或与进行基础研究的机构保持密切的联系；（2）与外面科学界保持充分的交流。这是科研机构作为知识创新者的基本职能。如果科研机构在这方面只是泛泛的，那么即使有强大的市场需求和诱惑，也是无法抓住发展机会的。从这个意义上讲，上面描述的南京市科研机构课题分布中基础研究占据了 1/3 这一数据，就充分说明了南京市科研机构在转向面向市场的创新模式之后，将保持着强有力的发展后劲。

南京市科研机构创新机制：股权激励与产业化机制

为什么在面向市场的创新模式中，南京市科研机构会为产生可持续的创新活动呢？答案无非是作为知识创新和成果转化主体的积极性和创造性得到了源源不断的发挥，这又是一个恰当的激励机制下实现的。在西方新制度经济学看来，企业中最大的激励非属于产权激励不可。在南京市科研机构改制中，大部分技术开发类科研机构实施了民营化，产权制度发生了重大变化，从而激发了科研人员巨大的创新动力。即使是公益型科研机构，通过改制为非营利性机构，产权激励作用也得到了体现，下面具体从两个激励机制展开分析。

▶▶ （一）股权激励

科研机构是与一般的制造业企业在产权配置上是有很大的不同的。一般来说，企业的所有权配置在掌握企业关键性资源的人手上的，对于科研机构的运行来说，资产投入固然很重要，但是它们本身实际上是可以通过市场合约来租用的，国家重点实验室就是起到这样的中介服务功能。这就是说，必须由科研机构自身投入形成的关键性资源不是资产，而是人力资本具有高度专业性的科技人员，正是科技人员独特的知识创新能力决定了科研机构的存在和命运。

因此，科研体制改制的主要目标就是将科研机构的产权配置到掌握科研机构关键性资源的科技人员手上，并且由高水平科技专家来领导关键性资源的使用和发挥。南京市科研机构改制正是遵循着这一思路，而且对于原有的国有资本也采取了开放的态度，允许职工出资购买全部国有资产、部分国有资产和引入社会资本合作创办高科技企业等。总体上，在90%以上的转制单位实现了经营者持大股和技术骨干多持股的股权模式，50%以上的转制单位的经营层和技术骨干的持股比例超过了51%。转制后，最高管理层、技术骨干全部由职工民主推荐、选举产生。在一系列税收等优惠政策的推动下，仅在2000～2003年间，就有26所省属应用型科研院所被陆续推向市场，成立了产权结构明晰的现代企业。"断奶"后科研机构大多很快走出迷茫，迸发出新的活力，在转制科研机构中，已建有国家级重点实验室和工程技术研究中心1个，省级重点实验室7个、科技开发中试基地12个、工程技术研究中心7个，持续创新能力进一步增强。改制后，26家科研机构的科技产业发展迅猛，已有13家建立了产业化基地，2006年技工贸收入超过1000万元的有19家，部分单位收入超亿元，比改制前翻了一番。[1]

---

[1] 《江苏：科研院所断"皇粮"》，http://www.peopledaily.com.cn/GB/keji/1056/2016760.html。

▶▶ (二) 产业化机制

一旦科研机构民营化之后，股权激励对科研人员的作用不仅仅可以获得灵活的人力资本回报，更为重要的是，让科研人员掌握了企业的控制权，参与和组建独立的法人治理结构，因为科研机构这是作为生产经营单位，在满足市场技术需求时常常面临着巨大的竞争压力和不确定性，将控制权配置到科研人员身上，可以极大地激励科研人员承担风险、努力研发、增强与基础研究、科学界和市场用户的交流。在这个过程中，科研人员的专业化人力资本又进一步得以增强，又进一步加强了控制权的功能。

但是，如果科研机构的知识创新及其成果转化只是单纯地入股或提供技术服务，那么科研人员掌握的股权和控制权的激励也将是有限的。因为这难以保证科研机构持续不断的知识创新所需要的巨大的研发费用。这就需要科研机构在将其技术优势转化成产品优势时，努力将产品优势做大做强，形成产业化。只有下游的规模扩大和产业链的延伸，才会对上游，即知识创新和技术开发提出更高的要求，上游的创新活动才能持续不断。

因此，我们将表7-6的数据做进一步计算，计算出各项技术交易在总数中的比重，如表7-11所示，就不难发现，首先是技术咨询占比最小，其交易额只有3%左右；其次是技术转让，其交易额占比不到20%；再次是技术服务略高一些，并有所上升。这三种活动对科研机构来说，产业化空间小，不易形成下游产业或向下游延伸。相比之下，技术开发的产业空间较大，其占比也较大，在50%以上。从这个意义上，可以说，南京市科研机构经过改制之后，形成了产业化的机制，这是这种机制的作用，使得技术交易成交呈现如此的特征。

表7-11　　南京各项技术交易成交情况的比较　　单位：%

	2003 年			2004 年		
	占合同数的比例	占合同金额的比例	占技术交易额的比例	占合同数的比例	占合同金额的比例	占技术交易额的比例
技术开发	41	67	67	36	56	55
技术转让	9	14	15	14	18	18
技术咨询	20	3	3	19	4	4
技术服务	30	16	15	31	23	23

两 个 案 例

（一）在宁的江苏省建筑科学研究院建材研究所①

江苏省建筑科学研究院建筑材料研究所改制而成的科技企业，命名为江苏博特新材料有限公司，专业从事混凝土相关技术的研究和开发应用工作。在混凝土外加剂领域，已形成科研开发、规模生产和专业化技术服务的完整体系。在改制以后，该研究所形成了典型的面向市场的创新模式。

1. 以股权激励人才优势的形成

公司现有在职职工 260 余人，其中工程技术人员 112 名，技师 23 名，具有博士或硕士学位人员 34 名，并拥有享受政府特殊津贴的专家及两届全国人大代表、江苏省"有突出贡献"的中青年专家、省"青年科技奖"获得者、省建筑业"十大科技之星"等科研学术带头人。公司研究中心现有博士后 1 名、博士 6 名、硕士 17 名、教授级高工和高工 8 名、工程师 15 名、技术人员 8 名。到目前为止，公司已建成一支由年富力强的教授级高工、高工、年轻博士、硕士组成的稳定的科研队伍，专门从事混凝土外加剂新产品、新技术的开发研究及现有产品的性能改进与更新工作。

为了最大限度地调动科研人员的积极性，公司转变为了民营股份制科技企业，并且拥有了自主的人事权和决策权。股权激励保证了科研经费投入和提高了收入水平的动力。在自主的人事权保证下，作为现有的持股的科研人员有动力改善科研管理。为此在科研队伍的管理中采用了滚动定位、优胜劣汰的竞争机制，保证科研队伍的高素质。同时，注重

---

① 根据该公司网站（http：//www.cnjsjk.cn/docc/profile.htm）提供的资料和我们实地调研了解的情况写成。

对人才的引进和培养，鼓励年轻同志在专业上继续学习深造，为公司里的每一位同志提供了广阔的成长空间。近年来，公司通过多种方式培养、引进了一批专业人才，形成了一支精干的技术创新型科研人才队伍。在科研项目管理上，实行项目负责制，经常是由年轻人担任项目组长等重要的职务，而包括院长本人在内的知名专家甘当助手。

人才优势的形成除了靠内部的科学管理，另一个重要的方面受到了该公司产品在市场上竞争优势所带来充足的 R&D 经费的支持。据了解，该公司每年在研发上的支出占到了销售产值的 6%。如此高的比例，保证了该公司能够支持科研人员从事基础研究、与基础研究机构和科学界保持密切联系，从而能够及早地发现及证实未来的技术前沿。

2. 技术和产品优势

正是拥有上述人才优势，企业的技术开发才能够在同行业竞争中形成一定的领先优势。公司生产基地 1998 年被命名为"江苏省混凝土外加剂科技开发基地"，2002 年被建设部命名为"混凝土外加剂及建筑涂料产业化基地"，2003 年被命名为"江苏省高新技术企业"。2005 年公司产品被认定为"江苏省名牌产品"，2006 年获"江苏省质量奖"称号。

技术优势形成的关键是知识创新成果能否顺利转化，而且是在该公司自己控制下得以顺利转化，原因有三个：一是由技术路线使然，如果成果转化有另外一个研究所完成，势必会增加协调成本，收益分配出现矛盾；二是成果转化是知识创新的下游，在转化中会对上游研究提出修改和建设性意见；三是成果在转化过程中形成的技术是该项产品的核心技术，直接决定产品能否在市场顺利推广和对利润的控制。为此，该公司将原来的合作单位江宁道路建筑材料厂兼并，变成自己的一个子公司，这样一来，将产品上游的知识创新、中游的技术开发到成果转化、下游的销售、推广各个环节全部一体化在公司内部，充分地将技术开发和市场需求结合起来，实现了产业化，为成功的可持续创新提供了保证。

3. 市场优势

该公司科技产品的使用需要后续的跟踪服务，在提供优质产品的同时，免费派技术人员赴现场进行技术指导，出具施工技术指导书，跟踪技术服务，帮助解决技术难题。为此，公司一批高学历的技术骨干形成中坚力量，将每年新招收的专业人员分派到技术推广和服务，以熟悉该产品的市场需求和应用情况，为日后从事研发提供经验基础。从与用户的交流这一成功创新的重要因素来看，该公司通过及时有效的技术服务，不仅稳住了既有市场，也为开拓新的市场提供了声誉基础。具体的技术服务方式有：（1）技术人员入驻施工现场；（2）提供技术指导资料，公司还成立了专门的客服部，有效解决用户的咨询及投诉，设立客户档案，收集用户意见并及时沟通反馈，确保向顾客提供优质的产品、满意的服务，以顾客为关注焦点，使顾客满意；（3）提供技术咨询。

▶▶ （二）在宁的中国电子科技集团第十四所

该研究所目前已经改组为公司制，产品也都是军民结合，但军品仍占主要的地位。军品的年经济规模达到几十亿元，它的生产任务主要是由解放军总装备部下达的。"十一五"期间，该单位的发展规划是在雷达的探测目标识别与对抗上达到国内领先、国际上有一定知名度的水平。虽然目前军品市场也引入了招投标竞争机制，但是该研究所是雷达技术的国内垄断者，所以，该研究所的创新模式基本上政府主导型的。

即使是在雷达技术民品创新方面，该研究所面临了来自国外厂商的竞争，但是由于技术成熟和开发成本低，仍然具有较强的市场竞争优势。目前该研究所的"军转民"比较顺利，主要的转化产品有：（1）气象雷达，但因其建设周期较长，销售上有一定的困难。（2）空管局的航空管制雷达，目前中国民航市场一般都由外国公司占领，进入较为困难。解决的办法是与国际合作，分包附加值低的产品，但在此过程中该研究所所处地位比较低。（3）自主产品有：港口监视、海边监视等，但其市场容量较小。（4）卫星通信产品，其技术在国内处于领先地位，在国际上有一定的份额。（5）轨道交通建设信号系统方面，是我国定点的两个生产单位之一，产品已经生产出来，有希望在近期内实现突破，主要的困难是没有地方使用，从而无法获得安全资质认证，等等。

根据政府主导型创新模式的特征，该研究所的创新成功是有保证的。原因有以下几个方面：

（1）研究经费相当充足。每年产值的 5% 用于经费的投入，高于国内同行业企业，用于具有市场前景的项目开发。[①] 此外，每年有来自科工委和总装备部的一大笔投入。目前人才优势相当明显，有 3 个院士，研发队伍在经费充足的保证下基本上保持稳定，使得多年来的技术研发经验得以保留，并为未来的技术创新提供了知识基础。

（2）为了改善技术创新效率，该研究所开展了预研制度，对科研项目管理加大激励力度，其中最主要的措施是将项目增加值的 20% 以现金的方式给予课题组由其自由支配。对申请专利成功的单位职工予以一定的现金奖励（1 万元），发表学术论文的单位负责解决相关费用，并同时予以一定的奖励。

（3）在技术形成方面，该研究所注重对国际技术前沿的跟踪，与基础研究机构的密切联系。在 2000 年之前，主要是对国外先进技术引进、消化、吸收再创新，2000 年以后通过自身发展，其技术已达到国际先进水平，同时展开与高校合作（空军雷达学院、上海交大电子研究院）以及不定期的请国内外专家来举办讲座。

但是，目前军品技术市场已经引入竞争机制，大量的军工科技也转向民品科技市场竞争，该研究所虽然已形成了一个成功的技术范式，但是该单位在军品市场上已处于寡头垄断地位，随着竞争加剧，利润空间在缩小。在民品市场上，长期处于政府主导型创新模式下，虽然能够进入民品市场参与竞争，但是由于缺乏企业家才能，缺乏对市场的敏感性和交流，主动搜索需求和用户信息的能力较差，该研究所的民品市场难以开拓，使得该研究所的人才优势、技术优势和产品优势难以转化为市场优势。由于民品市场对该研究所的产品回报，没有对该研究所科研经费投入和科研人员的激励产生直接有影响力的激励，所以，即使该所面临着军品市场的竞争，也不会因此转变成面向市场型的创新模式。

（本章执笔：郑江淮 李晓春）

---

① 这里的市场是指军品市场。

第八章

高新（开发）区：南京自主
创新的载体和平台[*]

"十五"期间，南京市开发区特别是国家级高新区的创新载体作用得到了较好的发挥，是南京市经济发展的一个主阵地。软件、生物医药、电力自动化、精细化工等一批高新技术特色产业基地不断发展壮大，全市近60%的高新技术企业集中在高新区，2005年高新区年技工贸总收入达到2095亿元。南京市各级高新技术产业园区已经成为高新技术产业发展集聚地、经济社会发展助推器，成为促进全市产业结构调整、推进产业升级和转变经济增长方式的新引擎，自主创新的新高地。

自主创新与南京高新（开发）区战略重点的变化

▶▶ **（一）高新（开发）区是区域自主创新的有效载体**

2005年6月，温家宝总理在视察中关村科技园区时说："推进技术进步和增强自主创新能力，是继续办好国家高新技术产业开发区的一项

＊ 本章将高新区和开发区看做自主创新特殊的载体和平台，为行文方便，在标题中用"高新（开发）区"，在正文中除有特殊用途外，一律以开发区代替"高新（开发）区"。在本章的调研和写作过程中，南京市外经贸局，特别是外经贸局开发区处对我们的研究提供了物质和精神两方面的支持和帮助，南京市各高新区和开发区在我们的调研、座谈中也提供了大力支持，在此表示衷心感谢。

重要工作"。当前国家高新区的建设正步入一个崭新的发展阶段，必须承担起新的历史使命，要进一步发挥高新技术产业化重要基地的优势，努力成为促进技术进步和增强自主创新能力的重要载体，成为带动区域经济结构调整和经济增长方式转变的强大引擎，成为高新技术企业"走出去"参与国际竞争的服务平台，成为抢占世界高技术产业制高点的前沿阵地。他将这一过程称为"二次创业"。还指出，必须始终坚持把发展高新技术产业作为根本任务，创造局部优化的环境，大力培育有竞争优势和发展前景的高新技术产业。

开发区对自主创新的影响，从理论上可归结为两个大的方面。

1. 从制度创新能力的角度来看，开发区可以弥补自主创新中两大失效

在对创新资源的配置和整合方面，市场机制是一种高效的机制，但是市场机制的不确定性、随机性和局域性，使得通过政府行为和制度化形式来集成各种创新资源成为必要。特别是对企业的创新来说，政策推动已经成为重要的动力机制。一般来说，企业创新受市场需求的牵引和市场竞争的推动，作为创新主体的企业进行创新的直接动机是在市场竞争中获取最大的利润，有无商业前景也就成为企业选择和评价创新项目的主要依据。完全依赖市场力量配置资源就造成在某些领域市场资源配置的低效或失效，这种市场失效主要表现在一些重要的、长远的研究开发项目和基础性研究、公益性研究和教育等领域很难吸引企业投资。同时，由于追求短期利益的原因，一些企业也不愿意增加研究开发的投入，由此造成这些领域的投入不足，市场在这些领域资源配置的失效。为此，政府从整个社会发展的长远需要出发，必须保证对基础性、公益性研究领域及教育等领域的支持。为了刺激企业增加对 R&D 的投入，政府常常需要在税收、补贴等方面采取激励措施。我国的社会主义市场经济还不是很完善，在某些市场领域内存在市场发育不良等各种各样的问题，在特殊的高新技术产业内，往往也会出现市场机制动力不足甚至失效的情况。在这种情况下，就有必要通过政府的激励政策来有效地刺激和驱动企业技术创新活力。政府的作用不仅是提供政策支持和加强基础设施建设，其职能部门还应当作为介入与其他核心要素相互作用的独立"因子"，并与这些要素一起构成国家创新体系的内核。在这个内核中，政府不是创新行为的直接干预者，而是要在相互作用中实现制度的

创新，保证各要素行为与政府创新目标的统一，实现创新资源的有效配置。自主创新的另一失效是系统失效。系统失效主要表现在整个创新体系内部各类角色之间的相互联系和合作较差，各政府部门间面向创新体系的各种努力缺乏协调，政府研究机构的基础研究和企业的应用研究、技术开发之间不匹配，技术转移机构的作用发挥不好，企业的信息获取和技术吸收能力较差等。为此，政府促进创新网络建设和提高企业吸收能力的政策是解决系统失效的关键。

开发区建立的目的，就是为了有利于区域产业系统规划，为产业发展提供优惠政策，避免重复性投资和恶性竞争，实现地区经济结构的优化和升级；同时为产学研结合提供桥梁，加强创新要素的联系，弥补市场的盲目性和科技创新系统的失效性。

2. 从技术创新能力的角度来看，开发区为自主创新提供了优先发展的场所

（1）开发区具备较强的自主科技创新的资源。开发区科技人才高地效应初显，科技研发投入不断加大，科技自主创新能力逐渐增强。未来科技的竞争，归根结底是人才的竞争。各开发区都坚持以人为本的原则，把人才资源作为第一资源，面向企业建立人才发展基金。通过高新技术企业、工程研发中心、科技孵化器的建设，加强高级人才的聚集。开发区采取定期集市经常化、专场集市特色化、大型招聘规模化、日常查询网络化，并加入了其他省份的人才网和国家教委直属高校毕业研究生就业工作协会，直接面向全国招聘各类人才。此外，有针对性地加大符合区域产业发展要求的海外留学人员，以及创业团队的引进力度。按照"政府引导、企业参与、市场运作"原则，发挥政府对科技投入的引导作用。通过加大科研三项经费及科技计划项目对企业技术创新倾斜力度，鼓励企业增加研发投入，加快建立企业技术研发中心。2005 年，无锡高新区内研发费用达 18 亿元，占 GDP 的 4.7%，列无锡市首位。苏州高新区"十五"期间财政科技总投入达 11 亿元，2005 年科技三项经费占全区可用财力的比例超过 4%。南京高新区十分重视扶持企业自主开发、研制的拥有自主知识产权，目前全区被认定的高新技术企业有 175 家，其中 60% 以上的产品拥有自己的品牌或自主知识产权。2005 年全区专利申请量 60 余件，专利产品实施新增产值 2.3 亿元。

（2）开发区形成了独特的创新组织形式。开发区内形成了多种组织机构、企业并存的现象，外资企业与内资企业在开发区并存是所有开发区的共性。除了内外合作，开发区还出现了产学研一体化的企业，如学校办企业、科研院所办企业，甚至私人办企业。开发区内国有与民营企业、高新技术企业与非高新技术企业、内资与外资企业多种企业组织形式并存的现象，对知识的流动产生了不可估量的影响。开发区独特的创新组织形式是由三方面动力形成的。

第一，开发区建立了产学研一体化的科技创新体系，加速了成果转化和企业孵化。开发区在充分发挥企业在技术创新中的主体作用下，大力培育创新产业集群，加快建设政产学研相结合的技术创新体系。建立科研院所与企业、企业与企业之间的互动创新机制，实现高层次、多渠道的有机结合。鼓励大企业选择重大研发领域和研发项目，在重点领域部署重大科研和应用示范项目，突破关键核心技术，带动一批中小企业按照产业链和技术分工开展研发活动，促进企业创新能力的整体提升和共同发展。引导企业与大专院校及科研院所开展创新合作，有效使用外部技术平台，通过二次创新和集成创新，把南京的基础性科技资源转变为面向市场的新技术和新产品，形成强大的技术创新和科研成果转化能力。

第二，开发区中外研发机构共筑创新平台。开发区积极吸引国外的技术、资金、人才、信息，在开展了多种形式的国际合作与交流，成为高新技术产业国际化的重要基地和对外窗口，把国际化工作贯穿在高新技术成果商品化、产业化的全过程。南京高新区坚持自主创新与对外开放相结合，通过加强国际国内的合作不断提高创新的起点。南京高新区紧紧依托南京地区大学、大研究所、大企业集中的优势，积极创造条件推进产学研相结合，着力引进一批有影响力的研发中心，如韩国三星（中国）研发中心、光宝研发中心等。

第三，充分利用开发区综合资源优势，继续大力引进符合开发区产业要求，具有相当规模的国内企业和研发机构，使更多的优质内资企业与跨国公司的先进科技资源零距离对接，实现学习、消化、吸收再创新。积极借鉴内外资企业成功合资、合作的经验，继续大力促进内资、外资企业嫁接、并购，加快内资企业与世界先进科技资源展开多形式、多领域的合作，在融入发达国家先进技术中学习，在消化、吸收中提高与创新，以此促进民族产业在规模、技术和国内、国际市场竞争力方面的提档升级。

（3）开发区为自主创新提供了较为完善的市场环境。自主创新需要知识和其他要素的自由流动，这就需要有完善的市场环境如技术交易市场、资本市场、人才市场、中介市场等。在未来的发展中，高技术产品市场的前景十分广阔。开发区的建立提供了高新技术商品化、产业化的基地，为自主创新提供了项目的来源和项目开发的动力，也为创新企业和创业者提供了创业的机会。开发区通过各种宽松的政策为高新技术人才的自由流动提供了便利，为区外人才制度的改革提供了经验。开发区积极引进风险资本，为区内创业企业提供了较为开放的资本市场。帮助创业企业解决企业在急速扩展中的产权纠纷问题，为它们的后续发展提供一些实际可行的方法和思路，如帮助企业知识产权评估作价入股或者通过引进外来资本（外商投资、风险资金等）为创新型企业解决产权难题。目前开发区已探索了一条适合国情的高新技术产业发展之路，已成为我国电子信息产业、新材料、新医药、生物工程等新兴产业的主要基地。开发区作为经济和技术开放窗口，弥补了区外尚未完善的市场条件。

3. 从创新的支撑能力的角度来看，开发区提供了创新、创业的环境

国家级高新区、经济技术开发区和一些省级开发区建设了一批科技孵化园、科技创业园和科技产业园（基地）等科技创新载体。放大开发区科技产业园的财富效应及政策优势，倾力把科技产业园打造成产学研相结合的创新基地，正在探讨许多路径。

一是大力推行"一园多校"的模式，千方百计地鼓励和吸引全省和全国有影响的高校带项目入园投资发展，积极帮助有科研成果的高等院校、科研院所寻找产品孵化企业；通过政策激励，推动高校、企业携手入园对接，壮大园区产学研创新基地。

二是提供了融资服务平台。继续通过设立风险投资基金、风险投资公司、创业投资公司和国家、省、市及开发区多项扶持、优惠政策，为科技创业、高校和科研院所与企业对接、实现科研成果产业化、增强企业自主创新能力，提供资金和技术支撑，更快吸引更多留学归国人员入园兴业，加快做强开发区科技产业化基地。

三是提供中介服务平台和生活服务平台。在已形成的服务体系基础上，不断适应企业创新发展要求，积极建立和完善创新服务体系，加强投资、法律、中介、咨询、财务、人力资源等服务体系建设，为企业搞好技术咨询、技术转让、知识产权保护、高新技术企业和产品论证认定、经营策划、创业投资和人才培训等提供全方面服务。大力推进基础设施建设，强化环境整治，美化绿化区域环境，重点加快科技人员公寓、医院等项目的建设。努力在科技人员户籍管理、生活居住、子女入学等方面提供便利，为科研人员提供良好的生活环境和完善的生活配套服务，为创新提供民主、自由的学术空气，营造良好氛围，充分激发科技人员的创新潜能。

（二）高新（开发）区与南京市经济发展

南京市的开发区建设在经历 20 世纪 80 年代的起步，90 年代的蓬勃发展之后，进入了 21 世纪全面提升发展水平的阶段。20 多年来，南京市开发区坚持艰苦创业、锐意进取，取得了令人瞩目的成就，已成为南京市开放型经济发展的新增长极、外商投资的密集区、新兴产业的集聚地和自主创新的先行区。

南京市拥有 9 个省级以上开发区，分别为南京高新技术产业开发区、南京经济技术开发区、江宁经济开发区、南京化学工业园、浦口经济开发区、溧水经济开发区、六合经济开发区、珍珠泉旅游度假区以及高淳农业开发区。1997 年初，经国家批准，国家级南京高新技术产业开发区实施"一区多园"规划，在南京经济技术开发区和江宁经济开发区内分别设立了高新技术工业园，并按照三个园区各自的功能定位，实行统一领导、统一规划、统一政策、统一协调，各园区相对独立发展，形成各自特色，实现优势互补。根据国家科委关于高新技术产业开发区建设的有关精神，针对南京高新技术开发区的实际情况，1997 年 1 月南京市政府决定对原高新区区域规划做出必要调整：在国务院批准的 16.5 平方公里的规划面积内，将南京高新区调整为"一区多园"。调整后的南京高新技术产业开发区以现南京高新技术产业开发区为主体，由现南京高新技术产业开发区（6.5 平方公里）、南京新港高新技术工业园（5.0 平方公里）、南京江宁高新技术工业园（5.0 平方公里）组成。

截至 2005 年底，南京市 9 个省级以上开发区共实现生产总值 565.7 亿元，同比增长 26.4%，比 2001 年净增 410.7 亿元，是 2001 年的 3.6 倍，超额完成生产总值奋斗目标任务。其中工业增加值 494.3 亿元，同比增长 25.1%；工业总产值 2860.2 亿元，同比增长 43.8%；业务总收入 3060.8 亿元，历史上首次突破 3000 亿元大关，指标增幅为 40.4%；财政收入 77.1 亿元，同比增长 24.8%，其中地方一般预算收入 31.0 亿元，实现了稳步增长；税收收入 87.7 亿元，同比增长 34.9%；实现自营出口额 52.6 亿美元，同比增长 45.6%；全社会固定资产投入 285.5 亿元，同比增长 51.6%，其中基础设施投入 49.1 亿元，同比增长 12.4%；全年新批外资项目 356 个，其中千万美元以上项目 189 个，同比增长 12.5%，千万美元以上项目首次超过新批外资项目数的一半，占比达 55.6%；完成协议注册外资 34.1 亿美元，实际到账注册外资 10.4 亿美元，同比增长分别为 7.0% 和 -23.5%，占全年市总量的 62.8% 和 51.8%，详见表 8-1。

"十五"期间南京市开发区对南京市经济发展的贡献度大幅提高，2001 年 9 家省级以上开发区生产总值、财政收入、固定资产投入、出口额占全市比重分别为 13.4%、27.9%、11.6%、7.4%、13.6；到 2005 年，这几项指标占全市比重分别上升到 24.2%、46.3%、15.5%、20.5%、37.6%。2001 年 9 省级以上开发区协议注册外资和实际到账注册外资占全市比重分别为 44.9%、34.4%；到 2005 年，这两项指标占全市比重分别上升到 62.8% 和 51.8%。南京市开发区已经成为推动南京经济发展的火车头。

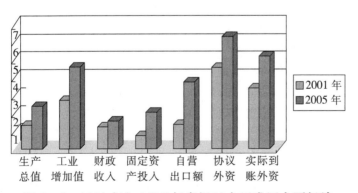

**图 8-1　2001 年与 2005 年省级以上开发区主要经济
指标业绩占全市比重对照**

表8—1

2005年南京市省级以上开发区经济运行情况

单位	生产总值（亿元）		地方一般预算收入（万元）	自营出口（万美元）	业务总收入（亿元）		全社会固定资产投资（亿元）		财政收入（万元）		税收收入（万元）	
	实绩	同比增长（%）			实绩	同比增长（%）	实绩	同比增长（%）	实绩	同比增长（%）	实绩	同比增长（%）
总计	565.7	26.4	309959	525553	3060.8	40.4	285.5	51.6	770559	24.8	876546	34.9
南京高新技术产业开发区	125	14.9	63054	25047	602.1	15.3	28.7	101.9	154861	12.4	331169	26.9
南京经济技术开发区	116.3	46.1	80420	288659	1068.7	68.1	45.2	61.5	184357	11.7	174302	13.1
江宁经济开发区	145.6	26.4	93515	177305	551.1	19.1	88.2	28.6	270916	29.8	229723	75
南京化学工业园	110	18.2	9515	465	531.1	49.5	42.2	59.1	19200	—	9515	—
浦口经济开发区	15.7	30	30360	7522	82.5	25.0	6.7	3.1	52310	41.4	45250	22.3
溧水经济开发区	21.6	35	14003	3477	89.9	55.0	25	78.6	32736	17.3	32044	14.9
六合经济开发区	15.1	35.7	41102	18636	81.1	99.7	31	69.6	41629	51.7	39993	53
珍珠泉旅游度假区	0.149	-12.6	0	0	0.287	-20.3	0.485	19.6	312	-10.9	312	-10.9
高淳农业开发区	16.2	39.5	8350	4442	54.1	38.6	18	52.6	14238	59.1	14238	59.1

▶▶ **（三）高新（开发）区是南京市实施自主创新战略的先行区**

创新是一个涉及企业、政府、研究机构、中介机构等多个主体的复杂行为过程，需要各主体之间建立密切的联系，因此，南京市需要一个能增进各主体之间联系的载体来全面贯彻实施自主创新战略。无论从理论还是从国内外增强自主创新能力的经验上看，开发区都是一个能够将各创新主体有机连接起来的特殊区域，是实施自主创新战略的重要载体、是创新动力的策源地。

南京市开发区的经济增长方式在建区之初主要是生产要素驱动型，把引进外资、发展外向型经济作为经济发展的主要动力源。然而，近年来，开发区引进外资的形势有所减缓甚至出现了负增长。2005 年，南京市 9 个省级以上开发区尽管协议注册外资达到 34.1 亿美元，而实际到账注册外资仅为 10.4 亿美元，同比增长 -23.5%，出现了历年以来最大的降幅。"十五"期间，9 家省级以上开发区利用外资两项指标自 2002 年以来增速逐年下降。协议注册外资方面，2004 年从 2002 年、2003 年的 3 位数增长下降到 2 位数增长，2005 年则达到"十五"期间增速最低点，为 7.0%，实际到账注册外资方面，2003 年增速从 2002 年的 3 位数降至 2 位数，2004 年降至 1 位数，2005 年则出现 2 位数负增长。

在南京市的政策引导下，开发区逐步发展、逐步调整，目前正在由建区之初的生产要素驱动型向创新要素驱动型转变。"十五"期间，南京市开发区发展迅速，完善的配套服务设施基本形成，产业形成体系，在南京市经济发展与转变增长方式中载体和支撑点的地位业已确定。伴随着开发区科技经济的快速发展，一支包括科技企业家、科技研发人才和开发区管理专家在内的科技产业化大军已经形成，一批有竞争力、有创新活力的高新技术企业茁壮成长，开发区特别是高新区正在成为名副其实的高新技术产业基地，在"十一五"期间必将承担起南京市实施自主创新战略的先驱力量。

南京市高新技术企业按区域分布，国家级高新区集中了近60%的高新技术企业。高新区"一区多园"发展态势良好，已成为全市高新技术产业的集聚地、区域经济的发展极、高新技术产品出口的大本营，逐步成为技术创新的主要基地，成为促进全市产业结构调整和经济发展的重要动力。2001～2005 年，高新区实现技工贸总收入分别为 607.4 亿元、884.6 亿元、1084.5 亿元、1625 亿元和 2090 亿元，同比增长 17.7%、45.6%、22.6%、50.6% 和 55%。高新区高新技术产业发展总量不断提升，已形成电子信息、生物医药、化工新材料、光机电一体化四大高新技术产业群体。

南京高新区实施高新技术项目 200 多项，其中火炬计划和"863"计划项目 40 余项，已成为国家"863"计划和火炬计划项目的产业化基地，形成了以软件研发、集成电路、光电子为主的电子信息产业，以生物工程、生物制药为主的生物医药产业，以工程塑料、高分子材料为主的新材料等高新技术产业群体。

江宁高新科技园已形成了科技含量高、市场前景好、具有自主知识产权的五大产业集群。一是以爱立信为龙头，软件与系统集成、新型元器件为支撑的电子信息产业集群；二是以意大利菲亚特、晨光森田为代表的汽车及配套产业集群；三是以南瑞继保、国电南自等为主导的继电保护产业；四是以通用磨坊、旺旺为典型的食品及饮料产业集群；五是以 TOTO、英红彩瓦为主体的新型建材业集群。

新港高新技术园已成为全国平板显示产业最大的生产基地和生物医药、新材料积聚地。科技园以产业链招商，加快平板显示产业集聚，一方面加快龙头项目增资，另一方面着力引进新的配套项目。

二、

南京高新（开发）区自主创新的路径

高新技术产业开发区作为一种新型的科学和工业相结合的社会组织形式，在发展高技术产业，带动区域经济发展方面起了重要作用。它是建设创新型城市的策源地，是市场经济和科学技术密切结合的示范和对外开放的重要窗口。高新区的创新能力推动了高新技术成果商品化、产业化和国际化的速度与质量。高新区发展也是对熊彼特的创新概念"生产要素的新的组合"最精彩的诠释，高新区正是站在创新资源配置的高度，融技术创新与制度创新于一体，抓住了创新的本质和创新的经济特征。

高新区创新能力，是指在市场机制的作用下，众多不同创新行为主体广泛参与和相互作用，对创新资源进行创造性集成，形成具有竞争力的高新技术产业的能力。这种创新能力可以分解为技术创新能力、制度创新能力和支撑条件创新能力。技术创新能力是创新的最主要的形态，技术创新能力是创新能力结构系统中最核心的一种能力要素。制度创新是形成和建立新的制度体系，以促进各项创新要素形成最有效的组合方式。因此，制度创新能力是创新能力结构系统中的基础能力要素。支撑条件创新能力要素是对园区创新活动影响最大的环境背景要素，是园区创新能力结构系统中的基础要素。

高新区区域创新能力结构系统中，制度创新能力、支撑能力与技术创新能力之间是一种支持关系，即制度创新能力、支撑创新能力对技术创新能力起基础、保障和支持作用。高新区高技术产业的竞争能力的提高最终是以技术创新能力的提高为支撑的。只有技术创新能力的不断提升，高新区才能形成一代又一代的高技术产品；才能形成持续的、具有竞争力的高技术产业。因此，技术创新能力是高新区区域创新能力的核心要素，在区域创新能力结构体系中发挥着不可替代的关键作用。

技术创新能力在很大程度上体现了集成创新能力，但在集成创新中最大的推动力是有效的制度安排。有了新的制度安排，新的技术才有可能出现和产业化。技术创新能力要素与支撑创新能力要素要形成良性互动，形成最有效的运作方式和实现最有效的组合，必须形成符合高技术产业化规律的制度创新体系。只有形成以产业政策创新为保障、园区管理创新为手段、激励机制创新为基础、企业内在机制创新为核心的制度创新体系，才能不断提高中国高新区区域创新能力。因而，制度创新能力成为高新区区域创新能力结构系统中的保障要素。支撑创新能力要素不仅为园区创新活动提供了创新资源、为园区在更高层次、更大范围内实现创新资源的创造性集成提供了可能，而且从观念、人文环境等方面深刻影响着园区创新资源组合与运作的方式，从而最终影响和制约着科技园区整体区域创新能力。因此，在中国高新区区域创新能力结构系统中，技术创新能力、制度创新能力和支撑

215

创新能力相互作用、相互支持，三种能力缺一不可，共同构成了区域创新能力。

▶▶ （一）开发区技术创新能力的形成与评价

技术创新是创新的重要形态，技术创新能力是创新能力结构系统中最核心的一种能力。在高新区，这种技术创新能力的结果集中反映在高新技术产业发展上。技术创新能力形成的重要路径，是产业集聚以及与之相应的产业组织创新。因而从产业集聚水平以及高新技术产业组织的特点来分析南京市高新区技术创新能力应是一条合适的研究路径。

1. 南京市开发区产业集聚情况评价

产业集聚程度，可以从产业集聚的经济效益以及产业集聚产生的竞争优势，来观察和衡量该产业的技术创新能力。

（1）南京市开发区主导产业的分布情况。研究发现，南京市开发区的主导产业主要集中在高新技术产业领域，主导产业的经济贡献率平均约达到80%，主导产业的经济贡献率较高，详见表8-2。

表8-2　　　　　　　　2005年南京市开发区产业结构

开发区名称	主导产业名称				主导产业增加值（万元）	工业增加值（万元）	主导产业增加值/工业增加值（%）
南京高新技术产业开发区	电子信息	光机电	化工新材料	生物医药	992276	1125313	88.18
南京经济技术开发区	平板显示	生物医药			999047	1054654	94.73
江宁经济开发区	电子信息	汽车	电器机械及器材		736566	1180338	62.4
南京化学工业园	石油化工	医药			167055	195466	85.46
南京浦口经济开发区	生物医药	电子	纺织		83048	118640	70.00

开发区名称	主导产业名称			主导产业增加值（万元）	工业增加值（万元）	主导产业增加值/工业增加值（%）
溧水经济开发区	汽车零部件	食品	医药	155200	189627	81.84
高淳外向型农业综合开发区	医药、新材料	新材料	食品	96187	117301	82.00

注：江宁滨江经济开发区、雨花经济开发区、栖霞经济开发区是刚建立，尚出于开发状态；南京六合经济开发区数据不全，在此不作为研究对象。

资料来源：根据《南京市开发区年报（2005）》整理获取。

（2）科技力量的评价。科技环境是产生科技成果的必要条件，也是高新技术产业形成和发展的基础。结合开发区高新技术企业集聚规模（表8-3、表8-4）、开发区的研发能力（表8-5）和开发区人才力量（表8-6）三方面对南京市开发区的科技力量进行综合评价。

截至2005年底，全市累计有市属高新技术企业686家。按区域对高新技术企业划分，了解开发区内的高新技术企业的聚集情况。

表8-3　　　　　2005年南京市高新技术企业按区域分布

名　　称	高新企业数（家）	所占比例（%）
南京高新技术园区	376	54.8
浦口高新区	167	24.3
江宁高新科技园	107	15.6
新港高新科技园	97	14.1
南京精细化工产业基地	5	0.8
城　　区	159	23.2
郊　　县	151	22.0

表8-4　　　　　2005年南京市部分开发区高新技术企业

在当地郊县分布

开发区名称	高新企业总数（家）	区内高新企业总数（家）	区外高新企业总数（家）	区内高新企业所占比例（%）
浦口经济开发区	28	15	13	53.57
六合经济开发区	13	13	0	100
溧水经济开发区	18	9	9	50
高淳经济开发区	22	12	10	54.55

表 8-5　　　　2005 年南京市部分开发区内高新技术企业比重

开发区名称	企业总数（家）	高新技术企业（家）	高新技术企业比重（%）
南京高新技术产业开发区	183	175	95.63
江宁经济开发区	216	102	47.22
浦口经济开发区	65	13	20

表 8-6　　　　　　2005 年南京市开发区专业技术人员情况

开发区名称	期末从业人数（人）	各类专业技术人员数（人）	各类专业技术人员数比重（%）	均值（%）	中值（%）	最大值（%）	最小值（%）
南京高新技术产业开发区	28886	9570	33.13				
南京经济技术开发区	32190	11267	35.00				
江宁经济开发区	72237	6962	9.64				
南京化学工业园区	29560	7730	26.15				
浦口经济开发区	11658	720	6.18	19.61	19.52	35.00	6.18
溧水经济开发区	26000	2380	9.15				
六合经济开发区	17811	2091	11.74				
高淳经济开发区	29314	7621	26.00				
合计	247656	48341	19.52				

资料来源：根据《南京市开发区年报（2005）》和《南京市高新技术产业化工作年度报告（2005）》整理所得。

从表 8-3、表 8-4 高新技术企业区域分布情况来看，高新技术产业开发区已成为高新技术企业集聚的地方，也是南京市高新技术力量的主要策源地。高新技术产业开发区的高新技术企业数占全市的 54.8%，各经济开发区的高新技术企业数也占当地郊县高新技术企业总数的 50% 以上。

表8-5、表8-6分别从高新技术企业在区内企业数中所占比重以及从业人员素质两个角度考察开发区内研发水平，两者都证明了开发区内的企业的科技含量较高，科研水平总体高于区外的实际。

表8-7是从两个典型样本（高新技术产业开发区、江宁经济开发区）来研究南京市开发区的科技水平的整体面貌。样本分别从科研人员占全体职工的比重、R&D投入及R&D投入占销售额的比重都显现了南京市开发区的技术创新能力较强。同时也明显的看出，经济开发区与高新技术产业开发区之间还存在一定的差距。

表8-7   南京市部分开发区科技投入情况

开发区名称 \ 科技投入类别 年份	开发区企业科研经费的总投入（万元）	科研经费的总投入占销售收入比重（%）	大专以上人数占总就业人数比（%）	研发人员人数占总就业人数比（%）
南京高新技术产业开发区 2003	150167	6.6	38.68	15.73
2004	200383	6.1	40.42	21.93
2005	256910	6.7	47.46	27.84
江宁经济技术开发区 2003	78952	2.32	32.79	6.27
2004	106327	2.58	31.57	7.28
2005	129734	2.76	33.04	10.05

资料来源：根据实地调研的问卷整理所得。

综上可见，开发区通过产业集聚、企业集聚和人才集聚，为创新型经济创造了良好的条件和环境。

2. 南京市开发区产业组织水平评价

高新技术产业由于具有价值链长的特性，对高新技术企业间的分工协作提出了较高的要求，也为新企业的进入创造了很大空间，通过产业间的关联效应，促进了技术创新。开发区内高技术产业对技术水平的高标准需求，决定了大学院所技术研发优势对企业的强大吸引力。企业通过针对大专院校、科研院所的委托研发，以技术入股形式联合成立企业、共建联合实验室和人才培养等战略投资与研发投入的方式，将企业内的资本和科研机构内的技术要素结合起来，从而形成科技投入、凝聚人才、创造知识产权、成果应用和管理创新的主体。投资者通过提供风险资本为创新企业提供了创业的资金。政府系统的产业规划以及宽松优惠的政策条件和高效率的服务，为技术创新降低了门槛。这种以技术研发、人才培养、资本关系以及生产合作等方面为纽带而开展的多领域合作，可以为高校和研发机构的研发及智力资源充分应用，为高新技术企业间的分工协作、创新创业提供桥梁。开发区这种政产学研相结合的技术创新体系，促进了开发区形成多种企业形式并存，促进了开发区经济和科技的发展。

外资企业与内资企业在开发区并存是所有开发区的共性（见表8-8），这种并存不仅为经济发展提供资金，同时还带来了新的技术和新的经营模式。其中，中外合作、中外合资企业是开发区与国际交流的重要的桥梁（见表8-9）。除了内外合作，开发区还出现了产学研一体化的企业，如学校办厂、科研院所办厂，私人办厂。开发区内国营与民营企业、高新技术企业与非高新技术企业、内资与外资企业多种企业组织形式并存的现象，对知识的流动产生了不可估量的影响（表8-10）。开发区高新技术产品重要技术主要来源于企业自有技术、国外技术、科研院所、大专院校、其他企业五个方面，如图8-2所示。南京高新区是南京创业创新企业最活跃的区域，企业的自主创新能力较强，企业自主技术是高新技术产品技术的主要来源，约占80%，与外界合作的技术约占技术来源的20%。江宁经济技术开发区是南京较为成熟的经济开发区，区内高新技术产品中技术来源于企业自有技术的占58.1%，来源于与外界合作的技术占41.9%。综上所述，开发区的产学研一体化的科技创新体系，以及企业间合作的组织形式，为技术资源的流动提供了各种可能和便利，为开发区的创新创业能力的提升提供了平台。

表8-8　　　　　　　2005年开发区外资与内资共存情况

开发区名称	外资企业数所占比（%）（2001年起）	2005年外资企业的新增速度（%）	内资企业数所占比（%）（2001年起）	2005年内资企业的新增速度（%）	期末世界500强入区投资企业数（家）
南京高新技术产业开发区	14.22	35.00	85.78	13.32	12
南京经济技术开发区	25	21.84	75	15.43	32
江宁经济开发区	47.97	33.42	52.03	5.23	22

续表

开发区名称	外资企业数所占比（％）（2001年起）	2005年外资企业的新增速度（％）	内资企业数所占比（％）（2001年起）	2005年内资企业的新增速度（％）	期末世界500强入区投资企业数（家）
南京化学工业园区	61.05	56.76	38.95	34.55	7
浦口经济开发区	31.48	28.79	68.52	25.00	0
溧水经济开发区	35.19	29.49	64.81	102.17	0
六合经济开发区	25.77	39.39	74.23	22.69	2
高淳经济开发区	31.37	48.15	68.63	31.58	0
均　值	34.00	36.61	66.00	31.25	9.38

资料来源：根据《南京市开发区年报（2005）》整理所得。

表8-9　　2005年南京市部分开发区外资与内资企业并存情况

单位：家

开发区名称	企业总数	外资企业	内资企业	合资企业
江宁经济开发区	216	55	129	32
浦口经济开发区	65	24	39	2
南京高新技术产业开发区	183	40	134	9
合　计	464	119	302	43

表8-10　　2005年多种企业形式并存对知识流动的贡献

开发区名称	高新技术产品种数	高新技术产品重要技术来源				
		国外技术	科研院所	大专院校	企业自有技术	其他企业
江宁开发区	186	32	18	16	108	12
南京高新技术产业开发区	200	15	2	3	162	18

资料来源：根据实地调研的问卷整理所得。

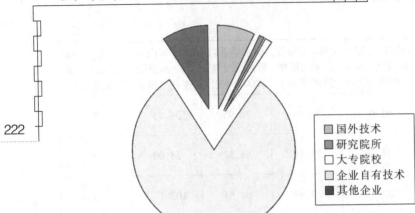

图8-2 南京市高新技术产业开发区高新技术
产品重要技术来源比例

▶▶ **(二) 制度创新能力的评价**

制度创新形成和建立新的制度体系，以促进各项创新要素形成最有效的组合方式。南京市开发区的制度创新能力表现在政府政策导向能力的提高以及对开发区发展模式的探索两个方面。

1. 政府政策导向能力的提高

(1) 政府对开发区进行了产业体系的系统规划。表现在，抓住国际产业资本向中国长三角转移的历史机遇，充分发挥开发区国际品牌众多、特色产业优势明显的长处、引进有足够牵引效应的核心项目，组织产业链接和延伸，促进以消化吸收为主要形式的二次创新。在此背景下，南京市实行对各个开发区"错位发展、有序竞争"的产业规划引导，有的放矢地构造产业积聚板块，促进进区企业在人流、物流、信息流等方面高频互动中加快集成创新。开发区的产业规划不仅有利于形成各自的产业主导方向，有利于实行开发区功能定位、项目定点和招商定向，而且有利于有限的人力、财力、物力得到集约化利用。

从2002年起，市开发区主管部门就大力倡导不同开发区之间实行错位发展，有序竞争，各开发区纷纷对自己的区域的产业进行了规划。

根据开发区功能定位，各个开发区都将招商引资的主攻目标瞄准以世界500强为代表的跨国公司大型、特大型项目，并且注重其核心项目的纵向延伸和横向协作。抓住发达国家产业技术研发中心扩散转移的新趋势带来的机遇，充分发挥开发区载体和国际跨国龙头企业及特色企业的优势，大力引进更多世界先进科技资源，实现全方位、多领域释放国际先进技术的溢出效应。

举措之一是，千方百计引进外资研发项目。目前世界500强有19家已经在南京开发区落户，共投资45个项目，其中超亿美元的13个。如南京化工园依托29亿美元的扬子巴斯福项目，形成了乙烯、醋酸、氯碱三大系列，各系列内部产品互为市场，有利于循环经济和资源高效利用，各系列之间也存在产品与技术的合成。为巩固和扩大市场份额，跨国公司大项目一般具有当代先进技术，且具有不断强化的机制。

举措之二是，千方百计引进高新技术项目。围绕开发区特色产业，大力引进高新技术项目的同时，按照"做强中端、争取上游、扩大终端"的思想，突出抓好代表当今世界领先水平的产业的扩张升级，加快龙头项目增资步伐和基地建设，着力引进一批产业核心技术的上游高科技项目和终端产品企业，建立产业基地。南京经济技术开发区抓住韩国LG公司，以良好服务增强外方投资、增资信心，先后成立了LG同创、LG飞利浦模组、磁性材料、PDP和LG化学项目，被国家批准为国家级电子显示基地。在LG第四代、第五代产品的基础上，有可能延续至第八代，上述项目有利于本土企业对核心项目的协作配套，也有利于利用核心技术外溢。

举措之三是，千方百计的"腾笼换鸟"。具备条件的开发区认真梳理已建和未建的项目，对投资强度低、产出小、技术含量低、不符合开发区产业发展方向的项目，全面整合、清理、腾出空地，引进更多的高新技术项目，进一步优化和提升开发区产业质量层次。通过引进项目、高新技术项目和"腾笼换鸟"，努力把开发区打造成外资研发机构和高新技术企业的集聚区，世界先进科技资源的精品板块。

（2）为开发区创新企业和创业企业提供强力的政策支持。

其一是，认真落实《国家中长期科学和技术发展纲要若干配套政策》、《高新技术开发区技术创新纲要》，省政府《关于鼓励和促进科技创新若干政策的通知》和省四厅三局《关于鼓励外商投资设立研发机构的若干意见》、《江苏省高新技术特色产业基地建设工作纲要》。

其二是，南京市先后出台了一系列强化开发区建设的文件，如工程招标、人员出入境、年度考核、减免行政事业性收费等方面，是对省人大《江苏省开发区管理条例》、政府 11 号、65 号文件的补充和完善，有利于开发区综合竞争力的优化。

其三是，在公共平台、特色集群、研发中心建设、财税支持等方面多做实事。2005 年以来，南京市先后出台了《关于增强自主创新能力，加快建设创新型城市的意见》、《关于印发南京市科技发展"十一五"规划纲要的通知》、《南京市高新技术产业化工作实施意见》、《南京市进一步加快软件产业发展若干政策的通知》等，在扶持企业做大做强、推动科技创新国际化、强化人才激励和培养、加快基地建设、创造良好发展环境等方面都有一些实质性优惠和支持。

在支持创新企业和创业企业方面，政府积极地进行财政支持的探索，如通过地方财政收入留成返还给企业的方式，为中小企业提供贷款担保等来加大科技投入的强度（表 8-11）。南京市高新区每年都排出扶优扶强计划，加大了技术创新的投入，设立了 5000 万元的创业风险基金，并与境内外多家风险投资公司建立了合作关系。2005 年投入 3000 多万元资金扶持企业自主创新。2006 年还将设立 4000 万元"科技创新资金"，同时分别拿出 3000 万元软件产业发展基金和 3000 万元生物医药产业发展基金，与国际产业背景的风险投资基金合作，构建高科技产业风险投资平台，促进高新产业发展。

表 8-11　　　　南京市部分开发区的科技投入情况

开发区名称	年份	当年科技投入扶持资金的总额（万元）	当年扶持的企业数（家）	扶持企业的累计数（家）	当年扶持的最大强度（万元/项）	当年扶持的最小强度（万元/项）	当年企业产品销售收入（万元）
南京高新技术产业开发区	2003	2879	58	58	147	0.9	—
	2004	1806	35	93	171	0.3	—
	2005	5578	68	161	1380	0.3	—
浦口经济开发区	2003	148	7	17	50	5	49800
	2004	929	9	26	800	5	45986
	2005	523	6	32	200	5	25650

资料来源：根据实地调研的问卷整理所得。

研究发现，从扶持的力度来看，科技投入总量持续上升；从扶持的强度来看，平均每个项目投资额也呈现上升趋势，投入力度相当大，最小投入也能基本满足企业研发的基本需求；从投资的效益来看，投入与产出效益比达到1：145，科技投入的效益较高。这说明了政府对科技的投入不再是盲目非理性的投资，而是有针对性的投资，科技投入更注重的是内容和实际的绩效，而不是流于表面文章。

2. 开发区发展模式的探索

（1）实行"一区多园"，放大国家级高新区政策优势，加快与相关开发区区位优势、产业优势的互补与对接；同时抓好各个主力开发区科技创业中心和区内的"一区多园"建设，强化各类科技创新平台，形成各具特色的创新支点。1997年，市政府争取到国家科委同意，对浦口国家级高新区实行"一区多园"，有利于高新技术吸纳和研发的政策扩展到当时的新港开发区和江宁开发区。在此基础上，上述开发区也同时实行区内的"一区多园"。江宁开发区在本部成立国家高新技术工业园和科技创业中心，在方山地区开辟江宁科学园，在禄口地区开辟华商科技园。其中科技创业中心累计孵化高技术项目83个，成功率93%，目前在孵化32家，在科学园新设置的5.3万平方米创业中心即将投入使用。新港开发区利用在上海证交所成功上市"南京高科"，募集社会资金的基础上，设置高新技术项目风险投资资金，先后设立高新技术产业园、韩国科技工业园、高校科技工业园、生物医药工业园等10个各具特色的孵化创新载体，各类研发单位200多个，申报专利500多项，有高新技术企业150多家，高新技术产品300多种，高新技术产值近80%。2003年，新港开发区由于业绩突出，从省级开发区升格为国家级开发区，综合发展指标列全国前10位。经省委、省政府批准，江宁开发区也享受国家级开发区经济管理权限。开发区与高新区同处于一个产业发展圈，区划调整后，高新区与开发区的新型关系，使得两者地缘上的优势变得现实而可利用，在招商引资、特色产业发展、优惠政策嫁接等方面将会极大惠及开发区。

（2）实行"一区多校"，组织产学研对接新体系，为主力开发区提升创新能力，给特色创新基地提升综合竞争力，促进开发区以自主知识产权转化为基本形式的原始创新。与南京城市建设总体规划相匹配、与开发区快速成长相呼应，在一些经济技术发展和产业集聚较迅速的开发区周边，同样迅速地集聚起一些高等院所。这主要是与南京高新技术开发区、浦口经济开发区相近的江北高校积聚区，与南京经济技术开发区、栖霞经济开发区和龙潭保税物流中心相近的仙林高校积聚区，以及与江宁经济开发区相近的方山高校积聚区。与包括南京大学、东南大学、南京航空航天大学、河海大学、中国药科大学、南京师范大学、南京工业大学、南京医科大学等几十所高校相毗邻，不仅有利于为各级各类开发区进区企业提供高端人力资源支持，构筑专业人才制高点，从而增强开发区吸纳国际产业资本的转移所带来的技术辐射和外溢效应，而且将依托高校两院院士及其领导的创新群体深邃的自主研发，为开发区提供多种项目储备、技术储备，达到相得益彰的双赢。如江宁开发区先后建设了江南文枢苑、高级专家园、电子信息人才市场，吸引院士、江苏"333"培养对象、长江学者计划的学科带头人入驻，改善了开发区周边环境，增强了对跨国公司投资项目的吸引力。浦口经济开发区则已经形成包括培训、研发、生产、营销一条龙配套协作的食品与生物医药产学研体系，2004年，浦口经济开发区由科技部火炬中心批准为国家生物医药基地。

（3）加强专业园区建设，打造特色产业集群是发挥产业专业分工效应、提高资源集约利用水平、强化企业根植性、增强区域学习和创新能力、打造区域品牌效应的有效途径。开发区内设立的专业园是以创新企业为核心，通过提供专业的孵化器、专业的加速器、专业的配套设施、专业的科研机构、专业的第三方服务来加速企业发展，形成优势细分、产业集群的一种产业组织创新。专业园中企业关系并不是简单地根据最终商品买卖所形成的商业关系，而是基于技术层面、人才层面互动所形成的共生链条，并且由此形成强烈的区域创新氛围。南京市在高新技术特色产业基地建设方面，着力打造软件、生物医药、电力自动化、精细化工等高新技术特色产业基地（表8-12）。

表8-12　　　　　　　南京火炬计划特色产业基地概况

产业基地名称	批准时间	园区2005年总收入（亿元）	入园区企业数（家）	骨干企业数（家）
南京精细化工产业基地	2005	30	20	5
江宁电力自动化产业基地	2004	45	41	5
浦口生物医药产业基地	2004	19	20	6
南京软件园	2000	52	220	10

①软件专业园发展。软件是信息产业的核心，是信息化的基础和关键，在经济建设和社会发展各领域中的应用越来越广，普及程度越来越高。同时，软件产业对于优化国民经济的产业结构，提高经济运行质量具有极为重要的作用，是推进国民经济信息进程的战略性产业。"十五"是南京软件产业快速发展时期，对国民经济和社会信息化的推动作用进一步加大。从 2001～2005 年，南京软件产业年平均增长速度高达 50% 以上，2005 年南京软件产业规模达 166.1 亿元，软件从业人员超过 3.5 万人，软件企业达 800 家以上，其中经认定的软件企业 400 家。2005 年，江苏软件园、南京软件园，玄武区、雨花台区、江宁区都提出并抓紧实施软件基地的建设规划，两园多基地的软件产业发展格局初步形成（见表 8-13）。目前，各软件产业基地共有建筑面积 114.96 万平方米，已有 61.65 万平方米已入驻企业。各软件产业基地共有软件企业 771 家，占全市的 87%，进驻开发区的软件企业占全市的 60% 以上，其中电力软件、电信软件产品已经占有国内市场的 50% 和 30%。南京软件园占总地面积 1.2 平方公里，一期 0.5 平方公里已建成，绿化率达 1/3。目前，园区总建筑面积近 6 万平方米，入驻企业 200 家，其中通过双软认定企业 74 家。江宁软件基地 2005 年实现软件收入 20 亿元，入驻企业 80 家，通过双软认定企业 31 家，软件产品登记数 90 个。目前可用于软件研发的建筑面积达成 2 万平方米。2004 年南京软件园的区位商 LQ① 达到 1.28，大于 1，说明南京软件园软件产业有比较优势，供给能力强于需求能力。2005 年南京软件园软件产业发展呈增长趋势，实现销售收入 55 亿元，约占南京市软件产业销售收入的 33%，软件出口总收入 3000 万美元，年纳税总额 35001 万元。

表 8-13　　　　　南京市各软件产业基地建设情况

软件产业基地名称	已有建筑面积（万平方米）			规划建筑面积（万平方米）
	总面积	已用面积	可用面积	
南京软件园	5.75	5.75	0	18
玄武区（含江苏软件园）	55.73	20.4	35.33	54

①　此处的区位商的公式为：

区位商 LQ =（专业园区的总产值/南京市该产业的总产值）×（南京市工业总产值/该专业园区所在的开发区的工业总产值）

资料来源：根据实地调研问卷与《南京统计年鉴（2005）》整理所得。

软件产业基地名称	已有建筑面积（万平方米）			规划建筑面积（万平方米）
	总面积	已用面积	可用面积	
鼓楼区	47.08	31.1	15.98	40
雨花台区	4.1	2.9	1.2	10
江宁区	2.3	1.5	0.8	5.3
合　计	114.96	61.65	53.31	127.3

　　②生物医药产业基地建设。2005年，南京市生物医药产业实现销售收入120亿元，全市生物医药产业新增高新技术企业45家，高新技术产品260个。一批具有原始性、自主知识产权的新药正在研制之中，南京生命能科技开发有限公司的国家一类新型抗肝炎新药注射用鲨鱼肝刺激物已三次进入国家海洋"863"计划。全市生命医药企业有6项被列为国家中小企业创新基金项目，获经费资助415万元。此外，全市有4个项目被省科技厅列为省"三药"攻关项目，获经费资助158万元。为打造南京市医药产业品牌，凸显亮点，形成特色，全市进一步加强重点项目建设，加大重点项目投入。通过持续不断的支持与引导，全市生物医药企业的自主创新能力不断增强。经过多年发展，三大产业基地（南京经济技术开发区、南京高新技术产业开发区、浦口经济技术开发区）的集聚度进一步提高，2005年三大基地共同实现销售额逾60亿元（表8-14），约占南京市的50%。"十五"期间浦口开发区生物医药园共引进中脉科技、先声东元、大渊保健、动捷药业等7家科技含量高、投资规模大的企业入驻发展，使生物医药企业达到15家，初步形成了制药、包装及其医疗器械相互配套功能完备的产业园区和教育—研发—生产—销售"四位一体"的格局。2004年，生物医药园被科技火炬中心正式批准为"国家火炬计划南京市浦口生物医药产业基地"，成为科技部认定的南京市三家国家级特色产业基地之一，2005年又被确定为"南京药谷"的北谷，并被选为江苏省制药协会副会长单位，生物医药产业链和产业集群知名度日益提高。

表 8－14 　　　　　　南京生物医药产业基地基本情况

基地名称	年份	总产值（万元）	总企业数（家）	就业人数（人）	高新技术企业数（家）	高新技术企业数所占比（%）	高新技术产值所占比例（%）	累计专利数
南京高新生物医药园	2002	20000	20	1000	15	75	25	5
	2003	26000	25	1050	17	68	23.08	9
	2004	35000	28	1110	19	67.86	22.86	11
	2005	50000	30	1500	24	80.00	20.00	50
浦口生物医药基地	2002	150600	261	4350	3	1.15	5.05	17
	2003	198790	335	4580	7	2.09	9.56	25
	2004	302500	395	6245	11	2.78	12.10	38
	2005	619900	451	7428	15	3.33	12.42	50

资料来源：根据《南京市高新技术产业化工作年度报告（2005）》和《南京市软件产业发展研究报告（2005）》整理所得。

南京高新生物医药园无论从高新技术产值与总产值比值来看，还是从高新技术企业与总企业比值来看，专业园区的聚集效应比开发区的聚集效应更为显著，专业园区作为高新区的功能的补充是必不可少。从高新技术产值/总产值、高新技术企业/总企业两比值来看，南京高新生物医药园与浦口生物医药基地的发展是有差距的。这也说明经济技术开发区在自主创新过程中积极学习高新区的区中有园的模式经验，培养区域的自主创新的能力。2004 年南京高新生物医药园与浦口生物医药基地的产业区位商 LQ[①] 都大于 1，说明生物医药产业在南京高新生物医药园、浦口生物医药基地已形成了产业的比较优势，该产业供给能力强于需求能力。2005 年三大基地共同实现销售额逾 60 亿元，约占南京市生物医药产业销售的 50%，成为南京市生物医药产业的发展重地。

▶▶（三）支撑创新能力评价

支撑创新能力要素是对园区创新活动影响最大的环境背景要素，是园区创新能力结构系统中的基础要素。这一要素，不仅为园区创新活动

---

① 此处的区位商的公式为：

区位商 LQ =（专业园区的总产值/南京市该产业的总产值）×（南京市工业总产值/该专业园区所在的开发区的工业总产值）

资料来源：根据实地调研问卷与《南京统计年鉴（2005）》整理所得。

提供了创新资源，为园区在更高层次、更大范围内实现创新资源的创造性集成提供了可能，不仅从技术基础、智力资源条件等方面影响着技术创新能力，而且从观念、人文环境等方面影响制度创新，从而最终影响和制约着科技园区整体区域创新能力。开发区的支撑能力主要体现在开发区的创新载体和创新服务平台两个方面。

1. 创新载体

（1）孵化器。江苏省国家级开发区、经济技术开发区和一些省级开发区建设了一批科技孵化园、科技创业园和科技产业园（基地）等科技创新载体，为园区创新创业提供了创新的平台。南京市开发区孵化器总计有 11 个，分布在四个开发区。这 4 个开发区一个是国家高新技术产业开发区，一个是国家经济技术开发区，两个是省级经济开发区（见表 8 – 15）。其中，南京科技创业服务中心是江苏省第一家科技孵化器。近年来高新区管委会进一步明确了"构筑技术创新体系，营造科技创新环境"的发展新思路，把创业中心作为高新区的特色，放到重点建设的突出位置，加大对中心的支持，使中心的孵化服务条件更加完善，孵化功能日益增强，较好地发挥了促进科技成果转化和产业化的重要作用。先后获得科技部、省政府和省科技厅、高新区管委会评定的国家高新区先进孵化服务单位、国家科技成果交流"金桥"奖、实施火炬计划重大贡献单位、省优秀科技企业孵化器、实施火炬计划突出贡献单位、高新区先进集体等荣誉。1998 年 7 月被科技部批准认定为国家高新技术创业服务中心。目前，孵化场地的产权不归创业中心所有，只能视作为受托经营管理。实际上，全国的 98 家国家级创业服务中心有 56% 的单位是受托经营管理。创业中心目前已是"满负荷"经营。南京科技创业服务中心现有 4 个标准厂房，共计 45000 平方米。孵化器的配套设施主要体现在专业技术服务平台和共享设备配套。几年来，创业服务中心已累计投资建立起了信息管理系统及计算机培训中心。结合本地的产业优势、产业结构建设专业技术服务平台正在建立，这有利于引导该行业的创业者聚集，有利于形成专业孵化基地。创业中心免费向在孵企业提供投影机、扩音设备、会议室，提供复印、打印业务；在中心的区域内，还为在孵企业提供餐饮服务。南京科技创业服务中心科技成果转化率在 80% 以上，2002 年以后毕业的企业 60 家，其中近 20 家企业承担了各级火炬计划项目，较好地发挥了促进科技成果转化高新区支撑服务体系的重要作用。值得一提的是孵化成功的企业落户高新区的有80家，约占累计毕业企业数的50%，成为高新区创业企业的主要来源。

表8-15　　　　2005年南京市开发区孵化器分布情况

开发区名称 孵化器个数	南京高新技术 产业开发区	南京经济技术 开发区	江宁经济 开发区	六合经济 开发区
孵化器（个）	1	6	1	3
合　计（个）	11			

①南京市开发区孵化器的特点。

1）投资主体趋向多元化。由当初的政府单一投资扩展到政府、国有企业、研发机构、民间资本对立或合作建设的多元化时期，逐步形成了投资主体多样化、多元化、市场化的局面。南京科技创业服务中心的第一栋孵化楼是1990年由国家、省、市三级科委和高新区共同投资建设的，后来的医药生物专业孵化器的建设资金由政府牵头吸引各方资金共同参与。

2）孵化器与创业资本寻求结合。这种结合体现在两个层面，一是企业孵化器自身独立建立风险投资资金，如创业服务中心；二是积极寻求与风险投资和资本市场的紧密结合，如创业服务中心、中小企业促进园等均与相关创业投资公司和各银行建立一种战略关系。为加快高新技术创新体系建设，促进科技成果转化，高新区在1999年设立高新创业风险金，首期到位启动资金500万元。管委会将创业风险金管理办公室设在中心，由中心优先扶持在孵科技企业创新发展。

南京洛普股份有限公司，是一家早期毕业的孵化企业，其前身是南京十四所的几名科技人员在高新区投资创立的华宁电子公司。经孵化器孵化，公司得到了发展壮大。1995年毕业后在高新区购地建房，改制为股份公司。为帮助公司解决投融资困难，中心投入20万元资金予以扶持，并继续给予各项服务和支持，促进公司加速发展。目前，该公司已发展成为国内从事大型公众信息显示屏系统和电子信息系统的专业公司。

南京聚隆化学公司是从事改性工程塑料及特种用途塑料产品的公司。刚成立就入驻中心，半年后，随着销售额增长，资金出现严重的缺乏。中心不仅提供自有资金支持，还通过创业风险金为其贷款担保，解决其资金困难。一年后，公司发展良好的势头吸引了外商。中心即帮助公司对自有知识产权评估作价入股，又利用创业风险金出资 80 万元与外商共三方，在高新区购地建房，设立中外合资企业。公司毕业后，发展更为迅速。中心继续为公司提供支持和服务，为其牵线搭桥，协助申报高新技术产品及企业认定，落实相关优惠政策。目前，该公司资产总额翻了一番，利润增长 2.5 倍，在区内购地 40 亩，建成 3020 平方米厂房和 1000 平方米研发楼。

3）初步建立高新孵化体系。目前已由只建立单纯的孵化机构向建立以企业孵化器为核心、以多种孵化方式为手段、吸引创业资本、相关中介机构和研发机构共同参与的科技创新孵化体系过渡。南京市高新技术市场是中心长期以来开展科技交流服务的平台。近年来，技术市场在提高服务质量与效率方面进行了创新和改善，建立利用互联网处理技术合同咨询与登记的管理办法和流程。同时，利用业务渠道，整合资源，建立集约化孵化服务平台。2003 年技术市场完成技术贸易总额达 670 万元，技术合同鉴定总额达 2210 万元。目前，技术市场与近百家企业、单位建立了稳定的技术交流协作服务关系。

4）孵化器趋向专业化，由过去的综合型企业孵化器为主向多种类型、专业化、大容量方向转型。最先建立的创业服务中心属于综合型企业孵化器。现在根据一批软件、生物医药企业在区域聚集的现实，专业孵化器的轮廓已经显现。南京市高新区的医药生物孵化器的建设，适应了高新区医药生物技术产业发展的需要，为医药生物工程技术成果的研制及其产业化提供了专业的公共技术服务平台，贯通了新药研制的上游开发（实验室研究），中游开发（放大性生产）及下游开发（工业化批量生产），形成了完整的技术创新链。进一步为加速科技成果产业化进程提供了有效服务和可靠保障。

5）从外力推动走向自主发展。如果说高新区的基础性孵化器——创业服务中心当初成立是靠政府推动的结果，那么现在的孵化器则是顺应市场之所需而建立和发展的。可以说，孵化器在南京市高新区已经从政府推动发展阶段迈向了自主发展阶段。这是一个质的飞跃，其主要原因至少有两方面：众多中小高科技企业的产生呼唤着支撑、孵化的平台；随着孵化器在南京市高新区的发展，企业之间势必存在竞争，这样一来在各自运行的理念、动行的方式等方面就有一种不断创新、不断超越的内在冲动，从而形成一种自增强的循环路径，最后产生质的飞跃。

②南京市开发区孵化器的主要优势。

1）完善的科技服务体系。孵化器在科研成果和产业化之间架起了桥梁，为科研成果走向市场、形成高新技术产品提供良好的条件；为进驻企业办理贷款和融资等提供各种支援和帮助；为产品研究、试制、中试和生产进行全程服务。南京科技创业服务中心现已孵化出高新技术成果 2200 项，累计毕业企业 158 家，在孵企业 108 家，涉及新型能源、计算机软件和网络技术、生物工程和新型医药、环保技术等诸多高新技术领域。实践证明，孵化器能多方吸纳科技人员，并把科研成果转化为高新技术产品，最终实现产业化。

2）增强了经济后发优势。在长期实践中，高新区创业服务中心积累了一整套"服务、协调、务实、有序"的成熟经验。主要包括进驻的法人、项目、资金、市场等多项评估及审批程序和办法；中心服务工作的程序、服务标准、保证措施等较完善的规章制度；中心内部的领导体制、机构布置、运行和分配机制等整套管理制度；建立扩大孵化企业的生产基地，不断拓展生存和发展空间；开成优美、和谐的环境，树立自己的独特形象，开辟了对外开放的渠道。随着高新技术骨干企业的迅速孵化和成长，产生了许多新的经济增长点，促进了新支柱产业的成长和传统产业的改造，增强了高新区跨越式发展的后发优势。

3）提高了技术创新水平，培养了新型企业人才。创业人员带回国外取得的有自主知识产权的科研成果，进入高新区继续完成产业化任务，填补了高新技术产品的多项空白。金陵海外学子科技工业园是南京市人事局和高新区于 1994 年共建的国内最早的留学人员创业园之一，以吸引留学生到高新区创业。留学归国人员在开发区已经创办众多企业，涉及电子、化工、生物工程、计算机软件开发、医药仪表等诸多行业。被孵化的高新技术企业，绝大多数是民营科技企业。它们在市场经济中竞争，按照"自筹资金、资源组合、自主经营、自负盈亏、自我约束、自我发展"原则，形成新的运行机制，率先成为高新区市场和技术创新的主体。这些企业取得的成功最重要的因素，就是经过孵化器的帮助和培训，孵化出一批有作为的创业者，孵化出高层次的企业家，具有很强的创业和管理能力。

4）创造了先进的创业文化。科技精英以孵化器为基地，交流创业的切身经验，互相学习和激励，为形成企业的自主知识产权深入探讨，为实现跨越式发展善意竞争和协作。在员工思想上完成了从就业、择业到创业的思想飞跃；在企业管理上融合发达国家的成熟经验和高新区的实际，注入创新的灵魂，形成新的规范和机制，实现企业管理的提升。孵化器为形成创业文化集成了良好的条件，有力地促进创业文化的形成和发展。

（2）创业投资机构。南京市高新区每年都排出扶优扶强计划，加大技术创新投入，设立了 5000 万元的创业风险基金，并与境内外多家风险投资公司建立合作关系。2005 年投入 3000 多万元资金扶持企业自主创新。2006 年设立 4000 万元"科技创新资金"，同时分别拿出 3000 万元软件产业发展基金和 3000 万元生物医药产业发展基金，与国际产业背景的风险投资基金合作，构建高科技产业风险投资平台，促进高新产业发展。高科创实业公司成立于 1998 年，设立在南京市高新区内，管委会将创业风险金管理办公室设在创业服务中心，由中心优先扶持在孵科技企业创新发展。在创业投资机构的整个运营中，与孵化器的联系非常紧密。创业机构的注册资金总额 200 万元，项目一般投资年限为 3 年，投资成功率为 70%，管理基金规模 700 万元，累计投资项目 3 项，都投向了高新技术企业。

2. 创新服务平台

（1）提供完善的基础设施环境。自 1998 年南京市成立首家开发区以来，已经有国家级开发区（园）4 家；省级开发区扩展到 8 家（其中栖霞、雨花、滨江 3 家开发区为新近被国家批准，从重点乡镇产业园升格为省级开发区）。已开发面积的建成区达到 120 平方公里，累计吸纳全社会固定资产投资超过 991.1 亿元，其中基础设施投资超过 261.3 亿元，基础环境投资强度每平方公里超 2 亿元，高于省均标准，其中南京化工园、南京市高新区基础环境投资强度每平方公里超过 3 亿元，居全省前列。开发区基本实现了"五通一平"的基本建设。为贯彻科学发展观，建设环境友好型开发区，南京市在开发区积极推行 ISO14001 环境质量国际认证和 ISO9000 管理系列认证。目前已经有南京经济技术开发区、江宁开发区、高新技术开发区、浦口开发区、高淳开发区和江宁科技园取得 ISO14001 环境质量国际认证，在全省领先。开发区在基础设施建设中总结了一些经验，开发区项目建设代建制，吸收高质量的社会资金参与基础设施建设，改善园区水、电、路等基础设施条件等，成为开发区建设基础设施环境的一条实施有效的路径。

（2）提供完善的行政服务环境。

一是，开发区建立完善行政服务中心"一站式服务"、"一条龙办公"、"一个窗口对外"的高效服务体系，提高项目推进质量和水平，强化项目投产后的经常性服务。积极推行首问负责制、服务承诺制、民主评议制，建立软环境督查制和服务追究制，营造高效快捷的服务环境。为外来企业投资企业提供"一站式"服务的基础上，制定实施了开发区证照办理全程代理制、服务承诺制、项目经理负责制、项目建设联络制度、定期走访企业制度，对落户项目实行全程协调服务。成立开发区财政分局，设立一级财政，建立了开发区金库，制定了开发区财政税收优惠政策。在政府全面清理行政事业性收费的基础上，实行了进区企业收费统一扎口制度。

二是，拓宽融资渠道，构建科技成果转化的金融平台。逐步加大对科技创新型企业的扶持力度，帮助科技项目争取政府资金支持；同时对进入孵化器的科技企业给予房租补贴、提供发展基金和风险担保，解决中小科技企业的融资难；加快引进银行、科技风险投资公司和金融中介、担保机构，拓宽中小企业融资渠道。

三是，构建优质高效的创新合作体系。加强与著名大专院校、科研院所的联系和沟通，并与其中一批单位建立长期合作关系，促进企业创新能力迅速提升，促进科研院所的科研成果在开发区实施产业化；大力支持和鼓励科研机构落户开发区，建立科教中心和研发基地，加速整合科技资源向开发区集聚。积极推进重点实验室、技术中心站建设，鼓励大学、研究所和科技企业自建或联建科技孵化器，构建产业发展所需的公用技术平台和产业服务平台。建立完善开发区网站、招商专业网和内部信息服务网站，为入园企业提供网络服务，形成创新资源高效配置的网络服务平台。

（3）提供了较为完善的中介环境。南京市各开发区在区内都建立了一般性、基础性的中介机构，满足技术创新的基本要求（表 8 –

16）。目前，各区针对专业化中介机构，如项目中介、投资后管理、推出服务、技术评估相对滞后，积极加快发展法律、会计、审计、公证、咨询和职业介绍等中介组织，培育中介服务企业系统，鼓励中介服务机构加强联合。同时，加快建立以外向型经济服务为主体的市场调查、项目策划、国际标准认定、资信评估、安全评估、研发设计等中介服务体系。

表 8 - 16　　　　　　　2005 年开发区服务机构情况

开发区名称	工程技术中心	博士后流动站	人才市场数	法律事务所	金融机构	税务机构	审计机构	高等院校	技术市场
南京高新技术产业开发区	10	1	1	1	5	2	1	13	—
南京经济开发区	60		2	1	5	2	—	—	—

高新（开发）区：南京市自主创新的先行区和特区

　　开发区在世界上已有 400 多年历史，并在第二次世界大战后得到迅速发展。在很多国家和地区，开发区起到了扩大出口、引进外资、增加就业和外汇收入的作用。特别是 20 世纪 60 年代以来，兴办各类开发区对一些新兴工业化国家和地区振兴出口导向工业发挥了重要作用。我国正处在工业化加速发展的重要时期，在一个相当的时期内，政府仍然是推动经济增长的重要因素，以建立开发区的形式集聚产业、企业和资源，是推进产业升级和经济发展的重要形式。

　　但是，中国的工业化是在特定的资源、能源、市场和环境约束下进行的，开发区建设和发展要适应时代的要求，就必须摆脱粗放式发展模式，成为自主创新的先行区和特区。

　　基于这一背景，南京市以自主创新导向的开发区建设，逐渐形成了自己的经验和发展模式。

▶▶ （一）抓住机遇、率先转型，将开发区由招商引资型转化为招商引资与自主创新并重，实现生产要素驱动型向创新要素驱动型转变

南京市高新技术企业按区域分布，国家级高新区集中了近60%的高新技术企业。高新区"一区多园"发展态势良好，已成为全市高新技术产业的集聚地、区域经济的发展极、高新技术产品出口的大本营，逐步成为技术创新的主要基地，成为促进全市产业结构调整和经济发展的重要动力。"十五"期间，南京市开发区发展迅速，完善的配套服务设施基本形成，产业形成体系，在南京市经济发展与转变增长方式中载体和支撑点的地位业已确定。伴随着开发区科技经济的快速发展，一支包括科技企业家、科技研发人才和开发区管理专家在内的科技产业化大军已经形成，一批有竞争力、有创新活力的高新技术企业苗壮成长，开发区特别是高新区正在成为名副其实的高新技术产业基地，在"十一五"期间必将承担起南京市实施自主创新战略的先驱力量。

▶▶ （二）集中资源、创立"特区"，提高开发区对优质资源的吸引力、重组力、融合力，形成具有自我加强和提升能力的区域自主创新体系

在南京市开发区发展的过程中，集中优势资源，特别是集中政府的行政力、协调力，南京市在开发区范围内逐渐形成了经济发展和自主创新的"特区"。其"特"主要体现在下述四个方面。

1. 产业特区

南京市的开发区是南京市主导产业和高新技术产业的集聚区、密集区。南京市的主导产业，电子信息、石油化工、汽车制造、生物医药、新材料等，在开发区内高度集聚，开发区产业结构中，以上产业产值占总产值的80%以上。软件业在开发区等各类园区高度集聚。各软件产业基地共有软件企业771家，占全市87%，进驻开发区的软件企业占全市的60%以上，其中电力软件、电信软件产品已经占有国内市场的

50%和30%。开发区高新技术企业的比重普遍高于区外，南京市高新区高新企业比重达95%，江宁开发区高新企业比重达48%。

产业特区的含义是，在南京市开发区形成了特殊的产业组织和产业生态。高新技术产业由于具有较长的价值链的特性，为高新技术企业间的分工协作提供了基础，通过产业间的拉动效应，促进行业间的创新，同时也为新企业的进入创造了很大空间。有效的新型产学研结合，是以技术研发、人才培养、资本关系以及生产合作等方面为纽带而开展的多领域合作，从而使高校和研发机构的研发及智力资源充分应用于产业发展之中。开发区内高技术产业对技术水平的高标准需求，决定了大学院所技术研发优势对企业的强大吸引力。企业通过针对大专院校、科研院所的委托研发，以技术入股形式联合成立企业、共建联合实验室和人才培养等战略投资与研发投入的方式，将企业内的资本和科研机构内的技术要素结合起来，从而形成科技投入、凝聚人才、创造知识产权、成果应用和管理创新的主体。投资者通过提供风险资本为创新企业提供了创业的资金。开发区形成了政产学研相结合的技术创新体系，促进了开发区形成多种企业形式并存的现象，这种并存又反过来促进开发区经济和科技的发展。

南京市开发区中外资企业与内资企业并存，不仅为经济发展提供资金，同时还带来了新的技术和新的经营模式。其中，中外合作、中外合资企业是开发区与国际交流的重要的桥梁。除了内外合作，开发区还出现了产学研一体化的企业，如学校办厂、科研院所办厂，私人办厂。开发区内国营与民营企业、高新技术企业与非高新技术企业、内资与外资企业多种企业组织形式并存的现象，对要素流动优势互补产生了不可估量的影响。

2. 政策特区

南京市政府通过政策引导，充分发挥开发区国际品牌众多、特色产业优势明显的长处、引进有足够牵引效应的核心项目，组织产业链接和延伸，促进以消化吸收为主要形式的二次创新。通过实行对各个开发区"错位发展、有序竞争"的产业规划，引导与工作主导，有的放矢地构造产业积聚板块，促进进区企业在人流、物流、信息流等方面高频互动中加快集成创新。这种创新导向的发展模式，与以往开发区只是招商引资的目标模式，有根本性的区别。

在具体的政策制定和实施方面，政府的作用侧重于公共平台的搭建和政策杠杆效应的发挥。如通过地方财政收入留成返还给企业的方式、为中小企业提供贷款担保等来加大科技投入的强度。南京市高新区每年都制定扶优扶强计划，加大技术创新的投入，设立了 5000 万元的创业风险基金，并与境内外多家风险投资公司建立了合作关系。2005 年投入 3000 多万元资金扶持企业自主创新。2006 年还将设立 4000 万元"科技创新资金"，同时分别拿出 3000 万元软件产业发展基金和 3000 万元生物医药产业发展基金，与国际产业背景的风险投资基金合作，构建高科技产业风险投资平台，促进高新产业发展。

值得提出的是，南京市不是机械地执行国家相关政策，而是在遵守政策基本原则的基础上，放大政策的实施效应。

南京市原本只有一个国家级高新技术开发区，但通过实施"一区多园"，放大国家级高新区政策优势，加快与相关开发区区位优势、产业优势的互补与对接。同时抓好各个主力开发区科技创业中心和区内的"一区多园"建设，强化各类科技创新平台，形成各具特色的创新支点。通过实行"一区多校"，组织产学研直接对接新体系，为主力开发区提升创新能力，给特色创新基地提升综合竞争力，促进开发区以自主知识产权转化为基本形式的自主创新。与南京市城市建设总体规划相匹配，与开发区快速成长相呼应，在一些经济技术发展和产业集聚较迅速的开发区周边，同样迅速地集聚起一些高等院所。不仅有利于为各级各类开发区进区企业提供高端人力资源支持，构筑专业人才制高点，从而增强开发区吸纳国际产业资本的转移所带来的技术辐射和外溢效应，而且将依托高校两院院士及其领导的创新群体深邃的自主研发，为开发区提供多种项目储备、技术储备，达到相得益彰、互利双赢。

3. 人才特区

南京市开发区内高新技术企业、创新创业型企业的集聚，使开发区事实上形成了南京市高端人才的集聚区。统计数据说明，在高新技术企业密集的开发区，专业技术人才占从业人数 30% 以上，研发人员平均占全部技术人员的 15% 左右，形成了以研发人员领军，技术人员队伍为基础的人才结构，为自主创新创造了基础条件。在各专业园区，人才集聚的现象更加明显。

开发区不仅成为高端技术人才的集聚区，也是创业人才的集聚区。大量"海归"创业人员带回在国外取得的有自主知识产权的科研成果，进入高新区继续完成产业化任务，填补了高新技术产品的多项空白。金陵海外学子科技工业园是南京市人事局和高新区于 1994 年共建的国内最早的留学人员创业园之一，以吸引留学生到高新区创业。留学归国人员在开发区已经创办众多企业，涉及电子、化工、生物工程、计算机软件开发、医药仪表等诸多行业。众多的孵化器孵化了大量高新技术企业，它们在市场经济中竞争，按照"自筹资金、资源组合、自主经营、自负盈亏、自我约束、自我发展"原则，形成新的运行机制，率先成为高新区市场和技术创新的主体。孵化器孵化出一批有作为的创业者，孵化出具有很强的创业和管理能力的企业家。开发区孵化器所提供的不仅是创业和生产的条件，形成了同类人才集聚和区域人才流动机制，更形成了浓厚的创业氛围和创业文化，其影响是巨大和深远的。

4. 环境特区

通过营造环境招商引资，这是开发区发展的一般做法。但是，招商引资所需要的环境与培育发展自主创新企业所需要的环境有很大的区别。南京市各级各类开发区近年来所着力营造的，正是能够有利于自主创新企业生存和发展的环境，是高质量的创新服务平台。

建设完备的基础设施，是对开发区的基本要求。南京市开发区主管部门和各开发区，力求建立更为科学合理、能与国际接轨的开发区基础设施和管理体系。开发区积极推行 ISO14001 环境质量国际认证和 ISO9000 管理系列认证。目前已经有南京经济技术开发区、江宁开发区、高新技术开发区、浦口开发区、高淳开发区和江宁科技园取得 ISO14001 环境质量国际认证，在全省领先。

在自主创新平台的建设方面，南京市开发区更是先走一步，取得了明显的成效。

(1) 创业投资机构的建立。针对高新技术企业和自主创新的特点，南京市大多数开发区都建立了创业投资机构，给创新型企业以资金支持。南京市高新区每年都排出扶优扶强计划，加大技术创新投入，设立了 5000 万元的创业风险基金，并与境内外多家风险投资公司建立合作关系。2005 年投入 3000 多万元资金扶持企业自主创新。2006 年还将设立 4000 万元"科技创新资金"，同时分别拿出 3000 万元软件产业发展基金和 3000 万元生物医药产业发展基金，与国际产业背景的风险投资基金合作，构建高科技产业风险投资平台，促进高新产业发展。

（2）孵化器建设。南京市各开发区共建立了 11 个孵化器，进驻企业可享受贷款和融资等方面的支援和帮助；得到产品研究、试制、中试和生产进行全程服务，因此进孵化器企业技术转化水平高。南京科技创业服务中心现已孵化出高新技术成果 2200 项，累计毕业企业 158 家，在孵企业 108 家，涉及新型能源、计算机软件和网络技术、生物工程和新型医药、环保技术等诸多高新技术领域。实践证明，孵化器能多方吸纳科技人员，并把科研成果转化为高新技术产品，最终实现产业化。

（3）构建优质高效的创新合作体系。开发区加强与著名大专院校、科研院所的联系和沟通，并与其中一批单位建立长期合作关系；积极发挥桥梁和纽带作用，促进企业创新能力迅速提升，促进科研院所的科研成果在开发区实施产业化；大力支持和鼓励科研机构落户开发区，建立科教中心和研发基地，加速整合科技资源向开发区集聚。积极推进重点实验室、技术中心站建设，鼓励大学、研究所和科技企业自建或联建科技孵化器，构建产业发展所需的公用技术平台和产业服务平台。建立完善开发区网站、招商专业网和内部信息服务网站，为入园企业提供网络服务，形成创新资源高效配置的网络服务平台。

（4）提供较为完善的中介环境。南京市各开发区在开发区内都建立了一般性、基础性的中介机构，满足技术创新的基本要求。各区积极加快发展法律、会计、审计、公证、咨询和职业介绍等中介组织，培育中介服务企业，鼓励中介服务机构加强联合；建立以外向型经济服务为主体的市场调查、经贸策划、国际标准认定、资信评估、安全评估、研发设计等中介服务体系。

▶▶ （三）创新思维，推进创新，提高政府和行政管理部门的效率，优化开发模式，提高政策的影响力和促进力

开发区推进自主创新，要求其管理者自身不断创新管理体系和方法。南京市主管部门和各开发区，在推进开发中也体现了创新思维和方

法。除上述提及的放大政策效应、园区滚动提升外，开发区内的管理和开发模式也在适应形势要求不断优化。例如，管理部门鼓励和支持开发区建立不同类型的创业投资机构，根据各开发区的实际情况，行政型、公司型、内资型、合资型的创业投资机构并存，在实践中探索更为科学的创业投资推进方式。

结论与展望

南京市开发区对自主创新已经做出了显著的成效，其与时俱进的主动转轨和推动自主创新的各项举措，已经形成了鲜明的特点和宝贵的经验。但是，转变增长方式、推进以自主创新为主导的经济发展，对我们来说是一件新事，更是一件难事。从开发区自身看，自主创新导向的"第二次创业"，需要我们有更新的思维、更好的制度安排、更恰当的措施，开拓开发区工作的新局面。

（1）进一步深化改革，通过制度创新提高开发区推进自主创新的能力。现有开发区体制和内部运行机制，遵循的是行政推动、筑巢引凤、招商引资的基本思路，在今后一个阶段，招商引资仍然是开发区的重要工作。但是，开发区可用物质资源（特别是土地资源）有限，必须通过改革现有制度、体制、政策和组织方式。凡是阻碍企业自主创新的政策规定，都应大胆革除，将着力点真正转移到以创新求发展上来。

从具体操作层面看，有三项政策应该有所突破或完善。一是对高新技术企业的评定，应该降低门槛，主要判定企业的技术水平，而降低对企业注册资本、产品销售等方面的要求，让更多的科技型企业享受政策优惠。在评定权方面，也应减少等量程序，由国家级高新区负责评定。二是允许高新技术企业在高新区内注册、在区外进行业务活动。原因是高新区面积是有限的，而推进自主创新后产生的高新企业可能是高新区无法容纳的。三是符合高新技术发展的特点，修正现有的用地政策，允许开发区内部分土地用于科技人员、技术开发人员建设住宅或生活配套设施。

在开发方式上，更多地运用市场机制的作用，适当弱化行政力量的作用。开发区内机构设置，凡是可以以市场方式、公司组织进行的，尽可能地走市场化道路，建立现代企业制度。特别是，现有的以政府组织的生产性服务业，要规范设置，形成良性竞争，提高服务水平。

（2）以资本和技术要素推动开发区发展，走高质量和可持续发展的道路。现有开发区的发展实质是由土地资源推动的，本地资本的作用较小，外资带来的是成熟的制造业，技术"外溢"作用不大。以资本和技术推动应该从两个方面进行。一是风险投资体制的建设，政府鼓励突破开发区范围的风险投资进入，特别是鼓励发达国家成熟的风险资本进入，以规范的方式促进高技术产业和企业发展。二是通过政策导向，鼓励国内外研发机构进入开发区，利用区内产业集聚和企业集群的优势，提升区内产业水平。三是鼓励内外资在开发区内的合资、合作，鼓励外资通过并购整合区内企业，提升区内产业组织水平。对于"海归"人员以外币形式投资的企业，也给予其内资高新技术企业的待遇。

（3）进一步提升以开发区为载体的科技创新体系。省级政府和南京市政府要在完善孵化器为载体、产学研相结合的创新体系方面有所作为。政府要推动教育体制和科研体制的改革，鼓励更多大学和研究机构人员进入开发区利用孵化器、工程中心、技术中心进行科技创业，扩大高新技术产品和高新技术企业的基本面。

（本章执笔：汤　薇　蒋伏心）

243

第九章

南京市工业的自主创新：模式与特点

问 题 的 提 出 与 理 论 基 础

南京市是中国重要的综合性工业生产基地。南京市的电子、化工生产能力在国内城市中居第二位，车辆制造规模居第三位，机械制造业的技术、规模居国内领先地位，家用电器业、建材工业也都具有较大规模。在建设全面小康社会的进程中，南京市依托其科教资源优势，探索新型工业化道路的实现机制，寻求建设创新型城市的模式和路径，并且以开放和改革的姿态主动融入国际化经济。对南京市工业自主创新的研究尤其必要，不仅要对南京市工业过往的自主创新的模式与路径进行总结，而且也要为南京市工业下一步的自主创新奠定理论基础，进一步稳固南京市在全国工业界的重要地位。同时，作为长三角地区的中心城市之一，南京市工业的自主创新的经验和教训对于整个中国工业的发展乃至经济增长都有着不可替代的预示和启示作用。

对技术创新的研究基本上可以分为三个阶段：第一阶段（20 世纪50 年代初到 60 年代末）强调创新起源、效应以及创新组织等内容，技术推动假说和需求拉动假说在这一阶段具有较大影响；第二阶段（20世纪 70 年代初至 80 年代初）开始扩展技术创新的研究范围，综合运用各种研究理论和研究方法，这一阶段出现了日后具有重大影响的 "演化理论"；第三阶段（20 世纪 80 年代以来至今）的一个重要特点是研究的综合化趋势，其标志就是创新系统方法的出现。这种起源于 20 世纪80 年代的创新的系统方法将创新看做是一个复杂的系统，从 "系统"

的角度来解释影响创新的各种因素，以及不同国家或地区、部门或产业的创新为什么会存在差异。

企业是自主创新的主体，是进行自主创新最主要的中坚力量，这已经是为理论和实践所检验的不争事实。但是企业作为一个经济实体，总是存在于国家或者区域这个空间范围中，企业在自主创新的过程中总是和行业间的其他企业、其他行业中的企业、政府、科研院所等相联系，因此现阶段对自主创新的研究中，系统研究是最主要的一个方法。弗里曼（Freeman，1974）提出的国家创新系统的概念发展已经很成熟，所谓国家创新系统是由与知识创新和技术创新相关的机构和组织，包括公共和私有部门构成的组织和制度网络系统，其活动是为了创造、扩散和使用新的知识和技术，终极目的是推动企业的技术创新，主要由企业、科研机构和高等院校组成。而 Manfred M. Fischer 等（2001）认为在欧洲，区域创新体系似乎比国家创新体系更为重要，因为创新体系的潜力最重要的是取决于地理位置上的邻近和技术上的接近。据此，本章在分析南京市工业行业自主创新时采用区域创新系统分析方法。

如图 9-1 所示，在由宏观经济环境、产品市场环境、要素市场环

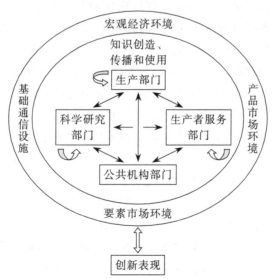

图 9-1 创新体系

资料来源：Manfred M. Fischer、Javier Revilla Diez、Folke Snickars. Metropolitan Innovation Systems：Theory and Evidence from Three Metropolitan Regions in Europe. Springer-Verlag Berlin Heidelberg，2001.

境和基础通信设施共同组成的系统环境中，创新体系中的四个主要参与群体，即生产部门、科学研究部门、公共机构部门以及生产服务部门，在系统中通过知识创造、传播和使用进行着创新行为。对于不同的系统来说，宏观经济环境、产品市场环境、要素市场环境和基础通信设施的不同是导致其创新效果存在差异的首要原因。而"经济的创新表现特别取决于依靠制度的公司个体以及其他组织的特征和能力，但是，它在很大程度上也受到公司个体以及其他组织之间不同关系（即它们之间以及制度之间交互的方式）的影响。这些交互模式的特征以及模式的变化是创新体系的核心部分"（Manfred M. Fischer 等，2001）。

洛桑的国际开发管理学院的 Vijay Jolly 首先确定了创新的 5 个关键步骤：想象（Imagining）：对某种技术开发的市场机会的最初洞察；孵化（Incubating）：扶持开发该项技术，直至可否足以衡量能否进行商业化；示范（Demonstrating）：建造原型，获得潜在投资者和用户的反馈；推销（Promoting）：说服市场接纳这一创新；巩固（Sustaining）：确保其产品或工艺在市场上有尽可能长的生命周期。

古征元（1997）根据尤里卡计划实施的评价结果和对尤里卡项目的系列专访，总结和精选出技术创新成功的七大要素。柴丽俊（2000）从企业的内外环境出发来研究技术创新的动力，分为内原动力和外源动力两大类。安同良（2005）通过对江苏省制造业企业的研究中总结出技术创新的总体障碍。（1）企业所面临的影响技术创新的最主要的问题是企业组织中技术创新能力的缺乏，而企业组织中技术创新能力的缺乏显然和企业中技术创新型人才的缺乏紧密相关。（2）除个别企业外，并没有很多我们设想的企业内部抵制技术创新的现象发生，更多的是有关教育和培训人才方面的问题。（3）技术创新风险因素、融资、法制环境并不被企业认为是技术创新的主要障碍，而另一些问题如投资回收期、市场信息、成果易被复制、技术创新费用等则比较突出。

综述以往的研究成果，影响企业自主创新的因素大致是：创新的投入，创新的机制以及创新的制度。在对南京市工业行业自主创新的研究中，本文将在区域创新系统的架构中，通过对以上影响自主创新的三个主要因素来对其进行分析总结。

技术创新是从新产品或新工艺设想的产生，经过研究开发、工程化、商业化生产，到市场应用的一系列技术经济活动的总和。自主创新则是国内学者按照中国技术创新的相对落后现状自创的概念，按照吴贵生（2006）的定义，自主创新是在创新主体控制下，获得核心技术自主知识产权的创新。主要针对中国在过去以及现在的很多核心技术都是从发达国家引进而言，意指中国应该加大自主进行技术创新的能力。因此，笔者认为自主创新的核心是强调自主，但是着眼点仍然是技术创新。针对中国的国情，用自主创新代替技术创新的提法更加合适。

南京市工业行业自主创新的实证分析

2005 年，南京市全年规模以上工业企业实现工业增加值 961.68 亿元，与上年相比，增长 21.8%；实现总产值 4064.44 亿元，增长 29.9%；实现产品销售收入 4027.80 亿元，增长 31.8%。全市规模以上工业企业完成的工业增加值、总产值和销售收入，分别是 2000 年的 2.38 倍、2.47 倍和 2.53 倍，分别比 2000 年净增 563 亿元、2461 亿元和 2485 亿元。利税总额和利润总额，分别是 2000 年的 2.7 倍和 4 倍，净增 240 亿元和 173 亿元；全市工业经济综合效益指数达到了 209.87，高出全省平均 36.7 点，连续多年保持全省第一。

工业是一个国家、地区自主创新的关键行业，企业是自主创新的主体，因此，工业企业理所当然成为自主创新的最主要的力量，其自主创新的状况直接关系到整个工业乃至整个地区自主创新的发展态势。因此，本章通过对南京市工业企业的自主创新情况的分析来显示南京市工业行业自主创新行为的整体现状。

▶▶ （一）规模以上工业企业自主创新的实证分析

表 9-1 显示的是 2004 年南京市规模以上工业企业的科技活动情况。结合全国第一次经济普查对南京的工业科技实力与科技投入进行翔实的摸底的结果，可以清楚地了解南京市工业行业自主创新活动的现状。2004 年，南京市规模以上工业企业 2449 家，从业人员 55.24 万人；

有科技活动的企业数是 401 家，占 16.4％。有 R&D 活动的企业 205 个，占全部规模以上工业企业数的 8.4％，占有科技活动的企业数的 51.1％；有新产品开发的企业 315 个，占全部规模以上工业企业数的 12.9％，占有科技活动的企业数的 78.6％；有科研机构的企业 251 个，占全部规模以上工业企业数的 10.2％。

表 9－1　南京市规模以上工业企业（大中型工业企业）科技活动

		规模以上 （2004 年）		大中型 （2003 年）
			大中型	
企业概况				
	有科技活动企业数（个）	401	143	145
	有科技活动企业所占比重（％）	16.4	55.6	56.9
	年末生产经营用设备原值（千元）	100383358	82655991	109842370
	微电子控制设备原值	29273533	27971933	27061751
	企业办科技机构数（个）	361	187	147
科技活动人员				
	科技活动人员总计（人）	40754	34394	36159
	总计中：具有高、中级职称人员和无高、中级职称的大学本科及以上学历人员	22574	18069	22161
	总计中：研究与试验发展活动人员	17046	15235	16654
	总计中：企业办科研机构中科技人员	12623	9771	8837
	博士、硕士毕业以上学历人员	768	452	310
科研活动项目及经费				
	本年科研项目数（数）	2114	1538	3037
	本年科技活动经费筹集总额（千元）	5935325	5083861	3874232
	本年科技活动经费支出总额（千元）	6029896	5085297	3708386

		规模以上（2004 年）		大中型（2003 年）
			大中型	
	1. 内部支出合计	5711877	4810985	3178994
	合计中：用于开发新产品经费支出	2263330	1925604	1442297
	合计中：研究与试验发展活动经费支出	2023306	1858034	1074717
	2. 外部支出合计	318019	274312	529392
其他技术活动经费支出				
	技术改造经费支出（千元）	6354866	6084041	4030767
	技术引进经费支出（千元）	2241847	2217398	1474825
	消化吸收经费支出（千元）	164479	152234	35089
	购买国内技术经费支出（千元）	200732	181782	83585
科技活动产出				
	专利申请数（件）	758	470	414
	新产品销售收入合计（千元）	68361561	65553293	46103948
	新产品出口销售收入	4634747	4481803	6305429
	新产品产值（千元）	70717546	67515104	45062379

资料来源：南京市统计局：《南京统计年鉴（2005）》，中国统计出版社 2005 年版。

1. 技术创新投入

（1）人力资源投入。2004 年，在南京市规模以上工业企业 55.24 万从业人员中，科技活动人员 40754 人，占从业人员的比重 7.4%；其中，具有高中级技术职称和无高中级职称大学本科以上学历人员 22574 人，占 55.4%。研究与试验发展人员 17046 人，企业办科研机构中科技人员 12623 人。在科技人员中有高中级技术职称的人数为 1.41 万人，占 34.6%，即超过 1/3 的科技活动人员有中高中级技术职称；无高级技术职称的大学本科及以上学历人数为 0.85 万人，占 20.8%。

（2）创新经费投入。2004 年，南京市规模以上工业企业科技活动经费支出总额达 60.3 亿元，其中企业内部开展科技活动经费支出 57.12 亿元，占 94.7%，科技活动经费支出绝大部分用于企业内部的科研活动；委托外单位开展科技活动经费支出只有 3.18 亿元，仅占 5.3%。其中 R&D 经费支出 20.2 亿元，占规模以上工业企业科技活动经费支出总额的 33.5%，说明有 1/3 的经费支出用于研发活动。

（3）R&D 投入强度。R&D 投入强度，即 R&D 经费支出与产品销售收入之比，是国际上通用的反映企业自主创新能力和技术密集度的可比指标。2004 年，南京市规模以上工业企业 R&D 投入强度为 0.65%，高于全省的投入强度 0.06 个百分点和全国的投入强度 0.09 个百分点。

2. 技术创新产出

（1）科技项目。2004 年，南京市规模以上工业企业开发科技项目 2114 项，其中大中型工业企业开发科技项目 1538 项，平均每个项目经费的内部支出达 218 万元。新产品开发项目 1201 项，平均每个新产品项目经费的内部支出 160.3 万元。

（2）新产品。新产品是自主创新成果的主要形式。2004 年，南京市规模以上工业企业新产品开发经费支出 22.63 亿元，占科技活动经费支出总额的 37.5%。完成新产品产值 707.2 亿元，新产品销售收入 683.6 亿元。其中，新产品出口销售收入 46.3 亿元，新产品产销率为 96.7%。

（3）专利。专利作为对自主创新的权威认定，其数量和质量代表了一个企业和地区的自主创新实力。2004 年南京市规模以上工业企业申请专利 758 件，其中体现具有自主创新和知识产权的发明专利数 251 件，占 33.1%。其中大中型工业企业申请专利 470 件，比 2003 年增长 13.53%。其中体现企业自主知识产权的发明专利 157 件，比 2003 年增长 45.37%。

3. 科技经费筹集

2004 年，南京市规模以上工业企业从各种渠道筹集到的科技活动经费共计 59.35 亿元。其中，企业自筹资金最多，为 52.8 亿元，占 89%；从金融机构贷款获得的科技活动经费 3.25 亿元，占 5.5%；来自政府部门的资金 1.93 亿元，占 3.3%；来自国外的资金 0.55 亿元，占

0.9%；其他资金 0.83 亿元，占 1.4%。

4. 技术改造和技术获取

2004 年，南京市规模以上工业企业技术改造经费总支出 63.55 亿元，引进国外技术共支出经费 22.42 亿元，比 2003 年增长 50.4%。南京市工业企业在引进技术的同时，注重对引进项目的消化吸收，消化吸收经费支出 1.64 亿元。引进国外技术经费支出超过了研究与试验发展经费支出 2.19 亿元，两者之比为 1：0.902。引进国外技术经费支出与引进技术的消化吸收经费支出之比为 1：0.073。

以上是对南京市规模以上工业企业的自主创新的现状和特点进行的概括，在规模以上工业企业中，大中型工业企业又是其中的中坚力量，从对规模以上工业企业的分析中，大中型企业占了较大部分的比例就可以看出，特别是在技术改造和技术获取中，大中型企业几乎占了全部的份额。根据安同良（2005）的研究，对于大公司来说，只有技术创新的风险因素、法制环境等两方面才是技术创新的主要障碍，而其他所有方面基本上都不是技术创新的主要障碍，或不如中等公司严重。这大体上说明了中等公司的主观创新愿望强，但存在着客观条件的限制；而大公司的客观条件相对比中等公司好得多，就客观条件而言，大公司最容易进行技术创新；但存在着风险夸大的主观限制和法制环境差这一客观限制。所以企业规模大对于自主创新有一定的优势。

▶▶ （二）大中型工业企业自主创新的实证分析

2005 年，南京市大中型企业实现产值 3113.25 亿元，占全市工业的 76.6%，增长 33.0%，超过全市 3.1 个百分点。其中，产值超 50 亿元的有 11 家，其中超 100 亿元的有扬子石化股份公司、中石化股份金陵分公司、乐金飞利浦液晶显示（南京）有限公司、南京钢铁集团有限公司、上海梅山钢铁股份有限公司和南京爱立信熊猫通信公司等 6 家企业。这 6 家全年累计完成总产值 1494.11 亿元，增长 56.1%，超过全市 26.2 个百分点。

截止到 2005 年，南京市共有 265 家大中型工业企业，其中有科技活动的企业 142 家，有 R&D 活动的企业 111 家。有科技活动的企业占全部企业的 53.38%，2003 年为 56.9%，2004 为 55.6%。表 9-2 是专门针对"十五"期间大中型工业企业自主创新活动的情况。根据表 9-1 和表 9-2 可以看出南京市大中型工业企业在"十五"期间自主创新的现状和特点。

表 9-2 　　　　　　　大中型工业企业科技活动

项目 　　　　年份	2000	2005
科技活动人员（万人）	3.18	3.67
科技活动经费支出（亿元）	16.38	64.10
R&D 经费支出（亿元）	4.94	30.60
专利申请数（百件）	1.34	6.93

资料来源：http：//www.jssb.gov.cn。

1. 技术创新投入

（1）人力资源投入。2005 年，大中型工业企业科技活动人员 36740 人，比 2000 年的 31806 人多出了 4934 人，年均增长 2.93%；相对于 2004 年的 34394 人，同比增长 6.82%。大中型工业企业在加大自主创新人力资源投入的同时，人员结构素质也在大幅度提升。其中具有高中级职称和无高中级职称的大学本科及以上学历人员的人数由 2004 年的 18069 人上升到 22914 人，增长 26.8%；比 2000 年的 16390 人多出了 6524 人，年均增长 6.93%。自主创新 R&D 人员明显增加，R&D 人员队伍由上年的 15235 人上升到 19877 人，同比增长 30.47%；比 2000 年的 10775 人多出了 9102 人，年均增长 13.03%；企业办科技机构中科技活动人员由上年的 9771 人上升到 10375 人，增长 6.18%。其中博士、硕士毕业以上学历人员更是由上年的 452 人增加到 1035 人，增加了 1.29 倍。

（2）创新经费投入。2005 年，全市大中型工业企业科技活动经费支出总额 64.10 亿元，比 2000 年的 16.38 亿元增长了 2.91 倍，年均增长 31.4%。科技活动经费内部经常性支出 57.05 亿元，比 2004 年的 50.85 亿元增长 27.4%，比 2000 年增长了 3.04 倍，年均增长 32.2%。在科技活动经费支出中，全年大中型工业企业 R&D 经费投入完成 30.6

亿元，相对于 2004 年的 R&D 经费投入 18.58 亿元，同比增长 64.72%。R&D 投入占到科技活动经费总投入的 47.7%，比 2004 年上升了 11.16 个百分点。在 R&D 研发经常费用 30.4 亿元的投入中，企业对高技术领域应用研究项目重视程度大大增加，由 2004 年的应用研究只占 0.02% 提高到 2005 年的 0.9%。新产品开发经费投入 33.95 亿元，比 2004 年增长 76.3%。

（3）R&D 投入强度。"十五"期间，南京市大中型工业企业的 R&D 投入强度不断提升，2004 年的 0.80% 比 2003 年的 0.62% 高出了 0.18%，比全省的投入强度 0.77% 高出了 0.03%，比全国的投入强度 0.71% 高出了 0.09%。2005 年又比 2004 年的 0.8% 上升了 0.17 个百分点。相对于 2000 年的 0.52%，年均递增 13.3%。

2. 技术创新产出

（1）科技项目。2005 年，南京市大中型工业企业开发科技项目 2721 项，项目数比 2004 年的 1538 项增加了 76.92%，比 2000 年的 2411 项多出了 310 项。平均每个项目的经费支出由 2000 年的 41.99 万元上升为 2005 年的 199.09 万元，增长了 3.74 倍。新产品开发项目数 1889 项，比 2004 年增长 57.3%。R&D 研发项目数 1436 项，增长 63.9%。

（2）新产品。2004 年，大中型工业企业新产品开发经费支出 19.26 亿元，比 2003 年增长 33.5%，占规模以上工业企业新产品开发经费支出的 85.1%；占大中型工业企业科技活动经费支出总额的 37.87%。大中型工业企业完成新产品产值 675.2 亿元，新产品销售收入 655.5 亿元，其中，新产品出口销售收入 44.8 亿元，新产品产销率为 97.1%。

（3）专利。2005 年，大中型工业企业申请专利 693 件，比上年增长 47.45%。比 2000 年的 134 件高出 559 件，增长了 4.17 倍，年均增长 38.9%。其中体现企业自主知识产权的发明专利 299 件，比上年增长 90.45%。

3. 科技经费筹集

2005 年，全市大中型工业企业从各种渠道筹集到的科技活动经费共计 64.89 亿元，比 2004 年增长 27.63%，比 2000 年的 18.44 亿元增长了 2.52 倍，年均增长 28.6%。其中，企业自筹资金为 58.97 亿元，占筹集总额的 90.89%；从金融机构贷款获得的科技活动经费 2.45 亿元，占 3.78%；来自政府部门的资金 2.19 亿元，占 3.38%；来自国外的资金 0.16 亿元，占 0.25%；其他资金 1.11 亿元，占 1.71%。

4. 技术改造和技术获取

2005 年，全市大中型工业企业技术改造经费总支出 85.02 亿元，比 2004 年的 60.84 亿元增长 39.75%，"十五"期间年均递增 34.67%。2004 年，大中型工业企业技术引进经费支出 22.17 亿元，占规模以上工业企业的 98.9%，比 2003 年增长 50.4%。大中型工业企业消化吸收经费支出 1.52 亿元，占规模以上工业企业的 92.7%，比 2003 年增长 3.3 倍。从消化吸收费用占技术引进费用的比重看，南京市大中型工业企业在 2004 年达 6.87%，而 2003 年这一比重仅为 2.38%。2005 年，这一比重达到 8.35%，比 2004 年提升了 1.48 个百分点。说明南京市大中型工业企业的消化吸收能力较强，工业企业在掌握引进技术、提高自我创新能力上有了长足的进步。

▶▶ （三）高新技术产业自主创新情况

高新技术产业是拥有极高技术含量的产业，是自主创新中的中坚力量。发展高新技术产业是落实科学发展观，促进产业结构优化升级和经济增长方式转变的必然选择。2005 年，南京市高新技术产业产值占全省的 15.6%，特别是高新技术产业产值占全市规模以上工业产值的 32%，显著高于全省的平均值。南京市的信息产业产值占全省的 17%，特别是软件产业产值占全省的 50% 以上，在专利申请、授予数量都是全省前列，特别是发明专利申请量占全省第一。高新技术产业销售收入占工业销售收入比例达 32%，高新技术占国内市场份额不断提高，应用高新技术改造传统产业成效显著。

表 9-3 是江苏省内各大城市高新技术产业发展的状况的比较。2005 年，南京市高新技术产业产值占工业总产值比重为 30.44%，省内排名第二。苏州市的比重为 31.14%，排名第一。南京市高新技术产业销售收入为 1231.88 亿元，低于苏州市和无锡市，其中苏州市达到了

3064.38 亿元。在高新技术产业出口额占销售收入比重指标中，南京市的统计值为 44.8%，低于苏州市的 58.12，省内排名第二。南京市高新技术产业对工业产值增长的贡献率为 35.79%，略高于苏州市的 33.66%，为省内十三个城市之首。

表 9-3　　　　江苏省各大城市高新技术产业情况

	高新技术产业产值占工业总产值比重（%）		高新技术产业销售收入（亿元）		高新技术产业出口额占销售收入比重（%）		高新技术产业对工业产值增长的贡献率（%）	
	统计值	序	统计值	序	统计值	序	统计值	序
南京市	30.44	2	1231.88	3	44.80	2	35.79	1
无锡市	22.95	6	1310.02	2	37.42	3	24.74	6
徐州市	6.93	12	84.42	10	5.30	12	6.96	12
常州市	24.32	5	602.54	4	20.59	4	25.70	5
苏州市	31.14	1	3064.38	1	58.12	1	33.66	2
南通市	19.88	7	416.97	5	20.25	4	21.22	7
连云港市	18.09	8	53.19	11	6.33	10	18.21	9
淮安市	8.25	11	45.67	12	5.34	11	8.50	12
盐城市	11.55	10	120.69	9	8.50	9	12.06	10
扬州市	18.80	8	253.92	8	17.19	6	20.57	8
镇江市	24.41	4	310.58	7	12.06	8	25.94	4
泰州市	27.52	3	325.09	6	12.72	7	29.24	3
宿迁市	3.14	13	5.96	13	2.90	13	3.33	13

资料来源：江苏省科学技术厅、江苏省统计局：《2005 年江苏省科技进步统计监测结果与科技统计公报》，2006 年，http：//www.jssb.gov.cn。

▶▶ （四）南京市工业行业自主创新的整体特点及存在问题

以上是对南京市工业行业自主创新的总体情况进行的描述和分析。根据分析的结果，可以发现南京市工业行业的自主创新情况存在以下一些特点。

（1）科技投入的数量和质量不断增加。"十五"期间，无论是人力资源投入方面，还是创新经费投入方面，南京市的科技投入都不断增加。在人力资源投入方面，不仅数量上升，人员素质也大幅提高。

（2）科技活动经费以自筹为主。南京市工业企业筹集的科技活动经费来源主要有企业自筹资金、向金融机构贷款、政府部门财政拨款、国外的资金投入。其中企业自筹资金占到了绝大部分。企业是自主创新的主体，同时作为自主创新的排头兵，对于企业、市场等信息的掌握又最为清楚，那么企业自筹资金对于优化资源的配置，提高自主创新的效率都是较优的选择。

（3）R&D 投入强度加大。R&D 投入强度是国际上通用的反映企业自主创新能力和技术密集度的可比指标，可以相对客观地反映出 R&D 投入情况并进行比较。"十五"期间，南京市工业行业的 R&D 投入强度逐年加大，在省内也处于相对领先的位置。

（4）自主创新产出增幅较大。"十五"期间，南京市工业企业的科技项目的发展尤为迅猛，增幅最大。在新产品和专利方面，同样有着较快的发展。

（5）企业技术改造活动活跃。"十五"期间，南京市工业企业坚持科技进步，努力将科技成果应用于生产的各个领域，用先进技术改造落后技术，用先进工艺代替落后工艺，在提高产品质量、促进产品更新换代、节约能源、降低消耗，全面提高综合经济效益上取得了显著成绩。

（6）高新技术产业发展迅速。南京市的高新技术产业在这几年发展也相当迅速，高新技术产业对工业产值增长的贡献率也居于全省第一。在高新技术产业中，计算机及办公设备制造业、电子及通信设备制造业和新材料产业这三个行业的发展尤为迅猛。

同时，也可以看出南京市工业行业的自主创新存在一些问题。

（1）有科技活动的企业所占比例逐年减少。根据统计，南京市大中型工业企业有科技活动企业所占比重，2000 年为 59.6%，2001 年为 58.7%，2002 年为 57.1%，2003 年为 56.9%，2004 年为 55.6%，2005 年为 53.6%，有逐年减少的趋势。而 2004 年的经济普查反映出南京市小型工业企业开展科技活动更是少之又少。

（2）人力资源有待改善。就南京大中型工业企业从业人员而言，参加企业科技活动的人员占全部从业人员的比重只有 11.45%，在参与科技活动人员中，具有中高级技术职称和无高中级职称大学本科以上学历人员所占的比重为 62.37%，科技活动人员队伍中有接近 40% 的人员是无高中级职称且无本科学历。2004 年，规模以上工业企业从业人员中 85.6% 的从业人员没有专业技术职称。规模以上工业企业从业人员技术等级中高级技师仅占 0.2%；技师占 0.8%；包括高级工和中级工一起这四类人员总的比重只为 14%。这和南京市人才资源的优势现状不相符合。

（3）投入强度亟待加强。"十五"期间，南京市工业行业在自主创新投入方面有了较快较大的增长，但这只是和省内以及国内其他城市相比较而言。与发达国家相比，南京市工业企业的创新投入强度尚有一定差距。截止到 2005 年，南京市大中型工业企业 R&D 投入的强度还未达 1%，而目前世界主要发达国家制造业企业这一指标为 2.5% ~ 4.0%，差距显而易见。因此，必须仍然加强自主创新的投入强度，以促进自主创新的能力和竞争力的进一步提高。

（4）在技术上，重引进、轻消化的特点比较突出。南京工业企业用在引进国外技术经费支出与引进技术的消化吸收经费支出之比为 1:0.073，反映出南京工业企业对引进技术的消化吸收能力比较弱。以日本和韩国为例，很多技术都是在引进的基础上，经过消化吸收形成自己的知识产权，其企业引进国外技术经费支出与引进技术的消化吸收经费支出之比达到了 1:5。

（5）高新技术产业发展有待促进。在与省内其他城市的比较中，南京市的高新技术产业在这几年发展相当迅速，高新技术产业对工业产值增长的贡献率居于全省第一，但高新技术产业的很多方面不敌苏州市，因此，在"十一五"期间，南京市的高新技术产业需要进一步加强发展的力度，增加投入力度，提高增长的速度。

▶▶ （五）南京市工业自主创新与国内其他城市的比较

截至 2005 年，南京市拥有各类专业技术人员 53 万人，R&D 人员占科技活动人员的比例为 45.3%。每万人口中专业技术人员数为 976 人，是全国拥有专业技术人员比例最高的城市之一。全市拥有一大批高级专家和优秀中青年人才，其中，中国科学院院士 48 人、中国工程院院士 32 人，国内外知名企业在宁设立的研发机构的从业人员 6100 多人。2005 年全市专利申请达到 5228 件，其中发明专利申请量位居全省第一。"十五"期间全市工业企业立项开发的新产品近万件，累计实现新产品产值 3700 多亿元。全市获得国家"863"、国家重大科技攻关、科技型中小企业创新基金、高技术产业化、重大装备国产化、重大成果转化、火炬、星火等计划立项项目达 800 多项，在"神五"、"神六"等国家重点工程和国防工程中发挥了重要作用。

在全省科技进步统计评价结果排名中，南京市连续 5 年位居第一，全省的 3 个国家级大学科技园都在南京，科技企业孵化器的数量占到全省的 1/3 以上，高新区的技工贸总收入占全省的 1/4 左右，2005年，南京市高新技术产业产值占全省的 15.6%，特别是高新技术产业产值占全市规模以上工业产值的 32%，显著高于全省的平均值。南京的信息产业产值占全省的 17%，特别是软件产业产值占全省的 50%以上，在专利申请、授予数量都是全省前列，特别是发明专利申请量全省第一。

表 9-4 显示的是 2005 年江苏省各大城市科技活动的总体情况。从自主创新所促进的科技进步指标来看，南京得分 97.63，位居全省第一。在科技进步环境指标中，南京市和无锡市得分相同，但是在其二级指标的比较中，无锡市略优于南京市，所以南京市的科技进步环境省内排名第二。南京市科技投入得分为 31.93，省内排名第一，而在科技产出指标中，南京市的得分为 32.99，省内排名第二，排名第一的则是苏州市。由此可以看出，南京市科技活动的投入以及科技进步在省内各大城市中是处于领先地位的，但是在科技活动的效率方面仍然需要提高加强。

表 9-4　　　　江苏省各大城市科技活动总体情况

	科技进步		科技进步环境		科技投入		科技产出	
	得分	排序	得分	排序	得分	排序	得分	排序
南京市	97.63	1	10.00	2	31.93	1	32.99	2
无锡市	94.01	3	10.00	1	28.66	3	31.84	3
徐州市	76.88	9	6.61	10	27.08	8	22.51	12
常州市	88.75	4	9.14	5	29.32	2	28.71	4
苏州市	96.24	2	10.00	3	27.22	7	35.70	1
南通市	81.95	7	7.95	6	26.72	9	25.96	7
连云港市	76.43	10	6.67	9	25.51	10	24.86	9
淮安市	71.73	12	6.52	11	22.93	12	22.53	11

	科技进步		科技进步环境		科技投入		科技产出	
	得分	排序	得分	排序	得分	排序	得分	排序
盐城市	73.58	11	6.50	12	24.21	11	23.03	10
扬州市	82.52	6	7.82	7	28.06	4	25.80	8
镇江市	85.44	5	8.53	5	27.82	5	27.28	5
泰州市	81.62	8	7.65	8	27.81	6	26.16	6
宿迁市	63.65	13	6.29	13	18.14	13	21.26	13

资料来源：江苏省科学技术厅、江苏省统计局：《2005年江苏省科技进步统计监测结果与科技统计公报》，2006年，http：//www.jssb.gov.cn。

　　我们对南京市规模以上工业企业自主创新的指标与全国、全省以及长三角部分主要城市进行比较。观察表9-5可以了解南京市规模以上企业开展科技活动的比重与全国、全省以及长三角其他部分城市相比较的情况。2004年，南京市开展科技活动企业数占全部企业的比重为16.4%，遥遥领先于全国、江苏省平均水平，与长三角主要城市相比，南京市也处于领先地位。

表9-5　全国、江苏省及部分城市规模以上工业开展科技活动比重

单位：%

	开展科技活动企业数占全部企业数比重
全国	11.9
江苏省	13.4
南京	16.4
上海	8.5
杭州	9.2
宁波	10.9
苏州	12.4
无锡	8.8

资料来源：http：//www.jssb.gov.cn。

　　从表9-6可以看出，2004年，南京全部规模以上工业企业的R&D经费投入强度为0.65%，这一水平不仅高于全国、全省水平，而且与长三角部分主要城市相比，南京也仍然较高。

表 9-6　　　全国、江苏省及部分城市规模以上
工业 R&D 经费投入强度　　　单位：%

	研究与试验发展经费占销售收入比重
全国	0.56
江苏省	0.59
南京	0.65
上海	0.63
杭州	0.64
宁波	0.37
苏州	0.43
无锡	0.68

资料来源：http：//www. jssb. gov. cn。

表 9-7 显示的是南京全部规模以上工业企业专利申请与发明专利与全国、江苏省及长三角部分主要城市相比较的情况。在专利申请数中，南京为 758 件，占全国 1.2%，占全省 10.7%；在发明专利数上，南京为 251 件，占全国 1.2%，占全省 13.9%。与长三角其他主要城市相比并不占优势。南京市发明专利数占专利申请数比重为 33.1%，为全省第一，也领先于全国平均水平，但是与长三角其他城市相比，并不占绝对优势。

表 9-7　　　　全国、江苏省及部分城市规模以上
工业专利申请与发明专利情况

	专利申请数（件）	发明专利数（件）	发明专利数占专利申请数比重（%）
全国	64569	20456	31.7
江苏省	7110	1800	25.3
南京	758	251	33.1
上海	5414	2034	37.6
杭州	1771	664	37.5
宁波	2787	616	22.1
苏州	1683	412	24.5
无锡	1489	354	23.8

资料来源：http：//www. jssb. gov. cn。

新产品开发经费支出与新产品产值比指标可以显示出新产品开发的效率，是衡量自主创新产出水平的重要指标，如表9-8所示。南京市新产品产值与新产品开发经费支出之比为31.3，既遥遥领先于全国、全省平均水平，也遥遥领先于长三角其他主要城市水平。

表9-8　　　全国、江苏省及部分城市规模以上
工业新产品产值与新产品开发经费支出比例

	新产品产值与新产品开发经费支出之比
全国	23.9
江苏省	20.1
南京	31.3
上海	24.3
杭州	18.4
宁波	24.3
苏州	19.1
无锡	19.6

资料来源：http://www.jssb.gov.cn。

南京市工业行业自主创新的行为模式

▶▶ （一）按规模、所有制比较的自主创新行为模式

根据安同良等（2005）对于江苏省制造业企业的研究，技术创新与企业规模之间存在明显的模式。（1）对于中等公司来说，与平均值相比，技术创新的风险因素、融资、市场信息、对创新的内部抵制、成果易被复制以及法制环境都不是障碍技术创新的主要因素，而技术创新费用、投资回收期、技术创新能力缺乏、熟练人才缺乏、外部合作等都是障碍技术创新的主要因素。（2）对于大公司来说，与平均值相比，只有技术创新的风险因素、法制环境等两方面才是技术创新的主要障

碍，而其他所有方面基本上都不是技术创新的主要障碍，或不如中等公司严重。这大体上说明了中等公司的主观创新愿望强，但存在着客观条件的限制；而大公司的客观条件相对比中等公司好得多，就客观条件而言，大公司最容易进行技术创新；但存在着风险夸大的主观限制和法制环境差这一客观限制。（3）对于小公司来说，除了风险、投资回收期外，基本上各项障碍因素都在平均值之上，说明了小公司面临的技术创新障碍问题比较严峻。

2004年，南京市规模以上工业企业（本部分涉及的工业企业均为规模以上工业企业，下同）的自主创新活动中，从人力资源投入情况看，大型企业科技活动人员22885人，占从业人员的比重16.7%，R&D人员10253人，科学家和工程师11705人；中型企业科技活动人员11509人，占从业人员的比重6.8%，R&D人员4982人，科学家和工程师6364人；小型企业科技活动人员6360人，占从业人员的比重2.6%，R&D人员1811人，科学家和工程师4505人。从经费投入情况看，大型工业企业科技活动经费支出总额39.9亿元，占规模以上工业企业科技活动经费支出总额66.2%；中型工业企业科技活动经费支出总额11.0亿元，占规模以上工业企业科技活动经费支出总额18.2%；小型工业企业科技活动经费支出总额9.4亿元，占规模以上工业企业科技活动经费支出总额15.6%。在自主创新活动中，无论是人力资源投入，还是资金投入，大型企业的能力都远远超过小型企业，中型企业居中。

2004年，在南京市规模以上工业企业中，大型工业企业30家，有科技活动的企业27家，比重为90%；中型工业企业227家，有科技活动的企业116家，比重为51.1%；小型工业企业2192家，有科技活动的企业258家，比重为11.8%。截止到2005年，在南京市大中型工业企业中，有科技活动的企业有142家，其中大型企业有28家，中型企业有114家，比例分别占19.7%和80.3%。即有82.4%的大型企业开展了科技活动，有49.4%的中型企业开展了科技活动。有R&D活动的企业111家，其中大型企业有26家，中型企业有85家，分别占23.4%和76.6%。也就是说，有76.5%的大型企业开展了R&D活动，有36.8%的中型企业开展了R&D活动。从研发投入强度看，总体呈大、中、小型企业等比递减的状态。其中：大型企业

262

为 1.03%，高于平均水平 0.38 个百分点；中型企业为 0.50%，低于平均水平 0.15 个百分点；小型企业为 0.22%，低于平均水平 0.43 个百分点。

由此可以看出，相对于中型、小型企业来说，大型工业企业进行科技活动的比例很大，这不仅因为公司规模大，人力、资金的实力相对雄厚，更是因为其面临的障碍要小很多。而小型企业进行自主创新的能力有限，面临的阻碍也更大，因此小型企业中有科技活动的比例很少，研发投入强度也相对较低。这也和安同良等（2005）的研究结果相一致。虽然中小型企业科技活动投入水平相对于大型企业要少得多，但从专利申请数量上看，中小型企业取得的科技成果数量并不弱，在专利申请数量上，大、中、小型基本是三分天下。其中：大型企业 252 件，占 33.2%；中型企业 248 件，占 28.8%；小型企业 288 件，占 38.0%。而在规模以上工业现价总产值中，新产品产值的比重为 22.4%，达到 1/4。其中，大型企业 37.7%，高于平均水平 15.3 个百分点；中型企业 19.0%，低于平均水平 3.4 个百分点；小型企业 3.9%，低于平均水平 18.5 个百分点。

企业所有制对技术创新同样存在重要影响。对江苏省制造业企业的调查显示：国有、集体所有制企业基于风险、顾客反响方面考虑的技术创新障碍都低于平均水平。但是其他 7 个方面，如金融资源缺乏、对创新的内部抵制、创新人才、能力缺乏、外部合作少、投资回收期、成果易被复制等方面的因素都高于平均水平，反映出国有、集体所有制企业面临的技术创新障碍很多。反观外资企业，技术创新的风险、创新的费用、顾客反响等三方面都高于平均水平，它们面临的技术创新障碍则较少，这些障碍更多基于技术创新项目自身以及技术创新项目产品化的销售对象，而其他则低于平均水平；私营企业的各项数据则基本上介于两者之间（安同良等，2005）。

2004 年，南京规模以上工业企业中，内资企业超过 3/4 有科技活动，比例为 76.8%；外商投资企业接近一成半有科技活动，比例为 14.0%；中国港、澳、台商投资企业有科技活动的不到一成，比例仅为 9.2%。内资企业科技活动经费支出 54.2 亿元，占全市规模以上工业企业科技活动经费支出的 89.9%；中国港、澳、台商投资企业科技活动经费支出 1.73 亿元，占全市规模以上工业企业科技活动经费支出的 2.9%；外商投资企业科技活动经费支出 4.34 亿元，占全市规模以上工业企业科技活动经费支出的 7.2%。2005 年，内资企业 R&D 经费 26.4 亿元，占全市大中型工业企业的 86.3%；中国港、澳、台商投资企业 R&D 经费 2.2 亿元，占全市大中型工业企业的 7.2%；外商投资企业 R&D 经费 2.0 亿元，占全市大中型工业企业的 6.5%。从 2004 年的企业研发投入强度指标来看，内资企业数倍于中国港、澳、台资和外商投资企业。其中：内资企业为 0.91%，高于平均水平 0.26 个百分点；中国港、澳、台资和外商投资企业为 0.29%，低于平均水平 0.36 个百分点；外商投资企业只有 0.13%，低于平均水平 0.52 个百分点。从新产品产值占规模以上工业现价总产值比重指标来看，内资企业为 26.3%，高于平均水平 3.9 个百分点；中国港、澳、台资和外商投资企业为 4.6%，低于平均水平 17.8 个百分点；外商投资企业为 19.1%，低于平均水平 3.3 个百分点。

这个结果显示出相对于中国港、澳、台商投资企业、外商投资企业，内资企业的科技活动的规模最大；在内资企业中，国有控股和国有独资工业企业的科技活动的经费投入和 R&D 经费投入又占了绝大多数的份额。由此可以看出，国有工业企业在南京市工业企业自主创新中的绝对支配的地位，说明了在"十五"期间，国有工业企业对南京市工业乃至南京市自主创新做出的巨大贡献，对工业乃至全市经济的增长起到了不可替代的作用，但是同时也可以看出，南京市规模以上工业企业进行自主创新的主体单一，因为根据安同良等（2005）对江苏省制造业企业的调查显示，外资企业面临的自主创新障碍都少于国有、集体所有制企业。因此，如果国有企业在自主创新活动中主体地位的确立是因为所有制的原因，那么必然存在效率是否优先的问题。

▶▶ （二）行业间自主创新行为模式的比较

如表 9-9 所示，2004 年，在南京市工业所涉及的 36 个工业行业大类中，有科技活动发生的行业有 30 个，占到 83.3%；有 R&D 活动发生的行业有 25 个，占到 69.4%。

表9－9
南京市规模以上工业企业研究与
试验发展经费投入的行业分布

	科技经费投入（万元）	R&D 经费投入（万元）	R&D 投入强度（%）
合　　计	**602990**	**202331**	**0.65**
黑色金属矿采选业	1215	208	0.15
有色金属矿采选业	310	166	0.76
非金属矿采选业			
农副食品加工业	3961	760	0.23
食品制造业	1681	491	0.19
饮料制造业	223		
烟草制造业			
纺织业	6281	1617	0.46
纺织服装、鞋、帽制造业	930	10	0.002
皮革、毛皮、羽毛（绒）及其制品业	485	50	0.03
木材加工及木、竹、藤、棕、草制品业			
家具制造业			
造纸及纸制品业	127	85	0.08
印刷业和记录媒介的复制	173		
文教体育用品制造业	565		
石油加工、炼焦及核燃料加工业	7097		
化学原料及化学制品制造业	206457	94488	1.6
医药制造业	15716	4121	1.41
化学纤维制造业	4000	2450	3.22
橡胶制品业	978	143	0.07
塑料制品业	9740	58	0.02
非金属矿物制品业	3931	1019	0.11
黑色金属冶炼及压延加工业	48920	4041	0.11
有色金属冶炼及压延加工业	2936	1141	0.48
金属制品业	4856	823	0.17
通用设备制造业	20287	9434	0.84
专用设备制造业	4269	1185	0.32
交通运输设备制造业	117238	21704	1.04
电气机械及器材制造业	29120	8917	0.63

	科技经费投入（万元）	R&D 经费投入（万元）	R&D 投入强度（%）
通信设备、计算机及其他电子设备制造业	87149	36106	0.5
仪器仪表及文化、办公用机械制造业	20099	10328	3.31
工艺品及其他制造业	2628	2412	2.36
废弃资源和废旧材料回收加工业			
电力、热力的生产和供应业	1503	574	0.12
燃气生产和供应业			
水的生产和供应业	115		

资料来源：http：//www. jssb. gov. cn。

1. 科技经费投入

有 6 个行业在科技经费投入、R&D 经费投入以及 R&D 投入强度三个指标中为 0，为非金属矿采选业、烟草制造业、木材加工及木、竹、藤、棕、草制品业、家具制造业、废弃资源和废旧材料回收加工业、燃气生产和供应业。另外，饮料制造业、印刷业和记录媒介的复制、文教体育用品制造业、石油加工、炼焦及核燃料加工业、水的生产和供应业这五个行业只有科技经费投入，而没有 R&D 经费投入，除了石油加工、炼焦及核燃料加工业的科技经费投入相对较高，达到了 7097 万元，其他 4 个行业的科技经费投入都很少。

有 8 个行业的科技经费投入超亿元，如图 9 - 2 所示，分别是化学原料及化学制品制造业、医药制造业、黑色金属冶炼及压延加工业、通用设备制造业、交通运输设备制造业、电气机械及器材制造业、通信设备、计算机及其他电子设备制造业、仪器仪表及文化、办公用机械制造业。这八个行业的科技经费投入总共达到了 544986 万元，占全部 36 个行业科技活动经费总量的 90.38%。其中化学原料及化学制品制造业和交通运输设备制造业的科技经费投入更是超过了 10 亿元，分别达到了 206457 万元和 117238 万元。

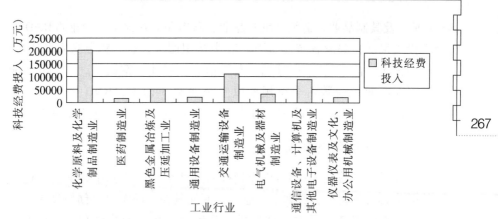

图 9-2　南京市科技经费投入超亿元的工业行业

2. R&D 经费投入

R&D 经费投入超过千万元以上的行业有 14 个，其中，超亿元的行业有 4 个，见图 9-3，分别是：化学原料及化学制品制造业，交通运输设备制造业，通讯设备、计算机及其他电子设备制造业，仪器仪表及文化、办公用机械制造业。化学原料及化学制品制造业的 R&D 经费投入最高，达到了 94488 万元。这 4 个行业的 R&D 经费投入合计为 162626 万元，占全部 36 个行业的 80.38%。纺织服装、鞋、帽制造业、皮革、毛皮、羽毛

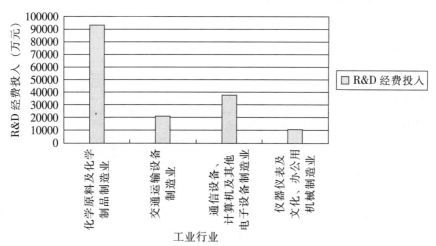

图 9-3　南京市 R&D 经费投入超亿元的工业行业

（绒）及其制品业、造纸及纸制品业、塑料制品业这4个行业的R&D经费投入很低，都没有超过百万，其中纺织服装、鞋、帽制造业的R&D经费投入最低，只有10万元。电子信息、石化、钢铁、汽车、电力能源五大产业企业数占全市规模以上企业数34.1%，R&D经费投入为17.09亿元，占南京市规模以上工业企业R&D经费投入的84.48%。

3. R&D 投入强度

在科技经费投入和R&D经费投入这两个绝对指标中，某些行业可能因为其行业特征，比如重工业等，而使其在这两个自主创新投入指标中的绝对值很高，因此，R&D投入强度这个相对值指标在一定程度上可以更加客观衡量不同行业在自主创新中的投入情况，这也是衡量自主创新能力的一个重要指标。在南京市36个工业行业大类中，投入强度在1%以上的行业有6个，结果从图9-4可以看出。分别是：化学原料及化学制品制造业，医药制造业，化学纤维制造业、交通运输设备制造业，仪器仪表及文化、办公用机械制造业，工艺品及其他制造业。其中，仪器仪表及文化、办公用机械制造业的R&D投入强度最高，为3.31%。有5个行业的R&D投入强度不足0.1%，分别是纺织服装、鞋、帽制造业、皮革、毛皮、羽毛（绒）及其制品业、造纸及纸制品业、橡胶制品业和塑料制品业。其中，纺织服装、鞋、帽制造业的R&D投入强度最低，仅为0.002%。

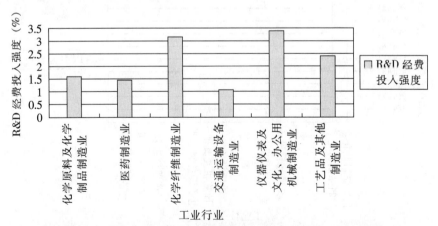

图9-4　南京市R&D经费投入强度超1%的工业行业

安同良等（2005）对江苏省制造业企业的调查显示：技术创新的动力不是财务因素，最重要的技术创新动力是保持公司的全面竞争力，此外，提高产品的质量也是公司的一个主要技术创新动力。企业进行自主创新的目的在于全面提升企业竞争力，而基于企业的本质，提升全面竞争力的最终着眼点是扩大市场份额，获取最大的利润。因此，分析企业进行自主创新的产出同样重要，这既是对自主创新是否能够提升企业市场竞争力、促进经济增长的检验，也是对各行业自主创新效率进行考核的一个标准。

分析表9－10可以看出，在36个工业行业中，有7个行业的工业总产值和工业销售产值超过百亿元（见图9－5），分别为石油加工、炼焦及核燃料加工业、化学原料及化学制品制造业、黑色金属冶炼及压延加工业、通用设备制造业、交通运输设备制造业、电气机械及器材制造业和通信设备、计算机及其他电子设备制造业。这7个行业的工业总产值和工业销售产值合计分别为23786628万元、23269505万元，占全市限额以上工业总产值和工业销售产值的75.43％、75.62％。其中，通信设备、计算机及其他电子设备制造业的工业总产值和工业销售产值最大，分别达到了7340860万元和7112974万元。化学原料及化学制品制造业的工业总产值和工业销售产值也较大，为5728948万元和5628900万元。有7个行业的工业总产值和工业销售产值相对较低，没有超过十亿元，分别为采矿业中的有色金属矿采选业、非金属矿采选业；制造业中的木材加工及木、竹、藤、棕、草制品业、家具制造业、化学纤维制造业以及废弃资源和废旧材料回收加工业；电力、燃气及水的生产和供应业中的水的生产和供应业。其中，木材加工及木、竹、藤、棕、草制品业最低。

表9－10　　　南京市全部限额以上工业企业经济指标（2004）

	企业单位数（个）	工业总产值（万元）	工业销售产值（万元）
合计	2449	31534281	30770672
采矿业	46	249065	244191
黑色金属矿采选业	7	151927	149902
有色金属矿采选业	4	22405	22978
非金属矿采选业	35	74733	71311

270

		企业单位数（个）	工业总产值（万元）	工业销售产值（万元）
制造业		2376	30656749	29900821
	农副食品加工业	47	344821	323880
	食品制造业	35	251338	261681
	饮料制造业	12	166152	166149
	烟草制品业	1	667461	646865
	纺织业	82	421873	395040
	纺织服装、鞋、帽制造业	185	722365	699270
	皮革、毛皮、羽毛（绒）及其制品业	24	169186	170198
	木材加工及木、竹、藤、棕、草制品业	12	21082	21075
	家具制造业	16	31528	27722
	造纸及纸制品业	44	119551	116957
	印刷业记录媒介的复制	59	135567	127454
	文教体育用品制造业	55	151579	148852
	石油加工、炼焦及核燃料加工业	21	2335158	2342614
	化学原料及化学制品制造业	275	5728948	5628900
	医药制造业	37	307310	279395
	化学纤维制造业	5	90656	88209
	橡胶制品业	20	200761	189836
	轮胎制造	1	142951	134200
	塑料制品业	105	396135	381901
	非金属矿物制品业	170	982573	959481
	黑色金属冶炼及压延加工业	69	3429397	3371358
	有色金属冶炼及压延加工业	44	261345	249777
	金属制品业	135	519777	513628
	通用设备制造业	244	1188929	1144232
	专用设备制造业	116	440089	407946
	交通运输设备制造业	138	2298224	2216532
	汽车制造	74	1478734	1417191

续表

		企业单位数（个）	工业总产值（万元）	工业销售产值（万元）
	摩托车制造	13	311584	313595
	电气机械及器材制造业	169	1465112	1452895
	通信设备、计算机及其他电子设备制造业	151	7340860	7112974
	仪器仪表及文化、办公用机械制造业	83	326531	313971
	工艺品及其他制造业	18	114004	113552
	废弃资源和废旧材料回收加工业	4	28437	28477
电力、燃气及水的生产和供应业		27	628467	625660
	电力、热力的生产和供应业	14	441378	440798
	燃气生产和供应业	5	143062	141991
	水的生产和供应业	8	44027	42871

资料来源：南京市统计局：《南京统计年鉴（2005）》，中国统计出版社2005年版。

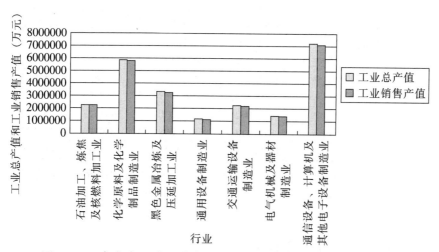

图9-5 南京市工业总产值和工业销售产值超百亿元的行业

以上是对 36 个工业行业自主创新进行的测度，而针对高新技术产业来说，航空航天制造业、计算机及办公设备制造业、电子及通讯设备制造业、医药制造业、专用科学仪器设备制造业、电气机械及设备制造业、新材料产业等高新技术产业投入的 R&D 经费 5.35 亿元，占南京市规模以上工业企业 R&D 投入的 26.4%。

表 9-11 列出的是 2004 年，南京市部分高新技术产业的经济统计的部分指标。其中，有 3 个行业的工业总产值超过百亿元，分别是计算机及办公设备制造业、电子及通信设备制造业和新材料产业，电子及通信设备制造业工业总产值最高，达到了 3721979 万元。这 3 个行业的工业总产值为 7744188 万元，占表中所列行业工业总产值的 82.55%。在出口交货值指标中，最高的是计算机及办公设备制造业，为 1984926 万元，占所列行业出口交货值的 62.16%；电子及通信设备制造业的出口交货值也相对较高，达到了 971047 万元；新材料产业第三，为 132269 万元。在利润方面，电子及通信设备制造业的利润总额最高，达到了 151705 万元；电气机械及设备制造业次之，为 111501 万元；新材料产业第三，为 66034 万元。

表 9-11　　　　　高新技术产业基本情况　　　单位：千元（当年价）

	工业总产值	主营业务收入	出口交货值	利润总额
合　　计	93807499	93387824	31930771	4232526
航天航空制造业	200030	156291	35784	16339
计算机及办公设备制造业	21935867	20644196	19849263	344394
电子及通信设备制造业	37219793	38241112	9710473	1517046
医药制造业	3109707	2944187	157360	325585
专用科学仪器设备制造业	4271962	3886330	495428	253812
电气机械及设备制造业	8783917	8624098	359776	1115010
新材料产业	18286223	18891610	1322687	660340

资料来源：南京市统计局：《南京统计年鉴（2005）》，中国统计出版社 2005 年版。

▶▶ **（三）结论和启示**

根据以上对南京市 36 个工业行业自主创新行为模式的比较，可以

得到以下一些结论。笔者把自主创新情况较优的行业及其指标整理于表
9 – 12。

表 9 – 12　　　南京市工业中自主创新情况较优的行业

行　　业	科技经费投入	R&D经费投入	R&D投入强度	工业总产值和工业销售产值
化学原料及化学制品制造业	最高	最高	超1%	第二
交通运输设备制造业	第二	超亿元	超1%	超百亿元
医药制造业	超亿元		超1%	
黑色金属冶炼及压延加工业	超亿元			超百亿元
通用设备制造业	超亿元			超百亿元
电气机械及器材制造业	超亿元			超百亿元
通信设备、计算机及其他电子设备制造业	超亿元	超亿元		最高
仪器仪表及文化、办公用机械制造业	超亿元	超亿元	最高	
化学纤维制造业		超千万元	第二	
工艺品及其他制造业		超千万元	第三	
石油加工、炼焦及核燃料加工业				超百亿元

（1）在投入方面，三个投入指标中，化学原料及化学制品制造业、
交通运输设备制造业和仪器仪表及文化、办公用机械制造业都处于所有
工业行业中领先的地位。其中，化学原料及化学制品制造业在科技经费
投入和 R&D 经费投入中处于最高的位置，R&D 投入强度也超过了 1%。
交通运输设备制造业的科技经费投入排名第二，R&D 经费投入超亿元，
R&D 投入强度同样也超过了 1%。仪器仪表及文化、办公用机械制造业
的 R&D 投入强度最高，科技经费投入和 R&D 经费投入都超亿元。另
外，医药制造业和通信设备、计算机及其他电子设备制造业在投入方面
也相对较好。医药制造业科技经费投入超亿元，R&D 投入强度也在 1%
以上。通信设备、计算机及其他电子设备制造业的科技经费投入和
R&D 经费投入同样超过了亿元。

（2）在产出方面，在工业总产值和工业销售产值超过百亿元 7 个
行业中，除了石油加工、炼焦及核燃料加工业之外，其他 6 个行业都是

科技经费投入超亿元的行业，分别是炼焦及核燃料加工业、化学原料及化学制品制造业、黑色金属冶炼及压延加工业、通用设备制造业、交通运输设备制造业、电气机械及器材制造业和通信设备、计算机及其他电子设备制造业。在投入方面较高的 5 个行业中，除了医药制造业和仪器仪表及文化、办公用机械制造业之外，化学原料及化学制品制造业、交通运输设备制造业、通信设备、计算机及其他电子设备制造业这 3 个行业的工业总产值和工业销售产值都超过了百亿元。

（3）通过对自主创新的投入和产出指标的比较衡量，本文认为在南京市 36 个工业行业中，化学原料及化学制品制造业、交通运输设备制造业、通信设备、计算机及其他电子设备制造业、仪器仪表及文化、办公用机械制造业这四个行业的自主创新状况相对较优。医药制造业、黑色金属冶炼及压延加工业、通用设备制造业、电气机械及器材制造业这四个行业的自主创新状况也相对较好。

（4）在高新技术产业中，计算机及办公设备制造业、电子及通信设备制造业和新材料产业这三个行业的自主创新处于优势地位。

▶▶ （四）南京市工业自主创新优势行业的模式特点

上面的分析确定了南京市 36 个工业行业中自主创新成绩领先以及相对较优的 8 个行业。笔者将这 8 个工业门类概括到电子信息产业、汽车工业、石化工业、医药工业、电力工业、钢铁工业这 6 个通俗称呼的工业分类中，以便分析的需要。同时，在对高新技术产业的实证分析中，计算机及办公设备制造业、电子及通信设备制造业和新材料产业这三个产业的自主创新状况较优，鉴于高新技术产业在行业自主创新中的重要地位，除了上文提及的电子信息产业外，本部分认为新材料产业也是南京市工业行业自主创新的支柱产业。

由此可以得出结论，南京市工业行业自主创新和技术转移的重点落实在四个支柱产业上，即"电、汽、化、新"，分别指电子信息产业、汽车工业、石化工业以及新型的高科技产业。新型的高科技产业主要是指具有较强自主创新能力的高新技术产业，在南京市工业行业中以医药工业、新材料工业以及关联产业——钢铁工业最为典型。本部分将具体针对这四个支柱行业的自主创新的模式和特点进行深入分析，主要采用案例分析的方法，对诸类行业过往自主创新的路径、模式和经验进行总结，同时也将诊断出这些自主创新优势行业在自主创新过程中面临的障碍以及得到的教训，目的在于促进这些行业乃至整个南京市工业行业在今后的自主创新活动中能够取得更多更好的绩效。

电子信息产业

电子信息产业是高新技术产业，具有高智力、高投入、高风险、高效益、高渗透等特点。与传统电子工业相比，现代的电子信息产业突出了知识生产、系统集成以及信息技术在科技进步中的重要作用，成为后工业化社会的支柱。电子信息产业已经成为中国现阶段经济发展中的重要产业，担负着推进国民经济信息化，改造传统产业，提高我国经济增长的质量的重任。商务部于 2006 年发布的《中国电子信息产业国际竞争力评价研究报告》显示，2005 年中国电子信息产品出口超过 2000 亿美元，占全球出口总额的 15%，中国已经成为仅次于美国的全球第二大电子信息产业大国。但是由于集成电路关键技术的落后和关键设备长期依赖进口，中国电子信息产业事实上处于大而不强的尴尬境地。

电子信息产业是南京四大支柱产业之一，已基本形成了以南京经济开发区、江宁开发区和南京市高新区以及熊猫集团、玄武区为主体的"3 + 2"产业布局和以平板显示、通信和高端家电为重点的产业集群，拥有南京大学、东南大学、南京邮电大学以及中国电子科技集团第十四研究所、第二十八研究所、第五十五研究所等一批电子领域的高等学校和研究机构，主要生产企业有爱立信、熊猫集团、乐金飞利浦、LG 同创、华宝通讯、统宝光电等，正逐渐成为全国乃至全球重要的 LCD、PDP、通信设备和家电的生产基地。2005 年全市电子信息产业完成现价产值 1028 亿元，增长 31.3%，共生产移动通信机站设备 19 万信道，程控交换机 34 万线，手机 2652 万台，显示器 3030 万台，彩色显像管 886 万只，彩色电视机 159 万台，家用洗衣机 165 万台，电热水器 56 万台。

本章将通过对南京市电子信息产业自主创新的整体状况以及以熊猫集团为案例，对其模式与特点进行分析。熊猫电子集团有限公司

（PEG）成立于 1936 年，被称为中国电子工业的摇篮，是中国最大的综合性电子骨干企业，中国 120 家试点企业集团、520 家重点企业、电子行业六大集团之一，PEG 的注册商标"熊猫 PANDA"是中国电子行业第一个中国驰名商标，也是中国电子产品第一个进入国际市场的注册商标。曾为国民经济各个领域和改善人民物质文化生活做出过重要贡献，几十年来，一直位居中国电子工业的前列。

1. 大公司战略的引领

大公司战略是电子信息产业在组织体制和经营管理上的重大创新活动，也是电子信息产业改革与发展的重大举措。因为在现阶段，只有规模大、综合实力雄厚、发展后劲充足的大公司才有能力真正成为技术创新的主体，才能对电子信息产业的发展起着举足轻重的作用。

大型公司、特别是上市公司多，是南京市电子信息产业的一大特点。全国电子信息产业百强中，南京市有 4 家企业入围；全市 40 强企业中，电子信息企业有 10 家企业入围。全市 28 家上市公司，电子信息企业有 6 家。2005 年，在全市年出口达 5 亿元以上的 18 家工业企业大户中，电子信息就有 10 家，累计出口 59.60 亿元，占全市出口总额的 68.7%，拉动全市出口增长 48.6 个百分点。围绕大集团、大企业、大公司战略，南京市制定了一系列优惠扶持政策，使电子信息产业迅速步入快速发展的车道，拉动经济发展的引擎效应逐渐呈现。

2. 技术合作多样化

PEG 的技术力量在中国电子行业处于领先水平，并凭借自身实力先后创造了众多的中国第一，赢得了众多的国家级荣誉。这在很大程度上得益于 PEG 不仅拥有五个国家级工程技术研究中心，还设有博士后科研工作站，并且与 12 家进入世界 500 强的国际大公司和国内 10 多所重点大学和研究所进行技术合作、联合开发，极大地提高了产品的更新速度。目前 PEG 在中国拥有 7000 多万用户，是国内拥有用户最多的电子品牌公司。

3. 开放型的科技开发体系

为了不断加强科研开发机构和科技队伍的建设，熊猫集团建立起

"里三层、外三层"开放型的科技开发体系。里三层：超前开发层、商品化开发层、大生产开发层；外三层：国际合作层、国内合作层、集团合作层。通过里三层的科技开发，企业可以不断加强自主创新能力，形成完全自主产权的技术创新成果；在外三层的协助之下，可以分散创新的风险，降低创新的成本，同样可以促进企业自主创新能力的提升。

4. 制度创新的促进

1997～1998 年，熊猫集团一度陷入困境，公司实施了一系列重大战略性改制重组，进行了管理体制、经营机制的根本性变革，推进了产品结构与产业结构的战略性调整。在资本结构上，单一投资主体的国有独资企业改组为多个国有企业参股的投资主体多元化的有限责任公司。重组后的熊猫集团围绕制度创新和技术创新，大力实施产权、产业、产品结构调整。在管理体制上，建立了决策中心、利润中心、成本中心三个层次，按照现代企业制度要求实施管理；在经营方式上，实行独立法人的子公司、非独立法人的分公司和承包经营单位三种模式；在人事管理上推行定岗、定编、定员；在经营机制上，改革了干部制度、用工制度、分配制度，充分调动广大职工的积极性；在产权制度上，进行了内部改制，推进经营者、科技人员和骨干入股，试行期股制度，进一步调动经营者、骨干和广大员工的积极性和创造性。促进了生产经营的迅速发展，进入了依靠自主创新进行发展的新阶段。

通过以上的分析，南京市电子信息行业自主创新的模式可以总结为：以科研院所的知识创造为源泉，军工企业的知识外溢为推动，以大企业集团为行业主导，以制度创新作为辅助的创新模式。

五、

汽 车 工 业

汽车制造业是一个城市工业化程度的重要标志，汽车产业发展对城市经济有着重大影响。它不仅直接拉动上下游相关产业的发展，同时解决就业、刺激消费，而其所产生的外部效应更是非常可观。汽车工业技术是现代工业技术的典型代表，它的发展过程是一个不断的技术创新的过程，技术创新是推动汽车工业成为世界第一个全球化产业的力量源泉。

我国汽车工业尽管市场和产量大幅增长，但"散乱"状况依旧，轿车企业包括关键零部件企业的多数已经成为合资企业，轿车产量的90%是外国品牌，可以说，国内汽车行业的市场竞争，实际上成为外国巨头的代理人竞争。近20年来，所有合资企业的外商从来没有向中方传授"七大总成"设计技术的任何一项。因此，中国汽车工业自主创新的任务迫在眉睫而且极其艰巨。而同时，中国汽车工业的技术创新存在诸多缺陷。（1）研发投入不足，投资过于分散。技术开发能力较为薄弱。研发投入和研发投入强度与跨国公司都是无法相比的。而且有限的资金也没有集中进行重点项目攻关，而是分散于众多的中小型项目。（2）人才缺乏且分散。（3）我国的汽车工业一直在借鉴日本汽车工业的发展模式，即"引进—消化吸收—创新"之路，但是经过几十年的发展过程看来，中国并没有通过初期引进合资项目，进行消化吸收后，形成自主创新的机制以及成果，我国的汽车企业并没有成为技术创新的主体，仍然是处于"引进—模仿—再引进"的低级过程。

南京汽车工业经过50多年的建设和发展，总量规模不断扩大，经济实力显著增强，已构建了较为完整的汽车工业体系和规模生产格局。2005年全市汽车行业实现现价产值173亿元，共生产汽车17.3万辆，其中轿车3.67万辆，载货汽车5.89万辆，公路客车7.86万辆。目前现有汽车整车制造及零部件生产企业近百家，其中主流整车厂家分别是：跃进汽车集团（下属五大子公司分别为跃进轻型车公司、南京IVECO公司、南京菲亚特公司、君达越野车公司、南汽无锡车身公司）、南京春兰、南京东风专用车公司、南京长安微型车厂、南京长安福特公司、南京（金陵）双层客车厂、航天晨光汽车、金城摩托车整车和相关企业十多家、发动机及主要零部件专业厂几十家，其整车生产规模达到60万辆。

本部分将以南京汽车集团有限公司作为案例对南京市汽车工业自主创新的模式和特点进行整理概括。南京汽车集团有限公司是我国特大型汽车骨干生产企业。现有资产总额120亿元，占地面积340余万平方米，1.46余万名职工，拥有25家控股子公司（其中7家中外合资），7家参股公司（其中2家中外合资），400余家关联企业。南汽目前拥有四个整车生产公司，即南汽跃进、南京菲亚特、南京依维柯、南汽新雅途，生产跃进、依维柯、菲亚特、新雅途四大品牌系列 400 多个品种汽车，年综合生产能力 20 万辆，至 2004 年底已累计生产汽车近 140 万辆。除整车生产公司外，南汽还拥有铸、锻、装备和一批汽车零部件企业，有 7 个专业研究所以及技术中心和国家级汽车质量监督检验鉴定试验所。南汽拥有外贸进出口权，中德合办的职业教育中心，博士后科研工作站及与东南大学、南京理工大学、江苏大学、南京工业大学、无锡轻工大学联合组建的跃进汽车工程研究院，具有较完善的科研和生产经营体系。

1. 政府的支持

在汽车工业的发展过程中，政府的支持屡见不鲜。第二次世界大战后，日本政府先后颁布了一系列汽车工业发展扶持的法律法规，对汽车产业实施保护政策，有力地促进了日本汽车产业的快速发展。1993 年 9 月 29 日，美国总统克林顿发动了"新一代汽车伙伴关系计划"（PNGV）。这是一个空前的政府与产业界合作的计划，也是一个"政产学研"大规模统一行动的高新技术产业化计划。

作为南京市的支柱产业，企业工业一直是江苏省和南京市重点支持的行业。以南汽并购罗孚这一事件为例，江苏省和南京市政府都竭尽了全力，希望借英国这个著名汽车品牌的外力刺激以及技术基础，发展南京的汽车工业。

2. 人才的支撑

人才对于自主创新的作用不言而喻。南京汽车企业十分重视人力资源的引进及开发，不断加强人员结构的优化调整，注重强化各类人员的继续教育和专业技能培训工作，培养并造就一大批具有一定技术和管理水平的结构合理的高素质人才，因此具有强大的人才及科研优势以及较强的基础研究及开发手段。今天，南京汽车工业具备了规模较大、全系列、多品种的较为完整的科研开发、生产制造和营销等功能体系，成为全国为数不多的、具有各类汽车产品生产资格的省城之一。同时，人才引进的概念已经不仅仅局限于国内，从全球的视角来挖掘人才也成为南京市汽车工业中人才战略的新特点。南汽准备于近日在美国底特律进行一轮有针对性的人才招聘。

3. 技术中心的中心地位

技术中心是微观创新系统中的核心，对于自主创新起到决定性的作用。南京汽车集团有限公司技术中心是集汽车整车及零部件设计、工艺研究、技术装备制造、检试验于一体的科研检测机构，主要承担着集团公司层面的重大产品开发、产品质量检测及认证、新技术应用和基础研究等任务。值得一提的是，南京汽车集团中的跃进汽车工程研究院是与东南大学、南京理工大学、南京大学、南京工业大学、南京航空航天大学等高校联合组成的，这样就可以充分利用高校中密集的科技资源，以促进汽车工业的自主创新。

4. 汽车集群的作用

创新集群的概念起源于熊彼特，在美国经济学家罗森伯格的定义下，创新集群分为 M 型技术创新集群，即时间意义上的技术创新集群；T 型技术创新集群，即空间意义上的技术创新集群。汽车产业是产业链比较长或迂回生产方式比较突出的产业，利用集群化发展可以迅速提升该产业的区域、国内或国际的竞争优势，可以有力地促进创新的发展。南京既有较好的制造业基础、汽车零部件基础，又有灵活的民间资本经营方式和便捷的交通，既有搞集群的动力，又有搞集群的条件。

随着福特马自达、菲亚特、晨光森田等汽车制造企业在南京开发区快速建设、发展，一批产业链的上、中、下游及配套企业纷纷入驻，开发区已经形成了汽车产业集群。目前已拥有汽车配套企业二三十家，世界 500 强企业住友汽车板材项目、生产汽车冲压件等产品的六和机械项目、生产排气系统的优美克斯项目也将开工，据悉，开发区年内还将引进二三十家汽车配套企业。

5. 与外资公司的合作

中国汽车工业和跨国公司的技术合作非常多，没有哪一个行业像汽车工业一样依赖于合资模式。合资模式可能会给这个行业带来一些消极影响，但是仍然不失为技术学习、赶超，进行自主创新的一条捷径。

南京在引进外资方面具有其独到的优势。目前，在南京投资建厂的境外汽车巨擘有欧共体二家、美日各一家，均是百年老厂和世界排名前五位的跨国汽车公司，如福特、菲亚特、罗孚等汽车集团。随着福特南京厂、罗孚厂的建立，南京生产的轿车将涵盖高、中、低各档次，产业结构的全面提升，它将结束南京市没有中高级轿车产出的现状，把南京汽车产业提升到国际一流的工艺水平，这在某种程度上也增加了整个城市工业经济的竞争力。

6. 与其他产业的合作

从汽车的性能要求和技术特征来看，其本身就是材料技术、制造技术、电子技术等多种技术的集合体，技术集群在此得到很好的体现。汽车工业的技术广泛性使得其需要多领域间开展相互的技术合作，实现优势互补，协同共生。例如，汽车制造业的技术创新往往需要相关行业提供新型的材料、性能更好的轮胎、清洁的燃料或动力、更为先进的电子装置以及新型的加工设备等，因此围绕汽车技术的创新会形成涉及金属材料、非金属材料、机械、电子等多个行业的支持性创新集群。在南京市的工业行业中，几乎包括了大部分与汽车工业相关的行业，是全国工业门类比较齐全的城市之一，汽车工业和其他产业的互动关系决定了南京市汽车工业的自主创新有着独特的优势。

7. 敏捷性策略

汽车工业技术创新的敏捷性策略，就是要尽可能地缩短技术创新的时间过程，迅速生产出具有市场竞争力的产品。美国"新一代汽车伙伴关系计划"（PNGV）也是技术创新的敏捷性策略的重要体现。南京市汽车工业在形成自己的核心竞争力的基础上，充分利用高校和科研院所的研究开发能力，通过建立企业与企业、企业与科研院所之间紧凑的协作关系，运用灵通的市场信息和柔性的生产系统，适时地开发具有市场竞争力的产品，形成了建立在企业之间相互信赖基础上的"共赢"策略。

8. 零部件的创新

汽车产业附加值的 70% 是由零部件创造的，关键零配件及其总成是整车性能质量的基础。南京汽车工业除拥有整车生产基地以外，还拥有汽（柴）油发动机、变速箱、前后桥、转向器、离合器、传动轴、制动器等主要零部件生产企业，以及铸、锻、模、冲等加工中心，汽车零部件已形成规模生产能力。因此，南京市汽车零部件产业的创新对于提升整个汽车工业的自主创新水平的作用同样不可忽视。

9. 知识购买型并购获取技术

由于产品和技术落后，发动机问题一直是制约南汽发展的瓶颈，南汽的两个发动机厂和零部件企业都开工不足，产能无法全面发挥。南汽并购了罗孚汽车公司后，不但获得了从系列发动机到系列整车车型的生产设备，同时也获得了其生产及研发技术。罗孚现有工业用机器人50多个，技术水平在欧洲处于中上等，特别是发动机部分，还有相当竞争力。罗孚的 Powertrain 发动机工厂运转始终十分正常。罗孚的发动机工厂不仅为自己的全系车型产品提供发动机，还为全球的其他车厂委托设计和加工发动机。罗孚的发动机生产分部将能为南汽的发动机部门带来新生。南汽在拥有了罗孚核心技术之后，将着手开发自主品牌轿车。业界预测，不排除南汽利用罗孚的部分技术，使用 Austin 品牌上马自主知识产权车型的可能。收购罗孚将极大地帮助南汽实现 2006 年 30 万辆的销售目标。

综上所述，南京市汽车工业的自主创新是在历史的友好促动基础上，在政府的强势引导下，通过发挥大企业集团的规模优势，以开放的心态，引入新的创新主体，并且通过知识购买型并购进行消化吸收再创新。从而形成了南京市汽车工业"以历史为积淀，以政府为主导、以人才为支撑、以零部件创新为特色、以知识购买型并购为辅助"的自主创新模式。

石 化 工 业

南京是中国最大的石化工业基地之一，现综合生产能力居全国第二位。2005 年南京市石油化工行业中化学原料和化工产品的生产大幅增加，石化总产值突破千亿元大关，达到 1279.16 亿元，增长 42.9%，拉动全市产值增长 12.3 个百分点。

Mark Dodgson、Roy Rothwell（1994）对石化行业的创新进行了研究。石化行业的生产过程是复杂和互相联系的。企业内部的专业研究与发展机构在创新中起到了主要作用。实证研究表明：成功的创新需要企业内部技术能力和外部的科技信息和思想相联系，尤其是基础研究。SPRU（科学政策研究中心）的 Sappho（1994）研究项目发现，在化学工业和其他工业之间有些有意义的不同之处。首先是基础研究在工业领先企业内部进行的比例。产品创新来自于企业内部实验室，而最重要的外部联系是大学和设计工程承包商。工艺创新常常要求昂贵的设备和试验研究，一般由专业设计人员和化学工程师在企业内部进行，也经常和企业外的设备承包商合作。之后的研究再次证实了企业内部专业知识对推动技术创新的重要性，并发现了创新的成功与本领域内的经验和相关学科的前沿研究有密切关系。

总体说来，大型联合企业在有机化学工业创新中起到了主要作用，这些企业本身构成了创新系统的重要部分。创新的主要推动力来自于企业内部的研究与发展部门。由于研发部门不仅了解科学上的可能性，也能抓住市场机遇，事实上他们不断地开拓新的研究领域，在企业内部开发并利用新技术，从而领先其他企业。对石化行业的技术创新的总体结论如下：（1）研究与发展部门在创新系统中起到了核心作用；（2）研究与发展部门与外界的联系非常重要，因为这些联系提供了市场与基础研究的信息；（3）随着化学工业不断进入更专业化的细分市场，与客户的关系变得越来越重要。

石化工业是南京市的支柱产业之一，对于南京市工业增长的拉动作用巨大。而对于石化企业来说，企业的竞争力主要来自于自主创新能力。南京市的石化行业的主要生产企业有中石化扬子石化公司、金陵石化公司、南化公司、扬子—巴斯夫公司等。下面本文将以中石化扬子石化公司作为典型案例来对南京市石化工业自主创新的模式和特点进行分析。

2004 年，扬子石化完成"改进吸附分离控制程序提高 PX 产率"等 89 项科研开发和技术攻关项目，获专利授权 17 项、专有技术 20 项；"10 万吨/年氧化反应器工业化研究"等 4 个项目通过中国石化集团公司、江苏省、南京市的鉴定；YZ - 10 等 5 种催化剂成功获得工业应用。

公司被 2004 年世界工程师大会评为"中国企业技术进步与创新成就奖"。扬子石化从建设初期就避免陷入国内许多企业已经陷入的"引进——消化——落后——再引进"的恶性循环，坚持通过引进国外先进的成套设备和技术，吸收消化后，形成再创新的能力，从而在激烈的市场竞争中取得优势。扬子石化将自主创新视为企业核心竞争力的源泉，视为企业生存、发展的强大动力。自主创新已经成为扬子石化"固化于制、外化于行"的自觉的理念与行为。

1. 研发部门的中心地位

扬子石油化工股份有限公司研究院是集研发和生产于一体的石油化工专业研究院，设有博士后科研工作站，在塑料加工应用、高分子材料合成、石油化工工艺研究三大专业领域拥有技术优势。研究院拥有聚丙烯中试装置、蒸汽裂解模试装置、PX 连续氧化模试装置、TA 加氢精制模试装置及聚烯烃催化剂研制等相关专业实验室；出版国内外公开发行的中文核心期刊《现代塑料加工应用》，并建有中文期刊数据库和计算机国际联机信息检索系统。扬子石油化工股份有限公司研究院直接以自主创新为主旨来进行研究与开发，在公司创新系统中处于中心的地位，对于石化工业这个典型的制造型工业来说，专门的研发部门对于创造出新工艺、新产品、新流程等起到绝对重要的作用。

2. 用户主导紧密型产学研合作

产学研合作有多种形式，一般意义上的产学研合作由于不同主体追求的目标存在较大的差异，效率较低。有效的产学研合作在充分实现产学研三方的紧密结合的同时，必须时刻体现企业的主体地位，强化企业的主体地位是提高合作效率的决定性因素。用户主导紧密型产学研合作模式则刚好满足了这两个基本要求，在合作的过程中，参与合作的利益主体定位明确，企业主导全过程，科研院所承担研究任务，由市场机制联结和协调相关各利益方。"用户主导紧密型产学研合作"是提高合作效率和效益，实现产学研结合的有效途径。

在 PTA 装置能耗问题上，扬子石化在充分依托现有装置的技术与设备，应用大型 PTA 成套技术研发的技术成果的同时，通过中国石化工程建设公司、华东理工大学、南京工业大学等科研、设计单位的密切配合下，经过一年多的研究开发，2006 年 6 月，扬子石化成功完成了 PTA 装置节能改造工艺包的开发任务。至此，PTA 国产化开发任务基本完成，应用已完成的 PTA 国产化开发成果也完全具备了条件。

在这个成功的自主创新项目的诞生过程中，行业内其他生产者，科研院所等公司外创新参与者起到了非常重要的作用，因为行业的特点，以及分工、技术的发展已经决定了单个企业不可能独立完成某些重大技术创新的项目，或者说将面临较大的风险和承担较高的成本。而和公司外创新参与者的合作则可以很好地解决这个问题。

3. 与外资公司的合作

世界石化工业的发展已经越发证明了大企业在行业中的优势和主导地位。目前，世界主要的跨国的石油公司控制着世界 30% 以上的石油工业产值，其贸易量和直接投资金额超过全球的 2/3，并拥有 80% 以上的世界石油石化的先进技术。与外国大型石化公司进行合作，不仅可以直接引进吸收先进的技术，同时可以扩大企业的规模，从而间接促进自主创新。

1994 年，扬子石化与德国巴斯夫公司合资的扬子巴斯夫苯乙烯系列有限责任公司宣告成立，全面开创了扬子石化合资合作的新纪元。在随后短短的 10 年时间里，扬子石化先后与美国伊斯曼公司合资成立南京扬子伊士曼化工有限公司、与中国香港百仕达公司合资成立扬子石化百江能源有限公司、与英国比欧西公司合资成立南京扬子石化比欧西气体有限责任公司、与美国绍尔管业集团合资成立南京扬子石化绍尔管业有限公司。2000 年 12 月再度与德国巴斯夫公司携手合作，共同投资 248 亿元人民币，成立扬子石化—巴斯夫有限责任公司，建设并运营以 60 万吨乙烯装置为核心的 9 套大型先进的石化生产装置。

4. 制度创新的支持

制度创新是自主创新的一个重要方面，也是创新本身的要义所在。积极推进制度创新可以促进技术层面的创新，进而提升整个自主创新的水平。扬子石化是炼化一体化企业，产品多、生产业务链长、互供关系和成本核算方式都比较复杂。公司以 ERP 系统建设为契机，将国外先进管理理念、管理方式、管理手段融入企业，按照高效、精简、专业的原则，面向流程整合组织结构，建立高效决策的组织体系，消除资源浪费，发挥资产的最大效益；结合 ERP 的管理模式和行业价值链的特点，面向市场供应商和客户资源，对核心业务流程进行整合、重组和优化，提高运作效率，降低运营成本，增强企业核心竞争力和盈利能力，实现股东价值最大化；整合现有的软、硬件资源，建成以财务为中心，物流、资金流、工作流和信息流"四流合一"的管理信息平台，消除"信息孤岛"，统一信息标准编码，实现信息共享，为优化决策提供信息依据；实现财务与采购、销售、生产、设备等管理的业务集成，优化物料平衡和生产运行，强化过程监控和成本控制，提升企业经营管理水平。制度创新使企业资源得到了合理高效利用，企业核心竞争力和盈利能力进一步增强。

5. 创建学习型组织

石化产业是技术密集型产业，同时也是技术领域发展非常迅速的行业。不仅需要高技术水平的从业人员，更需要其不断学习新知识、新技术，这样才能跟上世界化工技术和装备发展的步伐。不断学习，既是企业造就人才的基石，也是企业实现自主创新的内在动力。"不断学习和提高自己"已经成为扬子石化员工应当遵循的五条行为准则之一，要求员工主动学习，在浓郁的学习气氛中激发员工的上进意识和创新意识。正是在这样一种学习型文化的熏陶下，扬子石化培养出一大批作风过硬、技术精湛的业务能手和掌握先进管理手段的管理骨干，形成了一支优秀的员工团队和管理团队。

6. 企业文化的促进作用

作为我国生产规模最大、经济效益最好的石化生产基地之一，扬子石化提出了"团结、拼搏、突破"的企业精神，牢牢根植于员工的观念、行为之中。扬子石化把公司文化具体分成"创新文化"、"执行文化"、"责任文化"、"绩效文化"和"学习文化"。将创新的概念融入企业员工的意识中去，在全公司形成创新的文化氛围，这种无形的但是强大的力量有力地促进了自主创新。

南京市石化工业自主创新的模式和特点可以总结为：在紧密加强产学研的基础上，政府进行主导规划，大资金推动大集团发展，充分发挥规模经济的优势，同时，外资的辅助、制度创新的支撑以及企业文化的积极推动下，从而形成在工艺创新、流程创新上具备独特优势的创新模式。

七、

新型的高科技产业

▶▶ （一）医药工业

医药的研发是国际上 14 个标准化行业中最难的技术创新之一，因为它技术密集，投入大，周期长，而且风险性大，国际国内的竞争也很激烈。世界制药业几十年的发展轨迹表明，只有不断推出原创性新药，才能使得企业保持持久强劲的盈利能力，在产业的国际分工中占有一席之地。中国医药制造业从改革开放尤其是 20 世纪 90 年代以来发展迅速，在整个制造业中的比重较大幅度上升。作为技术密集型产业，中国医药制造业在产出比重、市场占有率、企业规模、技术水平、研发能力等方面和国际水平还有着相当大的差距。中国医药制造业的比较优势主要体现在化学原料药制造业和中药制造业两个产业。

南京具有较好的医药产业基础，拥有较完整的原料、制剂生产体系和相当规模的生产能力，已经逐步形成了产业门类比较齐全的医药工业体系。目前，南京拥有中国药科大学、南京大学、东南大学、南京医科大学等近 30 家不同程度开展医药新技术新产品研究开发工作的高校和科研院所，全市医药研发和生产企业 100 多家，其中，有 60 余家企业通过国家 GMP 认证。南京医药产业集团和先声药业集团是南京市医药行业中自主创新水平较高、效益较好的代表企业。2004 年，南京医药产业集团所属企业实现工商销售 80.4 亿元，实现利润总额 3.18 亿元，同比增长 2.55%，实现工业总产值 12.82 亿元，同口径相比增长 13.8%。金陵药业脉络宁注射液色谱指纹图谱技术获得南京市科技进步一等奖。脉络宁注射液色谱指纹图谱技术是国家 863 计划子项目，是南京市 2004 年重点科研项目之一。2004 年 6 月，中山制药厂的活血止痛胶囊、玄七通痹胶囊、雷络酯片、小儿感冒舒颗粒、新清宁胶囊、枳术颗粒等 6 个品种，经过专家评审和市科学技术局审核，被认定为 2004 年南京市第一批高新技术产品。成立于 1995 年的先声药业，前身为江苏臣功医药，是立足于医药行业，以药品研发、生产、销售为主营业务的年轻企业。先声药业是全国医药流通企业中第一家有民营成分的医药商业企业。11 年时间里，先声药业从单一的药品经营到并购多家制药厂，到拥有自己的药物研发企业，完成整个产业链布局，成为集贸、工、科研为一体，拥有员工 2000 余人的新型医药集团公司。目前，先声药业拥有三家通过 GMP 认证的大型现代化药品生产企业、二家全国性的药品经营企业、一家药物研究院。2004 年，先声药业集团实现销售收入近 9 亿元，实现利税近 1.5 亿元，销售收入比 2003 年同比增长 16.7%。先声药物研究有限公司以新药研发为核心竞争力，除比阿培南等 3 个重点产品国内领先外，又取得 9 个临床和生产批件，确定了 3 个品种的技术转让，完成仙灵强骨等 4 个中药的临床前研究，其他各方面也取得预期的进展。

1. 人才的支撑

先声药业高度重视新药的研究与开发，视其为事业发展的核心竞争力。目前拥有一批与企业具有共同梦想、充满朝气和活力且专业素养深厚的科研人员。61 人的队伍中，大学本科以上学历员工 53 人，具博士学位员工 7 人，在职攻读博士学位 2 人；具硕士学位员工 18 人，在职攻读硕士学位 13 人。具正高级技术职称 2 人，副高级技术职称 5 人，中级技术职称 12 人。2003 年 12 月，经人事部批准设立企业博士后科研工作站。建站一年多来，已分别与中国科学院上海药物研究所、上海有机化学研究所、南京大学、东南大学等博士后流动站联合招收博士后 4 人，在研课题涉及抗肿瘤化合物筛选、新药合成工艺攻关、依达拉奉对脓毒病症休克治疗的研究等。

2. 设立药物研究院

类似于之前提及的技术中心，药物研究院是医药企业自主创新的中坚力量。南京医药产业集团研究院以新药开发和创新药物、生物技术产品研发为主。研究院成立短短 3 年间，在中药现代化和肿瘤基因开关药物方面已经形成自身的竞争力，成为南京市医药产业创新性研发的平台。

值得一提的是，2004 年，先声药业在先声药物研究院的基础上成立先声药物研究有限公司，采用独立核算、内部结算的研发方式，标志着研究院已建立投入、产出机制，实现了公司化运作。公司有员工 55 人，其中博士占 16%，硕士占 31%，本科占 45%。至年末，先声药物研究有限公司在研的项目中，已取得 9 个临床和生产批件，确定了 3 个品种的技术转让，完成了 4 个中药的临床前的研究。

3. 管理、营销创新

企业的技术能否成为内在发展动力，能否通过技术创新为企业增加盈利能力和竞争力，这是一个管理问题。从某种意义上来说企业的管理甚至比技术本身还要重要，因为对研发作为一种战略竞争的手段加以管理，极大地提高了对企业管理水平的要求。只有将技术置于企业战略视野中，技术才能发挥其最大的价值。同时根据医药行业的特点，决定了企业要重视信息、销售和服务网络的建设，使企业技术创新活动能更好地适应市场的需求。另外，把服务业的市场研究、信息收集、筛选、整理和分析，以及市场推广、仓储运输、融资信贷、售后服务引进企业管理中去，以增加产品的增加值。南京市医药行业正是通过不断进行管理以及营销创新，使得企业的技术成果在产业化的过程中更加顺利，从而推动自主创新不断发展。

4. 中药创新

中药是我国最有可能最早冲破西方国家技术优势发展起来的医药品种。因此，对中药进行创新不仅仅是中国医药产业本身发展的需要所在，更是其自主创新的优势所在。以中药注射剂为例，这是很多国内医药厂家甚至是科研院所无力触及的领域，因为中药注射剂存在难以解决的有效成分的筛选和分离、蛋白质过敏和重金属超标等问题，而南京医药产业集团研究院则通过自主研发将这些难题一一攻克了。脉络宁是金陵药业保持了多年优势的中药注射剂产品，也是南京医药产业集团强势技术，研究院目前正在着手建立中药注射剂基地，力图成为中药现代化的技术平台。

289

5. 扩展技术产业化途径

目前，医药类研究单位和公司产业化模式基本就是单一的技术转让，这也是技术成果产业化率一直很低的主要原因。南京医药产业集团研究院针对这一问题，提出并实践了技术成果的 4 种产业化途径：一是技术转让，把成果卖给企业的产业化模式；二是技术服务，即凭借自身技术能力为医药企业改进或者仿制药品提供整体解决方案的订单研发；三是自主产业化，即以委托加工、寻找代理的方式获得盈利；四是专利许可的产业化模式。技术产业化途径扩展以后，不仅仅可以推进研究院的发展，更是促进了整个南京市医药行业自主创新水平的提升。

6. 企业文化的促进

以先声药业集团为例，其企业目标是：中国创新药物的领先者；企业使命是：通过持续加强的创新药物开发及高度聚集的专业营销为医生和患者提供更有效的治疗手段；企业愿景：以持续创新来维护人类的健康尊严。企业文化的这三个方面都紧紧围绕着创新，在这样的创新文化氛围下，必然会带动整个企业进行自主创新，企业文化以其独特的凝聚和激励功能很好地促进了自主创新的发展。

属于南京市高新技术产业之一的医药工业自主创新的模式和特点是在中药这一国情资源基础上，以民营企业为主体（如先声药业集团、南京圣和药业有限公司、南京新港医药有限公司），以上市公司为导向（如南京医药股份有限公司等），依托南京市丰富的医药人才（目前，南京拥有中国药科大学、南京大学、东南大学、南京医科大学等近30家不同程度开展医药新技术新产品研究开发工作的高校和科研院所），在制度创新和企业文化等多重因素的影响下，技术创新和产业发展相互促进。

▶▶ （二）新材料产业

新材料产业包括新材料及其相关产品和技术装备，是社会进步的物质基础，也是高新技术产业的发展先导和重要内涵，已逐渐成为促进经济迅猛增长和提升企业、地区竞争力的源动力，在经济发展中发挥着越来越重要的推动作用。其研发水平及产业化规模已成为衡量一个国家经济社会发展、科技进步和国防实力的重要标志。

世界制造业和高新技术产业的飞速发展，对新材料需求日益增长，新材料产业发展前景十分广阔。2000 年，全世界新材料市场规模为 4000 亿美元，与新材料技术相关的产业部门年营业额突破了 2 万亿美元。2002 年，世界锂离子电池销售收入增长超过了 30%；2003 年，全球半导体专用新材料市场规模为 200 亿美元；目前世界纳米技术的年产值为 500 亿美元，预计 2010 年纳米技术将成为仅次于芯片制造的世界第二大产业，年产值将达 14400 亿美元；2010 年，全世界功能陶瓷的市场总规模预计可达 800 亿美元，生物医用材料的产值将达到 4000 亿美元。2001 年我国新材料市场需求约为 2750 亿元。按我国目前经济发展趋势预计，新材料需求增长速度将高于经济增长速度，按 10% 的增长速度计算，到 2010 年我国新材料市场可达 6500 亿元。

笔者以南京市新材料产业自主创新的整体状况为基础，结合南京寒锐钴业公司的案例，来对南京市新材料产业的自主创新的模式和特点进行分析。

南京市新材料产业的发展具有良好的产业、区位、科技和人才等比较优势，当前新材料产业又面临良好的发展机遇。在南京"十一五"规划中，新材料作为五大新兴产业之一被列入发展重点，助推南京打造长三角先进制造业中心。2006 年初，市政府在颁发的《关于加快发展南京新材料产业的实施意见》中指出：力争到 2010 年，全市新材料产业实现销售收入达到 600 亿元，使南京市成为在全国具有较大影响的新材料产业基地。近年来，南京市新材料产业发展迅速，钴粉、金属锶、粘胶短纤、半导体照明、环保建材、金属爆炸复合材料等产品领域诞生了一个又一个行业冠军。南京的新材料产业站在了跨越起飞的新起点。

南京寒锐钴业有限公司创立于 1997 年，是以钴矿石开采、冶炼，钴粉以及钴盐系列产品技术研发、生产和销售为一体，实行跨国经营的综合性企业集团。南京寒锐钴业公司是一个靠自主创新发展起来的高科技企业，目前寒锐销售占了国内市场份额的 50%，全球的 20%。寒锐已成为亚洲最大的钴粉生产企业，跻身世界三甲行列。寒锐的崛起，一下子将国际市场的钴粉价格拉下一半左右，一举打破了国外垄断。寒锐钴业的快速发展也迅速奠定了南京在钴业市场的全国以及全球地位。日本三菱、日立、东芝、住友，韩国的三星、LG 等国际著名公司都是寒锐的客户。跟国际产品相比，寒锐开发的超细钴粉的 50 多项物理指标和化学指标都占领先地位。2005 年，寒锐以 0.5 微米以下亚微米钴粉又获重大技术突破，实现了大批量规模化生产，使公司成为全球第二家拥有该项目自主知识产权技术的企业，同年新开发生产出的新一代防粉尘污染钴粉，又成为亚洲首家拥有该项生产技术的企业。截至 2005 年，寒锐拥有超细钴粉、球型钴粉、金刚石专用钴粉等多项全球技术领先产品。

1. 政府的大力推进

各国政府高度重视新材料产业的发展。美国、日本、欧盟等政府部门制定了相关产业和科技发展计划，如美国的 21 世纪国家纳米纲要等；日本的 21 世纪之光计划等；德国的 21 世纪新材料计划；欧盟的纳米计划等。

为了推进新材料产业的发展，南京市各有关区县和园区制订了相应的产业规划，明确了产业定位和发展思路。市政府每年从财政安排部分资金，设立南京新材料产业发展专项资金，主要用于扶持新材料企业技术创新、具备自主知识产权的新材料开发和产业化等。扩大创业基金和风险投资基金规模，拓宽创业服务渠道，充分利用社会、企业、高校、科研单位的现有条件，培育专业化的评估、评价、创业咨询等中介服务机构。目前，六合区、浦口区、化工园、高新区、新港开发区、江宁开发区等都在加快新材料制造基地建设，着力在新型有机材料、金属材料、无机非金属材料、建筑材料、复合材料等重点领域取得新突破。

2. 新材料产业集群的发展

集群化基地的发展不仅提高了新材料产业的创新能力，而且辐射和带动了周边区域与相关产业的发展，有利于促进新材料产业的合理布局。新材料工业制造基地是实现新材料企业集群、产业集聚的重要载体。目前，浦口区、六合区、化学工业园、高新开发区、新港开发区、江宁开发区等新材料工业制造基地正在建设形成中，逐渐形成了以骨干企业为主体，以一家或几家旗舰型大项目为龙头，通过吸引上下游企业向基地集中，引导产业资本、产业技术和重点项目向基地聚集，实现新材料产业的有效集聚。其中，浦口区、化学工业园主要以石油化工为基础，重点发展延伸加工和后加工，发展精细化工新型有机、无机材料产品；六合区重点发展高纯金属材料、高性能结构材料、复合金属等新型金属材料；高新开发区重点发展环保用复合材料及其制品、高性能复合材料增强体、新型建筑材料等；新港开发区、江宁开发区重点发展电子信息用复合材料及制品、机电用复合材料及制品。

3. 军事需求与经济需求的复合驱动

从 20 世纪来看，国防工业发展、核能的利用和航空航天技术的发展一直是世界新材料发展的重要驱动力。而进入 21 世纪，生命科学技术、信息科学技术的发展和经济持续增长将成为新材料发展的最根本动力。南京市是全国重要的军工企业基地，从 20 世纪开始，军工企业的需求带动了新材料产业的不断发展，进入新世纪以来，随着经济的增长，人民生活水平的提高，经济需求对于新材料产业的驱动力将越来越大，因此，南京市新材料产业自主创新的发展将同时面向军事需求和经济需求，军事需求和经济需求成为其自主创新的复合驱动力。

4. 企业家的引领

寒锐公司总经理梁建坤是南京市钴业的领军人物。20 世纪 90 年代以前，钴是国家控制的军工产品，100% 靠进口，90 年代后政策放开，允许民间生产。因此，从事这个"冷门"行业需要极大的胆识和魄力。寒锐钴业公司总经理梁建坤于 1997 年注册成立公司，他找到北京有色金属研究总院和北京矿冶研究总院进行合作研发，并引进 20 多位冶炼、冶金专业人才，用 5 年时间搞科研，在 2000 年底攻坚的关键阶段，他又重金聘请一位美国专家做研发和市场推广。2002 年终于成功开发出新一代超细钴粉产品，随后进入产业化运作阶段，市场迅速打开。这五年，他个人负债累计达 2000 多万元。在自主创新的基础上，采用突破性的生产技术和方法，又开发出达到国际先进水平的高密度类球型钴粉，为国内外中高档硬质合金产品生产提供了优质原料解决方案。"寒锐"在国际市场的知名度迅速上升。用梁建坤自己的话来说，"寒锐发展速度这么快，最大的体会，是靠技术来拉动。搞研发，就是要毫不犹豫。"

5. 技术力量的支撑

新材料技术及其产业的竞争，关键在于人才的竞争。要保证南京新材料产业在全国占有一席之地，实现新材料产业的可持续发展，必须拥有一流的科技人才队伍。寒锐公司技术力量雄厚，拥有多位高级专业技术研究人员，和国内多家科研院所、大专院校建立了长期合作关系。公司技术服务与开发中心聘请了国内一流的钴、镍、硬质合金、电池材料、磁性材料、金刚石工具等领域的专家和学者，真正把理论与实践、技术与服务融为一体。2002 年公司投资了 100 万元人民币，建立了硬质合金试验室，对钴粉、镍粉的理化性能和经济运行成本等课题，做全面的试验和探索，为客户提供最佳的生产工艺和钴镍粉使用方案。公司现拥有一套先进的钴、镍系列产品的生产线，年生产金属钴粉能力为 500 吨，金属镍粉为 300 吨。公司的分析检测中心分析手段先进完善，拥有高频红外定氧仪、高频红外碳硫分析仪、激光粒度分布仪、原子吸收光谱仪等先进的理化检测设备。

6. 引进技术

引进新材料产业化的关键技术和设备，在消化吸收的基础上，进行成套技术和工艺的自主研制开发，形成自主知识产权，这是新材料产业自主创新的快捷路径。寒锐公司于 2001 年从日本引进世界先进的钴粉系列产品生产线后，2002 年，寒锐便成功开发出新一代超细钴粉产品，被南京市科技局评定为"高新技术产品"，公司也被南京市政府评为"高新技术企业"。从美国利曼公司采购了世界上最先进超大固态检测器阵列的利曼 Leeman Prodigy ICP 全谱直读发射光谱仪，其强大的功能软件，为数据处理、采集，带来了巨大的便利，人性化的界面操作，简便实用，使得分析工作变得易如反掌。相对于传统的分析方式，具有更高的分析精度、更好的操作稳定性等诸多优势。该设备的进口将再次提升公司产品的检测分析精度，并实现了与国际接轨。

7. 收购

日前，寒锐钴业出巨资收购了民主刚果卢本巴希境内的三座高品位铜钴矿山，兴建两个年产 8000 吨金属量的铜钴选矿厂。此次收购境外铜钴矿山，是寒锐钴业目前最大的一笔海外投资项目。这三座矿山及两个铜钴选矿厂的投产，将扩大和巩固公司的初级原料供应，完善了公司的垂直一体化发展战略，实现从矿山到采矿到选矿、冶炼再到终端产品的生产，形成一条最完整的产业链，有力地保障了集团产品品质的一贯性以及供应的稳定性，从而为自主创新提供了保障。

8. 销售服务创新——技术型销售

为了提高寒锐产品的质量，充分了解钴粉在不同行业运用要求，帮助客户提高产品的质量，寒锐技术部与日本、韩国、印度、意大利的专家进行了广泛的技术交流。针对钴粉的形貌、粒度分布、烧结性能等在不同行业的不同应用要求，寒锐技术部与专家、客户共同试验。半年来，技术改造成果显著，改进后的产品得到广大客户的认可。在技术成熟的基础上，寒锐一改过去"我有什么，客户就买什么"的销售方式，变为客户需要什么，我来量身订制。

同样作为高新技术产业的新材料产业是南京市工业创新中的支柱产业之一，其自主创新的模式和特点可以归纳为：在传统军事需求和现代经济需求的共同刺激下，以政府规划为主导，通过开发区等形式进行产业集聚（目前，浦口区、六合区、化学工业园、高新开发区、新港开发区、江宁开发区等新材料工业制造基地正在建设形成中），引进外来技术，在消化吸收的基础上进行自主创新。同时，企业家的引领（如寒锐公司总经理梁建坤）、服务创新（如技术型销售）等因素的推动也是其显著的特点。

▶▶ （三）钢铁工业

钢铁工业是国民经济的基础产业，属于资源密集型和资金密集型行业。因其产品是众多工业行业的中间产品，所以钢铁工业被称为"工业骨髓"，因此它是支撑工业化进程，特别是经济起飞时期不可替代的基础产业，钢铁工业的发展水平已经成为衡量一国工业化水平与综合国力的重要标志之一。截止到 2004 年底，中国钢产量已占世界钢产量的 1/3，产能达到世界的 40%。中国钢铁业的规模和发展趋势都令世界瞩目。目前我国重点大中型钢铁企业的生产工艺技术已经达到了一个"临界"的状态，经过近20年的蓄势待发，马上就可能从引进消化吸收突破到自主创新。有些企业已经在个别技术上有了突破，再进行努力就可以形成自主创新的钢铁冶炼工艺、装备和技术。

我们将南京市钢铁工业视为与高科技新材料相关联的特色行业。2005年南京市钢铁行业实现现价产值422亿元，共生产生铁722.7万吨，粗钢723.2万吨，钢材864.9万吨，主要有南钢、梅山两大钢铁工业基地。

1. 流程创新

钢铁工业属于典型的流程制造业，即上工序的输出式是下工序的输入，从原料到成品是串联式的。任何一个工序出现的问题都会反映到最终产品上。制造流程对钢铁工业具有决定性的影响，既影响企业产品的质量、成本和效率等市场竞争力因素，又影响企业的资源、能源等可供性因素，更影响企业的排放、环境负荷等与工业生态、可持续发展有关的因素。南京市钢铁工业在钢铁制造流程上狠下工夫，把构建新一代钢铁制造流程作为其科学技术发展的战略问题来对待。同时，用高新技术，特别是信息技术来提升钢铁工业的创新水平。

2. 制度创新

南钢始建于1958年；1996年7月，南京钢铁厂改制为南京钢铁集团有限公司，同时以南京钢铁集团有限公司为核心组建南京钢铁集团；2000年9月，"南钢股份"在上海证券交易所成功发行上市；2003年，南钢按照南京市委、市政府的要求实施"三联动"改革，目前国有股占总股本的49%，实现了企业经营机制的重大转变。公司所有权制度的变化有力地促进了自主创新的顺利开展。

3. 面向区域其他工业的创新

由于钢铁工业的特点，钢铁企业的产品发展更多地依赖地区经济。因为运输费用直接影响工厂的销售成本，除了附加值特高的产品，对一般钢材实际上已有一个合理的运输半径，钢铁企业不得不关心产品的合理覆盖范围。长三角地区工业行业整体规模较大，发展迅速，本身对钢铁的需求就非常大。因此，南京市钢铁行业的自主创新有着主要面向长三角，或者是华东区域来进行的特点。

4. 引进与自我开发技术相结合

南京钢铁集团有限公司在大量引进国内外先进技术和装备的同时，不断开发新品种，现已形成中板（卷）、棒材、高速线材、热轧钢带、热轧薄钢板、球扁钢等六大类，100多个钢种、500多个品种规格的产品系列。自主开发新品种工作同样取得优异成绩。2005年开发出钢纤维用钢、中高压及油井用坯钢、轴承钢等8个高档次或较高档次的新钢种；高附加值的A类品种钢比例达到了39.10%，较上年提高10.85%个百分点，连续两年实现A类品种钢材增幅在10个百分点以上；新品创比较效益3.84亿元，较上年增加2.43亿元，增长172.34%。

5. 注重知识产权

知识产权是对自主创新成果的有力保护，对自主创新的企业有着很大的激励作用。应用知识产权对自主创新的成果进行保护是南京市钢铁企业一大特点。以梅山钢铁股份有限公司为例，其在2005年知识产权管理工作主要是：一是专利申请量创历史新高，全年申请专利31件，获得全国专利授权8件。二是技术秘密实现零的突破。全年对第一批21件技术秘密进行认定，形成公司一级、二级、三级技术秘密9件、8件、4件，技术秘密创效3072.97万元。三是专利成果屡屡获奖。4月选送的《大型轧辊堆焊用热处理炉》等10项专利成果参加上海市优秀发明选拔赛，其中2件获得一等奖、1件获得二等奖、7件获得三等奖，并通过上海市有关部门推荐到全国各地交易；9月选送的《一种管式高炉煤气燃烧器》等5件专利成果参加第五届中国国际发明博览会，其中1件获金奖、3件获铜奖。同时，向瑞士SAAB公司、南钢等国内外企业输出4项技术和服务，创效170万元。

作为以高科技新材料为关联的特色行业，钢铁工业在引进和自我开发技术相结合的战略决策的指导下，不断开发钢材新品种，提升产业的高科技含量，走出一条以开发新材料为重点的产业发展新路。同时，南京市钢铁工业在其典型的流程制造业特征的基础上，在钢铁制造流程上狠下工夫，把构建新一代钢铁制造流程作为其科学技术发展的战略问题来对待；另外，在所有权、公司治理结构等制度因素上加强改革的力度，以制度创新来推动技术创新。南京市钢铁工业立足行业特点，依靠新材料开发的强大推动，辅以制度创新，同时加强知识产权保护，从而使得南京市钢铁工业在保持规模优势基础的同时，在自主创新方面同样大放异彩。

除了以上自主创新四大支柱产业之外，电力工业也是南京市工业行业中自主创新成绩较优的行业，以下是对电力工业自主创新的模式和特点进行的分析。

八、

电 力 工 业

电力工业是重要的基础设施行业，也是技术密集型产业。电力工业是国民经济发展的重要基础，电力生产和供应状况如何将直接影响一个地区的经济发展。电力工业的发展史是一部技术创新史，电力工业的诞生和发展就是伴随着现代科学技术的创新和进步而进行的。电力工业的技术进步，并非指传统意义上的技术革新、改造，对电力行业来讲，真正意义上的技术进步是建立统一电网，实施电脑化调度，采用边际成本定价法，在发电环节引入竞争，从而削弱区域垄断，控制最佳生产规模、降低成本，达到提高全行业效率的目的。

总体上看来，南京市电力供应还存在一定缺口，要实现"加快发展，工业先行"的发展战略，必须注重电力等基础工业建设，优先建设。电力工业从总量上看，销售收入占全市和五大产业的比重不大。

笔者将以南京南瑞继保电气有限公司和国电南京自动化股份有限公司作为典型案例来分析南京市电力工业自主创新的模式以及特点。

南京南瑞继保电气有限公司（简称为南瑞继保）及控股子公司专业从事电力系统保护和控制领域的技术研究、产品开发、生产销售和工程服务，是国家重点高新技术企业，国家重点布局软件企业，中国软件百强企业和中国电气工业百强企业。2004 年，公司销售额达到 17 亿元，220KV 以上控制保护产品国内市场占有率近 50%。凭借着在技术领域一次次的创新，近年来，南瑞继保获得国家技术发明二等奖 2 项，国家科技进步一等奖 1 项，获得和正在申请的发明专利达 46 项。南瑞继保由一家仅 50 万元资产的企业，靠不断研发具有自主知识产权的产品，11 年后规模翻了 100 多倍，仅 2005 年一年的销售收入就达 20 亿元，稳坐国内同行业的龙头老大，位居世界 5 大电气巨头之列。2004 年中国运行中的 500 千伏输变电线路保护统计显示：南瑞继保占国内全部保护的 40%，占国产保护的 74% 以上，比例排名第一。而在 10 年前，我国在这个行业 90% 都要依赖进口。10 年时间，企业规模翻了 100 倍；10 年时间，打破国外公司垄断，占领了中国市场 40% 的份额；目前，还在向着世界前沿技术领域迈进。南瑞继保电气有限公司之所以取得如此的成绩，完全是靠着自主创新。

1. 企业家的作用

企业家是企业从事创新活动的灵魂。公司的法人代表、董事长是中国工程院院士沈国荣，他在南瑞继保自主创新的过程中起到了核心的作用。沈国荣创立了工频变化量原理继电保护理论，开发了拥有完全自主知识产权，由近 30 项专利技术，一系列专有技术构成的快速继电保护体系。研制了从高压、超高压线路保护，到母线保护、变压器保护、发电机组保护等系列化高新技术产品。一举改变我国乃至国际上元件保护原理落后，应用效果差，故障率高等严重影响电力系统安全运行的被动局面，实现了继电保护技术的又一项重大突破和应用的跨越。当这一原理及相关技术应用到电网中时，继电保护动作时间竟比国外大公司缩短了 1/3 以上，创造了新的世界纪录。用 10 年的时间打破了国外大公司对我国继电保护市场的长期垄断，并取代国外产品成为行业应用的主流产品，也正是在这短短 10 年的时间内，南瑞的企业规模翻了 100 倍。如今，快速继电保护已完成了由第一代集成电路型、第二代微机型到第三代网络型的更新换代，南瑞继保始终处在技术的领先地位。目前，南瑞继保自主研发的工频变化量保护原理已经广泛应用于我国电力系统，近 10 年来，我国电网再也没有发生过大规模的停电事故。

2. 人才层次高

南瑞继保共有员工 800 人，其中研发人员就有近 200 人。92% 以上的员工拥有大学以上学历，其中博士、硕士达 30% 以上。在近 200 人的研发团队中，1 人获得中国青年科技奖，2 人获得江苏省青年科技奖，

15 人入选国家和江苏省各层次人才培养计划，90 多人获国家和省部级科技进步奖。

公司始终坚持"以人为本"的企业理念，将培养高素质人才，引领行业未来的技术和管理作为提升企业核心竞争力的首要因素。在实施人才发展战略过程中，公司营造团结协作、平台共享的人文环境，品质优先、优胜劣汰的竞争机制。南瑞继保在人才方面还有一个特色，即绝大多数的工程技术人员都是沈国荣亲手培养出来的，保证了企业在自主创新人力资源方面薪火相继。

3. "以我为主"的战略

长期以来，在继电保护行业，国外大公司一直凭借其技术优势，对我国市场进行垄断。葛洲坝、三峡等一系列的重大工程中的直流输电控制保护系统，都掌握在几家外国公司的手上，多年来我国对这方面的技术多次引进但消化吸收不足。

2001 年，由国家电网公司结合西北—华中背靠背直流联网工程，引进国外的高压直流控制保护技术，南瑞也参与了联网工程施工。技术的引进使得南瑞继保有机会进入这一长期被国外公司垄断的技术领域。但当时国外公司凭借自己的技术优势，要求南瑞继保再搞 5 个这样的工程后，才能独立地做这样的工程。这样至少要 15 年以后，国内公司才能独立地做这样的工程。在这样的背景下，南瑞继保公司决定走"以我为主"的战略。迅速抽调技术骨干进行攻关，学习、消化、创新，仅用了 1 年左右的时间，就完成了这个项目的自主研发，填补了国内的空白。更令国外公司难以置信的是，南瑞继保摒弃了购买国外数字仿真试验设备的做法，自主设计建成了世界上容量最大的支流动态模拟系统。

4. 科研与产业良性互动

技术创新是从新产品或新工艺设想的产生，经过研究开发、工程化、商业化生产，到市场应用的一系列技术经济活动的总和。企业进行研究开发出新技术之后，只有在成功实现商业化之后，才是创新的实现。而南瑞在自主创新方面能够取得如此成绩，很大程度上因为他们坚持以市场为导向，始终把产业发展与自主创新成果紧密结合。

自主创新的成果成功进行产业化之后，创新成果会在最短时间内获得收益，反过来对自主创新有了更高的驱动力。研发的高投入一直是高科技企业发展的一个瓶颈，而南瑞继保创业十年中基本没有受到这个瓶颈的制约，产业化不仅给南瑞继保的技术创新提供了有力的资金保证。在激烈的市场竞争和技术竞争中，企业形成了以科技创新推动产业发展、以产业发展支撑科技创新的良性运行机制，科技创新与高新技术产业得到全面、协调发展。因此，科研成果推动产业发展，产业发展回过头来又推动自主创新，科研与产业形成了良好的互动。

5. 面向市场需求

一般情况下，高科技在产业化过程中，总会遇到很多困难。而南瑞继保在符合工程实际需求的基础上，尽可能使产品符合用户的需要。用南瑞人自己的话来说，就是"以创新之箭，射应用之的"。南瑞继保技术创新的内涵，就是根据市场的需求，以务实的态度，通过持之以恒、锲而不舍的努力去解决本行业存在和发展中出现的实际问题。基于市场需求的创新有更为具体的感知，是南瑞继保自主创新获得成功的重要原因。创新从市场出发，为客户着想，具有实用性，自然较为容易实现产业化，完成自主创新中最后一个关键环节。

启示和建议

综上所述，南京市工业行业的自主创新以积极而有限的政府推动为主导，以丰富的科教人力资源为基础，以大中型工业企业为主力，以企业研发中心为主驱动，通过政产学研紧密合作，加以制度创新作为支撑，综合企业家的引领、企业文化的促进、企业集群的带动以及外资企业的辅助等多重因素的影响，从而形成了具有自身特色与优势的南京市工业行业的自主创新模式。

与此同时，本文将针对南京市工业行业自主创新的整体现状以及各行业自主创新的具体情况，总结出南京市工业行业自主创新中仍然存在的一些问题，提出以下建议，以期能对南京市工业行业今后的发展起到有益的作用。

1. 继续推进优势产业发展，稳固自主创新的基础

化学原料及化学制品制造业、交通运输设备制造业、通信设备、计算机及其他电子设备制造业、仪器仪表及文化、办公用机械制造业等自主创新优势产业是南京市工业经济的主体，同样是整个区域经济的重中之重。在这些产业领域，自主创新取得了一定的成绩和基础，一些企业已经初具规模，在全国乃至国际市场上占据了相当份额。但是同样存在很多亟待解决的问题。要继续推进电子信息、石油化工、汽车、钢铁等优势产业的自主创新，集中力量实施一批重大战略产品研发计划和专项工程，攻克和掌握相关核心技术，形成完善的产业链和创新能力较强的企业群，稳固南京市工业行业自主创新的基础，使南京成为拥有较强自主创新能力的长三角工业中心。

2. 实现新兴产业发展的新突破，培育自主创新的亮点

除了继续推进电子、石化等优势产业自主创新的发展之外，也要关注一些有发展潜力的新兴产业的发展。新兴产业在自主创新方面有其自身的特色和优势，是工业经济发展的新的突破点。企业的培养，使之能更快成长壮大，形成南京市工业发展的梯队力量，保持南京市工业持久增长。比如软件、生物医药、新材料、新型光电光伏产业，风能设备产业、城市轨道交通等产业，它们在自主创新领域已经或者正在崛起，将成为南京市工业自主创新发展的新亮点。因此要大力发展新兴产业，突出重点领域和重大项目，形成一批具有自我创新能力的龙头企业，力争产业发展速度与水平在全国领先。要加大重点领域科技攻关力度，攻克一批技术难题，掌握一批核心技术，形成一批自主品牌，努力实现新兴产业发展的新突破，培育南京市工业自主创新的新亮点。

3. 加强政产学研的联结，有效整合科教资源

南京是人才大市，云集着众多国内一流的高校和科研院所，人才济济，科教资源极其丰富，这是南京市推动自主创新最宝贵的资源，因为自主创新的最重要的因素就是人才。因此，挖掘人力资源，合理配置人力资源，使人力资源得到最大化利用是非常必要的。政府要利用南京市高校、科研院所的资源优势，发挥政府的引导作用和科技信贷、风险投

资等的支撑作用，在政策上引导企业与高校和科研院所联合，实行政产学研一体化，促进自主创新的更顺利进行，有效整合科技创新资源，提高技术成果的转化率。企业在调动和发挥自身人才的优势和积极性的同时，本身也应加强对外科技合作力度，充分发挥高校、科研院所在科技创新上的支持作用，加强合作，强强联手。这样，在保持企业在自主创新体系中主体地位的同时，促进政产学研的联结合作，充分发挥和利用南京市在科教资源上的巨大优势。

4. 政府积极而有限地参与，对企业进行引导

Nicholas Valery（1999）在《工业创新》中提到，英国文化在美国、加拿大、澳大利亚、新西兰、中国香港地区以及英国本岛都有很强的影响。但是这些国家（地区）的创新纪录却相去甚远，显然，政治和经济环境也发挥着重要的作用。这意味着：全面地推动创新的政策可能奏效。

对于自主创新，政府应该积极但是有限度地进行参与。加强对企业自主创新的有效引导，创造条件、优化环境、深化改革，切实增强企业开展自主创新活动的紧迫感和集聚创新要素、吸纳创新成果的主动意识。引导企业调整优化结构，转变增长方式，把提高自主创新能力作为提升企业核心竞争力的战略措施。加大对企业研发投入的扶持力度，积极而有重点地介入 R&D 活动，完善企业内部技术创新激励机制。为企业提高自主创新能力和竞争能力创造条件，使企业真正成为自主创新的决策和投资主体、产品研发和科技成果转化主体、承担风险和获得利益的主体。在对南京市工业企业进行访谈的时候，诸多企业均认为人才和资金约束是企业进行自主创新的瓶颈所在。政府要通过财政、税收、智力支持等政策，逐步引导、扶持企业开展自主创新活动。

5. 加快高新技术产业发展，提升产业层次

高新技术产业是先进技术集聚的产业，是先进制造业的核心。一个国家或者地区的高新产业的发展情况可以反映出其自主创新的概况。南京市高新技术产业虽然保持了较好的增长势头，但是潜在的挑战、问题依然存在。从南京市高新技术产业发展情况来看，科技与经济结合不够紧密，研发力量以及成果主要集中在科研院所的局面还未完全改变。有

些企业虽然也有相当的研发人员，但普遍缺乏独立从事自主研发工作的能力和条件。因此，要加强对高新技术企业的扶持力度，促进高新技术产业的发展，优化工业结构，实现南京市工业经济的可持续发展。

6. 扶持"准大型集团"，发挥规模优势

企业规模大，资金雄厚，具备较好的实力进行自主创新以促进企业更好的发展，同时，规模大可以降低成本，分散风险，提升企业的综合竞争力。在南京市工业行业中，有很多处于快速发展期中的"准大型集团"，如南京市汽轮电机（集团）、中国长江行航运集团金陵船厂和南京乐金熊猫电器有限公司等企业，在各自的市场中都占有一定优势，在全市和国内企业中都有一定影响，但是，公司规模以及整体能力仍然不能和一些大集团、大公司相比，属于"准大型"集团。在"准大型"集团向大型集团过渡的过程中，有必要对其给予扶持，使企业发展的更快、更好。

7. 弱化过度依赖大集团的现象，分散潜在的巨大风险

南京市制造业集中度在长三角各大城市中排名最高，在石化、钢铁、电子以及汽车等重点行业中，大集团、大公司成为行业中主要生产者。企业规模大对于促进自主创新、提升企业竞争力有着不可替代的优势，但是过分依赖大集团，同样可能存在巨大的风险。2005 年，石化、钢铁两大支柱产业由于原材料价格上涨、工业品出厂价格的下跌影响，全市工业经济效益出现了严重滑坡，成为省内利润指标惟一下降的城市。说明了对大集团、大公司依赖过大对整个工业经济可能会带来的影响。因此，在工业行业普遍扩大公司规模的大背景下，要弱化过度依赖大集团的现象，以尽量减少一损俱损的风险。

8. 改善传统的合资模式，促进民族产业发展

在石化、汽车、电子等产业中，合资模式非常普遍。合资模式有很多优点，如拓宽资金筹集的渠道，引进先进生产技术等，但是同样可能带来很多负面影响，以中国汽车工业为例，当初合资模式的飞速发展并没有如期望的那样带来汽车产业竞争力的提升。由于缺乏自主的品牌和关键技术，研发能力低，国内汽车产品的核心技术大多数掌握在合资企

业手中，在合作中中方完全没有发言权。因此，在企业的发展过程中，不能完全依赖于传统的合资模式，在引进外国先进生产技术的同时，更要进行自主研发，促进民族产业独立发展，这也是自主创新的要义所在。

（本章执笔：安同良　王　磊）

第十章
南京市服务业自主创新

引　言

半个多世纪前技术创新的研究，在很长一段时间里都集中于制造业和制造性企业，而忽略了服务业，导致这一领域的研究相对的滞后。因此，对服务业相关规律特别是服务业如何实现高效增长的研究已变得相当迫切和必要。与此同时，服务企业的管理者也在寻求推动本企业快速发展和保持企业长期竞争优势的战略方法。作为推动服务业迅速发展的强大工具，"服务创新"近年来受到了学术界和产业界的广泛关注，针对服务创新的研究已经成为创新研究的新热点。本章结合国内外学者的服务创新理论，从服务创新动力机制出发，揭示了不同动力要素组合下的服务创新模式。并结合调查数据和访谈记录，对南京市服务产业各部门的绩效、创新模式以及成功经验进行了系统的阐述和分析，以期为"十一五"期间南京市服务业的蓬勃发展给出规律性的启示。

服务业有广义和狭义之分，广义的服务业是指整个第三产业，狭义的服务业是指第三产业中的面向个人、面向企业和公共服务业三个部分，本章涉及的服务业，系指广义的服务业。服务业在历史上是一个不被重视的"剩余部门"（Clark，1940），它在经济和社会生活中所起的作用相当有限。随着工业化进程的深入和经济信息化、知识化程度的不断提高，服务业在当代经济中扮演的角色越来越重要，人们对服务业的态度发生了根本性的转变，针对服务业和服务创新的研究也逐渐丰富了起来。

传统的创新研究主要聚焦于制造业，导致了服务创新的研究比较滞后。Lundvall 和 Borras（1998）发现，"技术发展和创新研究主要集中在工业，只给予服务业边缘的考虑"，甚至当创新被认为对国家竞争力和经济增长起关键作用的时候，服务业却被看做是创新的落伍者。然而，近10年来国外学者通过大量的理论和实证研究，得出的一致结论是：服务业不仅在创新系统中起着积极作用，其自身也存在着大量的根本性或渐进性的创新，只不过与制造业相比，其创新模式大相径庭。

服务通常并不涉及有形产品的生产，它涵盖了形形色色的各类活动，并与多种转化相联系。服务本身具有的特性使其"产出"难以度量，服务的改进或变化也很难观察得到（Bruce 和 Metcalfe，2003），这种测度上的困难限制了对它的研究。此外，由于创新理论通常是建立在对制造业活动中的技术创新的分析之上，传统指标和方法（如生产率测度）也很难运用到服务创新体系中（Gallouj 和 Weinstein，1997）。相比技术知识，有关服务的研究更强调了知识形态的重要性，尤其肯定了市场型知识和制度性知识的作用。许多服务呈现出高度的服务提供商和用户间的互动及相互依赖，这也是服务创新系统的核心特征。

1. 服务部门的创新系统

与"技术创新"的概念相比，"服务创新"是一个相当宽泛的概念。所谓宽泛是指服务创新活动发生的范围相当广泛，它不仅存在于服务业中，还存在于制造业和非营利性的公共部门中，如包括 IBM、GE 在内的越来越多制造业企业都将核心业务从制造转向服务。因此，从广义上讲，服务创新是指一切与服务相关或针对服务的服务创新行为与活动；从狭义上讲，服务创新是指发生在服务业中的创新行为与活动。本章主要采用服务创新的狭义概念，但在后面的实证分析中也会涉及非营利公共部门的创新行为。

服务创新系统是由一组有着特定用途的新的或已开发的产品以及为这些产品的创新、生产和销售而执行着市场和非市场互动作用代理人的集合（Franco Malerba，2002）。这些代理人可以是组织也可以是个人（如消费者、企业家、科学家）。组织又包括了企业（如用户、生产商和投入要素供应商）和非企业组织（如大学、金融机构、政府机构、行会或技术联盟），以及较大组织的子单位（如 R&D 或生产部门）以及组织团体（如产业协会）。代理人的学习、行为和能力受技术、知识库和企业所处的制度环境的约束和限制。那些采用相似技术、探索相似知识库、从事相似生产活动并"植根于"相同制度背景下的异质企业拥有一些共同的行为和组织上的特质，并开发了一系列相似的学习模式、行为和组织形式（Nelson 和 Winter，1982；Malerba 和 Orsenigo，1996）。此外，服务创新系统并非完全静止而是一个动态演化的过程，它的边界虽不同创新要素的改变而不断变化。

2. 服务创新的源泉

服务企业的竞争优势比制造业企业的竞争优势更容易"腐蚀"，因为竞争者可以轻易地模仿和复制服务企业提供的服务产品，即便服务企业的竞争要素中包含有很多无形要素，竞争者仍可以通过一定方法进行"解码"和复制（Bruce 和 Metcalfe，2003）。服务创新比较灵活，不需要遵循统一的模式，也不需要统一的平台，由此导致各部门的机遇来源显著不同。正如 Freeman（1982）和 Rosenberg（1982）特别揭示的，在一些部门，机遇条件与大学的重大科学发明息息相关。在其他的部门，创新的机遇常常来源于 R&D、设备和仪器上的进步。还是在这些其他部门，以供应商和用户为代表的知识外部来源的作用至关重要。

3. 服务创新的类型

关于服务创新的类型，Wietze 和 Elfring 将其分为两大类：技术创新和组织创新；Sundbo 和 Gallouj 从创新对象上将服务创新分为四类：（1）产品创新；（2）过程创新；（3）组织创新；（4）市场创新。服务创新可能是技术创新，但更多的是非技术性创新，如组织创新、结构创新等，技术只是其中的一个维度。因此，对服务创新的理解不能从过于狭隘的"技术决定"观点出发，而要从更为广阔和多维度的角度进行考察。服务创新或是新服务产品的创造，或是新技术的引入，或是新知识和信息的产生，或是对待某事或某人的新途径和方法，或是服务员工的新行为，或是新的组织形式，或是新的市场开拓等。国内学者蔺雷、吴贵生在国外学者的研究基础上提出了比较完整的服务创新的基本类型框架，如图 10-1 所示。

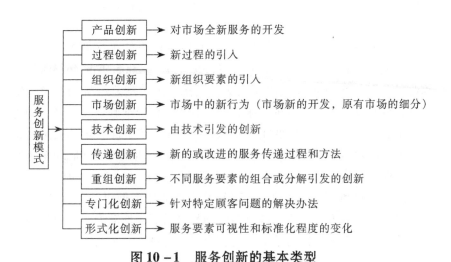

图 10-1 服务创新的基本类型

二

南京市服务业自主创新的实证

我们考察了20世纪90年代尤其是"十五"以来的南京服务业的发展概况及特征，总结了南京服务业发展的内生动力与创新模式，以冀为南京在"十一五"期间更好发挥自身优势、走出一条符合自己特色的服务创新之路提供理论支持和政策向导。

▶▶ （一）南京服务业发展概况

近年来，南京市坚持把加快发展服务业作为经济工作的重点内容，作为实现"富民强市"、"两个率先"目标的重要手段来抓，取得了明显成效，服务业已成为推动全市经济发展的重要力量。"九五"

以来，南京市服务业一直保持着快速稳定的增长。1996~2004年间，服务业增加值连续9年超过12%，其中有6年的增幅超过制造业的增幅。同时，服务业亦是吸纳工业调整中的剩余劳动力和城市化进程中的农村转移劳动力的主要渠道。目前，新增的就业岗位有80%以上是由服务业提供的。毫无疑问，服务业已经成为南京市国民经济的支柱产业之一。

由图10-2可以发现，"九五"以来南京市服务业总量在国民经济中的比重逐年提高，从1995年的40.3%上升为2005年的46.3%，服务业对全市GDP的增长做出了很大的贡献。随着产业结构的调整升级和国有企业改革的深入推进，服务业已成为城市吸纳剩余和新增劳动力的最主要蓄水池，每年吸收了大批从第一、第二产业转移出的大批富余劳动力，1998年之后每年更是以3个百分点的速度增长，到2005年服务业从业人员占全社会就业人口的比重已经达到45.9%，为顺利实施产业结构调整和国有企业改革、减轻社会就业压力做出了巨大的贡献。这足以说明，服务业已成为南京经济增长最重要的推动力，产业地位不断提高，它的发展快慢直接关系到整个经济前进的脚步，因此，服务业在南京市的经济增长中具有不可替代的重要作用。

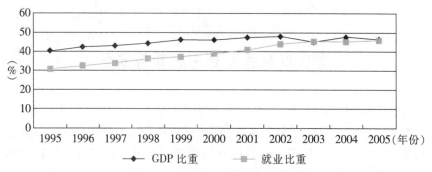

图10-2 1995~2005年服务业在南京市国民经济中的作用

横向比较来看，"十五"期间，全市服务业增加值年均增幅达到13%以上，2005年实现服务业增加值1118亿元，服务业比重位居全省第一。立足发展现状，南京市的服务业有着很大的上升空间，未来的经济增长动力将在服务业。同时，我们也应该看到，相对于全国其他发达城市，南京市服务业的发展目前还是比较滞后的。2005年，其发展速度慢于苏州（16.9%）和无锡（14.8%），在全国15个副省级城市中，南京市服务业比重也仅居第8位，这主要是由于"十五"期间南京市的发展主要偏向于制造业造成的。

▶▶ **（二）南京市服务业行业结构**

服务业是一个对现代经济和社会发展具有特殊贡献、关联度极强的产业，其在国民经济中的比重已成为衡量地区经济发展水平的重要指标，并决定着地区的竞争力态势，因此，提高服务业增加值在地区生产总值中的比重是产业结构高级化的方向。但是，服务业内部包含若干行业，发展速度不可能是均衡的。由此，我们必须建立一套客观可行的评价体系，以此识别出服务业内部体系中对南京市经济发展贡献最大的几个行业，从而为今后的创新规律探索和成功经验总结打好基础。

1. 服务行业竞争力评价体系的确立

在对服务行业发展进行综合评价时，要综合考虑规模、速度和效率三方面的因素，由此，我们建立起服务业内部行业结构发展的评价指标体系。

（1）规模优势指数（Scale Advantages Index，SAI）。该指数定义为：

$$SAI_k^i = \frac{Y_k^i/Y^i}{Y_k/Y}$$

其中，Y表示全国服务业的总增加值，Y_k表示全国服务业k行业的总增加值，Y^i表示i地区服务业的总增加值，Y_k^i表示i地区服务业k行业的增加值。SAI_k^i大于1说明i地区服务业行业在产出规模上与全国服务业本行业平均水平相比具有优势；反之，则不具备产出规模方面的优势。

（2）增长优势指数（Growth Advantage Index，GAI）。该指数定义为：

$$GAI_k^i = \frac{G_k^i}{G^i}$$

其中，G^i 表示 i 地区服务业的平均增长率，G^i_k 表示 i 地区服务业行业平均增长率。GAI^i_k 大于 1 说明 i 地区 k 行业相对于该地区服务业其他行业具有增长优势；反之，则不具有增长优势。

（3）经济综合优势指数（Economic Strength Index，ESI）。该指数定义为：

$$ESI^i_k = \sqrt{SAI^i_k \times GAI^i_k}$$

该指数是规模优势指数与增长优势指数乘积的均方根，ESI^i_k 大于 1，则可以判断 i 地区第 k 行业在经济增长方面具有比较优势。这一指标避免了单独采用规模优势指数或增长优势指数可能导致的评价结果的片面性。

（4）产业贡献率（Industry Contribution Rate，ICR）。该指标定义为：

$$P^k_t = \frac{Y^k_t - Y^k_{t-1}}{Y_t - Y_{t-1}}$$

其中，P^k_t 即为服务业 k 行业在 t 时期对经济增长率的贡献率，Y_t 表示某地区 t 时期内的服务业增加值，Y^k_t 表示某地区 t 时期内的服务业 k 行业增加值，简言之，产业贡献率即等于产业部门 k 的增加值增量与服务业增量之比。P^k_t 的值越大，说明服务业 k 行业对该地区服务业的贡献越大；反之，则贡献较小。

2. 对南京市服务行业的实证分析

服务业的一大特点就是包含了门类繁杂、差异性强的各类服务部门和行业，其数量历来就多于其他产业，是农业和制造业无法比拟的。服务业中的各类行业在性质、功能、生产技术和与经济发展的关系等方面都存在很大差异，因此也就产生了各式各样的服务业分类结果。按照普遍的做法，服务业可以分为 4 大类，分别为：流通部门（包括交通运输业、邮电通讯业、商业、饮食业、物资供销和仓储业）、为生产和生活服务的部门（包括金融、保险业，地质勘探业，房地产、公用事业，居民服务业，旅游业，咨询服务业和综合技术服务业，农林牧渔水利服务业，公路、内河（湖）航道养护业等），为提高科学文化水平和居民素质服务的部门（包括教育、文化、广播电视、科学研究、卫生、体育和社会福利事业等），为社会公共需要服务的部门（包括国家机关、政党机关、社会团体以及军队和警察等）。

在此次对南京市服务行业的实证研究中，我们将参照国家统计局对服务业的统一分类法，将服务业划分为 12 个部门进行分析。按照以上建立服务行业竞争力评价体系，我们对数据进行了一定的处理，最后得到南京市服务行业综合发展的优势比较，结果如表10－1 所示。

表10－1　2003 年南京市服务行业综合发展优势比较

行业 ＼ 指标	产业增加值（亿元）	SAI	GAI	ESI	ICR
农林牧渔服务业	3.8	0.67	1.20	0.90	1.1%
地质勘查业、水利管理业	4.96	0.79	1.13	0.94	0.8%
交通运输、仓储、邮电通讯业	102.68	0.86	0.54	0.68	8.2%
批发和零售贸易、餐饮业	155.98	0.94	1.34	1.12	23.3%
金融保险业	136.63	1.17	0.70	0.90	17.1%
房地产业	65.36	1.52	0.94	1.20	9.9%
社会服务业	53.68	0.61	0.88	0.73	7.8%
卫生、体育和社会福利业	23.44	1.12	0.95	1.03	3.9%
教育、文化艺术和广播电影电视业	65.84	1.07	1.29	1.17	11.1%
科学研究和综合技术服务业	19.14	1.20	1.53	1.35	3.8%
国家机关、政党机关和社会团体	62.79	1.11	1.34	1.22	11.5%
其他	12.24	2.11	0.66	1.18	1.3%

注：数据处理过程中涉及的行业增长速度按可比价计算。由于《中国统计年鉴（2005）》中，各服务行业增加值只有 2003 年的数据，此外，《南京统计年鉴（2005）》对服务业的统计口径作了调整，将农林牧渔服务业，地质勘查业、水利管理业，社会服务业，卫生、体育和社会福利业，教育、文化艺术和广播电影电视业，科学研究和综合技术服务业，国家机关、政党机关和社会团体归入其他服务业的统计口径，因此，我们采用的是 2004 年的统计年鉴，以此保证微观数据的可获得性和统计口径的一致性。

表10－1 的结果显示，南京市服务业的内部结构基本呈现出流通与服务并存、传统和新兴服务行业并重的格局。从各行业的绝对规模来看，批发和零售贸易餐饮业，金融保险业，交通运输、仓储、邮电通讯业在南京市的服务业生产中占据主导地位。2003 年，这些传统服务行业产值占整个服务业增加值的比重超过50%，这种状况

近 10 年来都无明显改变。同时，教育、文化艺术和广播电影电视业，房地产业等新兴消费性行业也紧随其后，在服务业中的比重有了很大的提高。

从经济综合指数来看，共有六大行业的 ESI 值都大于 1，它们分别为批发和零售贸易、餐饮业，房地产业，卫生、体育和社会福利业，教育、文化艺术和广播电影电视业，科学研究和综合技术服务业，国家机关、政党机关和社会团体，这说明南京的这些服务行业与全国相比具有优势。其中，以科教、文化产业等为代表的现代新兴服务业的经济综合优势相对突出是比较符合规律的，而 ESI 值最高的科学研究和综合技术服务业（为 1.35）更是说明了这一行业为未来南京第三产业乃至整体经济的持续发展提供了后劲，其发展潜力巨大；房地产业在经济增长方面具有比较优势也符合社会需求变动的结构要求；而零售业的经济综合水平高于全国平均水平也反映出它作为南京传统的支柱服务行业所具有的优势。

此外，从分行业的创新功能角度来看，这六大经济综合指数遥遥领先的行业亦是密集创新的活跃领域。其中，以科学研究和技术服务为代表的现代生产者服务业是科技创新体系的一个子系统，它既是创新主体的构成之一，也是政、产、学、研、金等创新主体之间的粘结者和网结点。由于其产出中含有大量人力资本和知识资本，因此科技服务机构是把这些现代资本引入到商品和服务生产过程的飞轮，是南京现代产业发展中竞争力升级演化的基本动力源。通过发展科技服务业，促进研究开发与技术转移结合、政策引导与市场推动结合，可以增强科技的持续创新能力，推动地区经济的增长。另一方面，作为建立新兴创新型城市的推进剂，政府机关和社会团体起着举足轻重的作用，而以制度创新为契点的政府创新更是社会自主创新的表率。多年来，南京市委、市政府和各级机关部门致力于建立健全产业链的运行机制，大力鼓励多元化的创新主体与本市丰富的创新资源进行有效结合，并通过知识管理来带动政府的管理创新、服务创新、提升执政能力和政府效能，在契约化的基础上不断完善利益分享机制，从而有效地降低了社会交易成本，推动了社会创新内涵的深化与泛化，培育起以"电气化特优"为典型的强大的产业竞争力，并逐步建立起以民主政府、有限政府、法治政府、责任政府、绩效政府为形态的创新型服务政府。其三，以教育、文化为代表的新兴服务业是高附加值的产业，在南京市的城市自主创新中扮演着双重角色。一方面，教育、文化是培育创新要素的主要载体，奠定了创新人才不断涌现的土壤与氛围，是弘扬创新文化、保持和提升南京市持续创新能力的必要条件；另一方面，教育、文化产业作为地方创新系统的重要组成部分，其本身也面临着创新发展的问题，是南京市自主创新的重要内容。当然，创新文化可以指导文化创新，而文化创新也可以推进创新文化，就这方面而言是可以相辅相成的。此外，以卫生、体育为代表的社会福利业也有很好的发展，这充分说明了自主创新是一个庞大的、系统的社会经济工程，创新型城市的建设不应仅局限于城市科技创新一个维度，它还包括城市的服务创新、制度创新、文化创新等方方面面的内容，尤其是代表居民生活质量的卫生、体育等福利事业的创新，这是一个构筑城市创新"多面体"、形成创新网络的过程。虽然房地产业的各项指标相对突出，但考虑到它更多的是模仿性的创新，目前还处于知识组装的粗放阶段，既不是知识的生产者，也不是创新的主体，因此在对南京市服务业自主创新的考察中，我们对房地产业并不作太多的关注。

进一步的分析还表明，南京市有 7 个行业的规模优势指数大于 1，反映出这些行业在产出规模上与全国本行业的平均水平相比具有规模优势。其中，房地产业的 SAI 值遥遥领先，2003 年该值为 1.52，这与房地产业重投入、大规模、高门槛的行业特征是符合的。从增长优势指数来看，南京共有 6 个行业的增长指数大于 1，表明它们相对于南京其他服务行业来说呈现快速增长态势，属于新兴的服务产业；同时也说明在行业发展的选择上，南京有很多的选择空间。而金融保险业的增长速度大大落后于全市服务业平均发展速度却是与正常规律不相符合，这从一定层面上可以折射出金融服务业在南京自主创新过程中所起的作用甚微，这些为生产与生活服务的金融保险将是南京市"十一五"期间需要重点扶持发展的行业。

从产业贡献率的维度来看，对南京市服务业增长贡献排名前 5 位的行业依次为：批发和零售贸易、餐饮业（23.3%），金融保险业（17.1%），国家机关、政党机关和社会团体（11.5%），教育、文化艺术和广播电影电视业（11.1%），房地产业（9.9%），其累计贡献率超过了70%，已成为服务业发展的主要推动力。而经济综合优势最大的科学研究和综合技术服务业却只贡献了3.8%，这说明南京潜力巨大的科技实力有待进一步转换为生产力。

综上所述，南京市服务业的行业结构继续得到优化，传统服务业稳步发展，新兴服务业增长迅速，但以批发零售餐饮业为主导行业的服务业结构仍未改变。我们还可以进一步大胆的预测南京未来的城市发展重心将是构建"依托现代化新技术、新业态和新的服务方式，向社会提供高附加值、高层次、知识型的生产服务和生活服务"的现代服务体系，它将渗透于商贸物流、金融保险、旅游会展、科教文化、房地产与软件业等六大领域。

现代服务业地位和作用的确立，为南京市启动了经济增长的新引擎，带来了发展的"爆发力"，催生了发展新优势。当然，我们也应该清楚地认识到，虽然从客观条件看，南京有着诸多值得称道的优势。南京是中国四大古都中惟一位于长江流域的城市，从三国时的东吴直到民国先后有十个朝代在此建都，历史文化底蕴丰厚；南京有着广阔的经济腹地，发达的交通系统，铁路、公路、空运、水路和油气管道五路齐全，地理位置十分优越；南京拥有各类高校48所，独立研究与开发机构543家，科技人才53万人，两院院士79人，科教实力全国一流；南京又是全国十大制造业基地之一，电子、化工生产能力全国各城市排名第二，汽车制造规模业居全国前列，工业基础较为扎实……然而，南京的诸多优势却没有充分发挥出来。尽管"九五"以来，南京市连续保持11%以上的增长速度，但国内生产总值依然落在了苏州和无锡后面；在交通运输方面又受到江阴、镇江地区的强烈挑战；金融保险业由于受到上海金融中心的覆盖和政策竞争，其发展空间愈发有限；商业批发和零售业及餐饮业由于受到人口和城区发展的限制，也难有所作为。基于现代服务业是关联度极强的行业，业已成为南京社会经济发展新的关键支点，因此必须要积极发展生产服务业和生活服务业，通过持续、高效的创新路径以求实现服务业的突破。以下，我们将着重分析在南京经济发展中具有杠杆效应或潜在影响的6大行业，通过剖析、总结它们在战略和战术层面上的创新行为，从而为南京市其他服务行业的发展提供借鉴。

南京市服务行业竞争优势及其创新模式研究

▶▶（一）商贸流通业

商贸流通业是指在我国第三产业中发挥商品流通功能的那些行业，主要包括批发、零售及餐饮业。20世纪90年代中期以来，我国逐步进入商品结构性过剩时期，流通业也随之发生了巨大的变化，连锁经营、购物中心、量贩店和超市的蓬勃涌现正推动着"流通革命"不断向纵深发展，现代流通的内涵、作用及影响力都在发生质的变化。

1. 南京商贸流通业的发展现状

2005年，南京市累计实现社会消费品零售总额1005亿元，同比增长16.3%；其中，批发和零售业完成零售额884.52亿元，比上年增长15.8%。在全国15个副省级城市中总额排名第三，位次前移了三位，增幅连续两年排名第一（见图10-3）；在长三角地区16个城市和全省13个城市位次保持规模第二和第一、增幅均为第三，在"一小时都市圈"8个城市中零售额规模占总量的40%以上。

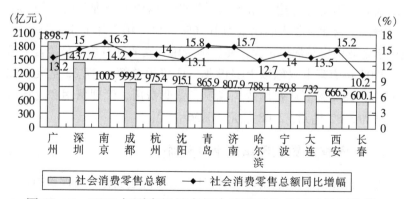

图 10-3　2005年副省级城市社会消费零售总额及增幅比较

在南京市消费品市场规模进一步扩大的同时，限额以上零售企业也取得长足的发展，在扩大经营规模，提高经济效益方面卓有成效，呈现出销售扩大、利润增长的良好态势。主要表现在：

（1）销售稳步增长，专业、专卖店是主导。2005 年，南京市限额以上零售企业实现主营业务收入 352.52 亿元，与上年相比增长 22.8%。在零售业中，各种业态均保持了较快的增长。其中百货商店实现主营业务收入 88.07 亿元，比上年增长 24.8%，占限额以上零售企业的比重达到 25.0%，比上年提高了 0.4 个百分点；超级市场实现主营业务收入 92.19 亿元，比上年增长 24.0%，占限额以上零售企业的比重达到 26.2%，比上年提高了 0.24 个百分点；专业、专卖店实现主营业务收入 142.16 亿元，比上年增长 25.45%，占限额以上零售企业的比重达到 40.33%，比上年增长了 0.85 个百分点。

（2）盈利水平上升，百货商店是支点。2005 年，零售企业总体盈利水平上升，全年共实现营业利润 6.27 亿元，与上年相比增长了 85.0%，实现利润总额 5.79 亿元，比上年增长 48.1%。零售业利润总额的快速增长，完全得益于占零售业利润总额比重达 65.46% 的百货商店获利能力的大幅度提高，百货商店成为零售企业盈利的重要支撑。从总额看，2005 年百货商店的利润总额达到 3.79 亿元，比上年增长 19.6%。百货商店的获利能力在各零售业态中一枝独秀。

（3）费用的比重下降。近年来南京市限上零售企业通过改革用工制度，减员增效，压缩非经营性支出等措施压缩各项费用开支，收到了一定成效，2005 年，南京市限上零售企业营业、管理和财务等三项费用总额占主营业务收入的比重为 10.6%，比上年下降了 0.4 个百分点。但由于企业销售总规模扩大，使三项费用开支的绝对数仍呈缓慢上升趋势。2005 年南京市限额以上零售业三项费用总额为 37.35 亿元，比上年上升了 18.2%。从费用的构成看，营业费用、管理费用和财务费用分别增加 3.32 亿元、2.08 亿元、0.36 亿元。

2. 南京市商贸流通业竞争力评价

商贸流通业评价指标体系的设计。商贸流通业竞争力评价指标体系的构建除了遵循全面性、系统性和实用性等基本原则外，还需特别注意下列几点：第一，重点考察当地商贸流通业发展的规模，商贸流通业是典型的规模敏感性产业；第二，对业态和经营方式的创新加以特别关注，业态先进程度直接反映了当地商贸流通业发展的潜力；第三，商贸流通业是第三产业的重要组成部分，因而评价时必须和当地发展环境特别是国民经济发展状况紧密联系起来。根据以上要求，结合资料收集状况，借鉴 IMD、WEF 和波特关于竞争力评价的方法，现选定 7 个具有代表性的指标：

（1）产业规模指标。用批发零售贸易餐饮业占服务业总产值的比重来衡量，它直接反映了商贸流通业在服务业中的地位。（2）产业增长指标。用社会消费品零售总额的增长速度（按可比价格计算）来表示，它是衡量商贸流通业发展潜力和增长势头的最好代表。（3）产业投入指标。以批发和零售业就业人数占服务业就业人数的比重来反映。商贸流通业是高度的劳动密集型产业，因此就业人数即为其最重要的投入要素之一；从间接影响看，容纳较多就业人员，增加了从事批发零售贸易业的人员数量和收入，这在一定程度上对解决社会就业也做出了巨大的贡献。（4）产业效率指标。用每 10 人创造的批发和零售业商品销售额来表示，它反映了服务行业的生产率。（5）产业活力指标。即为新型业态企业数（除百货商店以外的业态）占零售企业总数的比重。这一指标反映了商贸流通企业的业态创新程度以及发展潜力，我们这里采用的是限额以上企业的数据，新型业态包括了超级市场、专业店、专卖店等。南京市为 75.3%，江苏省为 80.5%。（6）竞争度指标。用私营企业占批发和零售贸易企业总数的比重来表示。一般认为，一个行业中私营企业占的比重越大，说明该行业的竞争越激烈。（7）集中度指标。表现为限额以上批发和零售业商品销售额占商品销售总额的比重。数据导出结果如表 10 - 2 所示。

表 10 - 2　　江苏省与南京商贸流通业发展指标对比

	规模指标	增长指标	投入指标	效率指标	活力指标	竞争度指标	集中度指标
南京	27.2%	18.5%	15%	18.2%	75.3%	80%	66.2%
江苏	25.9%	16.6%	7%	12.3%	80.5%	73.8%	53.7%

注：部分数据来自《江苏省第一次全国经济普查主要数据公报》http：//www. stats. gov. cn/zgjjpc/cgfb/t20060126_402303213. htm，以及南京市统计局网上公布的资料 http：//www. njtj. gov. cn/view. asp？article_id = 27902&article_big_cate_id = 1020 计算而得。

通过与江苏省总体平均水平的比较我们可以看出，南京市商贸流通业已经初具规模优势，占服务业比重的27.2%，大于江苏省25.9%的水平；同时，行业呈现良好的发展态势和增长潜力，2004年南京市商贸流通业同比增长18.5%，而江苏省为16.6%。从投入指标和效率指标来看，南京市商贸流通业不仅在劳动力投入规模上远远大于江苏省（为后者的两倍多），其利用效率也高于后者；此外，相比全省73.8%的整体竞争水平，南京市商贸流通业的竞争显然更加激烈，而且行业集中度也更高，南京市620家限额以上批发和零售企业的商品销售总额为2484.03亿元，占全市批发零售业全年商品销售额的66.2%，而江苏省2747家限额以上批发和零售企业的商品销售总额为6423.48亿元，占全省批发零售业全年商品销售额的53.7%。但是，从产业活力指标来看，南京市商贸流通企业的业态创新程度以及发展潜力要略落后于江苏的平均水平，分别为75.3%、80.5%。

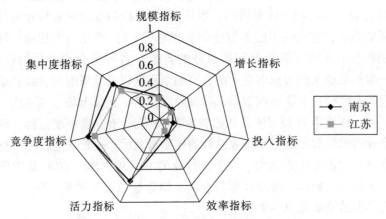

图10-4　2004年南京商贸流通业的竞争力场

3. 南京市商贸流通业创新模式研究

服务创新的基本驱动历史形成创新模式的基础，同时也是创新过程的重要决定因素，而动力要素的组合则会构成服务企业的系统创新环境。Sundbo和Gallouj（1998）两位学者在对多个欧洲国家服务企业调查研究分析的基础上，将单个企业作为识别驱动力的界面，总结出服务企业创新的基本动力模型。在此，我们借鉴了这一创新框架，并将之运用到对商贸流通企业创新模式的分析当中（见图 10 – 5）。

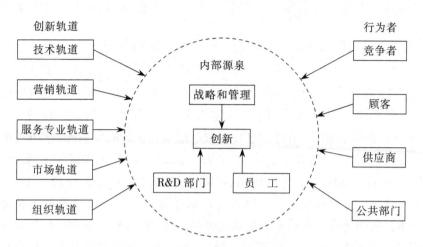

图 10 – 5 商贸流通业创新模式

4. 南京市商贸流通业的创新轨道

（1）技术轨道——形式化的技术创新

技术轨道是典型的创新经济学意义上的创新维度，它包含了多种技术，其中 ICT（信息和通讯技术）、网络技术等的出现为服务业的发展提供了巨大的机会，它经常会引发更多创新的出现。以信息全球化和经济一体化为标志的知识经济，逐步改变着商业企业的行为，推动了网络商业的飞速发展。

传统的商贸流通企业组织形态单一，多采用商场的经营模式，运用柜台销售、柜台核算、大量进货、月底盘点的经营方式，业务流程"点与点"串行。这种营运方式一方面存在着人员需求大、员工劳动强度大、劳动效率低的问题，经营者不能及时获得准确的商品库存资料，降低了企业的市场应变能力；另一方面由于企业为增加经营品种，扩大商品库存，占用了大量资金，造成经营成本居高不下。随着现在商贸企业的组织规模不断扩大，连锁化、集团化的发展客观上要求科学管理，强化科技的应用。现代商贸流通业的组织串行与并行相结合的新式业务流程取代了"点与点"串行的旧式业务流程。新式业务流程的特点，一是空间上并行；二是时间上继起。为了确保业务流程各环节的安全衔接和商业数据的准确流通，零售业就必须引入计算机信息系统，充分发挥其准确、快捷、信息量大、共享性好、易于控制等优点，优化业务流程。

目前，中国很多商场结合商场现代化购物环境的改造，都把电子商务的运用放在重要的位置。南京市商贸流通业的发展在全国一直处于领先水平，信息技术的采用更是走在了同行之前。目前，现代商贸流通业重点推广的 11 项科技在南京各大零售企业中都已普及开来，包括 POS（POS）系统、MIS（管理信息）系统、BI（商业智能）系统、EDI（电子交换）系统、ECR（电子收款机）系统、VAN（增值链）系统、Bar—Code Symbo（条形码识别技术）、CRM（客户关系管理）系统、SCM（供应链管理）系统、DCM（需求链管理）系统，以及网上交易技术。近两年南京市限额以上批发和零售企业的营销和管理现代技术应用水平得到明显提升。到 2005 年末，全市 404 个限额以上批发和零售企业中，有 53 个企业应用了销售时点管理系统，应用率为 13.1%，比有可比资料的 2003 年末提高了 2 个百分点；有 34 个企业应用了营销信息管理系统，应用率为 8.4%，比 2003 年末提高了 1 个百分点；有 18 个企业应用了电子订货系统，应用率为 4.5%，比 2003 年末提高了 2.9 个百分点；有 36 个企业应用了条形码和扫描仪技术，应用率为 8.9%，比 2003 年末提高了 0.8 个百分点；有 6 个企业应用了电子商务购物系统，应用率为 1.5%，与 2003 年末基本持平；有 22 个企业应用了客户关系管理系统，应用率为 5.4%，比 2003 年末提高了 0.2 个百分点。同时，在全市 404 个限额以上批发和零售企业中，有 226 个企业能够上互联网，占全部限上企业数的 55.9%；有 118 个企业拥有自己的网站，占全部限上企业数的 29.2%；404 个企业共有计算机 15423 台，平均每个企业 38.2 台。

信息技术给零售商贸业的最大贡献在于实现全球采购和物流配送的全程控制。作为家电连锁的巨头，苏宁电器一直是国内零售企业中信息化应用的领先企业，截至目前，它在 IT 建设方面的总投入已经达到了 1.36 亿元，9 大系统支撑起企业的日常运营，包括进销存管理系统、售后服务管理系统、财务账务系统、财务结算系统、OA 办公自动化系统、CRM 客户服务系统、供应链管理系统（与上游厂商）、视频会议系统、VOIP 电话会议系统。2006 年，苏宁和德国 SAP 公司合作打造的 SAP/

ERP 实现了成功上线，该系统将帮助苏宁实现投资、业务、财务、服务、人事的一体化管理。ERP 系统互接带来的经济效益（按 30 家公司每年计算），人员节省费用 900 万元；销售年利润提高 3000 万元；物流、售后减少损失 1200 万元；管理费用减少 300 万元；由于使用了 VOIP 技术，实现了内部通讯电信化每年节省费用 100 多万元。总计年实际产生效益：5500 万元。

（2）营销轨道——以动态营销取代静态营销

由于南京市大型商业区集中度较高，竞争力强，新街口大多数商家的商品同质化程度较高，品牌、品种、价格没什么错位，要想在激烈的商业竞争中抢得先机，唯有在营销手段上独辟蹊径。①价格战——不是疯狂是成熟。降价是营销的策略之一，它以自身营利为终极目标，而非"伤敌一万自损八千"式的消灭他人。南京号称"中国商战之都"，以"价格盆底"扬名全国，苏宁更是被业界形象地喻为"价格屠夫"。十多年来的诸侯烽火，使得南京市的商贸流通业锤炼得愈发成熟，同时更是打造了一批玩转价格的高手，各种形式的价格攻略让人看了眼花缭乱。2006 年 4 月初，苏宁银河首次推出"满 400 送 500"，拉开南京市百货营销史上最强力度的买送活动，这使湖南路一时成为南京市商战的核心。从苏宁银河一年前进入南京百货业以来，资本的角逐在南京百货业的重要位置已经开始日益显现。此次苏宁银河与苏宁电器联手返券的成功，就是苏宁将其资本优势和资源优势相融合的结果，这同时也透视出南京市的价格战更是一场实力之战，这场清洗运动不是疯狂而是成熟。②事件营销——四两拨千斤。所谓事件营销，就是企业恰如时机的利用契机、热点、平台来提升自己品牌影响力。在竞争愈趋激烈、市场逐渐成熟的南京市零售市场，各路商贸企业无疑也是事件营销的高手。如由中央商场首创并成功开展了"国际花卉购物节"、"灯会购物节"两大营销活动，有效拉动了南京消费品市场和晚间经济，销售同比分别增长了 3.4% 和 45.88%。

（3）服务专业轨道——服务创造感动

服务被称为"软黄金"，是有形产品的延伸，到位的服务能够给消费者带来更大的利益和更好的满足。南京市商贸企业在人有我有、人无我也有的服务基础上，成功创造了服务差异化优势，通过增加服务项目、延伸服务功能，来提高服务质量、服务水平和服务效率，为顾客提供系统的、全过程的、全方位的、快捷的以及意想不到的服务，从而降低顾客购买的风险，并提高了企业自身在同行业中的竞争力和对顾客的吸引力。具体来说，南京市的商贸企业实施的服务创新包括：①提高服务质量的创新。②服务观念创新。许多企业由过去的"我能提供什么服务"转变为"顾客需要什么服务"，由过去的主动热情转变为充满爱心、细致入微，真正成为顾客的"高参"，使顾客在体验中获得更大的高度价值。③服务内容的创新。比如，华诚率先开通24小时服务，并创办了生鲜超市。④建立服务的标准化、规范化体系。⑤全程服务创新、实施服务补救。南京市新街口百货商店在商场醒目位置设立了"逆耳之声"倾诉台，顾客说它就像"设在商店里的消费者协会"。自设立以来，"逆耳之声"倾诉台已接待前来投诉和提建议的顾客370人次。据了解，98%的投诉者对其处理表示满意。"逆耳之声"倾诉台成为反映南京新百优质服务的"窗口"。

（4）市场轨道——寻求规模经济的市场创新

针对以竞争为中心的传统的"红海战略（血腥竞争）"，欧洲工商管理学院的W.钱·金教授和勒妮·莫博涅教授共同提出了"蓝海战略"理论。"蓝海战略"是以创新为中心，扩大需求，靠加大行业的"饼"开拓新领域。这一战略的最大贡献就是提醒企业家，不要在自己熟悉的本业与同行恶性竞争，而要以"价值创新"的方式开拓还没人进入的新领域，面前就会出现一片蓝海。

随着商贸发展，南京市区内商业网点建设已趋于饱和，部分有实力的大型连锁企业相应加快了积极向外扩张的步伐。在19家被调查的企业中，有7家企业分别在省内其他城市及全国开设连锁店。2004年，7家企业共实现销售559.4亿元，同比增长61.3%，其中在市外实现销售417.35亿元，同比增长85%，不仅高于这7家企业总销售额增幅23.7个百分点，而且7家企业市外实现销售占总销售的74.6%。截至年底，这7家企业门店总数2395个，同比增长13.8%。市外销售大于市内销售、市外网点发展快于市内网点的状况表明，南京市连锁业已把向外扩张作为做大做强的目标。而专业性更为突出的宏图三胞、新华海、通灵翠钻等商家在外地连锁店的生意也都十分红火。2004年市区连锁经营企业销售总额550亿元，其中市内销售额逾180亿元，其余370亿元销售均取自于外地经营网点，超过了2003年连锁经营的销售总额。截至

2004 年底，南京城区商贸企业在市外的网点总数已经超过 1700 个。

此外，作为南京传统的百货业代表，南京新百投资的芜湖店、中央商场控股的淮安新亚商场均成为当地最大的百货店，金鹰进驻扬州后也成了当地最高档的百货店。相比之下，本市三大连锁巨头苏宁、苏果、五星更是从未停止过扩张的步伐。截止到 2004 年末，苏宁电器已在全国 46 个重要城市开设 84 家连锁店，企业网络规模得到了进一步发展，可以说，苏宁已在我国电器连锁领域已经完成了高端布局，目前正在向二、三级城市拓展。苏宁、苏果、苏农等连锁企业还全力开拓农村市场，在实施"万村千乡"工程中，大量在乡镇布点，扩大影响力的同时，也增大了销售规模，其中，以苏果探索出的"公司 + 农户"的模式最为成功。凭借较强的品牌影响力、规范的管理、较低的商誉费，利用直营店和特许加盟等方式，苏果首创性地将大城市的超市经营"克隆"到县城或农村大的集镇，逐步建立起一条一头连接市场、一头连接农户的产业链，既解决了农民"卖难"问题，又扩大了农民的消费需求。

（5）组织轨道——正式化的组织创新

随着我国商贸流通业的逐步开放，地区市场竞争的日益国际化，中国的零售企业单体已无法与国外的"航空母舰"相抗衡，必须通过组织创新，有计划地推进行业内部的分化、重组，从而使有限资源向优势企业集中。

①流通体制改革。2003 年是南京市国有商贸企业改革关键的一年，也是取得重大突破的一年。根据年初南京市委、市政府提出的"彻底改、改彻底"的总体要求和目标任务，市属国有商贸系统积极推进了企业产权制度改革，全市商贸系统的国有资本须全部退出。在列入改制的 72 家企事业单位中，32 家企事业单位到年底已完成改制，正在办理有关手续的 14 家，改制面达 64%，到 2004 年底，全省国有及集体企业改制面已达 90% 以上。这一措施推动了体制创新和制度创新，拓展了商贸发展的空间，增强了加快发展的动力。2004 年，全市批发零售贸易和餐饮业完成社会消费品零售总额 1005 亿元，比上年增长 16.3%。随着大量国有资产从商贸企业退出，一个个全新民营企业诞生，南京初步建立了以混合所有制为主的商贸企业新体制。2005 年，私营经济、个体经济和股份制经济实现的零售额分别达到 230.62 亿元、340.36 亿元

和 132.83 亿元，分别比上年增长 18.5%、18.3% 和 19.4%，涌现出一批纳税超 5000 万元的纳税大户。

在流通体制的改革中，南京新百历来扮演了体制创新"急先锋"的角色。新百是南京市第一家股票上市和江苏省第一家拥有进出口经营权的商业零售企业；1979 年新百在本省开工商联营挂钩之先河，率先冲破了计划经济的封闭式条块分割旧体制；1982 年成为江苏省最早实行承包责任制的企业之一；1985 年率先实行经理负责制；1991 年实行劳动工资保险制度综合改革；1992 年 4 月先人一步完成股份制改造；2004 年新百集团整体国有产权出让给金鹰集团。新百集团的整体改制，不仅引进了产业资源丰富、资本实力雄厚的战略投资者，在保值增值的前提下实现国有资本的整体价值最大化退出，而且实现了股东资源与新百集团商业资源的充分整合，促进南京新百做大做强。新集团将会努力实现产业的优化配置，成为体制先进、主业突出、行业领先并具有国际影响的现代企业集团，是改革为新百插上了腾飞的翅膀。

此外，随着证券市场的不断规范发展，上市公司已经成为国民经济中经营管理水平较高、财务制度较为健全、利润水平较高的经济实体。十多年来，南京市商贸企业借助资本市场的投融资功能，不断拓展企业运营规模，现代企业制度建立与创新能力不断增强，上市公司从无到有、由少变多，对行业经济、区域经济的带动作用日益体现，已成为南京市经济发展不可或缺的组成部分。2004 年 7 月，苏宁成功上市，成功募集到 3.95 亿元资金，成为国内首家 IPO 的家电零售企业。

②业态创新。业态革新论是由美尔科尔姆·P·麦克奈尔（M. P. Mcnair）于 1958 年首先提出的。零售业态与产品类似，都具有一定的生命周期，在各个发展阶段，不同的零售业态表现的发展速度、竞争环境、经营策略和获利水平都有所差异。随着经济的发展，零售商业环境不断发生变化，从而导致零售商业在选址、商品组合、营业时间、技术服务及销售方式上的变化，这些变化的最终结果则导致零售业态形式越来越多，并随着时间的演变发生了相应的变迁，涌现出了超市、大型综合超市、仓储式商店、会员制批发俱乐部、便利店、专业店、专卖店、折扣店、购物中心等多种业态。其中，连锁经营和超级市场被称为是"现代流通革命"的两大标志，成为国际商业领域最实用的一种经营方式。

20 世纪 90 年代初，南京市城区的流通业态以传统的百货零售业为主，仅有少量的专业店，且消费层次单一，基本都属于中档偏下。经过十多年的发展。大中型零售商场建设成绩斐然。作为南京城区商业的基础——百货商店，十多年来在日趋激烈的市场竞争中，太平洋百货、大洋百货、世纪泰富等外地百货企业进入南京，本地也崛起了东方商城、金鹰、苏宁银河等，新增的大中型百货商店就有 20 多家。

超市、卖场从无到有，发展迅速。1995 年 8 月，第一家平价超市现身南京市，标志着新型零售业态开始登上南京城区商业舞台。1996 年 7 月，苏果超市正式成立，从此走上连锁道路。几年来从小到大，由少到多，迅速扩张，以便利店、社区店、标准超市、平价店和好的高端便利店密集抢滩，遍布南京市区，这些不同业态的超市从空间和服务功能上都更能满足市民的消费习惯。2004 年底门店数达到 1345 家，全年销售规模达到 138.8 亿元，已连续 7 年位居中国连锁企业前十名，连锁超市业态第四位，并跻身中国 500 强企业第 200 强。是江苏省超市零售业最大的流通企业，在南京市，苏果超市占据着超市业态 50% 以上的市场份额。

随着南京市作为区域商贸中心城市的地位日益突出，与百姓生活联系密切的超市获得迅猛发展。1998 年 9 月 30 日，北京华联综合超市有限公司开设了仓储式大卖场，首开南京零售大卖场之先河，其新颖的业态、丰富的商品和"一站式购齐"的理念，加上优惠的价格，极大地吸引了消费者。南京市庞大的消费潜力让觊觎已久的国外零售连锁巨头羡慕不已，国内外连锁超市巨头争先恐后进入南京，抢滩设点、扩张势力范围。从 1999 年 10 月起，家乐福、麦德龙、大润发（金润发）、易初莲花、好又多、乐客多等国内外大型连锁超市相继登陆南京，各自扼守要地，分割零售市场。2003 年以来又有沃尔玛、欧尚、每家玛等瓜分零售市场，国外主要连锁超市巨头几乎悉数到齐。

③发展专业化。1990 年，中国第一家空调专营店苏宁集团开门迎客，在中国家电营销领域中首创了家电专业化经营模式，打破业内外售后服务的惯例，建立了由营销商自行提供配送、安装、维修的一体化服务体系。五星电器于 2001 年 4 月在山西路开设了第一家家用电器专业大卖场，率先走上了专业化连锁大卖场之路，之后电脑数码、手机、家居建材等多种行业的专业大卖场如雨后春笋般不断出现。

目前，南京市商贸零售市场已经形成了大商场、大卖场、大市场、专业专卖店四分天下，新业态和以百货商店、大市场为代表的传统业态并存，并获得跨越式发展。截至 2004 年底，城区批发零售业的法人企业中百货商店 140 家；超级市场 42 家，其中大型超市和仓储式会员店（营业面积在 6000 平方米以上，统称大卖场）已达 21 家；专业店 840 家；专卖店 326 家。全市主要连锁经营企业实现销售额达到 600 亿元，同比增长 60% 以上，新增连锁网点累计超过 600 个，连锁经营网点累计超过 3000 个，经营面积超过 140 万平方米，从业人员 10 万余人。

南京市零售企业的创新构成了推动业态发展结构优化的动力，从而推动了商业零售业态从原有低级的单一主体向多元化高级的多模式的方向发展。实现对原有技术边界的突破，这是商业企业发展的必然趋势。

5. 南京市商贸流通业的行为者

（1）顾客——基于用户的民主化创新。在行为者中，顾客是最重要的一种。他们是信息以及创新思想的来源，而且还经常参与服务企业的创新过程中，对创新的成功有重要影响。服务提供者和客户间的界面可以被认为是一个"实验室"，创新在这里被"合作生产"出来。

基于用户的民主化创新模式对企业包括生产研发、市场沟通、服务销售等在内的综合素质提出了很高的要求，因此国内只有很少一些有实力的企业尝试，比如海尔。我们常常在苏宁电器连锁的门店货架上看到"苏宁订制"的标示，"订制"也就是从市场学角度讲的符合产品个性化需求。这一类商品在其他的商场上看不到，这是苏宁经过严密的市场调查和分析，根据不同地区、不同消费者需求的差别，专门在供货商处定做，在功能、款式等各方面都满足消费者特别需求的产品。苏宁还会根据不同区域市场的特点，包括气候条件、房屋结构等，向厂商为该地区消费者定制一批机型，以满足该地区消费者的个性化需求。目前，由苏宁订制的特价空调将占其整个空调比重的 55%，其中不乏千元以下的空调机型。苏宁这种特别设计、独家生产、独家买断、独家包销的订制销售目前在国内还是屈指可数的。迄今为止，苏宁已经先后向荣事达、海尔、美的、飞歌、夏普等上游生产厂家大规模订制电器，以满足不同层次消费者的个性化需求。

（2）竞争者——以集群之名，协同发展。竞争者对创新活动有一定影响，服务企业可以通过模仿竞争者的创新行为而在其内部产生创新；同时服务企业通常不采取进攻性的创新战略，因而开始一项创新活动的条件经常是竞争者首先行动。当许多生产某种产品的若干个同类企业（构成竞争关系）、为这些企业配套的上下游企业以及相关的服务业在地理上高密度地聚集在一起时，即构成了产业集群。产业集群可以通过其竞争效应、学习效应和产业相关联效应，包涵示范、推广和带动效应提高产业效率。因此，产业集聚是提升产业竞争力的重要途径。

从世界范围上看，集群化已是一个很普遍现象，世界经济版图也逐渐由一块块色彩鲜明的"经济马赛克"构成（Scott 和 Storper，1992）；而且，越是崛起中的新兴产业，越是高度集群化。我们更多熟悉的是新兴高科技产业的集群，其实传统的商贸服务业等产业也是可以集群化的，也就是我们常看看到的"某某商品一条街"或者是"某某商圈"的现象。而商圈，也称商势圈，它指企业吸引顾客的空间范围。日本一位商圈研究的专家井铁卫指出："所谓商圈就是现代市场中，企业市场活动的空间范围，并且是一种直接或间接地与消费者空间范围相重叠的空间范围。"

南京市是国内拥有商圈最多、商圈内企业最为密集的城市，其中，新街口步行街又被称为"商圈之商圈"。在这块不到 1 平方公里的弹丸之地，营业面积却达到了 40 多万平方米，日客流量达 30 万 ~ 40 万人，节假日最多达到 120 万人。同时聚集了近 700 家商店，其中超 1 万平方米的商场就达 20 多家，其密集度在国内是罕见的。在仅 0.12 平方公里的范围内，已经云集了新街口百货商店、中央商场、金鹰以及南京商厦外贸购物、商茂世纪广场、国贸中心、金贸商场等十几家大型商场，形成一大批连锁企业短兵相接的局面。这种近在咫尺的经营手法浓缩了各企业的智慧精英，打造行业领跑者的形象，同时也聚集了强大的人气。地域化集聚通过衍生、扩张、拓展为更大范围、更大影响的区域布局，从而集聚生产要素和释放规模效应。据南京市商贸局的不完全统计，整个新街口商家的年销售额从 2000 年的 60 亿元左右，增长到 2005 年的近百亿元。其中，有 30% 以上是由周边五个城市的消费者实现的，而每到双休日，南京市以外的"外地人"占顾客总数的 50% 以上，最高时达到 60%。现在，"南京一小时都市圈"已经形成，安徽的马鞍山、滁州、芜湖以及江苏的镇江、常州等城市与南京的联系将更加"亲密"。另据消息，仅马鞍山一个城市，一年就有 7 亿元的消费额落在了南京市，其中相当部分是在新街口消费掉的。"我看中的不仅是南京 600 多万人口，还有都市圈的 2000 万人口！"刚刚开业的大洋百货的掌门人王德明放言。

（3）供应商。供应商特别是知识供应商（KIBS）也是创新思想的重要来源和创新活动的推动者，它们可以为服务企业提供大量创新思想，并帮助企业开展具体的创新。Gallouj 认为有可能定义"顾问帮助型"的创新模型，即企业通过第三方（顾问）的帮助而进行创新，并认为该模型是对熊彼特两个著名创新模型（熊彼特模型 I 和熊彼特模型 Ⅱ）的重要补充。而组建战略联盟无疑是与供应商携手创新的最直接方式。

大型商贸企业的战略联盟，是指企业出于扩大销售和盈利的需要，合法组建的与其他企业的固定合作关系，以便相互利用对方资源。这是企业现有组织结构的作用延伸，因此属于组织的功能创新形式。据此，纵向整合型战略联盟可以界定为大型商贸企业与自己的上下游企业（供货商和购货商）之间建立的固定合作关系。大型商贸企业往往拥有庞大的实物资产，甚至还拥有全国或区域性驰名的企业标识和商誉，因此可以加以开发利用，借助降低生产企业进入市场的门槛和消费服务性企业接触顾客的难度的方式，降低进货成本和经营费用，达到各入盟企业经营效益最大化。

宏图三胞成立五年来，已与包括 Intel、IBM、HP、东芝、SONY、三星、联想、清华同方、方正等在内的近百个主流 IT 厂家建立起"铁伙伴联盟"，构建了一个直接、快捷的"无缝供应链体系"。通过与诸多上游供应厂家之间的"电子商务式协同管理"，做到了厂家及市场双方在物流、服务等方面的统一与同步；同时，使得各大品牌厂家与宏图三胞之间实现了精准分工，形成"精干主业，剥离辅助，依托供应链竞争"的新型终端竞争格局。由此，宏图三胞可以将专业重点放在市场销售及市场服务端，在向终端消费者提供专业化的连锁服务同时，通过敏感的市场触角，将获得的第一手市场资料第一时间内通过厂商之间成熟的"数据无缝共享方式"立即传递给上游厂家，以共同在研发、生产、广告、资金、物流等一系列环节进行配合，通过规划市场，一方面提高各方库存、物流、资金等效率，另一方面减低渠道成本，提高企业核心竞争力。通过"铁伙伴联盟",宏图三胞逐渐拉开与其他竞争者的竞争距离,巩固国内 IT 专业连锁的龙头地位,并带动了整个 IT 产业向着"协同商务、精准管理、数据库共享"等混合营销模式的快速发展。

此外,近日国内家电连锁巨头苏宁电器和国内家电第一品牌海尔也完成强强联手,组建全新的销售公司——"海尔苏宁销售管理公司"。双方的合作,从机制上探索了中国家电产业上下游企业整合的新模式,这对于提高行业壁垒无疑有着重大的意义。新的管理公司的成立将完全实现商品库存、订制包销、产品销售等方面的对接管理,从而达到实现货源、资金、客户信息的全面共享。此外,苏宁所售海尔产品在售后服务、零配件供应等方面将更加快捷便利。

(4) 公共部门。公共部门对服务企业的创新活动也会产生一定影响,一方面它本身需要服务,另一方面它还可以为服务企业提供创新所需要的知识以及开发和管理经验,并为服务企业培训员工,同时开展专门针对服务创新的研究。通过以上方式,公共部门间接推动了创新活动在服务部门中的出现,但公共部门在服务创新过程中很少是一个直接行为者。此外,公共部门还会对服务企业实施一定的管制,这可能会引发很多创新的出现,如很多金融服务都是由于税收制度的变化而产生的。

纵观南京市商贸流通业各阶段的发展,无不与政府的政策措施紧密联系在一起。如南京市政府近两年来本着"靠大、联大、做大"的战略思路,积极推动连锁公司的建立,鼓励龙头企业以收购、兼并、联合等形式进行重组,培育出了新百、中央、苏果驰骋全国的商贸、连锁集团。同样也是在政府的引导和推动下,南京市商贸流通业突破行政体制框架,主动融入区域大市场,发展都市圈网点 600 个,销售超过 100 亿元,充分体现了南京作为都市圈核心城市对周边地区的辐射、集聚、引导、带动作用。下一步,政府将创造更好的环境,积极推动南京成为长江下游重要的商贸中心城市和在全国有较大影响的商业中心城市。

6. 南京市商贸流通业的内部源泉——以苏宁为例

(1) 企业的战略和管理。战略是一种最为根本同时也最为有效的内部创新源泉,具有创新意识的服务企业会将创新作为战略规划的重要组成部分,以此作为获取竞争优势、占领市场和形成良好企业形象的根本手段,并形成针对创新活动的管理概念,使创新成为企业谋求生存和发展的主动需要和内在动力。随着零售市场的逐渐开放，使得像中央商场这样的传统百货企业遭受到了市场新型业态和外资零售商业资本的巨大冲击，经营效益出现了下滑。面对激烈的商业竞争，中央商场决策层清醒地认识到，只有创新，才能打破限制企业发展的瓶颈。在认真学习、掌握现代零售商业发展趋势及国际化商业竞争方向的基础上，经过反复分析、研究、论证，制定了 WTO 框架下更高起点的发展坐标系，确立了"以百货零售为核心，以连锁百货、仓储超市为重点，以房地产、现代物流、电子商务等为延伸业务"的发展战略。2003 年，开设了第一家百货连锁店"中央百货新亚商城"，开启了百货连锁事业的第一幕。在销售额两年翻一番的高基数上，2005 年全年销售总额更是突破 40 亿元，比 2004 年同期劲增 38.8%，这一数字刷新了南京市百货零售业的纪录。从对百货连锁的积极探索到做百货连锁的强者，中央商场与时俱进地走出了自己的成功创新之路，为今后促进产业结构升级和倍增发展搭建了高起点的平台。

除战略外，管理是另一种关键的内部源泉，主要指企业高层管理和营销部门的管理活动，而其中企业家的作用表现的尤为重要。企业要想获得创新带来的价值，需要具备三个条件，一是企业需要有不断创新的进取精神；二是企业有足够的开展创新的资源；三是企业有面向未来、追求长远可持续发展的战略理念和战略定位。而这些条件的获得，主要源于企业家的价值取向和企业家的素质。从 1993 年国内爆发的第一场空调大战到摘取空调经销商桂冠，再到综合电器冠军，并创造了 14 年平均年增长 85%的"苏宁速度"，由此一路攀登为"3C"点的"领航者"，直至成功上市，充分展示出了张近东的壮志、魄力、实力、信用、诚心已非常可比。张近东的理想是将苏宁打造成为一个城市的名片、一个国家的骄傲。从当年的一个小空调经营店开始，在经历了 12 年的千锤百炼之后，如今引领商海潮头的张近东更想做的是一种事业。一些外在的东西在张近东的心中都变得不再重要，重要的是他能怎样为树立企业的个性魅力做出一个领导者应做的一切。"执著拼搏、永不言败"，带给中国一个"本土沃尔玛"，这是张近东认定的中国民营企业的终极任务。

（2）员工。员工在服务创新过程中具有独特的关键作用，他们不仅为企业提供创新思想的来源，而且经常作为企业的"内部创新企业家"推动创新的出现和发展。员工在与顾客的交互作用中能最直接地发现顾客需求，并因此激发产生大量创新思想，同时员工还能根据自身的知识和创新经验提供有价值的创新思想，因此是重要的源泉之一。借鉴国内外企业的先进管理经验，苏宁集团依托"以人为本"的科学、人性化管理，取得了成功。

333

（3）创新部门和 R&D 部门。在服务企业中很少存在类似制造企业的正式的 R&D 部门，而且其活动经常是以另一种方式（以社会科学为基础、存在于创新项目团队中、主要进行创新概念的测试等）出现，但它确实会成为创新思想的一个来源，并对创新产生一定的影响。苏宁很早就建立了情报信息部门，专门负责整理行业内的各项情报资讯和消费数据，并组织市场调研部门对市场需求进行长期的跟踪，同时还保持对国际家电市场的深入考察，通过上述不断的分析、总结对未来的市场发展态势做出准确的评估，并由战略规划部负责组织制定战略发展规划和细化的落实实施。作为总裁办直属部门，战略规划部实行独立运营，下属管理发展部和投资发展部。就其本质来说，战略规划部就相当于制造业中 R&D 部门的角色。其基本职能为：管理体系设计、制度与标准建设、项目投资分析、行业与竞争分析；其工作职责包括：负责组织设计并完善公司组织结构、业务流程、质量标准、操作规范、管理制度；审核各级机构制度规范文件；负责制定公司总体薪酬、考核、激励制度；协助各级部门完善内部管理体系；负责公司重大项目投资策划及可行性分析；研究分析国家、行业、竞争对手动态并提出合理化建议。

通过以上分析，我们可以看出，南京市商贸流通企业正在悄然发生转变：从学习、模仿国际企业向着自主创新发展转变；从以追求速度为主的外延式扩张向着以差异化求生存、谋发展的创新阶段转变。其创新模式可以总结为：依托现代信息技术的渗透和业态发展结构的优化，通过以上市为导向的组织创新和以政府规划为推动的体制创新，充分发挥以市场主体的竞争和创新主体的成熟为基石的地域化动态集聚效应，做大做强，从而突破了原有系统的知识边界，走出了一条"品牌加规模"的全方位创新模式。

然而不可回避的是，目前，南京市还存在着若干亟待解决的问题，它们对南京市商贸流通业的可持续创新能力以及竞争优势产生了不可低估的负面影响。例如：流通业中局部市场的行政条块分割，制约了流通业产业化进程和创新力的提高；流通业企业长期以来科技含量低、规模效应差等状况改进有限，致使流通业劳动生产率较低。另外，从流通业企业外部经营环境看，融资制度、产权转让制度、人才使用制度、市场准入或退出制度等环境因素，都与南京市流通业创新力的构建要求存有距离。因此，从这个意义上说，南京市目前的流通业创新力基础还有待进一步巩固。针对上述所提及的问题，我们提出以下几点建议：

①合理布局，深化改革，改善消费环境。在市场竞争日趋激烈的情况下，南京市商业竞争的程度将进一步加剧。因此，全市要从大局出发，统筹规划，加强"社区商业"建设；积极发挥政府职能部门的宏观调控作用，合理布局商业网点，有效避免零售企业同质化的恶性竞争；规范市场竞争秩序和价格秩序，改善消费环境；对企业要积极转化内部机制，鼓励错位竞争，突出自身优势，扬己之长，弃己之短。

②转换企业经营机制，提高零售企业的资本运营能力。提高企业经济效益，最根本的还在于真正转换企业经营机制，增强企业的生机和活力，要进一步提高零售企业的资本运营能力，通过强强联合，收购兼并，优化组合，壮大实力，扩大规模，有效降低企业各方面成本，形成自身的核心竞争力。加强企业领导班子建设，强化企业管理，提高企业管理水平，建立健全激励和约束机制，调动职工和经营者的积极性。

③注意吸收先进的企业管理经验，努力降低销售成本。必须进一步转变观念，积极探索企业求生存、求发展、求稳定的新路子，要苦练内功，加强经营管理，降低经营费用和经营成本，特别是降低物流成本，增强社会化经营意识，有效降低仓储、运输等各环节的物流成本，从而取得在价格上的竞争优势，才能争取尽可能大的获利空间。同时要加强人力资源的开发和管理，吸引高素质的专业化人才，加强现有员工的培训，从整体上提高员工素质，这样才能使企业拥有创新能力，才有能力与外资零售企业抗衡。

④行业协同发展战略。商贸业作为城市中重要的一项公共活动必然涉及城市其他行业的发展，城市其他行业的发展也会极大地促进商贸业的发展。行业协同发展战略主要体现在以下几方面：金融业要拓宽商贸企业融资渠道，提高金融服务效率，加强银行服务功能，发展网上银行业务；交通业要建立南京立体交通体系，扩大中心商业区人流、物流通过能力，增设观光、旅游专线，建立即时运输体系，培育高效的交通运

输市场；旅游业要将旅游纳入大商贸范畴统一规划，优化商业布局、充分利用现有旅游资源，运用社会力量平衡旅游资源的时间冲突；餐饮业要与商业中心区、商业街配套，与旅游景点商业配套，与相关零售业态配套，与生活区商业配套。

▶▶ （二）旅游业

在现代社会，旅游业已成为具有大众性、世界性、综合性和关联性很强的产业，具有投资少、见效快、利润高的特点，因而被称为资源节约型的"无烟产业"和"永远的朝阳产业"，目前它已经和石油业、汽车业并列为世界三大产业。旅游业是展示城市性质、体现城市功能的重要产业，而丰富的旅游资源是吸引旅游者的物质基础，是发展旅游业的先决条件。南京市自然资源和人文景观数量之多、种类之全、品位之高在全国堪称领先。同时，经过近20年的旅游资源开发，景区（点）的建设，接待设施和配套设施的完善，为发展南京的旅游业打下了坚实的基础。

1. 南京市旅游业发展现状

作为改革开放产物的南京市旅游业，虽然起步较晚、基础较差，但发展较快、前景很好。近3年来，南京市委、市政府始终将旅游业作为第三产业的支柱产业重点加以扶持，坚定不移地走产业化道路，使南京市旅游经济实力显著增强。

一是旅游经济总量迅速提高，国际游、国内游和出境游"三业并举"。2005年，全市实现旅游总收入379亿元人民币，较上年增长18.4%；全年接待入境旅游者87.6万人次，较上年增长21.8%；实现旅游创汇5.76亿美元，较上年增长13.4%；全年接待入境旅游者87.6万人次，同比增长21.8%；接待国内旅游者3220万人次，较上年增长15%；实现国内旅游收入333亿元人民币，较上年增长20%。2005年度，全市旅游总收入占GDP的比值为15.71%，占第三产业增加值的比重为33.9%。

二是旅游资源的开发加快了步伐，旅游产品不断推陈出新。截至2005年底，全市主要旅游景区（点）逾80家，拥有国家旅游局授予的

A 级景区 21 家，其中 4A 级景区 7 家，3A 级景区 6 家，2A 级景区 8 家，全国工业旅游示范点 3 家，农业旅游示范点 5 家，拥有国家级红色旅游点 4 家。并且在继续完善传统观光旅游产品的基础上，不断推出了一系列新型旅游产品。先后新建了海底世界、红楼艺文苑、雨花阁等一系列新型旅游景点，推出了爱国主义教育、科技教育旅游专线和迎新年撞钟、南京国际梅花节、金陵民俗风情游等专项旅游活动，使南京旅游产品结构由单一观光型逐步向多元化方向发展。

三是旅游产业规模不断壮大。到 2005 年，全市共有旅行社 395 家，其中国际旅行社 27 家，国内旅行社 368 家；省属旅行社 72 家，市属旅行社 323 家，旅游业直接从业人员约 15.5 万人，导游员 8000 余人，数量位居全省第一。

四是旅游相关产业结构渐趋合理，旅游"六要素"（行、游、住、吃、购、娱）配套发展。全市现有旅游星级饭店 123 家，客房总数 16008 间，旅游定点餐厅 25 家，定点商店 18 家，定点车船公司 5 家，新建了 2 个 3 星级以上的旅游星级厕所。全市旅游星级饭店上年实现营业收入 27.5 亿元，其中客房收入 11.5 亿元，餐饮收入 10.7 亿元，其他收入 5.3 亿元。开通了 5 条专门连通全市各景点的旅游观光巴士专线，新建改造了城东干道、中山东路、长江路、新庄立交桥等一批城市景观道路，完成了内秦淮河整治，建成了南京国际展览中心、南京文化艺术中心等大型城市公用场馆。此外，旨在方便中外旅游者的南京旅游信息服务系统也已建成，即将投入运营使用。

2. 南京市旅游业竞争力的比较分析

作为首批国家旅游城市之一，南京市的旅游业这些年取得了巨大的成绩，南京市是国家首批公布的 24 个历史文化名城和第一批 54 个"中国优秀旅游城市"之一，其中副省级城市有 14 个，南京排名第四，在深圳、杭州、大连市之后。在国家旅游局制定的"城市旅游经济发展水平"、"城市旅游产业定位与规模"等 20 项指标中，南京排在广州、成都、西安、厦门等 14 个副省级城市之前。

然而，与全国先进城市相比，与南京旅游资源本身具备的潜力相比，南京的旅游经济总量仍然偏低（见表 10–3）。从旅游总收入规模、旅游业总收入占 GDP 的比重、旅游外汇/国内旅游收入、长三角旅游市场份额来看，南京在 16 个城市中的排名均为第四。2005 年，南京的旅游总收入虽然完成创纪录的 379 亿元，但从规模上只有上海的 1/4，而且还被同类城市杭州以及省内城市苏州所赶超；旅游业总收入占 GDP 的比重为 15.71%，低于排名第一的舟山将近 7 个百分点，说明旅游业对经济发展的拉动效应还没有完全发挥出来；从旅游外汇/国内旅游收入比来看，南京为 0.017，还不及南通，说明南京国际旅游市场发育尚不成熟，城市旅游的创汇能力相对较弱，在提高入境旅游吸引力方面需要加强；此外，2005 年南京的国内外游客总数为 3307.6 万人，占整个长三角份额还不到 1/10。

表 10 - 3　　2005 年长三角城市旅游业发展情况及其对比分析

指标　城市	旅游总收入（亿元）	排名	旅游业总收入占 GDP 的比重（%）	排名	旅游外汇/国内旅游收入	排名	长三角旅游市场份额（%）	排名
上海	1604.26	1	17.54	2	0.028	1	26.09	1
南京	379	4	15.71	4	0.017	4	9.00	4
无锡	301.6	5	10.75	8	0.009	12	7.36	5
常州	126.18	8	9.69	12	0.012	8	3.54	10
苏州	432.11	3	10.73	9	0.017	6	10.38	2
南通	76.2	13	5.18	16	0.021	2	2.06	15
扬州	104.6	12	11.34	6	0.016	7	3.09	12
镇江	118.15	9	13.55	5	0.017	5	3.26	11
泰州	43.39	16	5.29	15	0.007	13	1.34	16
杭州	465	2	15.80	3	0.019	3	9.30	3
宁波	258.2	6	10.55	10	0.010	11	6.52	6
嘉兴	106.7	11	9.23	13	0.012	9	3.82	9
绍兴	115.99	10	8.05	14	0.006	14	4.15	8
湖州	65.65	14	10.26	11	0.006	15	2.96	13
舟山	61.4	15	22.57	1	0.012	10	2.73	14
台州	139.09	7	11.15	7	0.004	16	4.40	7
平均值	274.845	/	11.71	/	0.013	/	/	/

　　注：之所以选择长三角的城市进行比较，主要是基于经济水平相当、地理靠近、文化相近、资源相似等原因。

随着旅游业的快速发展，城市间竞争将更趋激烈，城市旅游形象的策划与传播推广也引起政府和有关部门的重视。长期以来，南京旅游业由于定位比较分散，缺乏统一的主题理念，很大程度上影响了南京旅游业的发展。南京市委、市政府对旅游业的发展十分重视，通过启动"南京城市旅游形象定位"规划，进一步发挥南京的旅游资源效益，提升旅游产业地位，促进旅游业的快速增长和持续发展，尽快把南京市建成旅游整体形象鲜明、产业结构优化、服务设施齐全、综合效益较高的旅游强市。

3. 南京市旅游业的创新模式：从旅游城市到城市旅游

所谓城市旅游，是以城市区域整体作为旅游资源板块来运作的一种业态，它必须以丰富而有特色的旅游资源及旅游产业的高度发展为基础，实现城市各旅游资源和旅游产业要素的有机整合，协调发展。城市旅游是旅游产业的一种业态，是旅游业发展到一定阶段的必然趋势，是旅游业发展的一个新高地，也是南京市文化旅游未来发展的一个目标。1998年10月，南京作为54家全国第一批申报创建中国优秀旅游城市之列的城市，经国家旅游局考核、检查、验收，被授予"中国优秀旅游城市"称号，且在考核得分上位居全国前列，这为南京发展城市旅游打下了坚实的基础，南京的城市旅游从此走上了高速发展的快车道。我们将着手分析南京发展城市旅游中的创新模式（见图 10-6）。

（1）产品创新，丰度表现城市内涵——以特为魂。旅游产品是指为满足旅游者愉悦需要而在一定地域上被生产或开发出来以供销售的物象与劳务的总和。改革开放以来，旅游业得到南京市各级政府的高度重视。全市 13 个区县相继成立了旅游局，加大对旅游工作的组织领导和协调力度，并投入巨资对旅游资源进行开发和完善，旅游产品进一步丰富提升。江心洲景区、傅家边景区以高分通过国家旅游局验收，成为首批全国农业旅游示范点；高淳县高淳老街、溧水县天生桥、雨花台区将军山景区经过改造被评为国家 3A 级旅游区（点）；高淳县游子山、迎湖桃园、瑶池山庄成功创建国家 2A 级旅游区（点）；中山陵、夫子庙秦淮河等老景点也加快改造进程。积极推进鼓楼区龙江宝船遗址公园、下关静海寺天妃宫等一批全市重点项目和江宁汤山温泉城、雨花台区大石湖等大型旅游休闲度假项目开发建设。在 2004 年"重洽会"上，共推出中华风云人物雕塑园、伊斯兰风情园等 46 个全市旅游招商项目。目前，围绕现有的资源，南京旅游业发展的主题特色越来越明显。以六

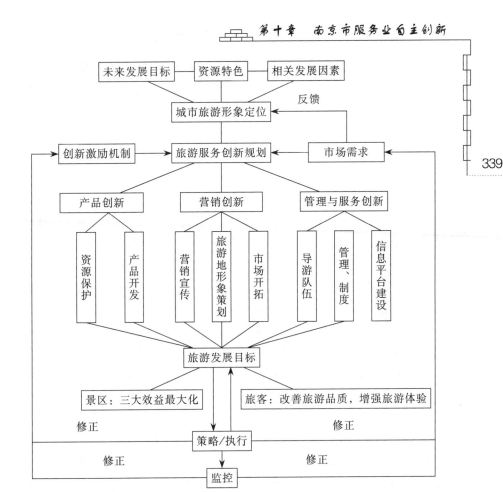

图 10 - 6　南京城市旅游的创新框架

朝石刻为代表的古都文化，以汤山猿人溶洞为代表的古人类文明，以明城墙、明孝陵、秦淮风光带为代表的明清文化，以中山陵、总统府为代表的民国历史文化，以夫子庙、贡院街为代表的民风、民俗、民艺文化，以静海寺、雨花台为代表的爱国主义教育文化，以湖光山色、白鹭栖居为自然景观的金牛湖风景区，以阅江楼、燕子矶为特色的大江风光带，以江心洲、八卦洲为代表的都市农业观光区。作为开放较早的行业，经过数年努力，南京市旅游业正逐步走向市场化、规模化。

　　（2）营销创新，广度延伸城市效益——以商为的。①拓宽旅游宣传促销载体。一是不断拓宽，利用电视传媒、互联网、报纸杂志、广告牌等进行宣传越来越被重视。二是利用旅游节庆盛宴造势，进一步突破创新。三是旅游宣传进一步突出品牌，利用旅游推荐活动集中宣传、适时扩大南京旅游的知名度。②强化了城市旅游地形象整体新形象策划和宣传。一个城市要有自己独特的旅游形象，才能吸引更多的人前来观光。南京市去年用了大半年时间，请专家学者和市民代表进行研讨，最后确定了"博爱之都——世界第一城垣"的形象定位，旅游宣传第一次有了城市名片。在城市旅游形象确定为"博爱之都——世界第一城垣"以来，由南京市政府牵头组织旅游企业通过多种媒体、多种方式在北京、成都、重庆、昆明等主要城市以及韩国、日本、英国等地整体强力推出亮相，在国内外旅游市场引起强烈反响，为做大南京旅游产业、扩大客源市场明确了方向。③开拓旅游市场、升级区域合作、整合旅游资源。旅游业在某种程度上是由旅游者的空间流动所串联带动起来的特殊服务产业，旅游业必须在空间结构体系上具有合理运行的有机整体，必须宏观控制与微观调节相结合。南京市旅游发展必须充分了解南京所在区域空间组织现状，确定南京市区域定位。从目前看，必须树立"大旅游"观念，充分利用南京市已有的区域空间组织基础，注重点、线、面结合，构建区域旅游网络，并充分考虑和发掘南京市在沪宁杭经济圈、宁镇扬经济圈以及宁合（肥）马（鞍山）协作区旅游业中的地位。

（3）服务创新，优度塑造城市形象——以靓为形。围绕旅游产业的服务创新健全和创新相应的旅游服务标准，包括在导游、旅行社、旅游咨询和旅游信息服务等方面的标准都要根据消费者需求的变化、国际化的趋势进行创新，建立不断创新的旅游服务体系。

①导游队伍建设。首先，提高导游员的业务水平，加强消费者对旅游行业的认知度。一方面，在南京市场上进一步加大优秀导游员的数量投放，新增导游员上岗培训，并且在宁树立了"十佳导游员"的典型。其次，突出诚信，抓好行业管理，营造以人为本的和谐旅游环境。据南京日报报道，南京市旅游局日前开始给全市 1.2 万多名导游员建立诚信档案，将导游员的基本信息、带团记录等纳入数据库，实行网络化管理，并在年内对全行业公开，督促导游"诚信带团"。②管理与制度创新。加强旅游市场管理，规范旅游市场秩序是维护南京良好的旅游形象，促进旅游业健康、持续发展的关键。立法创新，坚持"依法治旅"。南京市近年来先后出台实施了《南京市旅游业管理办法》、《南京市旅游项目归口审批实施办法》、《南京旅游业发展奖励办法》，修订了

《旅游市场管理条例》等一系列政策法规，并进一步加以细化，逐步出台各项管理实施细则，从立法上确立旅游者合法权益保障机制。③信息平台建设。当代高新技术革命将引发旅游业的第二次革命。Internet 网、网络预定、多媒体、无票旅游、虚拟旅行、电子地图、卫星导游、旅游信息系统、高科技主题公园等概念已很快被旅游界所采纳。南京旅游业主动积极地应用最新的科技成果，如借助新科技手段对传统文化形式的展示、保护和演绎，博物馆中先进的导游解说系统，旅游电子商务等，这样既可以提高服务素质、增加顾客满意度，又能够在很大程度上提高旅游产业运营管理的效率。2004 年，南京市第一次全面开展全市旅游资源普查，建成 26 万字、600 张照片旅游资源库，初步建成了第一个南京旅游资源信息库，并以此为基础，将景区规划作为旅游资源开发的工作重点加快推进，切实提高旅游资源开发的整体水平。

（4）会展旅游——寓旅于商，数字营销。在服务业中，旅游会展业作为特殊的业态形式，其发展对服务业起着举足轻重的影响。会展旅游是一项专业性极强、单团规模较大、停留时间较长的旅游方式，也是一项非常有潜力的高消费的专项旅游活动。

从发展速度看，旅游会展业作为南京市经济发展中的一个亮点行业，发展势头迅猛。2004 年，召开各种会议、展（博）览会及节庆活动 4000 多个，与 2003 年相比增幅达 50%，且会议的规格和层次较高，其中如"世博会"、"首届世界旅游推广峰会"、"梅花节"等 11 个大型展（博）会都是由国家有关部委与省、市政府联合主办，国家领导人和省、市主要领导均出席会议并参加有关活动。从效益看，会展成果丰硕，经济牵拉作用日益凸显。例如，2004 年的"南京新展会"现场直接成交 200 多万元人民币，签订购销和代理协议总金额达 3 亿元人民币。国展中心 2004 年会展收入达到 4000 万元。大量展会的举办对交通运输、旅游、餐饮、宾馆、商业、电信等服务业的拉动作用非常明显。按照会展办负责人介绍，较成熟会展业的产业带动系数大约为 1∶9，那么，2004 年会展业拉动南京市服务业的经济收入达 80 多亿元。

旅游业已成为南京市第三产业中发展速度最快的一个行业之一，旅游经济在全市国民经济中贡献日益增大，其地位和作用也日趋提高。目前，市政府已把发展城市旅游、构建旅游大市作为本市经济发展新的增长点。就旅游业而言，其内在特征决定了它具备"知识经济"的许多运转方式，而且由于旅游业的高强度关联性和先导性，旅游业理应在区域创新体系中占有一席之地。通过对南京市旅游业发展的经验进行总结，我们可以发现，其迅速的成长得益于"秉承资源、管理配置、以人为本、联合协作、重点推进、联动发展"的城市旅游创新路径。"秉承资源"，就是指围绕南京丰裕的旅游资源，提高旅游资源开发的质量，在资源保护的前提下使旅游资源开发向深度和广度拓展；"管理配置"，就是指坚持依法治旅、规范旅游市场秩序，并通过政府部门多方面的积极协调，打破旅游资源部门所有，整合旅游资源；"以人为本"，就是按照科学发展观的要求，从旅游业为"人"服务的本质要求出发，以旅游者为"本"，优化服务环境，提高服务质量，以诚信赢得国内外的游客；"联合协作"，就是要充分利用南京已有的区域空间组织基础，树立"大旅游"观念，强调横向和纵向、全方位、多层次的区域合作，加强对旅游资源的联合开发；"重点推进"，就是指在全面发展的基础上，有重点地引导一部分景区、企业较快地发展起来，产生带动、示范和辐射效应，最终达到全市旅游产业持续较快健康发展的目的；"联动发展"，就是指发挥旅游业的关联效应，大力发展文化旅游、商务旅游、会展旅游、工业旅游等新型旅游业态，实现与其他行业的协同发展。

当然，南京市的旅游业还有很大的潜力，相对于南京的城市性质、经济实力、本市的区位优势和资源优势而言，旅游产业的优势尚未充分发挥出来，发展尚有很大差距。同时，随着旅游业的进一步发展，本市旅游企业结构不合理等矛盾也日益显露，表现在涉外饭店增长过快，星级比例不尽合理；旅游产品、旅游商品开发经营相对滞后，规模小、重复多、档次不高的矛盾也十分突出；旅行社多数停留在小规模、低效益的经营水平上。

因此，必须促使南京市旅游业由粗放经营向集约经营实施转变，实现旅游事业的质变和可持续发展，从而营造和谐的旅游发展环境和良好的旅游形象，达到经济、社会和生态建设共同可持续的目标。本市旅游业要有大的发展，必须做到：一是突出功能优化，理顺管理体制，实现经营权与管理权相分离；二是突出信息整合，抓好网络建设，提高旅游行业信息化水平；三是突出规模经济，整合旅游资源，组建大型的旅游企业集团；四是突出服务意识，抓好行风建设，树立良好的旅游行业整体新形象。

▶▶ **（三）文化产业**

21 世纪是全球从"经济高温"走向"文化高热"的崭新时代，文化产业及其"富可敌国"的经济效益，是世界上许多城市不惜血本投资文化建设的重要动因。我国文化产业虽然起步较晚，已初具规模，但与发达国家的文化产业相比，产业化的程度较差，难以满足进入小康社会的中国消费者日益增长的精神生活需求。2004 年 3 月 29 日，由国家统计局正式发文公布的《文化及相关产业分类》中，从统计学意义上首次对文化及相关产业概念和范围作了权威性的界定，明确了文化及相关产业是指"为社会公众提供文化、娱乐产品和服务活动，以及与这些活动有关联的活动的集合"。

1. 南京市文化产业的发展现状

南京市是历史文化名城、科教之都、旅游胜地，发展文化产业具有得天独厚的优势。改革开放以来，伴随着社会经济的发展，南京市的文化产业获得了长足的进步。"十五"期间，南京市文化产业呈现多元化发展态势，持续运行在稳定、健康、快速发展的轨道上。文化体制改革逐步深化，文化产业发展的内外部环境得到明显改善，文化资源整合和市场化运作模式探索初显成效。文化产业已成为南京实现"两个率先"构建和谐社会目标不可或缺的重要推动力量。

（1）文化事业颇具基础。2005 年末，全市共有文化馆 16 个，公共图书馆 17 个，博物馆 14 个。14 个档案馆向社会开放档案 26.5 万卷。共有广播电台 2 座，中、短波广播发射台和转播台 2 座，电视台 2 座，1000 瓦以上电视发射台和转播台 14 座，广播人口覆盖率和电视人口覆盖率均达到 100%。近年来，全市深入实施文化南京战略，成功举办十运会、世界历史文化名城博览会和纪念郑和下西洋 600 周年、纪念抗日战争胜利 60 周年系列活动；切实抓好优秀作品创作、文化艺术普及、优秀文艺人才培养等工作，涌现了《和平颂》、《神韵金陵》等优秀作品；金陵图书馆新馆、侵华日军南京大屠杀遇难同胞纪念馆扩建工程等一批社会事业重点项目加快推进，历史文化名城的特色进一步彰显。

（2）文化产业颇具规模。2004 年南京市第一次经济普查资料显示，截至 2004 年底，南京市文化产业共有法人单位 5352 个，文化产业全部从业人员 12.17 万人，分别占全市第二、第三产业法人单位和从业人员的 11.7% 和 4.6%；2004 年，全市文化产业拥有资产总计 392.87 亿元，实现营业收入 472.46 亿元。根据国家统计局《文化产业及相关产业分类标准》，2005 年南京文化产业呈加速发展之势，增加值增长速度大幅度高于全市地区生产总值增长速度。全年文化产业实现增加值 73.48 亿元，比 2004 年增长 25.3%。其中，文化服务实现增加值 45.71 亿元，占文化产业的 62.2%，同比增长 23.2%；相关文化服务实现增加值 27.76 亿元，占 37.8%，增长 29.0%。从文化产业发展的主要方面看：文化用品、设备及相关文化产品的生产增长最快，增速达 101.6%；其次是文化休闲娱乐服务增速达到 91.2%；网络文化服务增速也达到 37.9%。

文化产业在国民经济中的地位，通常用文化产业增加值占地区生产总值的比重来体现。由于 2005 年文化产业增加值增长速度大幅度高于全市地区生产总值增长速度，使得文化产业增加值占地区生产总值的比重得到进一步较快提升，从 2004 年的 2.86% 上升到 2005 年的 3.05%，上升了 0.19 个百分点，高于信息传输计算机服务及软件业增加值 26.48% 亿元；高于邮电通信业务总量 1.68 亿元，接近第一产业增加值。其增长速度大大高于第一、第二、第三产业，按可比价格计算，2005 年文化产业增加值比 2004 年增长 25.3%，而 2005 年第一产业增加值只比 2004 年增长 5.0%，第二产业增加值同比增长 18.4%，第三产业增加值同比增长 13.1%；也比地区生产总值增长率高 10.1 个百分点。按此增长速度计算，文化产业成为南京市的支柱产业已指日可待。

（3）文化产业发展颇有地位。与全国、全省比：从全国第一次经济普查资料看，2004 年全国文化产业增加值为 3440 亿元，占全国 GDP 的 2.15%；江苏为 258.55 亿元，占江苏 GDP 的 1.72%，南京分别比全国和江苏高 0.69 和 1.12 个百分点；南京 2004 年文化产业增加值为 58.63 亿元，分别占全国和江苏增加值的 1.7% 和 22.7%，高出同时期南京市地区生产总值所占全国和江苏比重 1.3% 和 13.3% 的水平。

第一次经济普查资料还显示，2004 年底，南京市文化产业法人单位占到全省的 1/5，文化产业从业人员占全部从业人员的比重达到 4.0%，高于全省 1.6% 比重 2.4 个百分点；全市文化产业拥有的资产总计和实现的营业收入，分别占到全省的 29.1% 和 30.1%。

与兄弟城市比：2004 年，北京文化产业实现增加值 385.94 亿元，占北京 GDP 的 6.37%；上海 269.50 亿元，占上海 GDP 的 3.34%，成都 65.81 亿元，占成都 GDP 的 2.9%。南京市分别比北京和上海分别低3.53 个和 0.5 个百分点，与成都基本持平。2004 年重庆文化产业实现增加值 52.41 亿元，占重庆 GDP 的 2%，低于南京市 0.9 个百分点。

2. 南京文化产业创新模式——从文化资源大市迈向文化产业强市

（1）体制释放。文化产业的制度安排首先表现为政府在文化生产中的角色定位问题。在计划经济体制下，文化事业完全由政府包办，其主要弊端就是使文化产品生产长期游离于市场之外。面对中国加入世贸组织后新的态势，应该按照现代企业制度的要求，通过政府推动等多种形式，实行市场化运作，提高文化资源的创新活力，推进资源配置的国际化程度，多向拓展规模效益，多样合成综合效应，多元扩大经济总量，使文化产业的结构不断升级。

在全国上下积极进行体制创新、极力打造文化产业大型集团之际，南京市政府召开加快文化产业发展工作会议，提出鼓励非公有资本进入文艺表演、动漫、国有文化单位改制、印刷等四大文化产业领域。投资参股国有文化企业，非公有资本占总股本比例最高可达 49%。设立非公有制文化有限公司，投资人可以实物、商标、技术、科研成果等非货币资产评估作价。在政府相关政策的指导下，2004 年可以称作是南京媒体的"资本运作年"。一方面，年销售收入过百亿的企业（集团）疯狂投资南京媒体；另一方面，各家媒体也对巨额的业外资金抛出了"橄榄枝"。在电视领域。南京电视台文体、生活、信息 3 个频道都已名花有主；在报业市场，先后有 8 家报刊引入社会资本，投资金额近 2 亿元。南京市场上影响较大的 7 家都市类报纸分属新华日报、南京日报、人民日报（江南时报）3 家报业集团和新华社。目前，3 家报业集团均有巨额的社会资本注入。资本介入引发了南京报业经营管理机制的大变革，也引发了南京报业的新一轮竞争。

（2）产品内容创新。文化产业不同于一般物质产业，文化产业是内容为王的产业，文化符号、知识咨询与审美娱乐能够成为资源再生的文化资本，是因为人们有文化交流的需求与文化创造的能力。文化产业就是文化创造与文化交流的内容生产与知识服务，内容生产的知识元素与创新要素则是文化制作与文化资本的细节与灵魂，其中蕴含着文化资源的知识体系与文化资本的符号体系，形成文化产业的博弈规则与文化传播的知识服务，使人们在文化传播的知识元素中不断学习到新的东西，又使文化资源形成产业元素的咨询服务与符号交易，形成文化资本的放大效应与内容再生产的增长方式。因此，必须在内容生产上下大工夫，通过产品内容的不断创新，抢占文化产业的制高点，才能进入产业规律与市场轨道。

电视产品内容创新是指新节目的策划和开发，或对原有节目的内容和形态进行重新调整和包装，增加节目类型，优化节目组合，调整产品（节目）线。节目创新必须在有效控制成本的基础上，突出节目的差异性，与同类竞争节目表现出明确的区别，从而满足受众个性化需求。20世纪90年代以来，电视观众节目需求的多元化、个性化以及电视市场竞争格局的变迁，对电视媒体满足观众需求提出了更大的挑战。为更好地实现电视产品的社会价值和经济价值，电视媒体以满足受众需求为主旨，内容趋于多样化、分众化，使用价值向受众细分发展，南京电视节目的节目类型和节目内容也在此10年中不断地衍生和发展，2004年，电视节目的创新主要体现在民生新闻、综艺节目以及法制专题新闻节目三方面。

在报业的内容创新方面，《扬子晚报》走在了前头。20世纪90年代初，《扬子晚报》提出把机关报的优势"嫁接"到晚报上，突出报道党和政府的重大决策，加大国内外大事的报道量。这一理论创新和成功实践使《扬子晚报》成为当时新时期新型晚报的代表。此后，时政新闻、经济新闻、国际新闻、社会新闻、文化新闻、体育新闻等成为晚报的"六大支柱"。2003年12月9日，《扬子晚报》又一次改版，重点打造面向南京发行的C叠，整合加张，推出健康、国际、体育、房地产、电视等五个周刊，强化评论的优势。

（3）运作创新。①频道专业化。针对电视频道专业化这一趋势，南京电视台实行了"频道定位，节目分类，合理编排，亮点包装，分频播出"的办台方针。②节目制作市场化。据统计，南京电视台在合并后的一年内，就已发行或正在创作摄制的电视剧有《蓝色马蹄莲》、《月色撩人》等15部300余集；特别是反映台湾海峡两岸关系的8集纪录片《血脉》，在中央电视台国际频道播出后，反响热烈，获长篇纪录片最佳作品奖。③栏目内容个性化。新台成立一年来，新南京电视台新闻综合频道在巩固提高《社会大广角》、《南京新闻》等栏目收视率的情况下，强力推出了傍晚新闻电视杂志型节目《直播60分》与晚间新闻《今天》。文体频道推出了益智类栏目《智者为王》、大型综艺栏目《震撼星登场》。特别是科教频道2006年4月推出的天天60分的《法制现场》栏目，成了观众认可的名牌栏目，收视率翻番。

对于报业来说，运作上的创新主要是其渠道的创新。南京报业发行已逐步形成"多渠道发行"的模式：一是通过合同形式建立自己的加盟发行站，综合利用社会资源优势来办发行。南京有报刊亭540个、零售摊点1500多个，加上流动的售报点和部分奶站、米站参与售报，共近4000个报纸零售终端，成为南京庞大的社会化发行网络的一部分。二是依托邮局、专业快递公司。三是建立自有的发行队伍。2000年，《金陵晚报》依托报兴达建立了自有发行网，经过整合，建起了9个发行站，发行人员300多人，并且通过超市销售，免费获得市场反馈；新华报业集团整合社会发行资源成立的九九发行股份有限公司，2003年年底挂牌；《现代快报》将报社发行部改制为公司化经营，以站点建设为重点，打造自己的全省发行网络。

（4）营销创新。《南京零距离》是第一家采用以挂横幅的方式宣传自己的媒体，"《南京零距离》，就在你身边"的标语经常挂满南京城的大街小巷；2002年元旦，栏目花巨资租用飞艇并现场直播"空中看南京"节目；栏目还举办了"零距离社区行"系列活动，记者、演员和居民同台演出，这在全国也是首创的；从2004年元旦起，栏目增加了"2004欢乐送"的环节，把直播车直接开进小区，采取随机敲门、问答采访、大礼奉送的娱乐互动模式，受到观众的热捧。此外，栏目还举办了"零距离十大新闻瞬间"评选活动、开展"春之影"DV摄影大赛、三八节请下岗女工免费看电影等节目推广活动。通过这样一系列活动，栏目有效地巩固了品牌，提高了品牌的含金量，观众的满意度和忠诚度远远高于其他同类栏目。同时也有效地使用了品牌，发挥了其品牌的外延价值。

2000年起，南京市报业市场的一个鲜明特点是，各报纷纷打起"体验牌"。报纸营造体验有相互联系的三层。首先是感官体验。报纸的外在形式先于内容接近读者，视觉与触觉，是诱发体验的第一道关口。如《金陵晚报》第一个引入工业设计概念，取消了竖排，采用正体字，不仅视觉效果好，更能减少读者阅读过程的疲劳感，同时，它也是第一个取消报纸中缝、第一个采用加长报的媒体。《南京晨报》采用"视觉新闻"方式，将图片的作用推到极致，头版图片往往占到版面的25%，配以特大字号的新闻标题，辅助以简洁的新闻提要，产生强烈的"视觉冲击波"。其次是情感体验。南京各大报纸秉着"新闻副刊化"、"阅读"成"悦读"的理念，推出了一批服务性、针对性很强的专栏专版，楼市、教育、彩票、汽车、装潢、电脑、健康、证券等特刊分工日益明确。第三层是行动体验，简单说就是"互动"。像开通读者热线、举办比赛、开展公益或促销活动，都是促使受众参与，包含感官与情感体验又超越它们的行动体验。《服务导报》与有关服务机构联动，开通了以为市民提供家政服务、家电维修、管道疏通、房屋清洗、家庭装潢、家庭医生、保姆介绍、法律咨询等数十种服务为内容的"导报便民网"。

（5）技术创新：新技术催生新机会。蓬勃发展的文化产业是文化与高新技术联姻的结晶，达·芬奇曾说过："艺术借助科技的翅膀才能高飞。"以数字电视、数码电影、宽带接入、视频点播、在线游戏等为代表的新型文化产业群的迅速崛起，使文化产业的存在形态和发展趋势产生革命性的变化。高新技术与文化产业的融合，不仅带来了文化作品本身的成功，创造了巨大的经济价值，而且将成为提升文化产业综合竞争力的主要动力。这一年以来，南京市以"三网合一"为名的产业融合趋势日益明显，宽带与移动成为两大迅速接近的技术突破领域，硬件领域的汇流已经是现实。广电、通讯、信息产业从不同的角度突进，启动了一个又一个新兴消费市场，引发了一浪高过一浪的新型产业关联运动，推动产业格局重组，最终使"信息内容产业"走向了前台。

文化产业具有报酬递增的规模经济性，同时还有利于实现创新的代际扩张效应。发展文化产业，对于深入实施"文化南京"战略，增强自主创新能力，转变经济增长方式具有重要意义。南京的文化产业起步较晚，但多级跨越发展，其成功的经验在于：按照"政府引导、集团主导、市场化运作"的模式，依靠制度释放能量，突出内容引领精品，实现与物化、智化、数字化的多元结合。具体体现在：

①文化企业的战略性调整。按照现代企业制度的要求，在坚持市场配置资源的基础性作用下，打破封闭式的自我服务体系，实现竞争性和公益性的区别运行，提高了文化资源的创新活力。

②整合资源树精品。文化产业在内容方面涉猎广泛，旁系繁多，突出表现其体验性与娱乐性，并且具有极强的参与性与互动性，以及综合性、交叉性、边缘性，通过产品内容的不断创新，抢占文化产业的制高点。

③三大结合。一是实现和信息化的结合，用网络技术的产业组织形态把本市的文化资源激活；二是实现和知识化的结合，在数字化的产业组织联结中把南京文化人的创造力激活；三是实现和商业物质生产力的结合，打造文化产业新的商业模式，从而将南京的现有资本存量、资源潜力激活，并转化为文化的后经济发展能量。

事实上，作为经济大市和文化大市，在发展文化产业方面，南京市应该在全省甚至全国发挥带头作用。但总的来说，现时的南京文化，有高地，但缺乏高峰。这首先表现在，文化产业对国民经济贡献水平偏低，文化发展与经济规模之间存在着比较明显的不协调，与一些发达地区的水平相比更是有较大差距。其次，文化企业规模小，实力不雄厚，现有产业集团与国内外知名的传媒企业相比，整体实力及经营水平亦差距悬殊，缺少具有影响力的文化品牌。最后，网络覆盖不可谓不广，但开发度不高，全省尚未组建起进行资本运作、整合各方资源的网络公司；报刊业发达，报刊总量在全国名列前茅，然而结构失衡倾向较为严重，时有恶性竞争出现，以致难以产生全国性的名报大刊。对照改革的目标，比照南京市文化产业发展现实中的优势基础和不足之处，可以从以下几个方面切入来重构南京市的文化产业：

一是要给予公益性文化事业必要的财政支持，另外要全面引入市场化竞争机制，促进文化产业发展，鼓励文化生产、传播、销售单位在规范的体制下进行竞争。

二是要弘扬南京地方文化特色、走高新技术之路。将传统文化资源的开发与数字媒体结合有助于更好地实现其经济价值，为空前规模的产业整合准备条件，甚至将根本改变南京地区的文化生态。

三是要进一步优化投融资体系、鼓励多元投资。文化产业是一个高投入、高产出的行业，其跨越式发展所需要的资金是巨大的。从而实现文化企业跨行业、跨地区整合资源的水平,完善产业链条。

四是要打造复合型、高素质的文化产业人才队伍。文化产业是高技术与高文化紧密关联的领域,对人才有着特殊要求。这种要求是一种战略需求,这种需求能否得到有效满足将成为争夺文化产业未来制高点的决定性因素。人力资本在文化产业领域内的流动将随着这种战略需求的日益凸显而不断加速。尤其是符合数字环境中"共性需求"的数字软件开发人才、文化资本运作人才和媒体产业经营人才,将日益成为文化产业集团、文化投资集团等机构争夺的目标。

▶▶▶ (四) 软 件 业

信息技术及其产业的迅猛发展深刻影响着各国的政治、经济、社会文化等诸多方面,成为世界经济的主要驱动力量,而软件产业作为信息产业的核心和灵魂,更是国际竞争的焦点和战略制高点。2005 年我国软件出口与外包已达 35.9 亿美元,在全球市场上的份额也增至 3.55%,高于印度和韩国,软件业已经成为决定国家未来竞争优势的核心产业之一。

1. 南京软件业的发展情况

软件产业是信息产业的核心和灵魂,是国民经济和社会发展的基础性、战略性产业。软件产业作为智力与知识高度密集的产业,具有高效益、高增长、无污染和低能耗的特征,被确立为南京高新技术产业的重中之重。"十五"以来,南京市软件产业的政策环境不断改善,凭借科技优势和产业基础,南京市软件产业从技术研发起步,到扩大产品开发应用规模,正在以较快速度向产业化迈进。软件产业对经济社会发展的作用逐步加强,已成为南京市信息产业中发展最快的行业。

南京软件业连续 5 年保持 50% 以上的高速成长、巨大的市场空间、不断涌现的新兴企业,2005 年产业规模已突破 166 亿元,在全国省会城市中位居第一。软件出口 2.1 亿美元,同比增长 167.6%,软件出口年增幅高达 70% 以上,其中联迪恒星(南京)信息系统有限公司和南京富士通软件公司还入选"中国软件企业出口 20 强",并分列第 12 名和第 13 名。2006 年 1~6 月份,全市软件收入 128.8 亿元,同比增长

59.2%；软件出口1.8亿美元，同比增长134%；仅上半年就有78家企业软件收入超千万元（2005年年底为71家），有20家企业软件收入超亿元（2005年年底为18家），8家企业被认定为国家规划布局内重点软件企业，南瑞集团等7家企业位居2005年中国软件产业最大规模百强企业之列。

从2000年的18亿元到2005年的166亿元，短短的5年时间南京软件产业销售收入增长了近10倍，远远超过南京GDP的增长幅度，南京软件销售排在了北京、上海、深圳、广州之后，争得了国内城市"第五"的坐椅。南京软件业的发展得益于政府的重视和推动，同时也是积极研发创新的结果。

2. 南京软件业自主创新的潜在优势

南京市是我国软件产业发展的重点地区。目前，南京市软件产业已形成从研发、应用到产业化的格局。软件产业对经济社会发展的作用逐步显现，已成功跃升为南京市信息产业中发展最快的行业。凭借科技优势和产业基础，软件业从技术研发起步，到扩大产品开发应用规模，正在以较快的速度向产业化迈进。具体来说，南京市发展软件业自主创新具有以下四大综合优势：

（1）南京市是江苏省国民经济信息化的中心。南京是我国的信息中心之一，也是长江经济带中心城市之一，是江苏省最大的信息产出地与集散地，也是最大的信息产业基地。南京拥有多个专业信息中心，与国际主要数据库连通。南京信息优势为南京软件产业的自主创新提供了广阔的发展舞台。

（2）南京是我国软件的研究开发中心之一。在南京软件研究机构中，既有全国性的国家级软件研发机构；又有以大学科研实力为后盾的南大苏富特、东大科健等企业实体；还拥有一支依托民营科技企业的企业研究开发队伍，如南京同创、南京联创、江苏宏图等企业都建立了自己的软件研发中心；摩托罗拉、西门子、朗讯、三星、LG以及华为、中兴通讯、用友、金碟、东软等著名公司也纷纷在南京建立了研发中心。此外，由于看好南京软件业的发展前景，一批国内乃至国际知名的软件业巨头纷纷落户南京：盛大网络落户高新区后正在打造国内第一个专业游戏、软件测评中心；美国甲骨文、微软培训中心、英特尔实验室也将落户。前不久，美国迪斯尼网络公司高层也来宁寻求合作机会。软件大腕进驻南京，将带领南京软件产业走向全国乃至国际市场，提升整个产业的竞争力，为南京冲刺"中国软件名城"增添了砝码。丰富的科技资源是南京软件产业自主创新战略的选择依据。

（3）南京具有良好的软件产业基础。南京地区有各类软件企业 800 多家，约占全国的 10%，软件产业规模化进程加快。通过国家软件企业认定的有 400 家，经登记认定的软件产品达 1887 项，分别占江苏省认定总数的 57.6% 和 63.4%。培育了一批像南瑞集团、南瑞继保、熊猫电子、东大金智、联创科技等 18 家销售收入超亿元本地软件企业，71 家企业软件及系统集成销售收入超千万元。在信息产业部 2005 年公布的全国百强软件企业中，南京市有 7 家软件企业榜上有名。在信息产业部公布的 2005 年中国独立开发企业最大规模前 30 家企业中，南京市有 2 家软件企业入围，分别是南京南瑞继保电气有限公司、南京南瑞集团公司。同时，江苏金智科技股份有限公司等 6 家软件企业被列入"国家规划布局内重点软件企业"。在系统软件、支撑软件和应用软件领域已形成一批拥有知识产权的软件产品，形成了电力系统自动化及管理系统软件、电信系统软件、制造业信息化应用、嵌入式软件、教育软件、系统软件等六大颇具特色和实力的软件产品群，规模效益、技术水平和市场占有率在国内名列前茅，并有部分产品进入国际市场。目前，全市软件行业中，国有、股份、民营、外资等多种所有制企业并存，南京软件园和江苏软件园 2004 年实现的销售收入分别达到 12 亿元和 16 亿元。充分发挥南京软件产业现有的产业基础优势，是关系到未来在国内、国际两个市场竞争中立于不败之地的关键。

（4）南京市拥有丰富的软件人才资源。目前，南京全市软件从业人员 4 万人，是 2000 年的 4 倍，从事软件开发及产业化人员近 1.5 万人。高级软件人才上千人，其中从事电子及相关学科教学、科研工作的教授、高级工程师 1480 名；从事 IT 产业及其相关领域的院士有 16 人。南京有 24 所高等院校设有计算机专业，南京大学建有计算机软件新技术国家重点实验室。南京设有计算机和通信类博士后流动站 7 个，计算机及通信类国家开放实验室 3 个。每年从南京各高校毕业的电子、软件专业人才达 5 万～6 万人。而且和上海、深圳、北京的人才不同，南京的软件人才门类全、水平高，稳定性强，人力资源成本相对较低，致使软件从业人员队伍不断扩大，也成为软件企业发展的优势。丰富的人才资源为南京软件业的发展提供了强大的动力。

3. 南京软件业创新模式：从潜在优势到竞争优势的自主创新

南京是中国传统的信息产业基地之一，拥有丰富的研发力量和基础，和上海、杭州等城市相比，南京软件企业主要靠自身力量进行自主创新。

由表10-4可以看出，南京的软件产业具有一定的竞争优势，创新水平处于全国前列。根据普查数据，2002年南京共有软件开发企业199家，名列全国第4，其中年销售额5000万元以上的企业有8家，表明创新的主体相对广泛；R&D人员3031人，列第6位，这与南京庞大的科研队伍不相称，说明本市"软件科研人才密集区"的优势尚未完全投入到生产中去。此外，2002年拥有发明专利数81件，高居全国第2位，仅次于北京，这从一定程度上反映出南京市的软件产业有很强的研发能力，若以发明专利数/R&D指标来衡量，南京软件业生产率也是很高的。数量众多的发明创新也体现在了全市软件收益上，2002年南京市软件销售额为163546万元，出口收入和利润总额均排在第4位，分别为9139万元和40198万元，表明本市软件产业的创汇能力、盈利能力均排在全国前列。在所有指标中，南京市R&D经费内部支出位次最靠后，在30个城市中排名第7，甚至低于平均水平，折射出南京市对软件产业的研发投入不足，而其中主要表现为政府财政投入的匮乏。

表10-4　　　　2002年主要城市软件开发情况比较

城市	企业数（个）	R&D人员（人）	发明专利数（件）	软件销售额（万元）	出口收入（万元）	利润总额（万元）	R&D经费内部支出（万元）
北京	1163	19882	198	638039	7680	71921	152206
天津	100	2346	16	45410	26464	3599	10298
太原	12	78	3	2329	0	0	13
沈阳	58	656	2	4277	653	0	3002
大连	132	431	1	38792	21481	2213	1239
长春	33	766	5	18165	0	522	4618

城市	企业数（个）	R&D人员（人）	发明专利数（件）	软件销售额（万元）	出口收入（万元）	利润总额（万元）	R&D经费内部支出（万元）
哈尔滨	56	1886	4	31524	237	9632	16322
上海	153	4713	39	285168	38283	43862	55079
南京	199	3031	81	163546	9139	40198	15265
杭州	41	248	4	13844	0	1071	1693
宁波	46	167	3	760	0	0	762
合肥	15	664	4	4054	20	0	3141
福州	57	1541	12	31957	1628	5504	10267
厦门	65	358	16	4412	629	0	2943
南昌	64	1153	5	14391	998	0	6307
济南	50	1613	13	247006	2020	7274	9979
青岛	80	1001	22	16825	0	68	11874
郑州	42	282	2	4587	0	0	697
武汉	155	2954	29	41647	2489	1877	16157
长沙	50	1504	15	27087	876	330	6146
广州	333	4588	2	95845	1072	12693	43334
深圳	394	6014	75	155166	5632	10743	55684
南宁	26	325	1	749	0	0	612
海口	9	96	1	417	0	0	207
重庆	81	891	11	20081	91	0	2781
成都	93	3960	15	340868	67	61563	14931
贵阳	24	114	1	9776	0	38	491
昆明	65	591	29	21474	210	4412	1153
西安	60	1580	15	19181	423	0	10120
兰州	23	1097	0	18045	75	44	2825
平均	122.6	2151	20.8	77180.7	4005.6	9252.1	15338.2
南京位次	4	6	2	5	4	4	7

由图10-7看出，在软件企业所有的开发经费筹集来源中，企业内部资金为54645万元，占了绝对多数，而来自政府的资金仅占3.1%，从全国范围看，北京、上海每年拿出5亿元作为软件产业发展专项资金，济南、福州、西安分别建立了4000万元、2000万元和1600万元的软件产业发展专项资金，而南京市财政安排的1000万元软件产业发展专项资金，落实困难大。

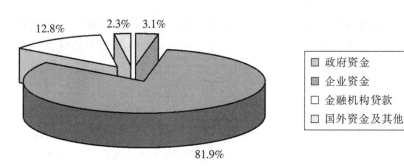

图 10 –7 南京市 2002 年软件开发企业经费筹集情况

需要注意的是，2002 年南京 8 家年销售额 5000 万元的大企业的发明专利数为 47 件，软件销售收入 106678 万元，占全市发明专利和销售收入的一半以上，规模软件企业成为南京软件产业发展的主要推动力，对南京软件产业拥有强大贡献份额的是南京软件企业中的"第一军团"，如国电南瑞科技股份有限公司、南京洛普股份有限公司、南京南方电讯公司、南京联创系统集成股份有限公司、南京高能信息产业股舒有限公司、江苏贝尔通信系统有限公司等。

更值得一提的是，南京的软件产品在国内市场上颇受欢迎，如南瑞继保的高压电路保护软件占据全国市场的半壁江山，南瑞科技的电站自动化软件和电网调度软件分别占 40% 和 20%，联创科技电信计费管理软件是五分天下有其二，而企业管理软件、安全软件各占到 20% 以上的份额，此外，三宝科技联手东南大学、南京理工大学，成功研发出智能交通系统，成为国内智能交通产业龙头老大。尝到自主研发甜头的三宝科技，用于新技术开发的资金不断增加，目前已占产品销售收入的 8% 左右。国内市场份额的领先优势，为南京撑起了电力系统自动化及管理系统软件、电信系统软件、制造业信息化应用、嵌入式软件、教育软件、网络与安全系统软件等六大特色软件产品群。2004 年，南京软件及系统集成销售额达到了 109 亿元，比 2000 年的 18 亿元增长 6 倍，在全国同类城市中名列前茅。

软件作为国家优先发展的战略性先导产业，是信息产业与信息服务业的核心，是信息技术应用和国民经济与社会信息化的基础。"十五"以来，南京市软件产业对经济社会发展的作用逐步加强，已成为信息产业中发展最快的行业，探索出了一条从技术引进到自主技术开发、从产业低端到高端的发展道路，在电力系统软件、电信系统软件、企业资源信息软件、教育软件、系统管理软件、嵌入式软件等多个领域中，自主知识产权的技术大量涌现，形成了政产研学为一体的综合创新网络体系。

（1）突出政府的服务功能。南京市委、市政府在促进南京软件业发展的过程中，立足科学的规划、建设和管理，努力营造创新绿色环境，并制定鼓励技术创新的政策，从而推动建设起南京软件产业的延伸生态链。目前南京在建设的四大中心（软件评估测试中心、软件服务交流中心、软件投融资中心、软件人才交流培训平台）正是南京市政府部门观念创新、服务产业的有力举措。

（2）突出科研院所的知识功能。科研院所是知识的源头，是研发的主要承担者，南京市软件业的发展靠的是知识创新这一"灵魂"。在南京软件研究机构中，既有全国性的国家级软件研发机构；又有以大学科研实力为后盾的南大苏富特、东大科健等企业实体。产学研一体化创新模式的诞生为南京软件业率先实现知识创新与技术创新协同促动打下了坚实的基础，大大促进了科技成果的转化。

（3）突出企业的主体功能。企业作为软件创新的主体，通过专注、市场、合作的创新战略，盘活了知识、技术转移，活跃了全市软件业的创新创业活动，并诞生了一批有实力的行业骨干企业以及大量的中小企业。立足"专注化"战略，南京市的软件企业在一个充分竞争的行业里，通过市场细分，找到了适合自身发展的目标客户系统，从而形成了特色软件的持续创新，并取得了绝对领导地位；立足"市场化"战略，面向客户，南京市软件企业的许多服务呈现出高度的服务提供商和用户间的互动及相互依赖，这也是服务创新系统的核心特征；立足"合作化"战略，探索出了以集体创新、结盟突围为核心的"产业群制胜"模式，一边创造互补的关系，一边创造双赢的关系，成为南京市软件业可持续发展的重要途径。当然，南京软件业的创新演进也离不开知识型企业家的前瞻推动以及高端人才的竞争聚集。

但我们应该看到，总体来说，南京市软件产业规模与南京市的科技、人才优势不相称，缺少像北大方正、用友、华为等具有较大规模的龙头企业。软件出口的比重也偏低，国际化程度不高。此外，对软件产业的投入不足，这在很大程度上制约了南京市软件产业的可持续发展。

基于此，我们认为在南京软件产业的成长中，必须做到以下几点：

首先，进一步营造有利于自主创新和软件产业发展的良好环境。在继续贯彻已有产业政策的同时，要与时俱进地制定对软件产业和集成电路产业扶持力度更大的相关政策，同时要积极推动软件产业政策的法制化建设，尤其是要加大对知识产权的保护力度，以确保软件产业能够持续健康快速发展。

其次，进一步扶优扶强，着力培育重点骨干企业及产品群。进入21世纪以来，南京市的软件企业尽管取得了长足的进步，但企业的规模依然偏小，缺乏中兴、华为这样的知名企业。因此，要继续实施大公司战略，知识产权战略和标准战略，重点培育优势支柱企业和创新型龙头企业，尽快形成具有国际竞争力的品牌企业和均衡稳固的支柱产业体系。

最后，进一步加快推动软件和信息服务出口，打造南京软件的整体品牌。通过制定和实施促进软件出口的具体措施，鼓励一批有产业规模、品牌优势和出口前景的软件企业走出去，加快南京市软件产业的国际化步伐，努力打造南京市软件品牌在国际软件市场上的良好形象。

▶▶ （五）医疗卫生业

医疗卫生事业关系到人民群众的身体健康和生老病死，与人民群众切身利益密切相关，是社会高度关注的热点，是实现小康社会的重要标志之一。据研究，1950～1982年，我国人口的平均预期寿命从35岁增加到69岁，由此而创造的经济价值共24730亿元，相当于GNP的22%；婴儿死亡率从200‰降到35‰，为社会带来的经济效益约为2.6亿美元。所以，保障全体国民应有的健康水平是国家发展的基础。

1. 南京市医疗卫生行业的现状和特点

医疗卫生行业主要是指医院、卫生院及社区医疗机构、门诊部的医疗活动，以及计划生育技术服务、妇幼保健、专科疾病的预防、疾病预防控制及防疫和其他卫生活动。据南京市统计局公布的报告显示，2005年末全市拥有医疗卫生机构1612个，比上年增长6.5%。其中，医院、卫生院230个，卫生防疫和防治机构29个，妇幼卫生保健机构14个。

各类卫生机构拥有病床 2.6 万张。其中，医院、卫生院病床 2.1 万张。共有卫生技术人员 3.4 万人，增长了 3.5 个百分点。其中，执业医师（含助理医师）1.43 万人，护师和护士 1.19 万人，卫生防疫和防治人员 2734 人。全市平均每千人拥有卫生技术人员 5.6 人，每千人拥有医疗床位 4.2 张。全市未发生甲、乙传染病的爆发流行，未发生霍乱和高致病性禽流感疫情。计划免疫四苗覆盖率达 99.35%。新生儿卡介苗接种率达 99.9%。全市农村已基本建立以大病统筹为主的新型农村合作医疗制度，农民参保率达到 91%。全市初级卫生保健合格镇（街）占所有镇（街）的比重达 100%，建成村标准卫生室 596 所。合作医疗行政村覆盖率达 100%。

此外，通过对南京市第一次经济普查的资料进行分析，显示出南京的医疗卫生行业具有以下显著特点：

（1）单位分布特点：集体单位和国有单位占了大半壁江山。从医疗卫生行业法人单位的所有制形式来看，集体单位 179 个，占 31.2%；国有单位 177 个，占 30.1%；两者比例基本相当，私营单位 111 个，占 19.4%；其他内资单位 76 个，占 13.3%；股份合作单位 15 个，占 2.6%；其他有限责任公司 9 个，占 1.6%；其他类型的内资单位 4 个，占 0.7%。

（2）地域分布特点：城区每千人口拥有的床位数、执业（助理）医师人数高于全市平均水平。从医疗卫生资源、力量在南京市的分布来看，众多的大医院都集中在城区，城区的医疗资源配置水平明显高于郊区。2004 年末，城区拥有床位 15064 张，占全市总床位的 58.3%，城区每千人拥有床位 6.55 张，高于全市平均水平 2.13 张；城区每千人拥有执业（助理）医师和卫技人员 12.06 人，高于全市平均水平 4.78 人，城区集中了南京市主要的医疗卫生资源和力量。

（3）从业人员素质：从业人员的学历程度高于全市平均水平。在医疗卫生行业中，每万人拥有研究生以上学历 400 人，每万人拥有本科学历 2056 人，每万人拥有大专学历 2556 人；而全市从业人员的学历程度是，每万人拥有研究生以上学历 184 人，每万人拥有本科学历 1178 人，每万人拥有大专学历 1818 人。

2. 南京医疗卫生业的人文创新

进入新的世纪，为了赢得人民的信任和赞誉，南京市卫生局提出了

"形象、服务、质量、人才、环境"五项自主创新系统工程，为全市医疗卫生事业的建设指明了具体的创新方向。

（1）市场先导、技术竞争，树立医疗卫生服务品牌。近年来，南京医疗机构纷纷以高精尖外科手术为核心展开医疗技术竞争，打造医院品牌，争取病患者。南京医科大学第二附属医院花费数千万元，引进华东地区首台中子刀，用于治疗人体管腔内癌肿，由于此类手术属高效、无伤的"绿色疗法"，对年龄大、体质差、有明显手术禁忌症、术后易复发的癌症患者颇具吸引力。南京红十字医院利用高精设备推出的眼科手术，也受到患者钟爱。除了引入尖端设备、创新手术外，一些医院还打出专家牌，甚至国际牌，通过现场演示，增强病患者对手术的感性认识。鼓楼医院作为南京市的一所大型综合性医院，多年来致力于参与社区卫生服务，通过增派各科专家进入社区坐诊、巡诊、举办健康讲座的形式，积极打造鼓楼医院的社区品牌。南京中大医院先后请来美国前国务卿基辛格博士的保健医生史蒂芬教授、世界不停跳搭桥手术专家阿根廷伯纳第教授，分别与中大医院专家联手开展高难度心脏介入手术、不停跳心脏连搭四桥手术，患者家属在手术室外可以通过监视器观看手术全过程。同时，中大医院还把脑外科手术做到六合县农村，与六合县人民医院联办"脑外科"，让农民患者不进城，也能"享受"大医院的"名牌"手术。

（2）依托社区、与时俱进，完善医疗卫生服务功能。面对日趋激烈的医疗服务竞争，南京市各级医疗机构不断完善服务设施，创新服务理念，改进服务方式，医院服务质量持续提升，病人和社会满意度显著提高。在社区服务上，通过向居民发放"致社区居民一封信"、"社区卫生服务卡"、"健康教育处方"等宣传活动，开展入户调查，为居民建立健康档案。在服务内容和方式上，积极倡导和推行多样化和主动性的服务。如根据社区居民的不同需要，实行重点病人电话回访、家访等制度，开展了服务专线、健康咨询、电话预约和急诊呼叫，开设了家庭病床、家庭护理、针灸、推拿、换药、产后访视、新生儿护理、母婴保健等服务，同时根据不同的季节、疾病的多发期等情况，采取多种形式开展讲座、咨询，增强社区群众防病意识。定期对社区居民进行人工呼吸、心脏按压、止血、包扎等急救知识和操作的培训，强化社区居民的现场救护能力。截至2004年6月，全市社区卫生服务机构入户调查50

万余户，达 130 万余人次；建立居民健康档案 30 万余份，并与 4 万余人签订了保健合同，确立了长期服务关系；对 1.2 万余名残疾人、5.4 万余名 70 岁以上的老年人和五保户进行管理，对 3.3 万名孕产妇和 23.9 万余名 7 岁以下儿童提供保健服务，保健管理率分别达 97.90%、95.61%；儿童计划免疫接种率达 95%；对 18.38 万余名高血压患者进行管理，为 26 万已婚妇女进行妇科病普查普治；对 3.8 万民政优抚对象予以免费入网；门急诊达 200 万人次，出诊 4.6 万人次，巡诊 5.9 万人次，入户访视 10.5 万人次，抢救病人 3 千余人次；开展各项健康教育讲座，直接受益人数达 450 余万人次，社区卫生服务功能的拓展，不断满足了群众的医疗保健需求，有效地提高了社区居民健康水平，并以其质优、方便、经济的特点受到了居民群众的广泛欢迎。

（3）统一培训、注重质量，提高医疗卫生服务队伍素质。为加快技术队伍的培养，适应社区卫生服务的发展，南京市于 2000 年制定了《关于加强社区卫生服务机构全科医生和社区护士岗位培训的几点意见》，开展了全方位、分层次的专业培训。主要是在江苏省职工医科大学设立全科医师岗位培训基地，在南京市继续医学教育学院设立社区护士岗位培训基地，并按照省卫生厅的培训大纲实施教学，建立起较为系统的全科医师和社区护士岗前培训制度和继续教育制度。2000 年，南京市设立了全科医生和社区护士培训专项资金，补助参加岗位培训人员学费的比例是 20%；从 2003 年起，补助参加岗位培训人员学费的比例由 20% 增加到 50%。目前，南京市 606 名经过岗位培训的医护人员参加了省卫生厅组织的全科医师和社区护士岗位认可性考试，其中 552 名（医生 295 名，护士 257 名）获得了合格证书；正在接受岗位培训的人员 813 名，其中医生 343 名，护士 470 名。2004 年全市举办了 200 余人参加的社区卫生服务机构负责人培训班，同时对从事预防、保健的社区卫生服务人员进行专题培训，提高了医疗卫生队伍的整体水平。

（4）认真规划、整合资源，建设医疗卫生服务网络。南京市在医疗卫生服务由试点到全面推开的进程中，以"适应需求，方便群众"为指导思想，按照覆盖 5 万左右人口或一个街道（镇）设置一个社区卫生服务中心为原则，中心覆盖不到的地方设置社区卫生服务站，服务人口 2 万人左右或以步行 10～15 分钟左右为宜，并根据居民需求设置老年护理院、康复医院等社区卫生专业服务机构。在完善网络建设的过程中，重点把握了两个方面：一是充分利用区域医疗卫生存量资源进行合理布局，积极推进基层医疗卫生资源功能与结构的合理调整；二是引入竞争机制，在坚持公开、公正、择优的原则的前提下，盘活了现有的医疗资源。通过统一规划，存量调整，全市各种医疗资源在医疗卫生服务中发挥了积极的促进作用。全市共设置社区卫生服务机构 220 个，包含中心 27 个，站 183 个，护理院、站（康复医院）10 个。目前，全市城乡医疗生服务网络已基本形成。

（5）政府主导、建章立制，加强社区卫生服务规范化管理。为加强医疗卫生服务机构的科学化、标准化、规范化建设，全市先后制定和修订了《南京市社区卫生服务中心（站）设置标准》、《关于进一步加快全市卫生改革的若干意见》等一系列指导性文件，工作制度涵盖了社区卫生服务中心（站）工作、出（巡）诊制度、社会监督等 18 项内容，统一了全市社区卫生服务机构慢性病管理、传染病管理、妇幼保健管理、计划免疫管理等 20 种工作台账，并将医疗卫生服务机构的组织管理、硬件设施及工作内容纳入考核。从 2000 年起，每年安排 100 万元社区卫生服务专项经费，用于全科医学人才培训和社区卫生服务机构的考核、医疗设备的配备与更新，2003 年，该项经费增拨到每年 250 万元。同时，积极开展了创建省、市级示范社区卫生服务站活动，以示范带动全市社区卫生服务中心、站的建设达标。全市现有省级示范社区卫生服务站 6 个，占全省示范社区卫生服务站的 35%；市级示范社区卫生服务站 16 个，市级中医示范社区卫生服务站 6 个，白下区石门坎社区卫生服务中心被省卫生厅列为社区卫生服务中心试点单位。实践证明，发展医疗卫生事业是一条符合中国国情，遵循低成本、高效益原则的卫生事业发展之路。南京市委、市政府将进一步解放思想、更新观念、勇于改革和创新，不断完善医疗卫生服务功能，建立有效的管理体系，确保我市医疗卫生服务健康、有序的发展，为保障人民健康做出积极的贡献。

虽然南京市集中了全省最好的医疗卫生资源，但全市的资源配置不平衡，优质资源基本都集中在城区的大医院，基层医疗卫生工作虽然得到了大力的发展，但基础依然比较薄弱，在医疗卫生机构数量、从业人员职业技能等方面仍不能满足广大人民群众的需求，资源倾向严重。此外，还存在着体制改革滞后，资金投入不足，卫生人才匮乏，基础设施落后等现状。为了认真落实以人为本和全面、协调、可持续的科学发展观，南京市应着力继续大力发展基层医疗卫生机构，加快推进新型农村合作医疗制度建设，大力发展城市社区卫生服务；政府通过办大卫生，建立面向社会及个人的多元化的医疗卫生投资渠道，提高医疗供给方的积极性；引入竞争机制，规范医疗服务行为，合理调整医疗服务价格，从而促进医疗卫生服务的升级，适应广大人民群众日益增长的医疗卫生需求，进而提高人民群众健康水平。

结 论 与 政 策 建 议

服务创新的本质在于为服务企业解决现实问题，真正有效地增强服务企业的竞争力，实现可持续的盈利成长。通过以上对南京服务行业的创新研究表明，目前多数服务企业在创新中所需要的知识，主要是来自有关开发、市场和消费者导向的新构思和创意，而对大学和研究实验室的依赖非常有限。这一方面是由于服务创新的重要知识资源来自软技术，软技术是根植于人的心理活动和人的行为的，因而服务创新紧紧地与我们的实践活动相联系。比如合作术和网络技术在服务业起了更大的作用。当然，这也从另一个角度说明，目前的大学和研究实验室对软技术包括对服务和服务创新的研究之缺乏。

虽然本章涉及了多个不同的服务行业，但这些行业的服务创新在策略上却大同小异。它们都试图通过采取一系列的措施冲破传统的服务建立一种满足不同需求的服务模式实现传统服务向现代服务的跨越：即由被动服务转向主动服务；由功能服务延伸到心理服务；由单向服务转变为个性化的双向服务；由基础服务延伸到知识服务；由粗放化服务转向精细化品牌化服务，形成自己有特色的服务。具体来讲，主要体现在以下几个方面：

（1）服务理念。各行业试图树立以顾客为中心的服务理念，实现以产品为中心的理念向以顾客为中心的服务理念转变。同时推行"服务满意过程"以实现外延服务向内涵服务转变，形式服务向内容服务转变，文明服务向知识服务转变。

（2）服务内容。为满足顾客的需求，变"单一服务"为"多层化服务"，推出差别化服务、个性化服务和多元化服务，不断扩大服务内涵实现基本服务向增值服务延伸，不断增加服务内容的科技含量，实现从情感服务向功能服务转变，由功能服务再向智力服务转变。

（3）服务质量。在服务质量上，基于顾客需求的易变性，企业应用新的技术手段，顾客关系管理系统和 Internet 技术准确掌握每个顾客的需求，满足他们的需求，提高服务质量。除此之外，一些行业领先企业还制定和完善了服务质量标准，引进质量认证体系和对服务人员进行培训提高他们的素质。

除了以上几点相同外，南京越来越多的服务行业还开始注重行业服务文化的建设和流程的再造。优质的服务离不开以服务为导向的企业文化，有意识地培养体现自身服务特点的文化和精神激励以及约束员工的服务思想可以在行业内部形成强大的感召力和凝聚力。通过企业文化建设，可以把企业倡导的服务理念融入企业文化，让"服务立行"深入人心，从而真正实现服务理念的转变。

基于此，"十一五"期间南京市将立足于自身发展水平和资源禀赋，确立"五大功能"服务创新计划，即以金融会展为龙头的商务功能得到重点发展，以信息产业为核心的研发功能不断增强，以连锁经营和综合交通为支撑的流通功能得到大力提升，以旅游观光为重点的休闲功能得以努力拓展，以文化创意为特色的文化功能得到深入开发。同时，南京还将重点发展为现代服务业提供基础支撑的房地产业，满足人民生活需求、促进社会和谐的社区服务业。从而全面驱动城市功能提升，形成"链"动勃发效应。

（本章执笔：安同良　田莉娜）

部长和专家论建设创新型
城市的南京模式

2007 年 3 月 2 日以南京市人民政府和南京大学的名义在北京召开了"基于科教资源优势建设创新型城市的南京模式"高层论坛。参加论坛的有国家发展和改革发展委员会副主任陈德铭，教育部副部长李卫红，商务部副部长魏建国，国务院发展研究中心副主任刘世锦，科技部副部长尚勇，参加论坛的专家有中国社科院工业经济研究所金碚研究员，清华大学中国经济研究中心主任魏杰教授，中国人民大学经济学院院长杨瑞龙教授，北京大学经济学院院长刘伟教授，中国人民大学中国民营企业研究中心主任黄泰岩教授。到会的领导和专家在论坛的发言中从不同的角度对自主创新的南京模式进行了深入的探讨。教育部副部长章新胜同志提供了书面发言。以下是根据根据录音整理的他们的发言。

商务部魏建国副部长的讲话

全国 2006 年进出口贸易达到 1.7 亿美元，其中，进口 9000 多亿美元，出口 6000 多亿美元。现在的问题是：如何贯彻中央经济工作会议和中央六中全会精神，抓好整个经济结构的调整。对外出口中，大量纺织品和机电产品遇到反倾销的现象，必须引起注意。加工贸易解决了3600 万人的就业，每次过节都是一次民工潮。服务外包和软件产业备受重视，现在世界软件产业贸易额已经达到 12000 多亿美元，而中国的软件出口才不到 40 亿美元。如果以前把加工贸易作为解决农村人口就业的方法，那么南京选择软件产业作为解决当前大学生就业的目标是选对了。

世界贸易的发展，不论哪个国家，从最早的农牧业发达开始，到轻工业，到重工业，到高科技，都需要大量的资本投入，但有两个国家跳跃了，爱尔兰直接从农业跳到了高科技，花了 18 年；印度也是这样，不用资本，用智力、高科技投入。法国地铁里运行的车票是中国做的，工资卡也是中国做的。中国有潜力，也有办法创造软件产业的优势。我们比印度还有优势，我们的发展方向是先接受日韩，他们的思路是跟我们一样的。现在世界汽车业的竞争，不是比发动机，而是比软件，比通讯系统、防卫系统，等等。

中国国内有很多城市，包括西安、南京、大连、成都、武汉都在进行探讨，南京有超前意识，条件很好。我有三点体会：一是南京拥有建设科技创新基地的具备条件。一定的高校基础，南京有 38 所高校，其中部级高校接近 10 所。研究机构，50 多个研究机构遍布各个领域，还有 45 位中科院院士，31 位工程院院士。二是区位很好。现在大批的软件产业，都要从东部向中西部转移，南京有很多的劳动力优势。三是南京发展有一定的前瞻性。南京有许多大型工厂，在科技创新方面，有着光荣的传统。

下一步，南京首先要抓住突破口，现在有三种创新方式：一是自主创新，二是集成创新、综合创新，三是引进消化吸收再创新。我认为，三种创新都要抓，但在较好的基础上可以实现重点突破。在光电子、航空航天、农业等领域，引进消化吸收再创新虽然时间可以很短，但自主创新很重要，在这一点上，南京不是很强。资源有效利用、项目有效分配、真正做到科研成果转化为市场，都是比较重要的。建议南京市多组织一些专家和学者，先到几个国家去对接，也可以在国内先对话后对接，明年在软件和服务外包等工作上，加强产业结构调整和进出口产品优化。2006 年商务部已经批准南京为 5 个软件出口基地之一，也批准了南京作为 18 个科技兴贸创新基地之一，南京要抓住这个机遇。据了解，西安、厦门、北京中关村、大连做得比较好，正在组织人员对接，你们可以提出项目和想法，我们可以把团引到你们那里去，召开高层国际论坛。

有两点建议：（1）南京市与商务部服务贸易司建立常设的联络机制，定期会晤磋商；（2）南京在创新城市建设方面的思路和工作方向，商务部完全赞同。除此之外，要研究四个问题：一是实打实拿出具体政策，包括招商引资；二是如何在金融、财政、税收、信保方面给予一定的支持；三是下一步的目标和工作的具体思路要落实到计划里去；四是市里指定单位与服务贸易司共同研究 2007 年、2008 年创新型城市建设的思路。

国务院发展研究中心刘世锦副主任的讲话

南京做了一件很重要的事情，在丰富的科技资源和创新成果之间搭了一座"桥"，这在全国是有典型意义的。我国讲资源禀赋丰富，除了自然资源外，还有科技资源。一些地方，大学、科研院所不少，科技人员比例不低，一直将科技资源作为自己的优势，但经济上不去，人留不住。经济学讲所谓的"资源诅咒"（指资源丰富却不能很好利用，经济发展反而落后），同样发生在科技资源丰富的地方。看看国内一些地方，特别是中西部的一些城市，这个问题确实是存在的。"南京模式"的意义，就在于如何把丰富的科技资源用起来。一是南京探索了一些相当实用的办法，有可持续性和操作性的办法。比如技术入股，使学校更关心企业的长期发展，但又不过多陷入企业的日常经营。二是特色。地方政府究竟发挥什么作用。中国经济这么强劲的增长，国际上有一种观点，认为很大程度上是地方政府竞争的结果。建立创新型城市，在现有体制条件下，地方政府可以而且必须发挥着很重要的作用。三是推广价值。"南京模式"和"深圳模式"各有特色。对科技资源丰富、经济欠发达、亟须创新的城市来说，"南京模式"针对性更强，更有借鉴、推广价值。

对"南京模式"下一步的发展和完善，有几点想法。

一是南京有没有可能成为国内领先、国际知名的创新基地？这些年国内试图成为"硅谷"的城市不少，可能不下几十个，但真正有大的进展得不多。那么，南京是否可以在某种意义上说成为中国的"硅谷"，我想是有这个可能性的。当然还需要做出很多努力，其中值得强调的一条，是培育"创新企业生态链"。我在美国"硅谷"注意到一个重要现象，就是一个创投企业可以带出几个、十几个乃至更多的新的创投企业，形成了独特的产业生态链，成功的风险投资项目多数是靠这种方式形成的。这种方式同时解决了风险投资中最重要的三个问题：一是项目，二是人，三是信任，市场经济最基本的问题就是信任。建立可持续的、具有竞争力的创投基地，要相对集中在一个地区，形成"创新企业生态链"。"南京模式"中已经探索到了这方面的问题。

第二是关于创新主体。我们已经明确了企业是创新主体，但要真正做到这一点难度很大。比如专利，美国90%以上的专利来自于企业，中国目前只有30%左右来自于企业，剩下的则来自于科研机构和社会上的科研爱好者。所以，我们的专利中真正有用的、能在市场上形成有竞争力产品的，还是比较少。应当用更多的精力和办法，使企业成为创新战场上的主力军。

第三是政府如何为企业创新创造市场需求。以往政府对创新活动的支持，重点在供给方面，甚至直接组织一些研发活动。现在可能需要有一个适当转变，把注意力更多放在对创新的需求创造上来。这与让企业成为创新主体是相配套的。政府可以通过政府采购、政府补贴等方式来创造和扩大市场需求。在创新的供给方面，可以鼓励企业相互竞争。这将更加符合市场竞争的特性要求。对一个城市来说，地方政府同样存在如何创造市场需求的问题。南京可以在这方面作一些探索。

科技部尚勇副部长的讲话

南京是我国创新资源的高密度聚集城市，科研水平和科技进步一直走在全国前列，这是"南京模式"的一个独特优势。另一个优势就在于地方各级党政干部的科技素质和创新精神。在南京模式中，我们可以看出，南京以市场机制为基础，政府的作用发挥的特别显著，可以说，南京全市上下踏踏实实服务于创新，致力于创新的作风，赢得了创新型城市建设的先机。有三点体会：一是南京具备了建设创新型城市的独特优势。南京确实是我国创新资源的高密度聚集城市。二是南京有发展水平的优势，从科研水平和科技进步是走在前列的，从制度的设计和改革上也是走在前面的。三是领导优势，特别在以市场机制为基础，政府为主导的经济体制上，政府的作用，特别是党政一把手的科技素质和创新精神是这个地区能否建成创新型城市的关键。很多地方闻风而动，南京市踏踏实实，体现了科技大会精神。

建设创新型城市关键是营造创新的生态环境。禀赋在这儿放着，有了这个禀赋，如何转化成发展的优势、竞争的优势，创出经济和社会效益，往往制度的创新决定了技术的创新。大家提出政产学研的作用，政府的主要职责是营造创新的社会环境。看一下美国，创新资源最丰富的城市不是旧金山，而是波士顿，但为何在旧金山形成了硅谷？这其中，斯坦福大学发挥了重大作用。在生物产业方面，波士顿的势头非常之猛，斯坦福的研究实力比 MAT 强得多，但后者一直在赶超。深圳通过制度创新的领先营造了吸引创新资源的环境、高水平的领军人才，建立了产学研结合的平台，这个模式也给我们很大的启发。创新型城市，说白了，就是以创新能力为主要发展动力的城市，实质性就是把创新资源的优势发挥出来，转化成经济、发展和竞争优势。生态环境包括几个方面：搭建一个产学研平台和转化链。第二是制度环境，政府对资源的直接分配和干预要减少，在创新平台的搭建上要到位。另外一个是资本创新，不但要发展风险投资，关键是要搞技术产业交易。四是政策环境。五是很关键的即营造创新文化，我们国家有文化的深厚底蕴但也有制约，我们孔孟文化很多是制约创新的，创新文化要体现尊重个性，鼓励探索、宽容失败，使创新成果和企业像雨后春笋一样。

在这里，我代表科技部表个态，这个课题要继续搞下去。与其说我们是在总结推广南京模式，不如说我们怎么营造南京模式。科技部将一如既往地支持南京模式，共同推进创新型城市。

教育部李卫红副部长的讲话（本人未反馈意见）

听了今天几位专家、领导的报告，启发很大。第一，南京的发展在整个江苏发展战略中走在率先之列，起到引领作用。江苏是教育大省，教育部直属有南京大学、东南大学、中国药科大学、南京农业大学、河海大学，在中国高等学校第一方阵中起着举足轻重的作用。江苏省南京市独具慧眼，在发挥大学作用方面走在了前列。第二，南京模式的提出证实了"以服务求知识，以贡献求发展"的共识。今天的大学与社会，与经济发展、文化建设紧密联系，大学发展离不开社会的支持。南京38 所大学在学科建设、高等教育研究等方面，在全国来讲都是很有影响的。大学的功能决定了大学自觉地投身于社会经济发展的总格局，主动为地方经济发展作贡献，必须要这样做。南京率先走出了一条路，与高校的结合，几大主力军团的结合，这其中，起主导作用的是政府，政府的主导作用比什么都重要。

国家发展和改革委员会陈德铭副主任的讲话

我在南京生活了16年，在江苏工作了23年，从30岁到46岁，在南大读硕士和博士，在江苏的几个部门工作过，从我家到玄武湖不到15分钟。作为半个南京人，我谈谈对南京的认识。

南京利用现在教育科技资源的优势，建设创新型城市，这是一个很好的问题。我对这个题目是赞成的。现在讨论这一题目的城市很多，我想站在罗书记的角度讲一下，是不是把南京建成创新型城市后，还应该带来经济社会的又好又快发展，带来南京人民的福祉，因为站在政府的角度要更关注民生。

我在苏州工作的时候就很关心南京的问题。为什么，因为苏州没有南京这样的科教优势。我到陕西省工作的时候，在西安就特别注意研究南京。西安的大学、陕西的大学比南京还要多，在校人数比南京多，123所大学在陕西，西安有58所，全国的国防工业在陕西省最多，为什么西安的经济远远不如南京，陕西的经济远不如江苏呢。我想科教优势是一个非常好的优势，但在把资源转化为经济发展的动力过程中，政府还应该做什么，这需要进一步讨论下去。同样的还有武汉，在前一轮经济发展中，这些城市并不能走在很前列发展，现在还有什么机遇能使他们得到发展？南京作为具有创新能力的科教资源非常发达的城市，走出南京模式还需要持续不断的努力，其优势非常明显。能否不在北京的高层论坛，而在政府的内部看看有什么不足的地方？谈不足会使我们头脑清醒，我们要扬长补短而不是避短。

从另外一种角度讲，南京自然资源的不足也是很重要的问题。重化工业占整个工业的很大比例，江苏地下没有丰富的石油和天然气，所以支撑石化等产业比较困难。南京的重化工结构要更多地往高端走，走总量扩大是很难了。而且整个长三角二氧化硫、二氧化碳的排放造成了中国最密集的酸雨区，目前长三角治理开始了，但没有开始往好的方向发展，仅仅是遏制了。我建议南京的领导在内部研究一下不足，对产业结构往哪里调整，对如何补短有好处。另外一个不足是南京走科技型新模式也会碰到同样问题的制约，包括引进资本的同时也会遇到新变化，希望内部研究的时候更注意一点。第三，全球化带来的一些好处现在也开始发生了变化，外资资本收益率是高的，但是本国工资增长水平非常慢，也许全球化会发生比较大的趋势性变化，科技的发展，交换的半径，中间也有很多不稳定的因素，南京也会面临这样的制约。刚才谈到了企业的问题，南京的企业就自身比有了非常大的发展，但总体来讲，南京企业的竞争力还是有待提高的，没有足够企业研发资金的投入，要继续走这个模式是难以为继的。

提三点建议。第一，南京的创新型城市的发展需要产业支持没有疑问，但中心城市的发达与周边县乡比较大的二元结构依旧存在。南京应该从整个大南京的角度，看如何布置产业，使产业群与各高校、研究所结合起来。浙江人均土地只有三分左右，下一步发展会受到严重的土地制约。江苏苏南还在七分多一些，南京相对有一点点优势。在整个产业往西梯度转移的时候，南京还有一点机会，不能形成区县过度竞争，而要形成一个拳头往外竞争，产业一定不能过度分割。第二，做大南京的企业。举个例子就是军工企业，全国正面临着新的战略结构的调整，南京的摩托车曾经一度也做得非常好，但整体来讲，军工不向政府纳增值税，长期以来，各级地方政府对军工的支持不是很积极。我在想，这些军工企业，如果能够实行股份制，转换产业模式，就能激发创新。第三，还应该把南京技术创新的要素集成起来。南京的科技教育分布在不同的条条块块，很多技术分布在不同的地方，要整合成新的技术进行突破，创造市场价值。

教育部章新胜副部长的书面发言

在全国"两会"召开的喜庆日子里，在中华民族传统的元宵佳节来临之际，"基于科教资源优势建设创新型城市的南京模式"高层论坛在北京召开，我谨代表教育部表示热烈的祝贺，并衷心地祝愿论坛取得成功！

建设创新型国家是党中央、国务院做出的事关社会主义现代化建设全局，事关中华民族前途命运的重大战略决策，是在新世纪保持国民经济又好又快发展、提高国际竞争力的关键所在。因此，建设创新型城市，是时代向我们提出的一个重要课题，南京市委、市政府和以洪银兴教授牵头由南京大学、东南大学、南京理工大学、南京师范大学等高校专家组成的课题组，率先在这方面进行探索和研究，是非常有意义、有价值、有远见的工作。

在知识经济时代，经济的繁荣与发展，越来越取决于人才资源、知识资源和产业资源有机融合的创新能力。一流的城市，不仅是人才、知识和财富的聚集之地，更应当是一个巨大的熔炉，使人才、知识和财富的碰撞能够激发出创新的力量、转化为发展的能量。其中，大学扮演了创新经济的发动机角色。从斯坦福大学、加州大学伯克利分校与硅谷信息等高技术产业的问世及对美国和世界 21 世纪知识经济的影响，哈佛大学、麻省理工学院与位于波士顿地区以生物技术、生命科学为主的 128 公路高技术产业带，得克萨斯州大学奥斯汀分校与得州的经济崛起，华威大学与英国中西部区域经济的后来居上，德国多特蒙德大学与鲁尔老工业区经济的重振和结构的转型，以及我国中关村与北大、清华等高校与高新技术产业区对北京和我国高技术产业的引领，上海复旦、同济大学与杨浦区的三区联动，等等。这些成功的例子都充分说明了，今天，一流的城市一定与一流的大学交相辉映，并在科技创新和产业发展方面实现创造性的结合。可以这么说，没有一流的大学及大学不断走向城市的中心，与经济、社会、产业等的深度融合互动，就不会有不断创新的、可持续发展的一流城市。要做到这一点，需要大学的自我革新，需要城市改革的深化和有利于创新的社会生态环境的形成，这就需要大学和城市的领导者的非同凡响的智慧和勇气。

江苏是教育大省，特别是南京市教育资源禀赋突出，拥有多所一流的大学和众多的人才，众多科技和教育指标在全国城市中位居前列。南京市委、市政府深刻认识到教育、自主创新对于南京经济、社会发展的重要性，及时提出了将南京建设成为全国重要科教中心、到 2015 年基本建成创新型城市的目标。并采取一系列行之有效的措施和办法实施科教兴市战略，把教育资源优势转化为人才优秀、创新优势、发展优势，有力地推动了南京社会经济又好又快的发展。南京的高等学校积极服务于提升南京的自主创新能力，积极探索教育发展与经济建设和社会发展的良性互动机制，同时在江苏乃至整个国家基础科学研究与科技创新中发挥出重要的作用。各类知识、科技成果不仅在南京本地转化，同时也在全省、全国开花结果。这反映了南京区域创新在国家创新体系中的地位和影响力，也是对国家创新体系做出的贡献。

南京建设创新型城市的实践告诉我们，必须充分发挥人才培养和科技创新优势，加强教育与经济结合，不断解放和发展社会生产力。高等学校在建设创新型国家、创新型城市中担负着重要的历史使命，培养创新人才、推进科技创新、引领区域经济社会的发展，这是我们今天衡量建设若干所世界一流大学和一批国际知名的高水平大学的最核心的要求，是高等教育全面落实科学发展观的必然要求。

金　碚（中国社科院工业经济研究所教授、博导）：

"南京模式"的提出很能反映南京作为创新型城市的基本特点，有推广的价值。

南京有三个特点：一是大学多，高等院校在南京密集；二是南京有比较深厚的产业基础，也是一个老工业基地，石化、钢铁、电子、机械等产业实力雄厚，尤其是重化工和电子产业具有传统的优势；三是南京有一个特点（原来是一个弱点），南京人的开放性，或者说商业精神，某种程度上不如苏南。南京人相对来说视野比较向内，吸引外资无法与苏州相比；但视野向内也有好处，可以看到自己独特的科教资源。南京还有一个很重要的地理优势，在中国比较有产业基础的大城市中间，南京正好位于中国文化、商业精神比较先进的地区，长江中下游地区的中国文化资源、产业资源以及商业精神，是比较先进的。众多的大学布局在南京，把江苏的人才大量吸纳过来，对全国人才也有很大的吸纳能力，所以南京才会在创新上具有独特的优势，这种资源及人文条件上的优势，在中国类似的其他城市是不多的。

另外，中国工业化进行到当前这一阶段对南京是比较有利的。改革开放以来，前20多年，在加工制造业为主的发展阶段，南京不是江苏最发达的地区。而目前，中国工业化向深度发展，向装备制造业、重化工发展，电子信息产业成为高新技术产业和重要的新兴产业。这样，南京所拥有的雄厚产业基础和高校云集特点，在国内同类城市中也不多见，这是南京在中国工业化新阶段所具有的独特优势。

南京自主创新的模式，是政府和高校基于南京的特点，理性地设计的。南京要在中国经济和社会发展的这个阶段充分发挥自己的优势，一是靠大学；二是靠大企业。南京要依靠高校，把自己的传统产业引导到创新的道路上来，例如，南京的电子产业可以从过去硬件领先的城市发展为软件名城。有一阶段南京的发展表现出了老工业基地的疲态，包括重化工、甚至电子产业都出现了竞争力不足的现象。但这个弱点在注入了创新特别是自主创新的要素后，使原来传统的产业优势，焕发出新的活力。

南京是一个具有独特优势的城市，构建南京创新模式，也具有一定的推广价值，南京的创新可以反映中国工业化整个过程进行创新的基本模式。改革开放以前的工业化建立了比较完整的工业经济体系，但非常缺乏内在活力。改革开放后，一个新的机制，一种新的创新机制和体制的注入，可以使新中国成立以来半个多世纪积累的产业发展要素在新的发展阶段被激活起来，使中国工业化进程进入一个长期持续增长的新阶段。

魏　杰（清华大学中国经济研究中心主任、教授、博导）：

我的感觉，南京市政府和南京大学好长时间一直在讨论这个问题，1998 年洪银兴就在研究这个问题，南京市政府也很重视，罗志军书记曾三次组织这样的活动。应该说，这个课题是南京市政府、南京大学较长时间的研究结果，符合南京市的现状和未来的发展方向。我认为这个课题是非常成功的，"南京模式"有理论和实践的意义。

2006 年，我参加过两次相关的会议，一次在汉城，一次在美国，都是讨论技术创新中高校的地位。在会上，外国人对我提了三个问题：第一，中国在技术创新中注重发挥高校的作用，那么如何融合高校科研目标和企业科研目标的差异性？企业的目标是追求市场价值，评价企业创新的惟一标准就是市场价值；但高校追求技术价值，而不是市场价值，我认为这个问题提得很对。如果这两个目标不整合，不可能达到你们要干的这个事。那么目标体系要不要调整？这一条可以引发中国科教体系中的一系列变革。"南京模式"有一个很重要的问题需要回答：高校的科研目标与企业科研目标如何整合？如果这个问题可以回答，那对于"南京模式"的推广是很有意义的。现在市政府和南京大学已经切入了这一命题，朝前大大地走了一步。第二，高等院校的科研队伍和企业科研队伍如何整合？美国整合的方式是实验室经济，把企业和高校的科研力量组合在一起。那么中国的载体是什么？"南京模式"能不能回答我们？我认为"南京模式"对此有贡献，最起码我看到了方向。第三，高等院校力量与企业力量如何整合？这一整合离不开政府，"南京模式"反复强调的这一点是对的。问题是政府、企业、高校三者分工合作的制度是什么，三者各自在其中承担什么利益？政府、企业和高校在组合里的制度定位需要研究。技术创新中的资金来源，我们过去以为是企业，但美国和欧洲，政府在里面有不可或缺的推动作用：一是技术招标，骨干性技术的投入；二是技术创新的抵税和退税。政府、企业和高校三者制度如何界定？"南京模式"已经讨论到非常重要的问题，给我们很大的启示。如果可以具体化的话，"南京模式"将对中国有非常深远的指导意义。

杨瑞龙（中国人民大学经济学院院长、教授、博导、长江学者）：

所谓创新，实际上是对原来的均衡或平衡状态的一种打破。创新既是一种观念，也是一种战略安排。南京市要建设创新型城市，也就是南京市政府表示要主动打破原来的均衡状态，以一种进取奋发的状态，选择一种不同于传统的发展战略，向一个新的目标进发。中国的经济发展格局表明，长江三角洲区域过去、现在以及将来都将扮演中国经济增长的发动机和改革开放的先导区的角色，南京市处于长三角的最发达地区，因此，南京建立创新型城市不仅有硬的与软的条件支撑，而且有着巨大的市场需求来拉动，支撑中国经济增长的发动机角色由南京这样的城市来扮演是适逢其时的。

报告提出了很好的创新型城市的建设模式，那就是在传统的产学研相结合的模式前面加了一个"政"。所谓"政"指的就是制度。创新不能产学研分离，要连接。问题是为什么长期以来我国的产学研处于割裂状态呢？这就需要深入研究中国的体制和增长模式。大家都清楚，在市场经济条件下，企业应该是创新主体，政府主要是为企业的创新创造条件。但如果我们深入研究我国的现实情况就会发现，受体制的约束，我国的产学研分割，关键是市场不完善，企业缺乏创新动力。例如，高校有自己的考核体制，缺乏市场导向的创新动机；国有企业的产权关系模糊，创新与否与企业领导人的利益缺乏必要的联系，从而也缺乏创新动机；外资企业，特别是跨国公司出于其投资战略及维护其市场上的领先者地位的考虑，也不太愿意把其研发中心建在中国；我国的民营企业受到规模、资金来源、风险等因素的影响，也缺乏创新的能力。在以上条件下，如果只简单地让企业扮演创新主体是很难在短期内取得效果的。打破这种僵局，就需要政府发挥积极作用，通过政府搭台，让企业来唱戏，并通过政府的粘合，让产学研结合起来。因此，在现阶段建设创新型城市，"政"的作用确实是不可忽视的，所以，这正是"南京模式"的特色之一。在创新型城市建设中，南京市明确提出政产学研相结合是符合中国实际的。"政"在建设创新型城市的作用是什么？就是要通过体制改革与市场环境的完善，让企业既有意愿也有能力来进行创新。如果政府有意识构建市场导向型的创新模式，引导高校，对接市场，把高校成果通过产业链条对接到企业，引导外国企业把创新基地建到中国来，激发更多的企业进行制度与技术创新，那么就能推进创新型城市的建设。如果南京在这个方面取得突破性进展，那在创新型城市建设中将起到非常明显的效果。创新照搬外国的模式是不行的，这是中国特色之一。所以，我们对南京创新型城市的建设非常期待，我认为是有可能成功的。

刘　伟（北京大学经济学院院长、教授、博导、长江学者）：

这次报告给我的强烈印象是扭转了一个偏见：别的地方谈到历史文化各方面很骄傲，但创新方面恰恰比较淡漠。看了报告后我发现，南京在创新方面做了很多努力和工作，而且形成了有特点的模式。另外一个，这个报告不仅反映了南京的特点，还有推广意义。对于整个国家宏观经济的管理和增长，"南京模式"的选择具有普遍经验和可推广的地方。

当前宏观经济失衡是一系列矛盾导致的，采取哪一种政策，方向性选择的成本和收益比较很难证实，现在都没有明确总需求管理到底是扩张还是紧缩。总需求管理的方向很难选择，就对总供给管理提出了更高的要求。首先是产业政策，产业是有结构性差异的，尤其是加入技术创新后。二是区域政策，一般的总需求管理未必能解决区域差异。供给管理转换政策实施的主体是地方政府，总供给管理的重点是影响生产者，产业政策和区域政策都要通过地方政府来实施，南京创新城市的模式对我国对这种转型有着特别的价值。地方政府招商引资主要是靠供给管理的短期政策。地方政府通过供给管理的税收政策来招商引资，主要受益者是当地的企业。

南京模式的推广昭示了中国宏观调控转型期，总的宏观调控正由总需求向总供给转变。主要原因：一是对计划经济体制的恐惧；二是里根供给管理政策失败；三是凯恩斯主义进一步发展。地方的宏观调控适合了时代的需要，有着重要而广泛的价值。第一，运用供给管理一定要有深入的市场化改革作为体制基础，而不是对生产者权利的直接干预，中国这几年资本市场、土地市场化的改革表现出明显的滞后。第二，要明确创新的主体，即主办单位是南京市人民政府和南京大学。这个创新的思路是政府的思路，而不是企业的思路，也不是简单的科研机构的思路，模式研究和实施的主体应该是政府，那怎么处理与企业和科研机构的关系？经济意义上的创新主体一定是企业，有持续创新能力的一定是企业，只有大企业创新能力才能超越产品的生命周期。因此，一定是以市场为基础，政府运用供给管理的核心是节约企业成本，从而结成创新型城市的丰硕成果。中国，特别是南京这种城市不缺乏软件人才，也不乏开发能力，而是缺乏能力的产业化、国际化和标准化，现在都是作坊化、个体化。所以特别需要基于大企业、市场机制、国际化，这样创新型城市的基础才牢固。

黄泰岩（中国人民大学中国民营企业研究中心主任、教授、博导、长江学者）：

在中国经济研究每年的热点排名中，自主创新一直没有进入前20名。2006年自主创新作为一个全新的热点问题首次进入热点前10名。2006年1月9日胡锦涛在全国科学技术大会上所作的《坚持走中国特色自主创新道路，为建设创新型国家而努力奋斗》讲话中明确指出："党中央、国务院作出的建设创新型国家的决策，是事关社会主义现代化建设全局的重大战略决策。"为了充分理解和落实这一重大战略决策，经济界把对创新的研究推向了新的高潮。自主创新的提出和研究热，充分体现了我国经济发展阶段发生了新的历史性转折，即从以往的追求快速发展到又快又好，最终提升到了又好又快。好和快位置的转换，说明我国的经济发展从注重量的扩张转向了注重质的提升。经济发展质的提升，首先是技术的自主创新，因为没有科学技术的现代化，就不会有一个国家的现代化。

对于中国的自主创新形式而言，主要可以概括为以下三种：一是跨越式创新。中国作为发展中国家，整体技术水平严重落后于发达国家，据韩国国会发表的统计报告，在99个科技领域中，中国落后美国8年。这就决定了我国的技术创新，只能是有选择、有重点的自主研发，掌握自主技术。对于全面的技术创新还是要发挥后发优势，沿着学习、模仿、技术合作、自主创新的发展路径构建创新体系。二是集群式创新。这一方面从区域经济一体化新趋势的角度推进经济区域内的集体创新；另一方面从产业集群发展趋势的角度推进同一类型企业的集体创新和技术外溢。三是协整式创新。企业自然是技术创新的主体，但在跨越式创新的条件下，单靠企业的创新力量是远远不够的，这就需要借助政府、大学、科研院所的力量联合创新。

目前我国对自主创新的研究主要集中在作为自主创新主体的企业层面和产业集群创新层面，就政府层面的研究主要是为创新提供良好的环境。"南京模式"的最大特色就在于：它突破了企业和产业层面的研究局限，在中国作为一个发展中国家努力实现赶超的发展背景下，以企业的自主创新为主体，把政府、大学、科研院所等创新要素纳入到创新体系中，构建了一个协整式创新的成功模式。

"南京模式"的提出，在理论上丰富和拓展了具有中国特色的创新理论，在实践上为我国发挥各方面的积极力量，加快自主创新进程，构建创新型国家提供了有借鉴意义的新思路。

参 考 文 献

1. Bruce S. Tether and J. Stan Metcalfe, 2003: "Services and Systems of Innovation", CRIC Discussion Paper No. 58.

2. Chris Freeman, Luc Soete, 1974: The Economic of Industrial Innovation. Penguin Books.

3. Christian Gronroos:《服务市场营销管理》，复旦大学出版社 2001 年版.

4. Clark, C., 1940: "The Conditions of Economic Progress", Macmillan, London.

5. Eric Hippel, 1994: "The Sources of Innovation", Oxford University Press, Inc.

6. Evanglista R., Sirilli G., 1998: "Innovation in the Service Sector – Results from the Italian Statistical Survey", Technological Forecasting and Social Change 58, 251, P. 69.

7. Franco Malerba, 2002: "Sectoral Systems of Innovation and Production", Research Policy 31, pp. 247 – 264.

8. Freeman C., 1982: "The Economics of Industrial Innovation", Frances Pinter, London.

9. Fuchs V. R., 1968: "The Service Economy", National Bureau of Economic Research, P. 1.

10. Gallouj, F., and O. Weinstein, 1997: "Innovation in Services", Research Policy, 26, 4/5, pp. 537 – 566.

11. http://news. sohu. com/20050623/n226059136. shtml.

12. http://www. farmer. com. cn/wlb/xqb/xqb7/200607110262. htm.

13. http://www. jiangsu. gov. cn/gb/zgis/lgsx/userobjectlai92555. html.

14. http://www. longhoo. net/gb/longhoo/news2004/njnews/teach/

userobjectlai467988. html1200.

15. http：//www. longhoo. net/gb/longhoo/news2004/special/njjs/node14629/node14631/userobjectlai471588. html.

16. http：//www. longhoo. net/gb/longhoo/news2004/special/njjs/node14629/node14631/userobjectlai471554. html.

17. http：//www. longhoo. net/gb/longhoo/news2004/special/njjs/node14631/userobjectlai496645. html.

18. http：//www. sdoil. gov. cn/0503/showinfo. asp? tp = news&id = 13630&page = 3&key.

19. http：//www. sme. gov. cn/web/assembly/action/browsePage. do? channelID = 20194.

20. http：//www. soyat. com. cn/news_detail. php? item_id = 375.

21. http：//www. stdaily. com/gb/area/2003 – 08/30/content_138056. htm.

22. John Friedmann, 1998："World City Futures – The Role of Urban and Regional Policies in the Asia-Pacific Region", Hong Kong Institute of Asia-Pacific Studies.

23. Lundgren JO, 1982："The tourist frontier of Nouveau Quebec：functions and regional linkages", Tourist Rview, 37（2）：pp. 10 – 16.

24. Lundvall B. and Borras S. , 1998："The Globalizing Learning Economy：Implications for Innovation Policy", TSER Programmer Report, Commission of the European Union.

25. Malerba F. , Nelson R. , Orsenigo L. , Winter S. , 1999b："Vertical Integration and Specialization in the Evolution of the Computer Industry：towards a history friendly model", mimeo.

26. Manfred M. Fischer、Javier Revilla Diez, Folke Snickars. 2001："Metropolitan Innovation Systems：Theory and Evidence from Three Metropolitan Regions in Europe". Springer-Verlag Berlin Heidelberg.

27. Mark Dodgson, Roy Rothwell. 1994："The Handbook of Industrial Innovation". Published by Edward Elgar press.

28. Mullins P. , 1991："Tourism Urbanization", International Journal of Urban and Regional Research, 15（3）：pp. 326 – 342.

29. Nelson R. R. , and Winter S. G. , 1982: "An Evolutionary Theory of Economic Change", Harvard University Press, Cambridge, MA.

30. Nicholas Valery. 1999: "Innovation in Industry". By The Economist, London. Original edition published by The Economist Newspaper Limited.

31. Pavitt, K. , 1984: "Sectoral Patterns of Technical Change: towards a taxonomy and a theory", Research Policy, 13, 6, pp. 343 – 373.

32. Pearce D. , 1987: "Tourism today-A geographical analysis", Harlow: Longman Scientific & Technical. 12, 18.

33. Richard M. Walker, Emma Jeanes and Robert Rowlands, 2002: "Measuring Innovation-Applying the Literature-based Innovation Output Indicator to Public Services", Public Administration Vol. 80 No. 1, pp. 201 – 214.

34. Ronald Amann, Julian Cooper. 1982: "Certre for Russian and East European Studies. Industrial Innovation in the Soviet Union". University of Birmingham Yale University Press. New Haven and London 1982.

35. Rosenber N. , 1982: "Inside the Black Box", Cambridge University Press, Cambridge.

36. Rosenberg N. , 1976: "Perspectives on Technology", Cambridge University Press, Cambridge.

37. Schumpeter, J. A. 1934: "The Theory of Economic Development", Harvard University Press.

38. Scott A. and Storper M. , 1992: "Industrialization and Regional Development", London: Routledge, pp. 3 – 17.

39. Sundbo J. and Gallouj F. , 1998: "Innovation in Services", SI4S Project synthesis Work package, (3 – 4): P. 19.

40. Trisha Greenhalgh, et al. , 2004: "Diffusion of Innovations in Service Organizations: Systematic Review and Recommendations", The Milbank Quarterly, Vol. 82, No. 4, pp. 581 – 629.

41. Wietze van der Aa and Tom Elfring, 2002: "Realizing innovation in services", Scandinavian Journal of Management, (18): pp. 155 – 171.

42. W. 钱·金教授、勒妮·莫博涅:《蓝海战略》, 商务印书馆 2005 年版。

43. 安同良：《中国企业的技术选择》，载《经济研究》2003 年第 7 期。

44. 安同良：《企业技术能力发展论——经济转型过程中中国企业技术能力实证研究》，人民出版社 2004 年版。

45. 安同良、施浩、Ludovico Alcorta：《中国制造业企业 R&D 行为模式的观测与实证》，载《经济研究》2006 年第 2 期。

46. 曹新：《文化教育：新的经济增长点》，国研网，2002 年。

47. 柴丽俊：《工业企业技术创新动力与能力的研究》，载《内蒙古科技与经济》2000 年第 4 期。

48. 陈劲、陈钰芬：《赢在服务创新》，机械工业出版社 2004 年版。

49. 陈劲、王安全、朱夏晖：《软件业服务创新系统研究》，载《大连理工大学学报》2001 年第 3 期。

50. 陈少兵、蔡希贤：《汽车工业技术创新的一般规律与发展趋势》，载《科研管理》1996 年第 6 期。

51. 《迟到的巨人：熊猫电子续写昔日辉煌》，载《家用电器》2004 年第 10 期。

52. 丹尼尔·贝尔：《后工业社会的来临》，商务印书馆 1995 年版。

53. 原电子部科技司：《加快技术创新步伐发展民族电子工业》，载《经济工作通讯》1997 年第 7 期。

54. 杜蓉、黄崇珍：《汽车工业技术创新集群研究》，载《物流科技》2004 年第 11 期。

55. 冯婷婷：《自主创新：宏观、微观层面应处理好的几个关系》，载《中国经贸导刊》2006 年第 12 期。

56. 付红军、张峰：《电力工业与技术创新》，载《水电能源科学》1999 年第 1 期。

57. 傅建祥：《走进旅游业》，中国旅游出版社 2004 年版。

58. 古征元：《工业技术创新成功的七大要素》，载《全球科技经济瞭望》1997 年第 8 期。

59. 洪涛：《积极推行流通科技，加快流通产业现代化》，载《北京市财贸管理干部学院学报》2002 年第 2 期。

60. 黄秉杰、张燕：《技术创新与高新技术产业化——石油工业发展的战略性选择》，载《中国能源》2001 年第 4 期。

61. 黄繁华：《经济全球化背景下发展南京现代服务业的理论探讨》，载《南京社会科学》2001 年第 9 期。

62. 黄少军：《服务业与经济增长》，经济科学出版社 2000 年版。

63. 江建云：《瑞典医药工业创新经验与启示》，载《高科技与产业化》2001 年第 2 期。

64. 江苏省科学技术厅、江苏省统计局：《2005 年江苏省科技进步统计监测结果与科技统计公报》，2006 年，http：//www. jssb. gov. cn。

65. 科学技术部专题研究组：《我国区域自主创新调研报告》，科学出版社 2006 年版。

66. 李毕万、姚晓娜：《百货店营销》，企业管理出版社 1999 年版。

67. 李怀祖：《管理研究方法论》，西安交通大学出版社 2000 年版。

68. 李立勋：《后工业社会的经济服务化趋向》，载《人文地理》1997 年第 4 期。

69. 李亦菲：《中国自创新药恩度获美专利》，载《南方都市报》，2006 年 8 月 29 日。

70. 林伟、刘青、彭纪生：《对南京市软件产业发展的思考》，载《现代管理科学》2006 年第 1 期。

71. 蔺雷、吴贵生：《服务创新》，清华大学出版社 2003 年版。

72. 刘顺忠：《我国主要城市软件产业特征研究》，载《中国科技论坛》2005 年第 1 期。

73. 刘希宋、邓立治、李果：《日本、韩国汽车工业自主创新对我国的启示》，载《经济纵横》2006 年第 2 期。

74. 卢东斌：《自主创新：企业发展的根本出路》，载《求是杂志》2005 年第 24 期。

75. 旅游工作联合考察组：《华东五市"创优"工作及旅游业发展的考察报告》，2000 年。

76. 迈克尔·波特：《竞争战略》，华夏出版社 1997 年版。

77. 南京年鉴编纂委员会：《南京年鉴（2005）》，南京年鉴编辑部。

78. 南京市统计局：《南京统计年鉴（2005）》，中国统计出版社 2005 年版。

79. 牛亚菲：《旅游供给与需求的空间关系研究》，载《地理学报》1996 年第 1 期。

80. 祁述裕：《中国文化产业国际竞争力报告》，社会科学文献出版社 2004 年版。

81. 强志源：《加入 WTO 后中国医药工业的创新发展》，载《科学学与科学技术管理》2001 年第 12 期。

82. 清华大学技术创新研究中心：《创新与创业管理》，清华大学出版社 2006 年版。

83. 邵建光：《城市文化特色意蕴中的南京现代化战略选择》，载《南京社会科学》2002 年第 9 期。

84. 沈继红：《江苏雨润食品集团有限公司发展探寻》，载《现代商贸工业》2003 年第 9 期。

85. 沈坤荣、赵博：《TFP、技术选择与长三角地区的经济增长》，江苏发展高层论坛第 21 次会议论文 2006 年。

86. 石奇：《构建创新支持系统，提高南京产业竞争力》，载《南京社会科学》2001 年第 9 期。

87. 宋河发、穆荣平等：《自主创新及创新自主性侧度研究》，载《中国软科学》2006 年第 6 期。

88. 王大悟：《中国旅游服务标准化研究》，载《旅游学刊》1997 年第 2 期。

89. 王伟光：《中国工业行业技术创新实证研究》，中国社会科学出版社 2003 年版。

90. 王燕梅：《对我国医药工业技术创新的建议》，载《科学决策》2005 年第 1 期。

91. 翁宇庆：《推进技术创新——实现钢铁工业跨越式发展》，载《冶金信息》2000 年第 1 期。

92. 吴继中、陈浩、刘树春：《基于价值链理论的房地产开发企业核心竞争力分析》，载《商场现代化》2006 年第 1 期。

93. 吴林海、范从来、应瑞瑶：《南京技术创新服务体系研究》，载《南京社会科学》2002 年第 9 期。

94. 徐匡迪：《钢铁工业的循环经济与自主创新》，载《上海金属》2006 年第 1 期。

95. 徐学青：《建好软件园——给软件企业一个支点》，载《科技与经济》2002 年第 6 期。

96. 许宏：《把南京打造成旅游强市》，载《金陵瞭望》（2005），23～24 页。

97. 羊卫辉、彭晓华：《我国商业地产的运营模式评析》，载《开发与建设》2006 年第 2 期。

98. 殷作恒：《服务贸易与技术贸易》，中国物价出版社 1996 年版。

99. 约瑟夫·熊彼特：《经济发展理论》，商务印书馆 2000 年版。

100. 张捷、周寅康、都金康：《旅游地理结构与旅游地持续发展研究》，载《南京大学学报（自然科学版）》1995 年第 32 期。

101. 张军、施少华：《中国经济全要素生产率变动：1952～1998》，载《世界经济文汇》2003 年第 2 期。

102. 张军、吴桂英、张吉鹏：《中国省际物质资本存量估算（1952～2000)》，载《经济研究》2003 年第 10 期。

103. 张军、章元：《对中国资本存量 K 的再估计》，载《经济研究》2003 年第 7 期。

104. 张寿荣：《钢铁工业与技术创新》，载《中国冶金》2005 年第 5 期。

105. 张为付、马野青：《商贸流通业应对入世发展对策研究——以南京市商贸流通业为例》，载《南京经济学院学报》2003 年第 1 期。

106. 张武农、张准：《我国汽车工业技术创新的策略研究》，载《汽车工业研究》2001 年第 9 期。

107. 张晓明、胡惠林、章建刚：《2004 年：中国文化产业发展报告》，社会科学文献出版社 2004 年版。

108. 赵曙明、程德俊：《产业集群与南京软件业的发展》，载《科技与经济》2002 年第 9 期。

109. 中国社会科学院工业经济研究所：《中国工业发展报告 2003：世界分工体系中的中国制造业》，经济管理出版社 2003 年版。

数据来自：《中国统计年鉴》、《江苏统计年鉴》、《中国城市统计年鉴》各年份，以及各地区统计局网站。

后　　记

　　2006 年 1 月，在参加了全国科学技术大会以后回南京的飞机上我们俩共同确定了一个研究课题，就是研究南京自主创新创建创新型城市问题。这个课题很快在南京市科技局立项，由我们俩总负责，具体工作由南京市副市长许慧玲和南京大学经济学院院长刘志彪教授负责，并由刘志彪教授担任首席专家。课题组成员以南京大学专家为主，并吸收东南大学、南京师范大学和南京理工大学的专家参加，课题组成员及其所承担的工作在各章一一列出。南京市的研究室主任、发改委主任、科技局局长、统计局局长均担任课题组顾问，南京市科技局副局长郑加强和市政府办公室副主任宋璐担任课题组副组长，南京大学经济系主任安同良教授担任课题组联络员。

　　课题组经过接近一年的调查和研究，得出南京基本上达到创新型城市的要求的结论，课题研究报告进一步总结出南京基于科教资源优势自主创新模式。课题报告完成后于 2007 年 3 月 4 日以南京市人民政府和南京大学的名义在北京召开了"基于科教资源优势建设创新型城市的南京模式"高层论坛。参加论坛的有国家发展和改革委员会副主任陈德铭，教育部副部长李卫红，商务部副部长魏建国，国务院发展研究中心副主任刘世锦，科技部副部长尚勇，参加论坛的专家有中国社科院工业经济研究所金碚研究员，清华大学中国经济研究中心主任魏杰教授，中国人民大学经济学院院长杨瑞龙教授，北京大学经济学院院长刘伟教授，中国人民大学中国民营企业研究中心主任黄泰岩教授。到会的领导和专家在论坛的发言中从不同的角度对自主创新的南京模式进行了深入的探讨。教育部副部长章新胜同志提供了书面发言。本书将这些领导和专家的发言根据录音整理的稿子作为本书的附录。在此对参加论坛的各位领导和专家表示衷心的感谢。

　　本课题的调查研究得到南京市委、市政府相关部门，开发区和企业的大力支持和配合，在此表示感谢。

本课题成果的出版得到了经济科学出版社的支持和帮助，在此表示感谢。

罗志军　洪银兴

2007 年 7 月

责任编辑：吕　萍　于海汛

责任校对：徐领柱

版式设计：代小卫

技术编辑：潘泽新

基于科教资源优势建设创新型城市的南京模式

罗志军　洪银兴　主　编

许慧玲　刘志彪　副主编

经济科学出版社出版、发行　新华书店经销

社址：北京市海淀区阜成路甲 28 号　邮编：100036

总编室电话：88191217　发行部电话：88191540

网址：www. esp. com. cn

电子邮件：esp@ esp. com. cn

汉德鼎印刷厂印刷

永胜装订厂装订

787×1097　16 开　25.5 印张　400000 字

2007 年 9 月第一版　2007 年 10 月第二次印刷

印数：5001—8000 册

ISBN 978 - 7 - 5058 - 6545 - 7/F·5806　定价：40.00 元